Michèle Brunnmeier
Stephanie Friedrich

NATÜRLICH

Ideen aus der Kräuter- und Blumenwerkstatt

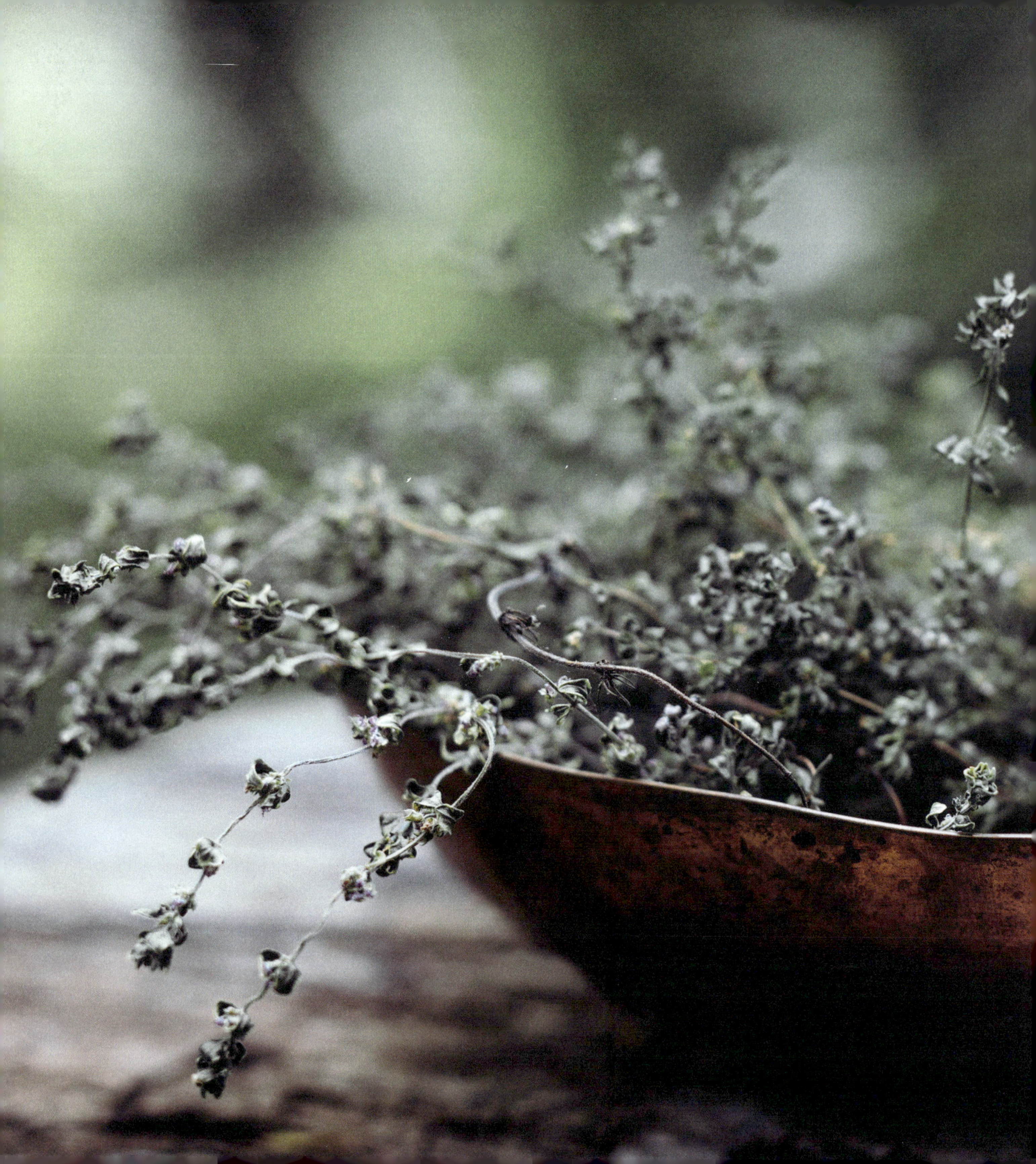

Michèle Brunnmeier
Stephanie Friedrich

NATÜRLICH

Ideen aus der Kräuter- und Blumenwerkstatt

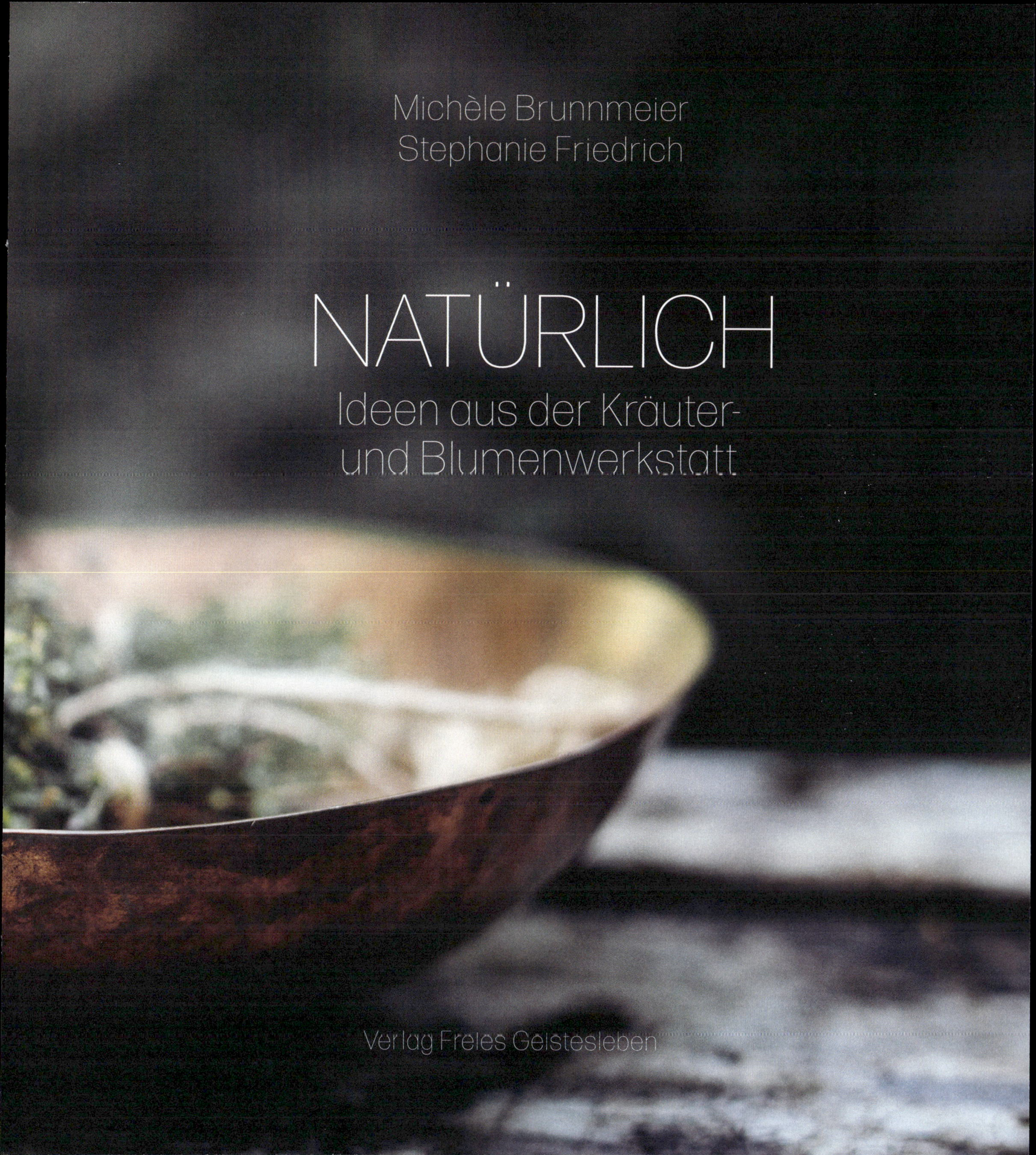

Verlag Freies Geistesleben

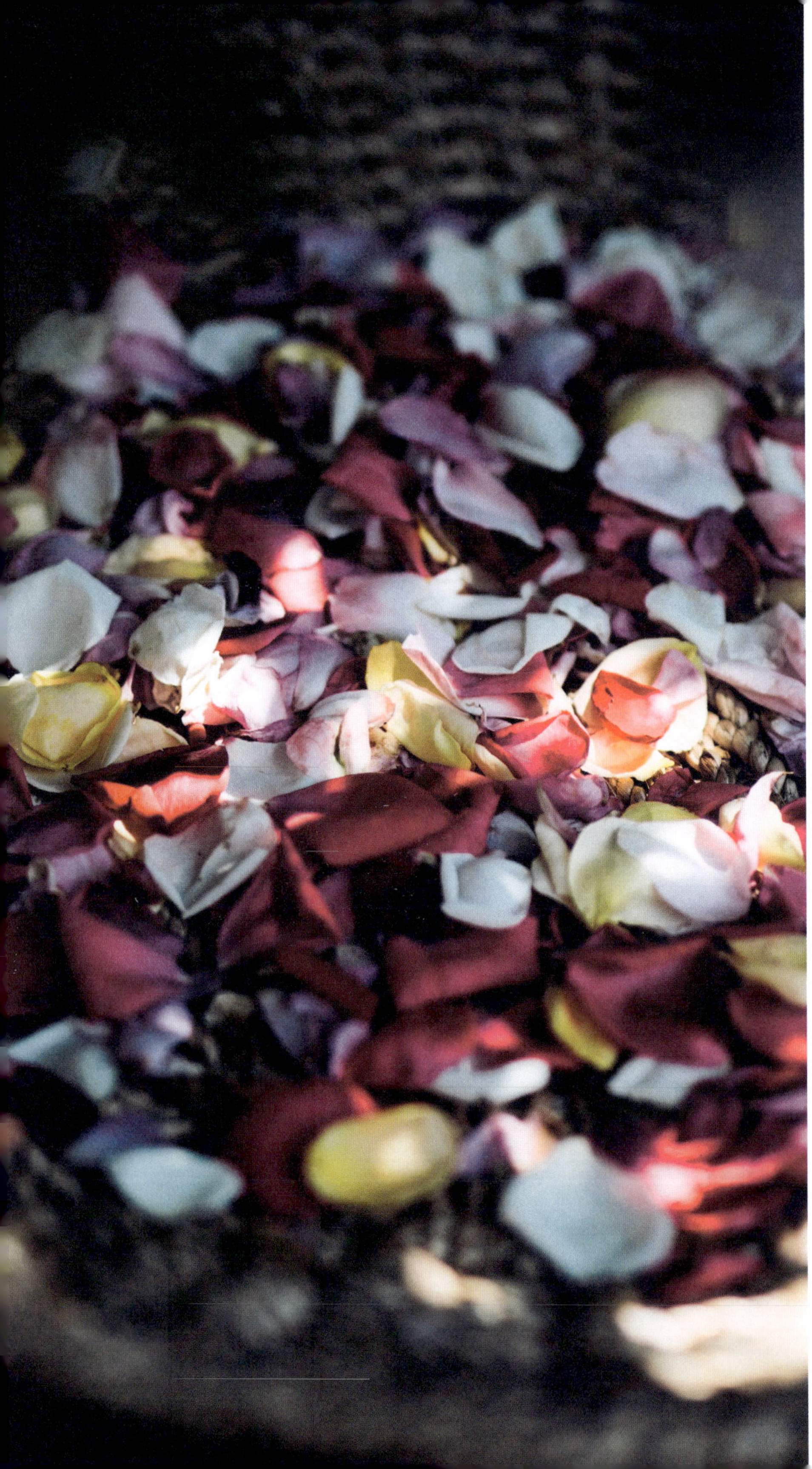

INHALT

EINLEITUNG 7

DER ANFANG UND
DER ANBAU VON KRÄUTERN 9

Heilkräuter & Blumen 9
Die Kultivierung von Arzneipflanzen und 8 Anbauanleitungen 10
Samenanzucht im Freiland und im Haus 19
Erde – die Basis für gutes Pflanzenwachstum 25
Heublumen – Wirkung und Anwendung 38

KRÄUTER UND
BLÜTEN TROCKNEN 43

Ernten, trocknen und aufbewahren 43
Upcycling-Projekt: Trockenkiste bauen 48
Blumen pressen mit der Blumenpresse 49

AUGEN- UND GAUMENSCHMAUS
MIT BLÜTEN UND KRÄUTERN 51

Mit Kräutern und Blumen liebevoll gestalten 51
Blüten-Kräuter-Salz 53
Kapuzinerkresse-Pesto 56
Lavendelkekse mit Blütendekor 56
Schokoladige Rosmarinkekse 58
Kräutertee-Rezepturen selbst mischen 61

MIT KRÄUTERN UND BLUMEN FÄRBEN UND DRUCKEN 63

Stoffe und Garne mit Pflanzen färben 63
Sonnendruck 74
Blüten «hämmern»
Naturdruck – Tataki Zomé 78

RÄUCHERN MIT KRÄUTERN UND BLUMEN 81

Geschichte des Räucherns 81
Verschiedene Möglichkeiten des Räucherns 82
Anwendungsbereiche des Räucherns 86
Räuchermischung herstellen 87
Räucherbündel herstellen 89
Wirkung beim Verräuchern der einzelnen Kräuter 91
Spezielle Räucherpflanzen 92

KERZENWERKSTATT 95

Aromakerzen mit nachhaltigen Wachsarten und ätherischen Ölen 95
Blütenkerzen im Glas 102
Bienenwachskerzen mit gepressten Blüten verzieren 104

NÄHEN MIT KRÄUTERN UND BLÜTEN 107

Einführung in verschiedene Nähtechniken 107
Verschiedene Verschlussarten 109
Patchwork, Quilten, Sashiko und Stoffstempeln 112
Freihandsticken mit der Nähmaschine 116
Freies Handsticken 118
Verschiedene Füllmaterialien 122

MEDITIEREN MIT KRÄUTERN 125

Meditationszubehör, Tipps und Tricks 125
Yogakissen klassik 129
Große Yogarolle 133

WOHLFÜHL-ACCESSOIRES 137

Kräuterkissen zum Schlafen und Entspannen 137
Verschiedene Augenkissen 142
Duftsäckchen in verschiedenen Techniken 148
Stoffbeutel und Universalbeutel 151
Beuteltasche Zip Around für ätherische Öle 154
Stirnband Dahlia 157
Armstulpen Marigold 162

WICKEL UND AUFLAGEN IM ALLTAG 165

Selbst genähte Wickelauflagen und -utensilien 163
Nackenhörnchen zum Erwärmen 166
Aufbau von Wickelauflagen – Universalwickel 168
3-Kammer-Wärmekissen mit Getreidefüllung 170
Kirschkernkissen in 2 Größen 172
Kätzchenkissen mit Rapssamen 174

ÄTHERISCHE ÖLE 177

Eigenschaften und Anwendungsbereiche 177

DUFTENDE KÖRPER- UND SINNESPFLEGE 185

Bienenwachsauflagen 185
Ölauszüge 192
Herstellung von Balsamen 196
Duftbalsam & Duft-Roll-On 201
Raumdüfte – duftende Wohlfühloasen 203
Aromabäder 205

ANHANG 209

Schnittmuster 210
Bezugsquellen 218
Weitere Quellen 219
Hinweise zum Umgang mit unseren Rezepturen 220
Ein Dankeschön! 221
Über die Autorinnen 223

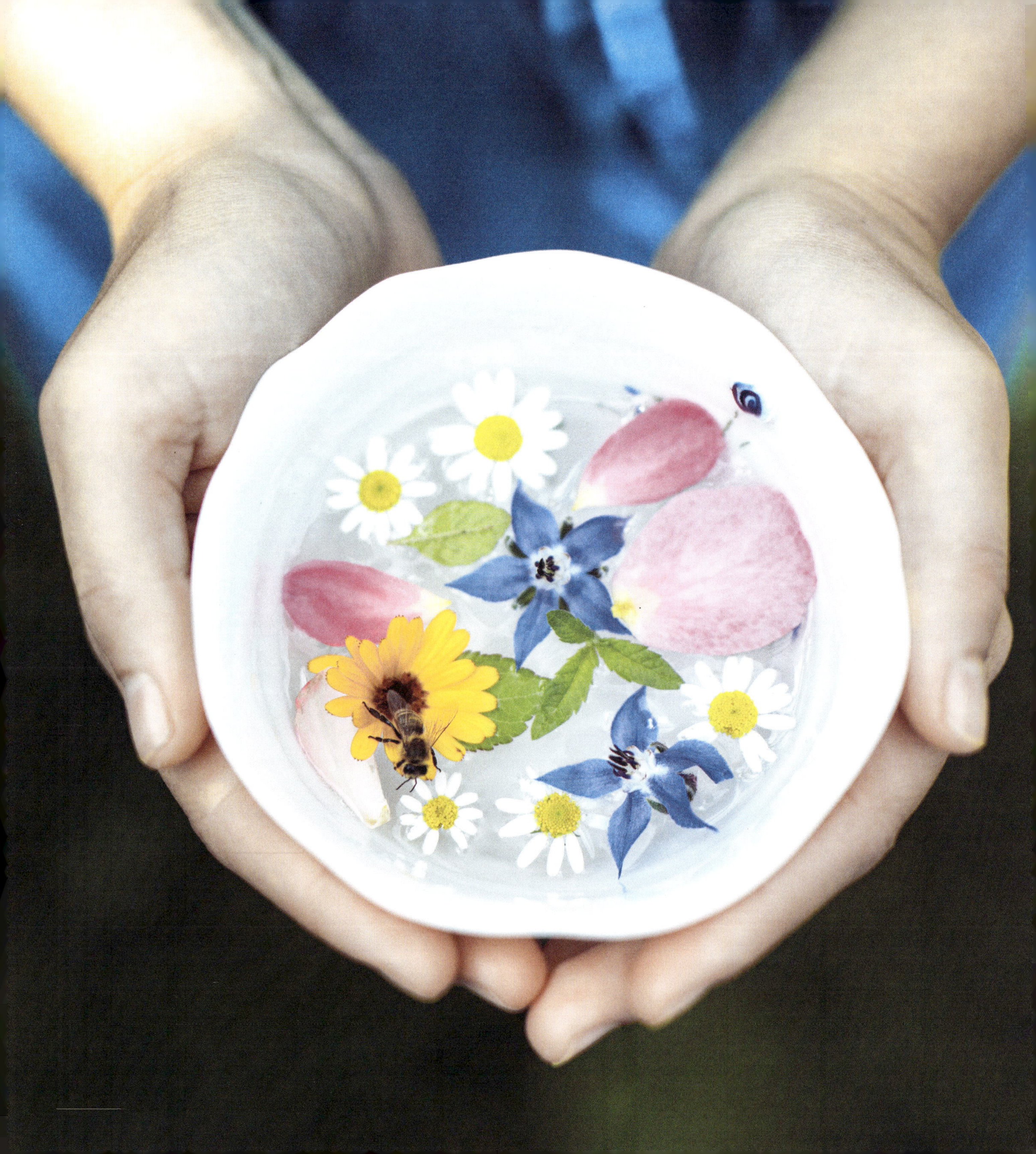

EINLEITUNG

Vor dem Entstehen dieses Buches hatten wir eine Idee, eine leise Ahnung von schönen und zugleich wohltuenden Seligkeitsdingen, die uns im Alltag begleiten können. Es folgten Wochen und Monate, in denen wir unsere Hände tatkräftig in die Erde steckten und unsere Nasen in Kräuterbeete und Blumensträußchen. So wuchsen im Lauf des Jahres nicht nur allerlei Kräuter und Blumen in Töpfen und Beeten heran, sondern auch die Ideen in unseren Herzen und Köpfen.

Die Natur ist die größte Künstlerin, und sie schenkt uns in großzügiger Weise all das, was wir brauchen, um unser Zuhause zu gestalten – es braucht dafür nur Schönes im Sinn und Herz und Hand, die es zu arrangieren wissen.

Und so laden wir zwischen diesen beiden Buchdeckeln dazu ein, sich voller Freude mit uns gemeinsam von der Natur inspirieren zu lassen, den in Kräutern und Blumen verborgenen Zauber zu entdecken und diesen in heilsame und ästhetische Glückseligkeiten zu verweben.

Die Biogärtnerinnen Eva Maria Walle und Steffi Fetscher geben all denen wertvolle Tipps und Anregungen an die Hand, die diese wunderbaren Pflanzen selbst anbauen möchten. Allen anderen empfehlen wir die im Anhang ausgewählten Bezugsquellen sowie weitere Quellen zum Thema.

Wir färben Stoffe und Garne mit Kräutern und Blumen und nähen daraus wunderschöne Wohlfühl-Accessoires und wohltuend duftende Kräuterkissen mit floralen Akzenten. Wir möchten inspirieren und zeigen auch, wie heilsam umhüllende Wickel und Balsame selbst hergestellt werden können, umgeben uns mit natürlichen Düften, pressen Blumen, gestalten wunderschöne Kerzen und vieles andere mehr, was das Herz erfreut und Wohlbefinden für Körper, Geist und Seele schafft.

Unsere Werke zeigen sich allesamt in einem klaren und zeitlosen Design, vermitteln Ruhe und Wohlbefinden, sollen in liebevoller und besonderer Weise im Alltag begleiten und auch bei Unwohlsein, Erkältung oder Erschöpfung guttun – vor allem aber sollen sie Freude bereiten.

Herzlichst,
Stephie & Michèle

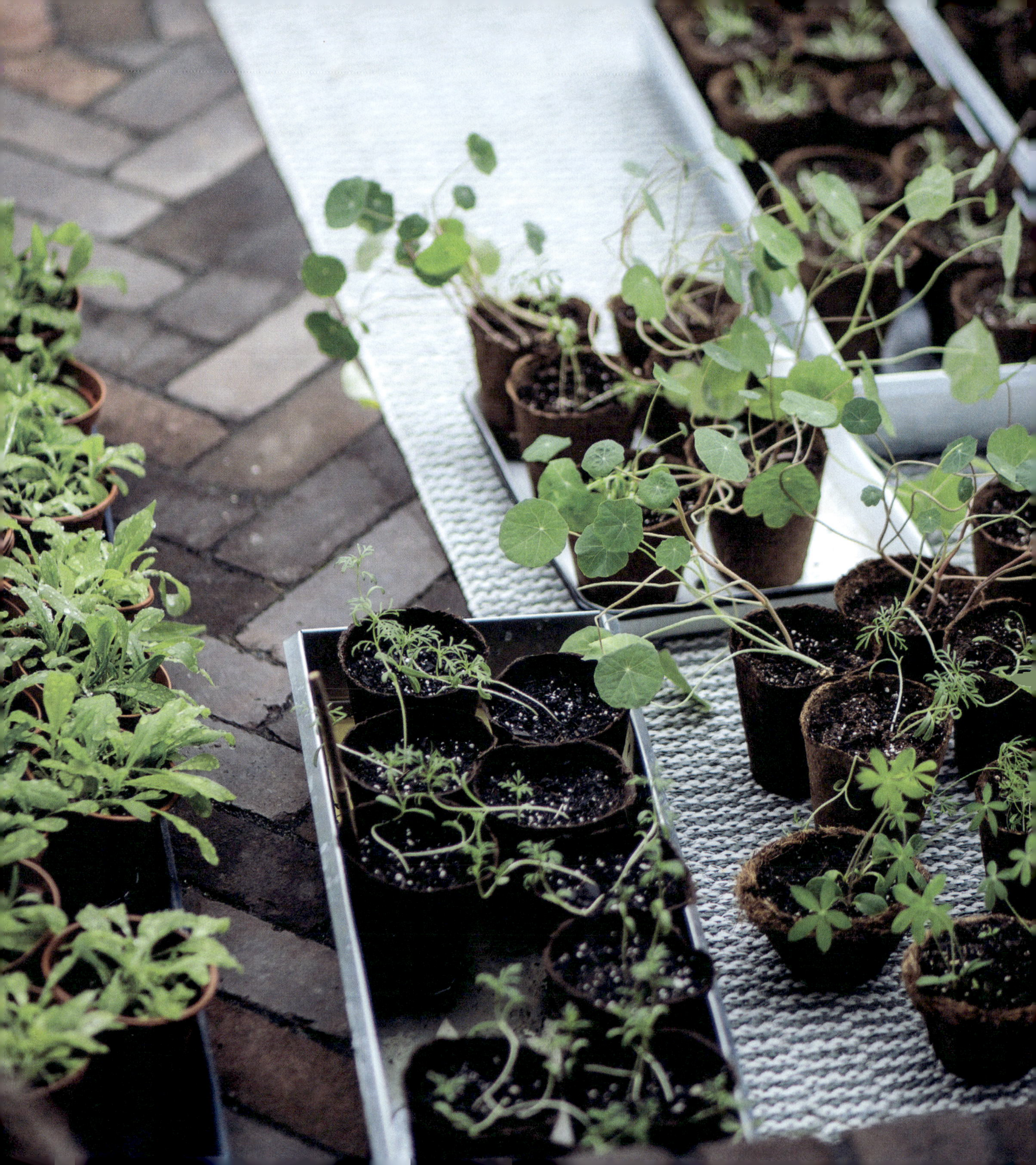

DER ANFANG UND DER ANBAU VON KRÄUTERN

Die ganze Natur ist eine Melodie,
in der eine tiefe Harmonie verborgen ist.
Johann Wolfgang von Goethe

HEILKRÄUTER & BLUMEN

Es gibt mehr als tausend Nutzkräuter. Diese Pflanzen werden verwendet, um Speisen zu würzen, Krankheiten zu heilen oder zu lindern oder um Duftstoffe für Kosmetika herzustellen. Und natürlich hat jedes Kraut seine eigene Berechtigung.

Mit Unterstützung von Fachleuten aus den Bereichen *Aromatherapie, Pflanzenheilkunde* und *Heilpflanzenanbau* haben wir für Sie eine übersichtliche Anzahl von Basispflanzen herausgesucht, die zugleich viele Möglichkeiten eröffnen. Dabei waren wichtige Kriterien, dass die Pflanzen verlässlich anzubauen sind, Sie die Arten möglichst vielseitig nutzen können, unterschiedliche Wirkspektren abgebildet sind und die Pflanzen sich letztlich auch gut miteinander mischen lassen.

Nahezu alle Rezepte und Anleitungen in diesem Buch können mit den genannten Kräutern und Blumen umgesetzt werden. Selbstverständlich lässt sich das Repertoire nach Lust und Laune mit weiteren Pflanzen erweitern.

DIE KULTIVIERUNG VON ARZNEIPFLANZEN UND 8 ANBAUANLEITUNGEN

Blüten sind die Sterne des Tages,
sind die Liebesgedanken der Natur.
Eva Maria Walle

Die Kultivierung einer qualitativen Arzneipflanze oder intensiven Aromapflanze begeistert mich. Die Pflanze ist in sich vollkommen – es geht also darum, die Grundlage und das Umfeld zu schaffen, damit sie sich zu dieser Vollkommenheit entwickeln kann. So stehen sich die Anforderungen der Pflanze wie die Individualität ihres Standortes inklusive dem Landwirt gegenüber und es geht darum, all das in den bestmöglichen Einklang zu bringen.
Es ist für mich jeden Tag aufs Neue eine wundervolle, herausfordernde und durchaus auch mit Überraschungen verbundene Aufgabe, die ich nicht missen möchte.
Im Folgenden sind die wichtigsten Anbauparameter für 8 Basispflanzen festgehalten.

Eva Maria Walle

8 vielseitig nutzbare Basispflanzen:

- Kamille
- Lavendel
- Melisse
- Minze
- Rosmarin
- Salbei
- Thymian
- Tulsi (Heiliges Basilikum)

Erweiterung:

- Calendula
- Johanniskraut
- Rose

Färbepflanzen:

- Brennnesseln
- Dahlienblüten
- Frauenmantel
- Goldrute
- Minze
- Ringelblumenblüten
- Rosmarin
- Salbei
- Tagetesblüten

Anbauanleitung Kamille

Botanischer Name:
Matricaria recutita
Lebenszyklus: einjährig bis überjährig
Verwendeter Pflanzenteil: Blüten

Anzucht und Vermehrung

- Vermehrung via Saatgut.
- *Empfohlene Sorte:* Keine spezielle Sorte empfohlen, aber Bodegold und Zloty Lan sind beliebte Sorten, da große und relativ gleichmäßige Blüten, guter ätherischer Ölgehalt.
- *Aussaat* direkt in das Beet möglich, dazu die Pflanzfläche umgraben, einebnen, feinkrümmelige Oberfläche herstellen, aussäen, Saatgut nicht bedecken (Lichtkeimer), aber andrücken, z.B. mit einem Brett. Am besten vor einem sanften Regen aussäen, nicht angießen, denn das führt zu Verschlämmungen etc.
- *Saatgut* keimt nach 10 bis 14 Tagen.
- Es kann im Herbst (Anfang September) oder im Frühjahr ab Mitte März gesät werden.

Standort und Platzbedarf

- Sehr anpassungsfähig, keine besonderen Ansprüche, lediglich in der Aussaatphase sollte genügend Wasser für eine gute Keimung vorhanden sein.
- Saatgutbedarf pro m^2 / etwa 300 Samen.

Pflege, Pflanzenschutz und Düngung

- Regelmäßig das Beikraut entfernen, vor allen Dingen in der anfänglichen Entwicklung der Pflanzen.
- In einem guten Boden ist eine Düngung nicht notwendig. Der Nährstoffbedarf von Kamille ist eher gering.
- *Pflanzenschutz:* In der Regel nicht notwendig, Kamille ist recht widerstandsfähig. Am häufigsten treten Läuse auf, die mechanisch beseitigt werden können, meistens verschwinden die noch verbleibenden Läuse.

Ernte

- *Entwicklungsstand der Pflanze:* Erste Ernte kurz vor der Vollblüte, es folgen dann mehrere Pflückdurchgänge von den nachkommenden Blüten; bis zu 4 Ernten möglich. Die Blüte ist im Optimum für die Ernte, wenn ⅓ der gelben Röhrenblüten aufgeblüht sind.
- Möglichst morgens ernten.
- Blüten mit der Hand zupfen oder mit einem Heidelbeer-Kamm.
- Man kann einen Teil der Blüten stehen lassen, damit sie sich aussamen und somit für das kommende Jahr ausgesät werden. Kamille ist selbstverträglich, kann also jedes Jahr am gleichen Standort angebaut werden.
- Ein m^2 Kamille liefert in etwa 35 g trockene Blüten.

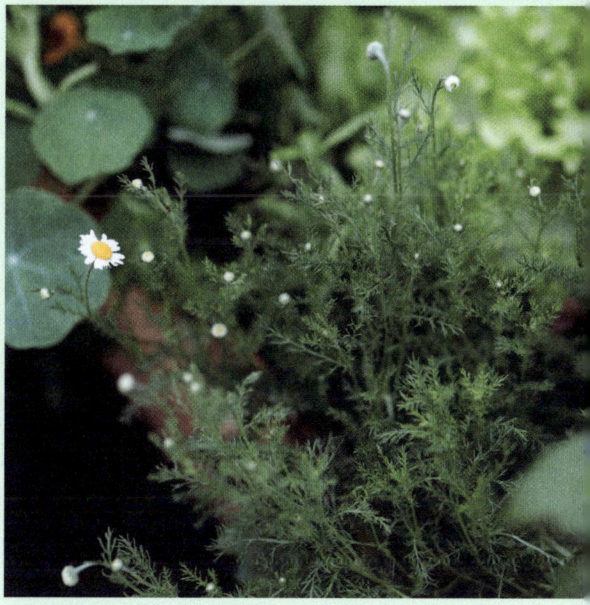

Trocknung/Aufbereitung

- *Trocknungsdauer:* Je nach Trocknung, bei aktiver Trocknung bis zu drei Tage.
- *Trocknungstemperatur:* Bei max. 40 °C trocknen.

Besonderes/Sonstiges

- Keine

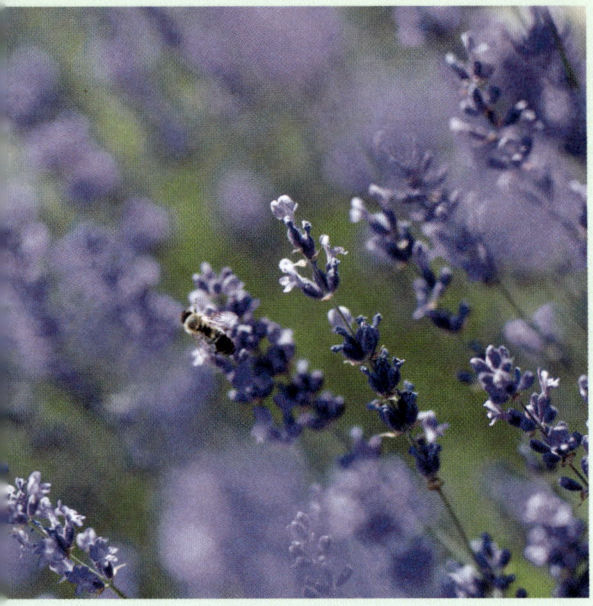

Anbauanleitung Lavendel

Botanischer Name:
Lavandula angustifolia
Lebenszyklus: ca. 10 Jahre Ertragsdauer
Verwendeter Pflanzenteil:
Blütenstände

Anzucht und Vermehrung

- Vermehrung via Saatgut oder Stecklinge.
- *Empfohlene Sorte:* Keine spezielle Sorte bevorzugt, kommt auf die Verwendung und Vorzüge im Duft sowie den Anspruch an die Blütenfarbe an: hell versus dunkellila.
- *Saatgut* keimt nach 15 Tagen bei 20 °C.
- Kleine Jungpflanzentöpfchen (ø 4 bis 5 cm) verwenden, 6 bis 8 Samen pro Topf, idealerweise Anzuchtsubstrat verwenden. Langsame Entwicklung, von Aussaat bis Pflanzung etwa 10 Wochen.
- *Stecklinge:* Im Frühjahr nach Austrieb. Ca. 10 cm lange Triebe abschneiden (scharfe Schere), Blätter der unteren Hälfte entfernen, ca. 2 bis 3 cm in nicht gedüngtes Substrat stecken. Feucht halten.
- Frühjahrspflanzung bevorzugen, ab Mitte April bis Anfang Mai.

Standort und Platzbedarf

- Bevorzugt an warmen und sonnigen Orten für eine gute Qualität.
- Boden möglichst humos und durchlässig, nicht zu sauer (pH-Wert), eher kalkhaltig.

Pflege, Pflanzenschutz und Düngung

- Regelmäßig das Beikraut entfernen, Lavendel verträgt keine Konkurrenz durch andere Pflanzen.
- In einem guten, humosen Boden ist eine Düngung nicht notwendig. Während der Saison mit einem biologischen Flüssigdünger im Falle von Topfkultur düngen.
- *Pflanzenschutz:* In der Regel nicht notwendig, wenn Standort und Klima angepasst sind. Lavendel ist recht robust, verträgt aber überhaupt keine übermäßige Nässe im Wurzelbereich.
- Rückschnitt im Frühjahr (Ende März) vor Austrieb ist angebracht, um eine zu starke Verholzung zu vermeiden und schöne buschige Pflanzen zu erhalten, insbesondere, wenn nur ein Teil der gesamten Pflanze geerntet wurde. Rückschnitt bis kurz über dem verholzten Bereich.

Ernte

- *Entwicklungsstand der Pflanze:* Zu Beginn der Blütezeit, heißt, wenn die ersten 2 bis 3 Knospen aufgeblüht sind, das ist in der Regel Ende Juni / Anfang Juli.
- Bei warmen und trockenen Gegebenheiten, idealerweise nach 2 Tagen Sonnenschein.
- Ätherischer Ölgehalt (Aroma) vormittags und mittags am höchsten.
- Mit Gartenschere unterhalb der Blütenrispe abschneiden.
- Im ersten Jahr liefert Lavendel so gut wie keinen Ertrag. Ab dem vierten Anbaujahr ist die Pflanze ausgewachsen und liefert Vollertrag.
- Große solitär gesetzte Pflanzen können bis zu 25 g getrocknete, gerebelte Blüten liefern.

Trocknung/Aufbereitung

- *Trocknungsdauer:* Je nach Trocknung: bei aktiver Trocknung 48 Stunden.
- *Trocknungstemperatur:* Bei max. 40 °C trocknen.
- Nach dem Trocknen die einzelnen Blüten abrebeln.

Besonderes/Sonstiges

- Eine komplikationslose Pflanze, gut winterhart und vielseitig einsetzbar.

Anbauanleitung Melisse

Botanischer Name:
Melissa officinalis
Lebenszyklus: ca. 5 Jahre
Verwendeter Pflanzenteil: Blätter

Anzucht und Vermehrung

- Vermehrung via Saatgut.
- *Empfohlene Sorte: Citronelle* besitzt einen sehr hohen Ölgehalt. *Binsuga* und *Limoni* haben einen besonders aromatischen Geschmack.
- *Saatgut* keimt nach 15 bis 20 Tagen bei 25 °C.
- Kleine Jungpflanzentöpfchen (ø 4 bis 5 cm) verwenden, 8 bis 10 Samen pro Topf, idealerweise Anzuchtsubstrat verwenden. Bei Anzucht von mehreren Pflanzen Aussaat in Saatschalen, dann vereinzeln, heißt *Tuffs* von 3 bis 4 Pflänzchen pro Topf. Langsame Entwicklung, von Aussaat bis Pflanzung etwa 10 Wochen.
- Frühjahrspflanzung bevorzugen, ab Anfang Mai.

Standort und Platzbedarf

- Bevorzugt an warmen und sonnigen Orten für eine gute Qualität, eine ausreichende Durchlüftung wäre aber gut, um Pilzkrankheiten vorzubeugen. Bei sehr kaltem Winter an Winterschutz denken, z.B. Abdeckung mit leichten Tannenzweigen.
- Boden möglichst humos, frisch, nährstoffreich und durchlässig, ausreichend Wasser.
- Pflanzabstand ist 30 bis 40 cm bei mehreren Pflanzen, wächst sie solitär, kann sie einen Durchmesser von bis zu 50 cm haben.

Pflege, Pflanzenschutz und Düngung

- Regelmäßig das Beikraut entfernen.
- In einem guten, humosen Boden ist eine Düngung nicht notwendig. Während der Saison im Falle von intensiver Ernte oder Topfkultur mit einem biologischen Flüssigdünger düngen.
- *Pflanzenschutz:* In der Regel nicht notwendig, wenn Standort und Klima angepasst sind. Melisse ist recht robust.
- Rückschnitt nach Ernte ist angebracht, wenn bei Ernte nicht alles geerntet wurde. Es ist wichtig, dass die Pflanzen neu und mit frischen, gesunden Blättern austreiben.

Ernte

- *Entwicklungsstand der Pflanze:* Vor der Blütezeit. Es sollten noch keine Blütenanlagen zu sehen sein.
- Bei warmen, aber nicht zu trockenen Gegebenheiten.
- Möglichst am frühen Morgen ernten, mit Gartenschere.
- So tief ernten, wie schöne Blätter vorhanden sind. Weiter unten wachsende Blätter, meist etwas gelb oder gefleckt, nicht ernten.
- Im ersten Jahr liefert Zitronenmelisse so gut wie keinen Ertrag. Manche Sorten sind im ersten Jahr sogar niederliegend und können somit gar nicht geerntet werden. Erst im zweiten Jahr liefern die Pflanzen Vollertrag.
- Ausgewachsene Pflanzen können bis zu 150 g getrocknete, gerebelte Blätter pro Saison liefern.
- In der Regel hat man drei Schnitte (Ernten) pro Jahr: ca. im Juni, Juli, September, je nach aktuellem Klima.

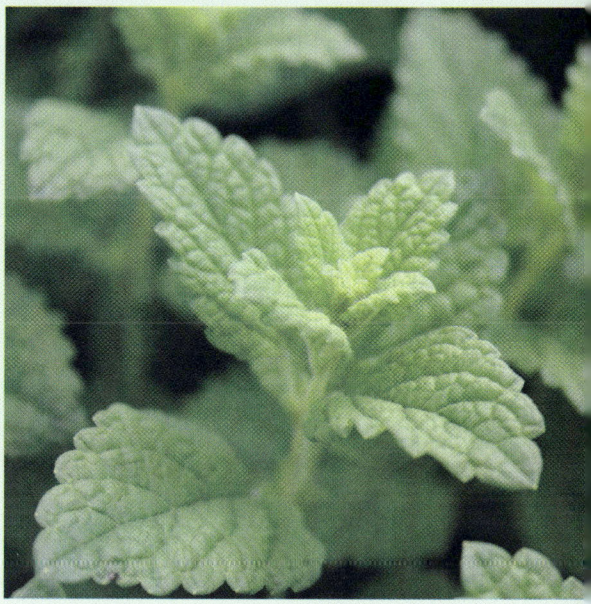

Trocknung/Aufbereitung

- *Trocknungsdauer:* Je nach Trocknung: bei aktiver Trocknung 48 Stunden, wenn Stiele mitgetrocknet werden, eventuell länger, bis zu 72 Stunden.
- *Trocknungstemperatur:* Bei max. 40 °C trocknen.
- Nach dem Trocknen die einzelnen Blätter abrebeln.

Besonderes/Sonstiges

- Zitronenmelisse wächst sehr verlässlich, wenn die Bedingungen gut passen, wird aber immer mal von saugenden Insekten oder Pilzen befallen. In der Regel hilft bei Befall ein Rückschnitt der befallen Stellen und gute Pflege (bewässern, angepasste Düngung), um die Pflanzen wieder ins Gleichgewicht zu bringen.

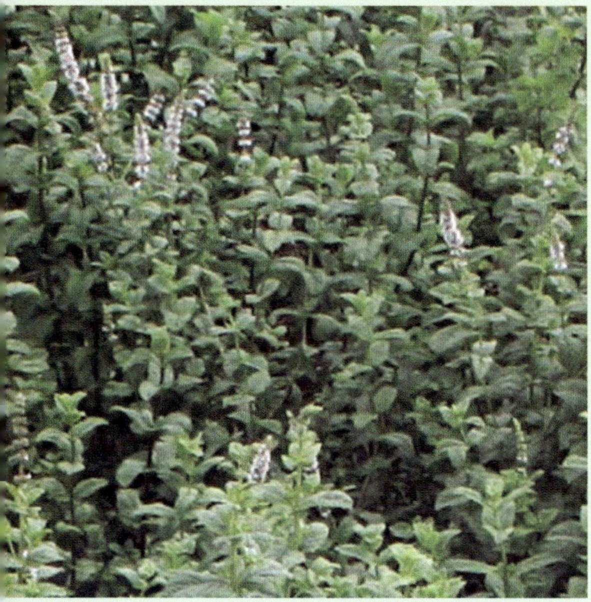

Anbauanleitung Minze

Marrokanische Minze / Pfefferminze

Botanischer Name: Mentha spicata var. crispa typ maroc und Mentha piperita
Allgemeiner Name: Marokkanische Minze und Pfefferminze
Lebenszyklus: mehrjährig, bis zu 3 Jahre verwendbar
Verwendeter Pflanzenteil: Blätter

Anzucht und Vermehrung

- Vermehrung via Stecklinge.
- *Empfohlene Sorte:* Marokkanische Minze: in Europa keine spezifischen Sorten verfügbar. Pfefferminze: Multimentha (kräftiger Wuchs und rostresistent).
- *Steckling, bevorzugt Kopfsteckling:* Steckling von bis zu 15 cm schneiden und die Blätter der unteren Hälfte entfernen, in ungedüngtes Anzuchtsubstrat stecken.
- Frühjahrspflanzung bevorzugen, ab Anfang Mai.

Standort und Platzbedarf

- Bevorzugt an sonnigen Orten für eine gute Aromaqualität, eine gleichzeitig ausreichende Durchlüftung wäre aber gut, um Pilzkrankheiten (Minze-Rost) vorzubeugen. Bei sehr kaltem Winter bei Marokkanischer Minze an Winterschutz denken, z.B. mit leichten Tannenzweigen abdecken.
- Boden möglichst humos, frisch, nährstoffreich und durchlässig, ausreichend Wasser sorgt für kräftiges Wachstum. Das gilt für sämtliche Minzearten.
- Pflanzabstand ist 30 bis 40 cm.

Pflege, Pflanzenschutz und Düngung

- Regelmäßig das Beikraut entfernen.
- In einem guten, humosen Boden ist eine Düngung nicht notwendig. Während der Saison bei intensiver Ernte (viele Schnitte) oder Topfkultur unbedingt mit einem biologischen Flüssigdünger düngen.
- *Pflanzenschutz* ist in der Regel nicht notwendig, wenn Standort und Klima angepasst sind. Ein Pflanzenstärkungsmittel, z.B. Schachtelhalm-Extrakt, sorgt für gesundes Wachstum.
- Rückschnitt nach Ernte ist angebracht, wenn bei der Ernte nicht alles geerntet wurde. Es ist wichtig, dass die Pflanzen neu und mit frischen, gesunden Blättern austreiben.

Ernte

- *Entwicklungsstand der Pflanze:* Bei ersten Anzeichen einer Blüte. Es sollten noch keine Blütenanlagen zu sehen sein, das ist ab dem zweiten Standjahr ab Juni der Fall, im Pflanzjahr ggf. etwas später.
- Bei warmen sonnigen Gegebenheiten, möglichst am Morgen ernten, mit Gartenschere.
- So tief ernten, wie schöne Blätter vorhanden sind. Weiter unten wachsende Blätter, meist etwas gelb oder gefleckt, nicht ernten.
- Ausgewachsene Pflanzen können bis zu 20 bis 30 g getrocknete, gerebelte Blätter pro Saison liefern.
- In der Regel hat man drei Schnitte (Ernten) pro Jahr.

Trocknung/Aufbereitung

- Ganze Stängel mit Blättern trocknen oder vor der Trocknung die Blätter vom Stil entfernen, was eine schöne Ganzblattware ergibt, auch verläuft die Trocknung deutlich schneller.
- *Trocknungsdauer:* Je nach Trocknung: bei aktiver Trocknung der reinen Blätter 24 Stunden, wenn Stiele mitgetrocknet werden, ev. länger, bis zu 72 Stunden.
- *Trocknungstemperatur:* Bei max. 40 °C trocknen.
- Nach dem Trocknen ggf. die einzelnen Blätter abrebeln, Stiele haben wenig Aroma.

Besonderes/Sonstiges

- Minze wächst sehr verlässlich, wenn die Bedingungen gut passen. Ein frischer, feuchter Boden bei gleichzeitig trocknen Blättern ist von großem Vorteil für gesundes Wachstum.

Anbauanleitung Rosmarin

Botanischer Name:
Rosmarinus officinalis
Lebenszyklus: ca. 10 Jahre
Verwendeter Pflanzenteil: Blätter

Anzucht und Vermehrung

- Vermehrung bevorzugt via Stecklinge, Samen sehr zeitaufwendig.
- *Empfohlene Sorte:* In Europa keine spezifischen Sorten verfügbar, bei der Wahl (bei Anbau in D) aber auf Winterfestigkeit achten, z. B. die Sorte *Arp.*
- Steckling, bevorzugt Kopfsteckling: Steckling von bis zu 10 cm schneiden und die Blätter der unteren Hälfte entfernen, in ungedüngtes, durchlässiges Anzuchtsubstrat stecken.
  3 bis 4 Wochen, bis Wurzeln gebildet werden.
- Frühjahrspflanzung unbedingt bevorzugen, ab Anfang Mai.

Standort und Platzbedarf

- Bevorzugt an sonnigen und geschützten Orten. Bei sehr kalten Wintern an Winterschutz denken, z.B. Boden und Pflanze mit Reisig abdecken.
- Boden muss durchlässig sein, gerade bei feuchten Winterverhältnissen ist dies entscheidend.
- Pflanzabstand je nach Pflanzanlage. Ein Pflanzendurchmesser von 50 cm kann in der Regel gut erreicht werden.
- In kalten Gegenden funktioniert auch eine Topfkultur sehr gut. Überwinterung an lichten Plätzen um die 0 °C sind gut möglich, auch kurze Frostperioden überlebt der Rosmarin gut.

Pflege, Pflanzenschutz und Düngung

- Regelmäßig das Beikraut entfernen.
- In einem guten, humosen Boden ist eine Düngung so gut wie nicht notwendig. Während der Saison im Falle von Topfkultur unbedingt mit einem biologischen Flüssigdünger düngen.
- *Pflanzenschutz:* In der Regel nicht notwendig, wenn Standort und Klima angepasst sind.
- Ernte im August liefert maximalen Ertrag. Zugleich hat die Pflanze so vor dem Winter noch genügend Zeit, die Schnittstellen wieder ausreichend zu schließen und neu auszutreiben.

Ernte

- *Entwicklungsstand der Pflanze:* Nach der Blüte, im August.
- Bei warmen sonnigen Gegebenheiten, am späten Vormittag, mit Gartenschere.
- *Schnitthöhe:* Nicht in das alte Holz schneiden, aber dennoch tief genug, um einem zu starken Verholzen vorzubeugen.
- Ausgewachsene Pflanzen können bis zu 20 g getrocknete, gerebelte Blätter pro Saison liefern.
- In der Regel hat man einen Schnitt (Ernte) pro Jahr.

Trocknung/Aufbereitung

- Ganze Stängel mit Blättern trocknen.
- *Trocknungsdauer:* Je nach Trocknung: bei aktiver Trocknung der reinen Blätter 24 Stunden, wenn Stiele mitgetrocknet werden, eventuell länger, bis zu 72 Stunden.
- *Trocknungstemperatur:* Bei max. 40 °C trocknen.
- Nach dem Trocknen die einzelnen Blätter abrebeln, Stiele haben weniger Aroma, können aber herrlich als Spieße in der Küche verwendet werden.

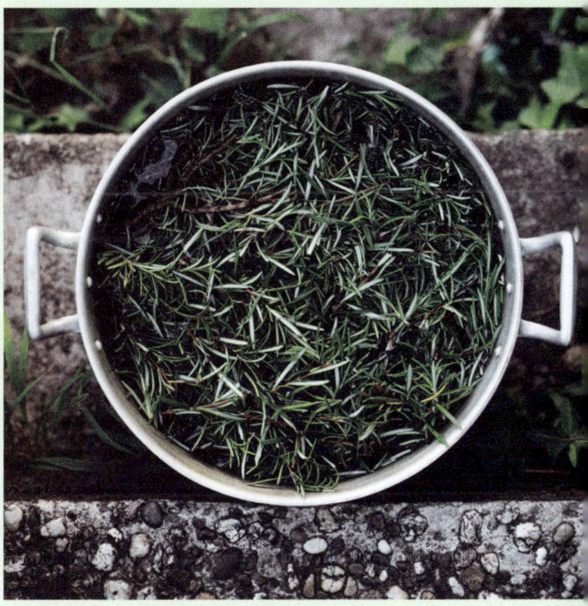

Besonderes/Sonstiges

- Rosmarin wächst sehr verlässlich und gesund. Lediglich die Überwinterung muss gut gemeistert werden.

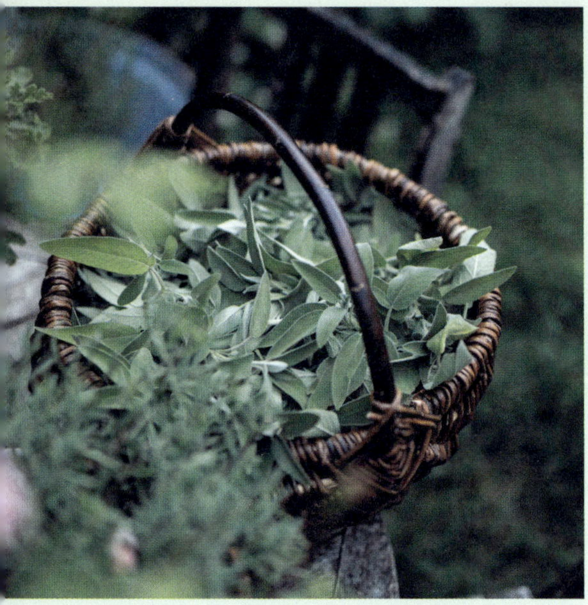

Anbauanleitung Salbei

Botanischer Name: Salvia officinalis
Lebenszyklus: mehrjährig, kann viele Jahre genutzt werden
Verwendeter Pflanzenteil: oberirdisches Kraut

Anzucht und Vermehrung

- Vermehrung via Saatgut bevorzugt.
- *Empfohlene Sorte: Extrakta* empfohlen, durch einen hohen Gehalt an ätherischen Ölen, zugleich aber auch wohlriechend.
- *Saatgut* keimt nach 8 bis 10 Tagen bei 20 °C.
- Kleine Jungpflanzentöpfchen (ø 4 bis 5 cm) verwenden, 6 bis 8 Samen pro Topf, idealerweise Anzuchtsubstrat verwenden.
- Frühjahrspflanzung bevorzugt, ab Mitte April bis Anfang Mai möglich.

Standort und Platzbedarf

- Bevorzugt an warmen und sonnigen Orten für eine gute Qualität, ein gut durchlüfteter Standort ist gleichzeitig auch von Vorteil.
- Boden möglichst humos, frisch und durchlässig, jedoch ist Salbei recht anpassungsfähig.
- Salbei kann, solitär angebaut, sehr groß werden, Durchmesser durchaus bis zu 70 bis 80 cm. Reihenweise angebaut sollten 40 cm Abstand nicht überschritten werden, um schön geschlossene Reihen zu erhalten.

Pflege, Pflanzenschutz und Düngung

- Regelmäßig das Beikraut entfernen, Salbei verträgt keine Konkurrenz durch andere Pflanzen, Pilzgefahr (Mehltau).
- In einem guten, humosen Boden ist eine Düngung nicht notwendig. Jedoch kann bei intensiver Ernte (mehrere Schnitte) während der Saison mit einem biologischen Flüssigdünger nachgeholfen werden, vor allen Dingen, wenn der Boden nicht so viele Vorräte hat oder bei Topfkultur. Wenn möglich, im Herbst des Vorjahres oder im Frühjahr zu Beginn der Saison dem Boden etwas Kompost hinzufügen (am Boden um die Pflanzen streuen, flach einarbeiten).
- *Pflanzenschutz:* In der Regel nicht notwendig, wenn Standort und Klima angepasst sind. Salbei ist recht robust, tendiert aber zu Mehltau, weshalb ein gut durchlüfteter Standort hilfreich ist.
- Je nach Ernteintensität ist ein Rückschnitt im Frühjahr (Ende März) angebracht, um zu starke Verholzung zu vermeiden und schöne buschige Pflanzen zu erhalten, insbesondere, wenn nur ein Teil der gesamten Pflanze geerntet wird.

Ernte

- *Entwicklungsstand der Pflanze:* Zu Beginn der Blütezeit, das ist in der Regel im Juni.
- Bei warmen und trockenen Gegebenheiten, idealerweise nach 2 Tagen Sonnenschein.
- Ätherischer Ölgehalt (Aroma) vormittags und mittags am höchsten.
- Mit Gartenschere.
- Die oberen und jüngeren Blätter haben die allerbeste Qualität, die unteren Blätter können aber auch gut verwendet werden.
- Salbei kann durchschnittlich zweibis dreimal pro Saison geschnitten werden, je nach Klima und Schnitthöhe.
- Große solitäre Pflanzen können bis zu 100 g getrocknete Blätter liefern.

Trocknung/Aufbereitung

- Blätter idealerweise schon vor dem Trocknen von den Stielen entfernen, dabei aber nicht quetschen.
- *Trocknungsdauer:* Je nach Trocknung: bei aktiver Trocknung 48 bis 72 Stunden.
- *Trocknungstemperatur:* Bei max. 40 °C trocknen.

Besonderes/Sonstiges

- Eine komplikationslose Pflanze, gut winterhart und vielseitig einsetzbar.

Anbauanleitung Thymian

Botanischer Name:
Thymus vulgaris
Lebenszyklus: mehrjährig, bis zu ca. 8 Jahre
Verwendeter Pflanzenteil:
oberirdisches Kraut

Anzucht und Vermehrung

- Vermehrung via Pflanzenteilung, Stecklinge oder Saatgut.
- Empfohlene Sorte: *Deutscher Winter,* Arten wie *Zitronenthymian, Orangenthymian* bieten eine ähnlich anzubauende Alternative mit wunderbaren Duftkompositionen.
- Saatgut keimt nach 8 bis 10 Tagen bei 20 °C.
- Kleine Jungpflanzentöpfchen (ø 4 bis 5 cm) verwenden, 10 bis 15 Samen pro Topf, idealerweise Anzuchtsubstrat verwenden.
- Wurzelteilung in der Ruhephase, außerhalb der Blütezeit z.B. im zeitigen Frühjahr.
- *Stecklinge:* bevorzugt Kopfstecklinge von 8 bis 10 cm langen blättrigen Trieben verwenden, Blätter der unteren Hälfte entfernen, 2 bis 3 cm tief in ein Substrat mit wenig Nährstoffen stecken.
- Frühjahrspflanzung wichtig, ab Mai.

Standort und Platzbedarf

- Bevorzugt an warmen und sonnigen sowie windgeschützten Orten.
- Boden möglichst humos, nicht zu sauer (pH-Wert), Staunässe vermeiden.
- Thymian hat einen Durchmesser von 30 bis 35 cm, Pflanzabstand daher mind. 25 cm.

Pflege, Pflanzenschutz und Düngung

- Regelmäßig das Beikraut entfernen, Thymian verträgt keine Konkurrenz durch andere Pflanzen.
- Rückschnitt im 1. Jahr fördert buschiges Wachstum durch vermehrte Triebbildung.
- Düngung moderat, vor allen Dingen bei intensiver Ernte (mehrere Schnitte im Jahr), entweder mit Kompost im Herbst oder biologischem Flüssigdünger nach jedem Schnitt düngen.
- *Pflanzenschutz:* In der Regel nicht notwendig, wenn Standort und Klima angepasst sind.

Ernte

- *Entwicklungsstand der Pflanze:* Zu Beginn der Blütezeit, das ist für den ersten Schnitt etwa Ende Mai.
- Bei warmen und trockenen Gegebenheiten, idealerweise nach 2 Tagen Sonnenschein.
- Ätherischer Ölgehalt (Aroma) am Vormittag bis Mittag am höchsten.
- Mit Gartenschere etwas über den verholzten Stängeln abschneiden.
- Voller Ertrag ab dem zweiten Standjahr, ca. 20 bis 25 g getrocknete Blätter (ohne Stiele) pro Pflanze und Saison.
- Letzter Schnitt spätestens Ende August, damit sich die Pflanze ausreichend auf den Winter vorbereiten kann.

Trocknung/Aufbereitung

- *Trocknungsdauer:* Je nach Trocknung: bei aktiver Trocknung 48 Stunden.
- *Trocknungstemperatur:* Bei max. 40 °C trocknen.

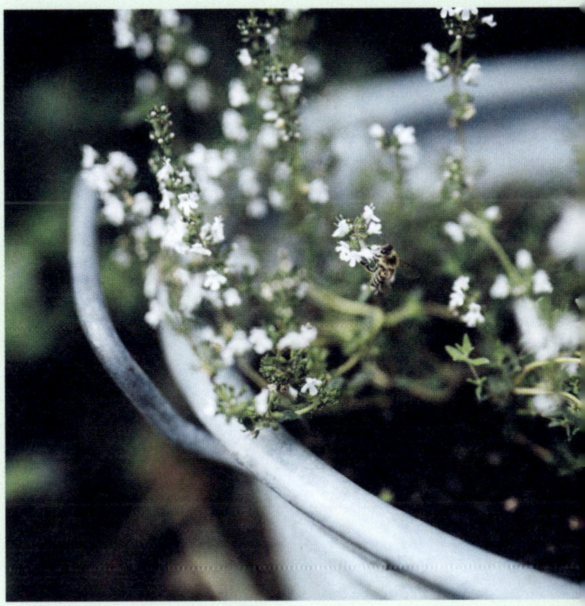

- Nach dem Trocknen die Blätter von den Stielen entfernen, nur die Blätter verwenden.

Besonderes/Sonstiges

- Eine relativ einfach anzubauende Pflanze, lediglich auf einen durchlässigen Boden achten.

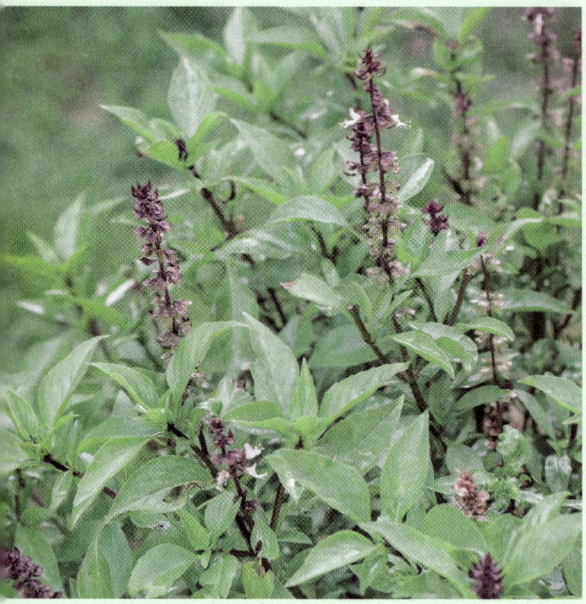

Anbauanleitung Tulsi (Heiliges Basilikum)

Botanischer Name: Ocimum sanctum
Lebenszyklus: einjährig, sehr wärmeliebend
Verwendeter Pflanzenteil: oberirdisches Kraut

Anzucht und Vermehrung

- Vermehrung via Saatgut.
- *Empfohlene Sorte:* Keine spezielle Sorte empfohlen, Duft und Geschmack variiert recht stark, nach eigener Bevorzugung auswählen.
- Saatgut keimt nach 8 bis 10 Tagen bei 20 °C.
- Kleine Jungpflanzentöpfchen (ø 4 bis 5 cm) verwenden, 8 bis 10 Samen pro Topf, idealerweise Anzuchtsubstrat verwenden.
- Frühjahrspflanzung, sehr wärmeliebend, frühestens Mitte Mai pflanzen. Anzucht braucht etwa 6 Wochen, also ca. Anfang April mit der Anzucht beginnen.

Standort und Platzbedarf

- Bevorzugt an warmen und sonnigen sowie windgeschützten Orten.
- Boden möglichst humos, nährstoffreich und feucht, jedoch keine Staunässe.
- Pflanzendurchmesser ist bis zu 40 cm, Pflanzabstand daher mind. 25 bis 30 cm.

Pflege, Pflanzenschutz und Düngung

- Regelmäßig das Beikraut entfernen, Tulsi verträgt keine Konkurrenz durch andere Pflanzen.
- In einem guten, humosen Boden ist eine Düngung nicht notwendig. Jedoch kann bei intensiver Ernte (mehrere Schnitte) während der Saison mit einem biologischen Flüssigdünger nachgeholfen werden, vor allen Dingen, wenn der Boden nicht so viele Vorräte hat oder in Topfkultur. Wenn möglich, im Herbst des Vorjahres oder im Frühjahr zu Beginn der Saison dem Boden Kompost (2 bis 3 Schaufeln pro Pflanze) hinzufügen und um die Pflanze streuen und flach einarbeiten.
- *Pflanzenschutz:* In der Regel nicht notwendig, wenn Standort und Klima angepasst sind. Tulsi ist recht robust.

Ernte

- *Entwicklungsstand der Pflanze:* Zu Beginn der Blütezeit, erste Ernte etwa 6 Wochen nach Pflanzung, dann fast alle 2 Wochen.
- Bei warmen und trockenen Gegebenheiten, idealerweise nach 2 Tagen Sonnenschein.
- Ätherischer Ölgehalt (Aroma) mittags am höchsten.
- Mit Gartenschere etwa auf die Hälfte der Gesamtgröße zurückschneiden.
- Tulsi hat einen starken Drang zu blühen, daher regelmäßig zurückschneiden (ernten), somit hat man die ganze Saison etwas davon, denn mit der Blüte ist die Entwicklung beendet.
- Bis zu 6 Schnitte möglich.
- Eine Pflanze liefert etwa 30 g Trockengewicht pro Saison.

Trocknung/Aufbereitung

- Tulsi hat einen hohen Wassergehalt und braucht relativ lang in der Trocknung.
- *Trocknungsdauer:* Je nach Trocknung: bei aktiver Trocknung fünf Tage, Stiele knacken bei Trockenheit.
- *Trocknungstemperatur:* Bei max. 40 °C trocknen.
- Nach dem Trocknen die dicken Stiele entfernen.

Besonderes/Sonstiges

- Im Vergleich zu dem Großblättrigen Basilikum ist Tulsi eine robuste Pflanze und der Anbau recht unkompliziert.

https://bit.ly/FG_WeitereHeilpflanzen

SAMENANZUCHT IM FREILAND UND IM HAUS

Im Folgenden geben wir einige Tipps und Erfahrungswerte für die Anzucht von Jungpflanzen.
Für eine erfolgreiche Zucht und Ernte ist der Zeitpunkt der Aussaat entscheidend. In der Regel sind die Aussaatzeiten – neben anderen wichtigen Informationen zum Saatgut – auf der Samentüte zu finden.
Manche Kräuter und Blumen können direkt im Garten ausgesät werden. Das Säen direkt an Ort und Stelle im Freiland ist bei den verschiedenen Anzuchtmethoden die unkomplizierteste Möglichkeit und deshalb besonders beliebt, jedoch nicht immer die sicherste, daher bietet die Anzucht in Töpfchen eine gute Alternativie. Auch hier bitte die Angaben auf dem Samentütchen beachten.
Die Anzucht im Haus sollte nicht zu früh begonnen werden. Bei vielen Pflanzenarten ist der ideale Zeitpunkt ab Mitte März.

GEFÄSSE UND ERDE

Für die Aussaat können spezielle Aussaatschalen, Anzuchttöpfchen oder Ähnliches verwendet werden – der Kreativität sind hier keine Grenzen gesetzt. Es eignen sich z.B. auch halbierte Verpackungen oder Eierschachteln. Wichtig ist, dass diese sauber sind. Bei Topfplatten oder größeren Gefäßen ist der Vorteil, dass die Pflänzchen später nicht pikiert werden müssen. Aber: egal welches Gefäß Sie wählen, es sollte immer ein Loch im Boden sein.
Es ist ratsam, eine nährstoffarme und keimfreie Aussaaterde zu verwenden. Ansonsten neigen die Pflanzen dazu, zu dünn und zu lang zu werden. Sie knicken dann schnell ab. Dies wird auch vergeilen genannt. Aber auch die Wurzelentwicklung leidet dadurch.

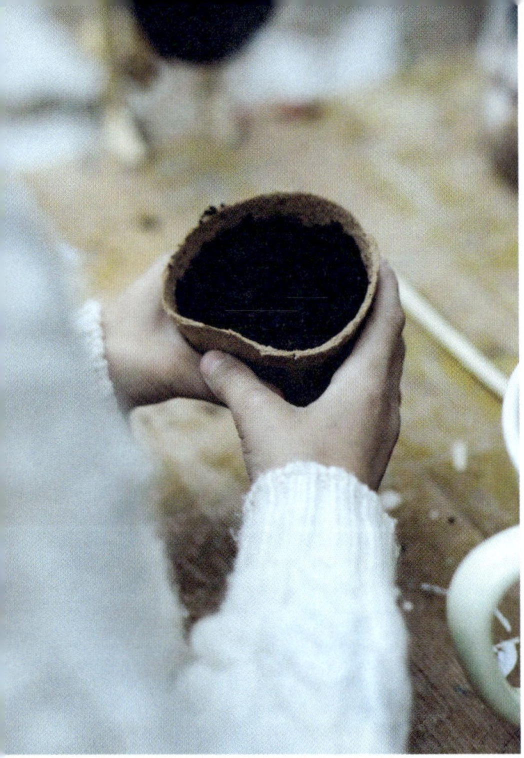
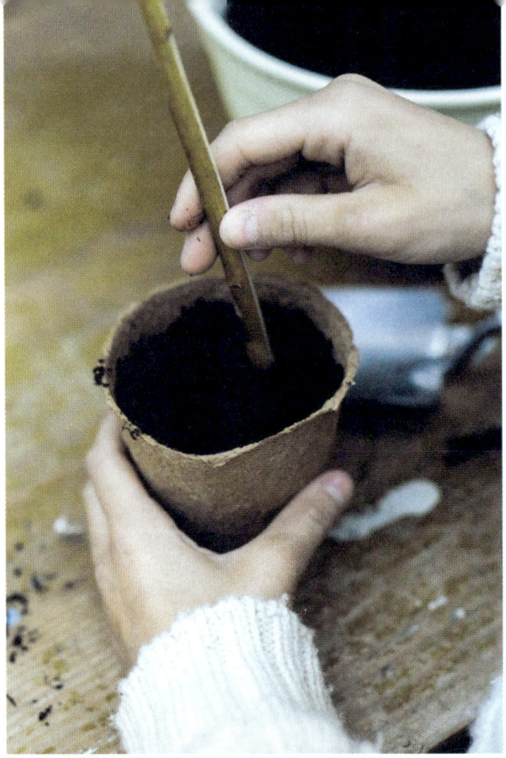
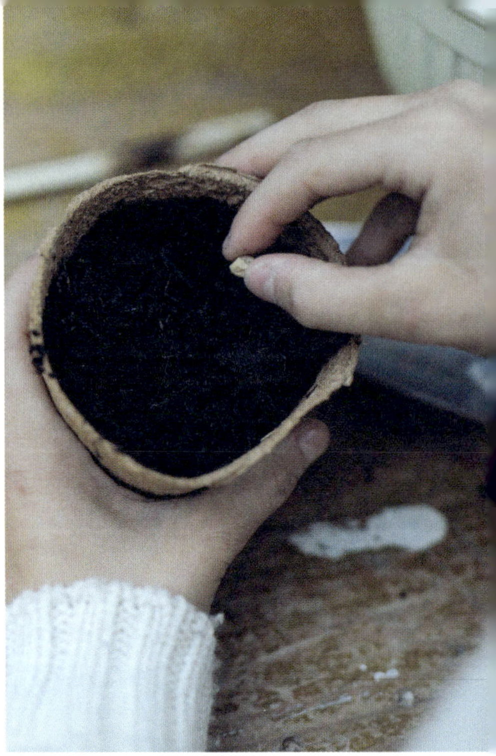
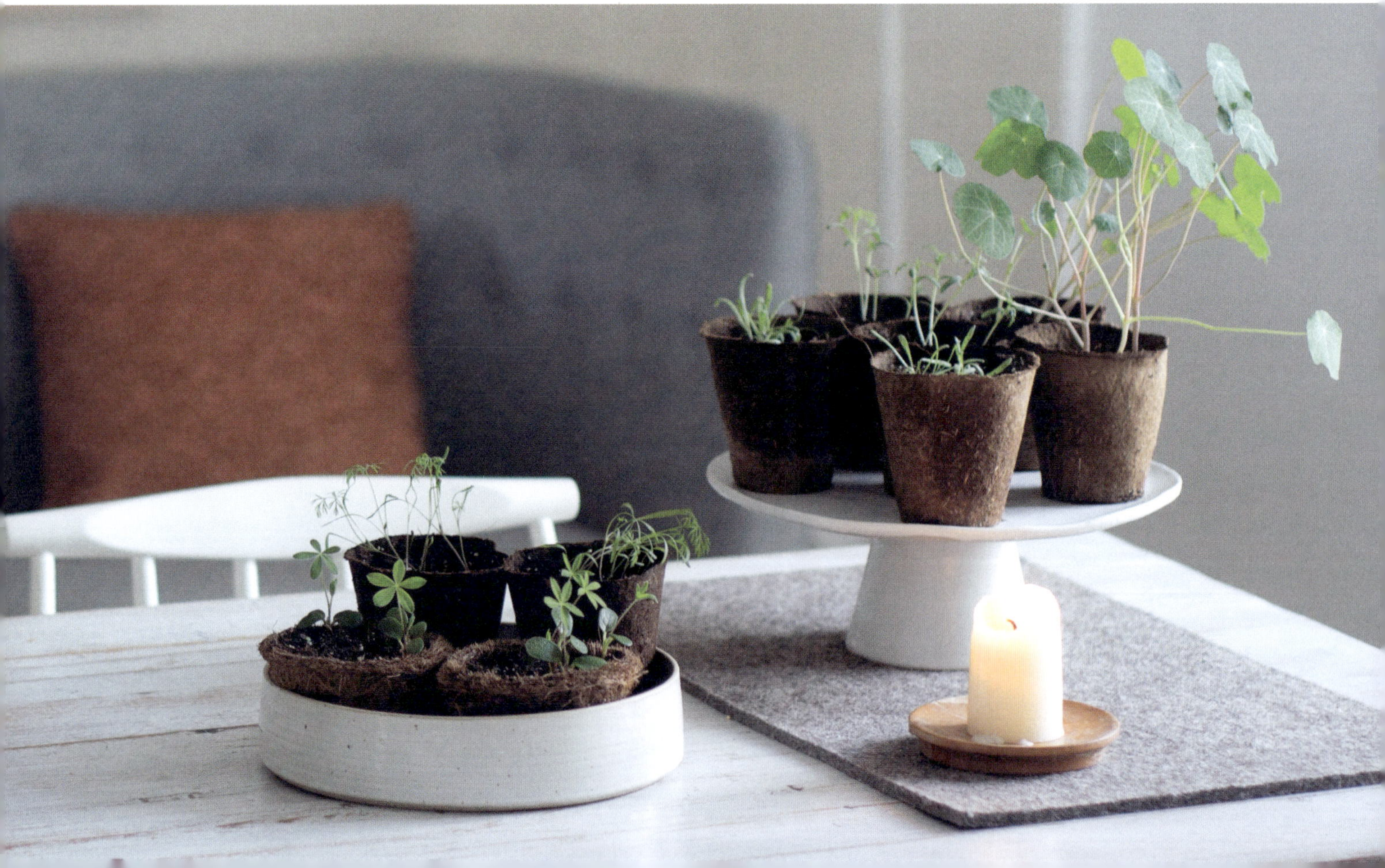

LICHT- UND DUNKELKEIMER

Es gibt Licht- und Dunkelkeimer, das heißt, der Lichtbedarf für die Keimung ist unterschiedlich. Bei Lichtkeimern wird das Saatgut lediglich leicht auf die Erde gedrückt und anschließend gut befeuchtet. Bei Dunkelkeimern soll die bedeckende Substratschicht so dick wie das verwendete Saatgut selbst sein.
Daneben gibt es auch Pflanzen, bei denen es keine Rolle spielt, ob sie unter dem Einfluss von Licht oder Dunkelheit stehen. Der Gartensalbei, wie viele andere Salbeiarten auch, benötigt lediglich ausreichend Wärme und Feuchtigkeit. Man bezeichnet diese Pflanzenarten als lichtindifferente Arten.
Dunkelkeimer wiederum werden vollständig mit Erde bedeckt. Ihre Keimfähigkeit ist ausschließlich durch die Abwesenheit von Licht begünstigt.

ANLEITUNG AUSSAAT

1. Nach dem Befüllen des Anzuchttöpfchens die Erde ausreichend befeuchten. Idealerweise mit einer feinen Blumenbrause. Besonders für sehr leichte Samen ist dies wichtig, da sie sonst unter die Erde oder zur Seite gespült werden.
2. Mithilfe eines Pikierstabs oder eines Essstäbchens eine Vertiefung in die Erde drücken.
3. Die Anzahl der Samen pro Töpfchen hängt von der Pflanzenart ab.
4. Regelmäßig gießen. Dabei ist es wichtig, dass die Erde konstant feucht, aber nicht zu nass ist. Auch auf die notwendige Keimtemperatur sollte regelmäßig geachtet werden. In der Regel sind 20 °C ideal.
5. Sind die Keimblätter zu sehen, für ausreichend Licht sorgen.
6. Je nach Pflanzenart müssen die Keimlinge pikiert (vereinzelt) werden – dann, wenn sie 4 bis 6 Blätter entwickelt haben. Mithilfe eines Pikierstabs oder eines Essstäbchens die Keimlinge gegebenenfalls vorsichtig aus der Erde lösen (die zarte Wurzel darf nicht verletzt werden) und in einen größeren Topf umpflanzen.

7. Zur Abhärtung sollten die Pflänzchen nach der Keimung kühler weiterkultiviert werden. Da die Pflanzen viel Licht brauchen, erst ab Mitte März säen. Zu diesem Zeitpunkt werden die Tage wieder heller. Ansonsten mit einer Zusatzbeleuchtung behelfen. Zudem sollten die Jungpflanzen vor der Auspflanzung an mehreren Tagen tagsüber an einem wind- und sonnengeschützten Platz im Freien stehen. Nachts entweder mit einem Vlies bedecken oder wieder ins Haus holen.
8. Die Jungpflanzen zur Sicherheit erst nach den Eisheiligen Mitte Mai ins Gartenbeet oder in den Balkonkasten setzen. Zudem darauf achten, dass der Topf schon gut durchwurzelt ist. Ist die Erde noch locker und an den Topfrändern sind nur vereinzelt Wurzeln zu sehen, darf die Pflanze gern noch weiterwachsen. Wenn die Erde deutlich fester und ein dichtes Wurzelgeflecht erkennbar ist, kann sie ausgepflanzt werden. Ist die Standzeit im Topf länger als fünf Wochen, die Pflanze mit einem Biodünger düngen, damit sie optimal mit allen wichtigen Nährstoffen versorgt wird.
9. Beim Auspflanzen in den Garten den Hinweis zum Standort auf der Samentüte berücksichtigen. Zudem auch im Freiland/Garten die Pflanze regelmäßig mit einem Biodünger düngen. Wie oft gedüngt werden soll, ist auf der Verpackung des Biodüngers angegeben.

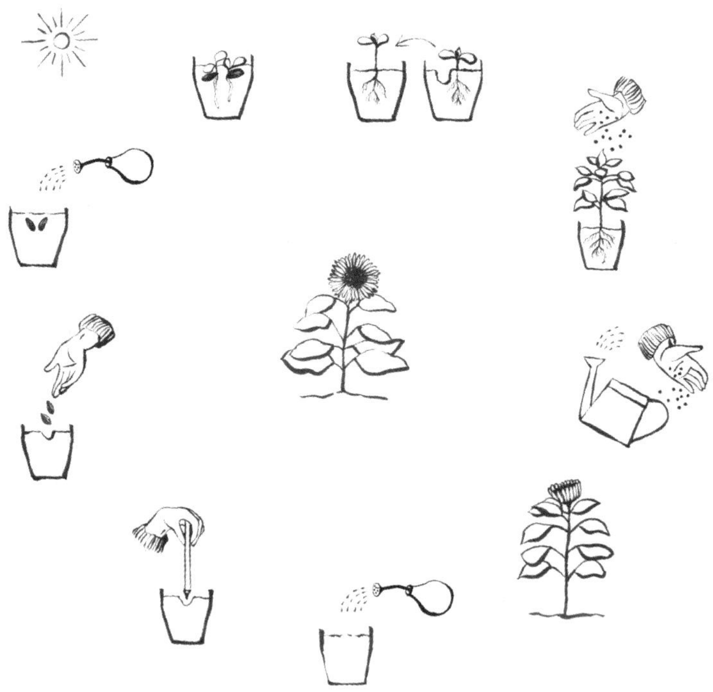

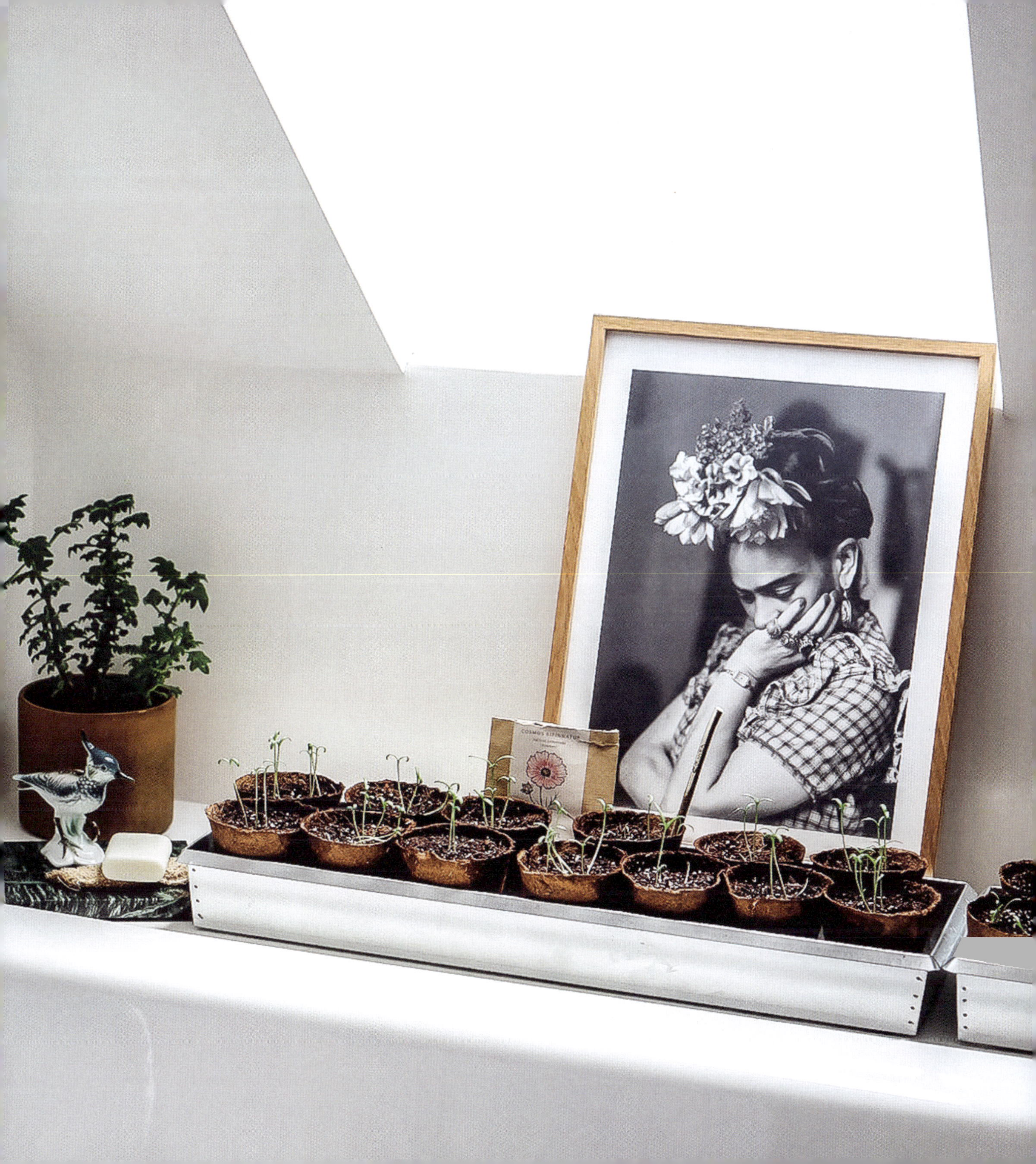
COSMOS

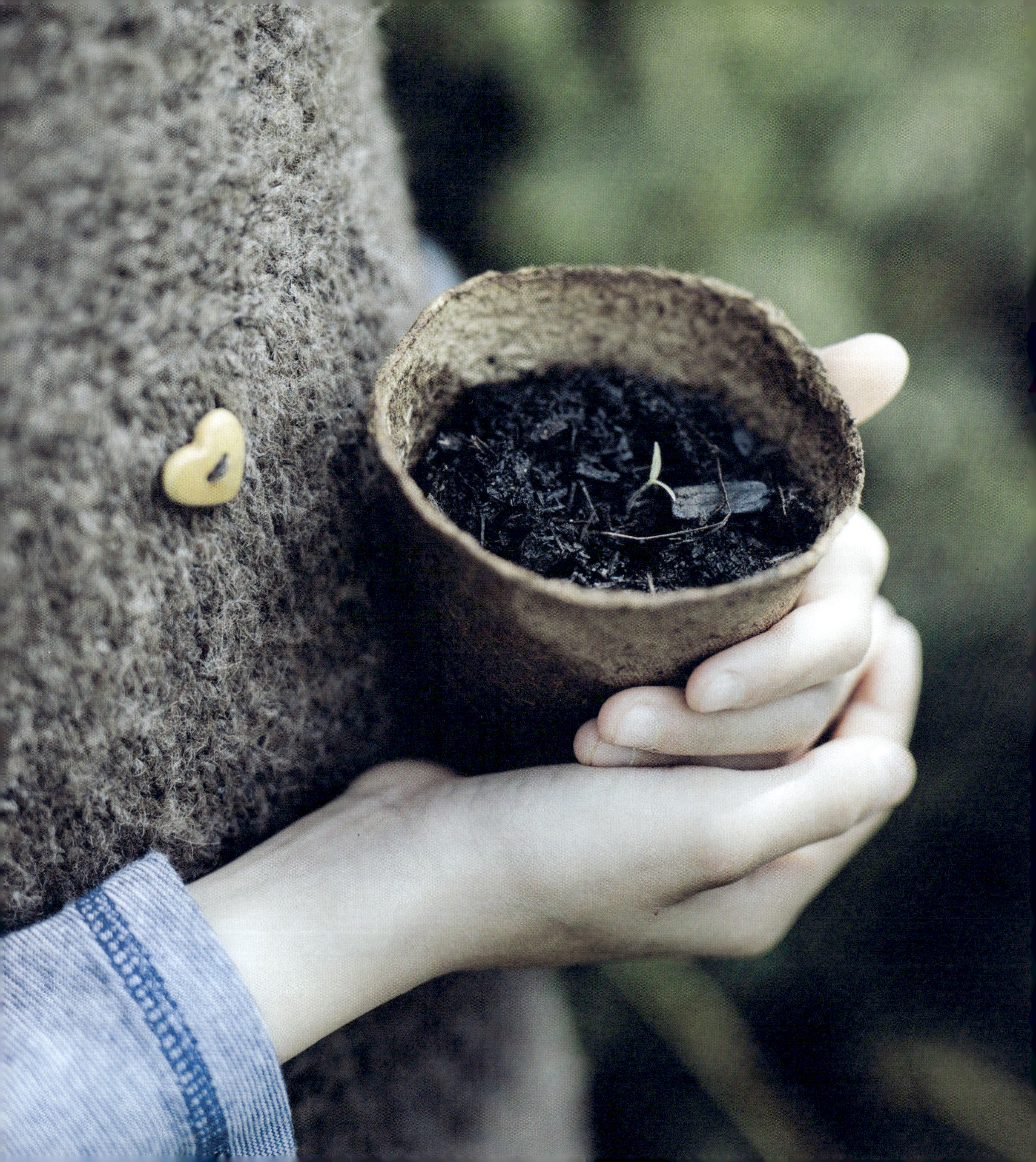

ERDE - DIE BASIS FÜR GUTES PFLANZENWACHSTUM

Beim Anbau von Kräutern und Blumen sind mehrere Faktoren wichtig, damit die Pflanzen gut gedeihen.
Aus diesem Grund haben wir für die wichtigsten Kräuter Anbauanleitungen erstellt. Dort finden Sie die wichtigsten Informationen über Anzucht, Erde, Pflege und Ernte. Darüber hinaus möchten wir noch ein paar hilfreiche Tipps zur verwendeten Erde geben.

TOPFPFLANZEN: AUSSAAT, DRAINAGE UND BIO-ERDE

Für die *Aussaat* in Anzuchtschalen und kleineren Töpfchen empfiehlt sich spezielle Anzucht- oder Aussaaterde, denn diese hat folgende Eigenschaften:

- fein in der Struktur
- niedrig im Salzgehalt
- gut belüftet
- gut wieder benetzbar
- wenig gedüngt

Anzucht- und Aussaaterde kann für die herkömmlichen Vermehrungsarten eingesetzt werden.
Eine *Drainage* ist eine wichtige Grundlage für den Anbau von Topfpflanzen. Pflanzen auf dem Balkon oder der Terrasse werden in der Regel in Blumentöpfen oder Pflanzkübeln kultiviert. Damit in den Töpfen keine Staunässe entsteht, die den meisten Pflanzen nicht bekommt, haben Pflanzgefäße ein Ablaufloch. Zusätzlich kann vor dem Einpflanzen noch eine spezielle Drainage eingebracht werden. Sie sorgt dafür, dass sich die Löcher nicht mit Erde zusetzen und Gieß- sowie Regenwasser optimal abfließen kann.

Andernfalls können die Wurzeln der Pflanzen nicht mehr atmen, sie faulen und sterben schließlich ab.
Folgende Materialien können als Drainage verwendet werden:

- Blähton
- Tonscherben
- Kieselsteine
- Bimskies

Gute *Bio-Erde* verfügt über folgende Eigenschaften:

- mittelfeine Struktur
- mit hohem Mineralstoffanteil für kürzere bis längere Standzeiten bei guter Drainage
- hohe pH- und Nährstoffpufferung durch Humusanteil

Neben der Auswahl der Erde muss die Größe sowie die Standdauer der Gefäße und Pflanzen bedacht werden. Mit zunehmender Gefäßgröße oder bei längerer Standdauer sollte ein höherer Anteil an mineralischen Rohstoffen (wie Bims, Blähton, Blähschiefer) in der Erde enthalten sein. Der Anteil bestimmt sich nach der Art der Pflanzen, denn es ist relevant, ob es sich um Stauden und Gehölze oder um Kräuter, Sonnenblumen und Gemüse handelt. Stauden und Gehölze sind Dauerbegrünungen. Je nach Pflanzenart kann nach der Ernte oder beim Wechsel der Bepflanzung nochmals in den Wurzelraum eingegriffen werden, um frische Erde nachzufüllen. Auch hier gibt es spezielle Erde wie Kübelpflanzenerde, die eine gute Struktur und sichere Drainage bietet. Bei normaler Topfgröße eignet sich eine Bio-Universalerde. Darüber hinaus gibt es inzwischen besondere Bio-Erden, die zusätzlich Schafwoll-Pellets beinhalten. Diese bietet Gemüsen, Früchten und Kräutern optimale Bedingungen für die ganze Saison. Die naturbelassene, zerkleinerte Wolle von Schafen aus heimischer Weidehaltung optimiert das Wachstum während der ganzen Saison durch eine stetige Nährstoffversorgung.

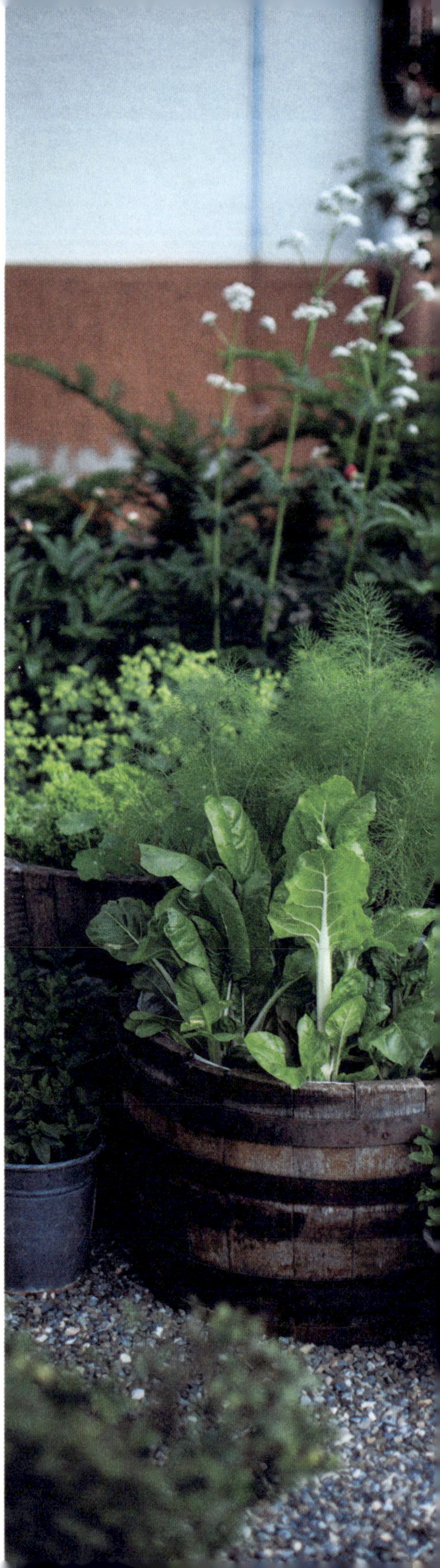

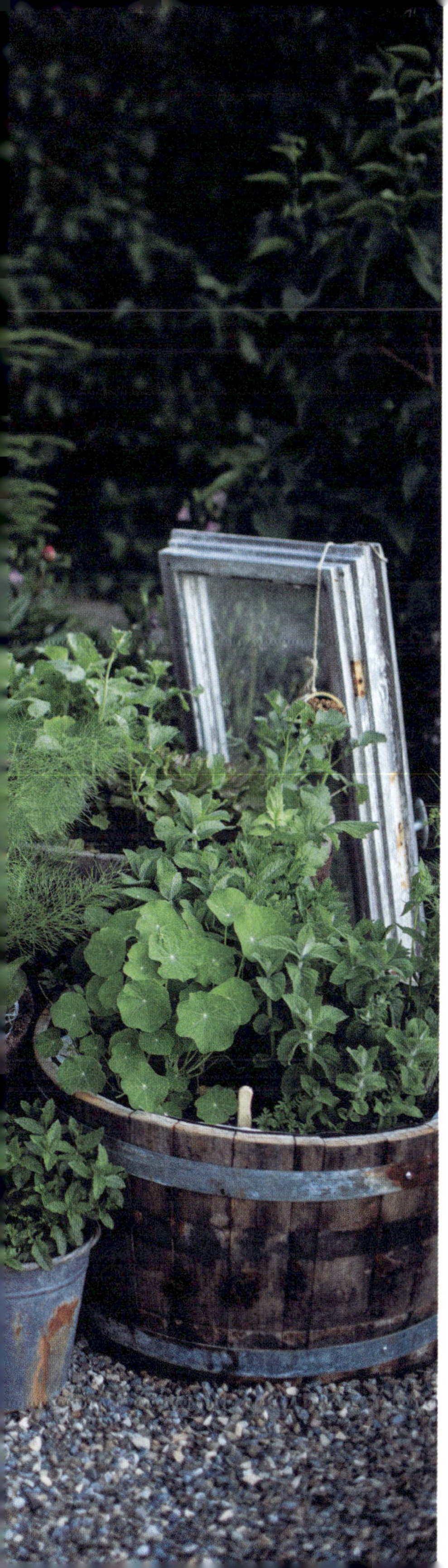

KRÄUTER UND STAUDEN IM GARTEN

BODENVERHÄLTNISSE UND BODENARTEN

Entscheidend für ein gesundes Wachstum ist ein idealer Gartenboden. Aber wie lässt sich die Bodenbeschaffenheit des eigenen Gartens bestimmen?
Im Großen und Ganzen können wir die Bodenbeschaffenheit in drei Kategorien einteilen:

- Sandböden, auch leichte Böden genannt
- Lehmsandböden, auch mittelschwere Böden genannt
- Lehmböden oder schwere Böden.

Die Bodenbeschaffenheit lässt sich mittels eines einfachen Tricks bestimmen: Formen Sie etwas Erde aus Ihrem Garten mit der Hand zu einer Kugel und rollen Sie diese anschließend zu einer Wurst. Bei einem Lehmsandboden ist dies leicht möglich, die Konsistenz der Rolle ist glatt, aber nicht klebrig. «Klebt» das Röllchen, ist dies ein Hinweis auf einen Lehmboden. Wenn sich erst gar keine Rolle formen lässt und die Konsistenz krümelig bleibt, haben Sie einen Sandboden im Garten.

Mittelschwerer oder Lehmsandboden

Ebenfalls gut zu bearbeiten ist ein mittelschwerer Boden. Seine Beschaffenheit gewährleistet eine ausgewogene Luftzirkulation, wodurch sich die Erde auch entsprechend leicht erwärmen kann. Gleichzeitig verfügt er über eine ideale Wasserspeicherfähigkeit und enthält genügend Nährstoffe. In der Konsistenz ist er meist leicht bröselig bzw. krümelig, denn er besteht aus einer Mischung von Sand, Lehm, Ton und Humus.

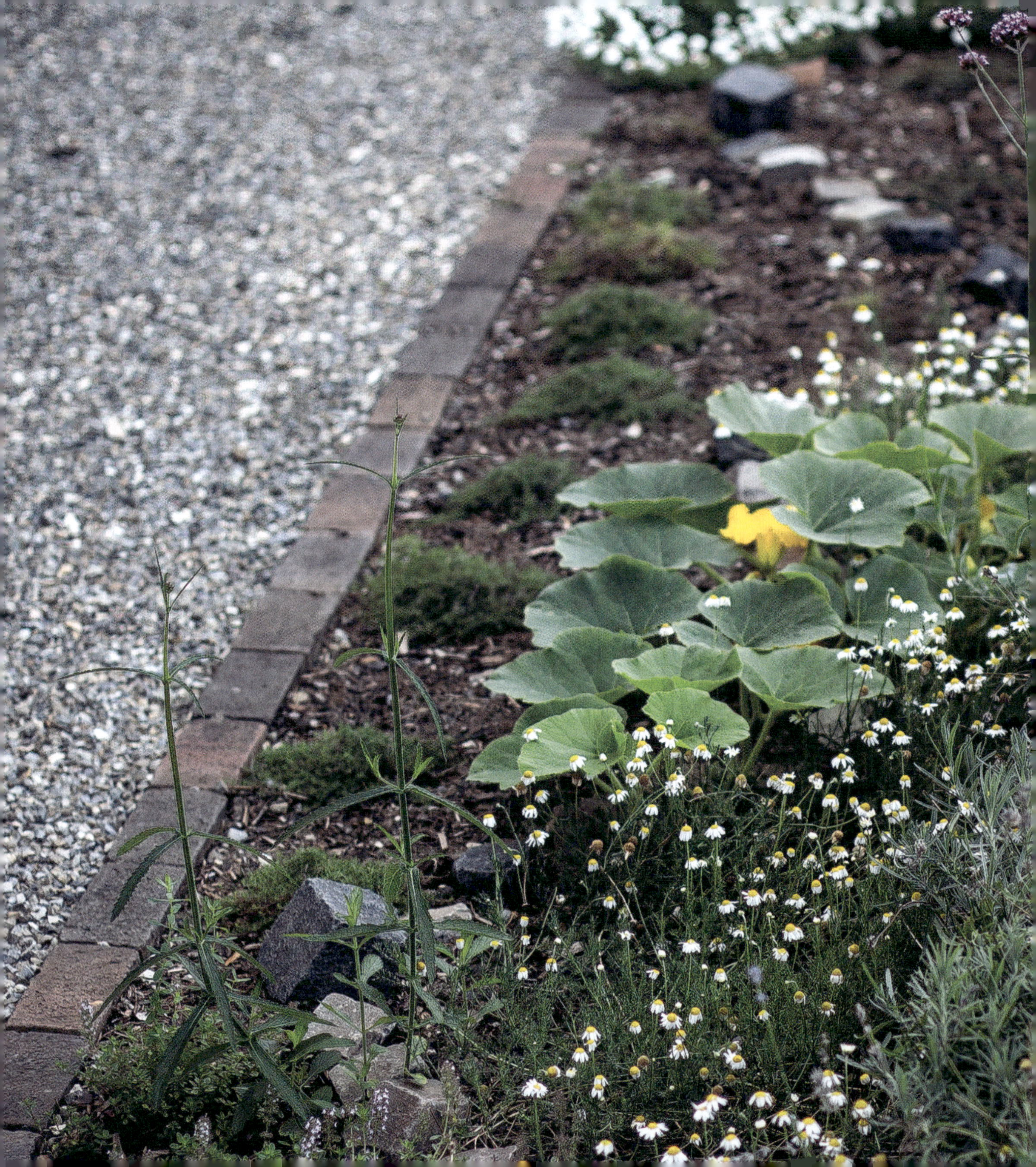

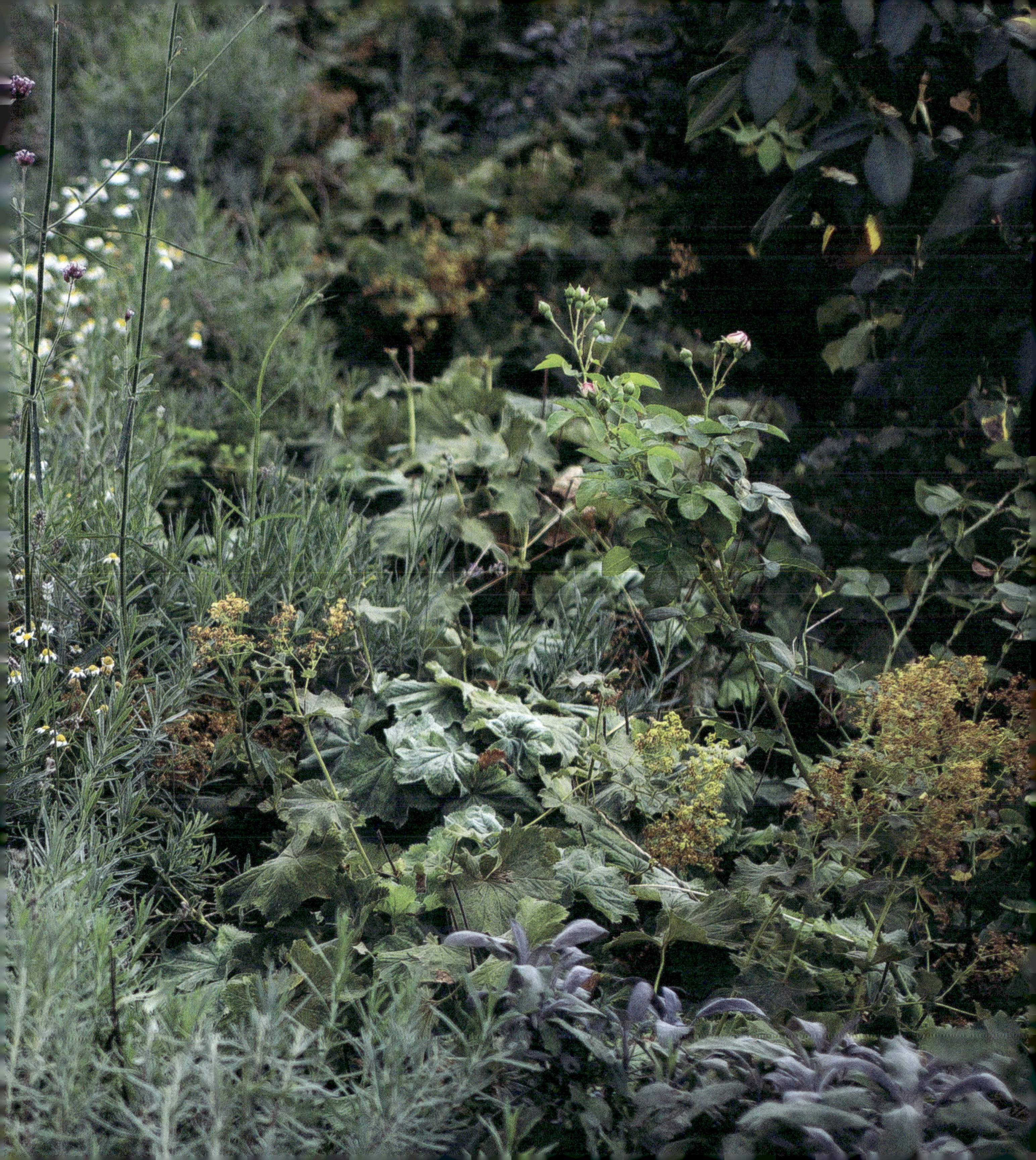

MASSNAHMEN ZUR BODENVERBESSERUNG

Wenn die Bodenbeschaffenheit im eigenen Garten nicht den gewünschten Anforderungen genügt, können folgende Maßnahmen helfen, die Bodenverhältnisse zu verbessern.

Sandboden

Ein sandiger Boden speichert nahezu kein Wasser, sodass die Pflanzen schnell austrocknen können. Abhilfe schafft in diesem Fall die Anreicherung des Bodens mit etwas Lehm oder Tonmineralmehl. Auch die wiederholte Zugabe guter Komposterde ist sinnvoll. Regelmäßiges Mulchen sowie die Verwendung eigens angesetzter Brennnesseljauche kann die Bodenbeschaffenheit nachhaltig verbessern.

Lehmiger Boden

Ein lehmiger Boden neigt zu Staunässe. Oft ist dieser Boden sehr fest, erwärmt sich im Frühling nur langsam und die Wurzeln bekommen wenig Luft. Hier ist es wichtig, den Boden regelmäßig umzugraben, idealerweise im Herbst. Dabei ist es sinnvoll, auch etwas Kompost und Sand mit einzuarbeiten. Im Frühling und Sommer ist es hilfreich, den Boden regelmäßig zu harken, um ihn aufzulockern.

UMGRABEN, LOCKERN, DÜNGEN UND ABMAGERN

Den Boden umgraben oder lockern?

Wie der Gartenboden bearbeitet werden kann, ist vor allem von der Bepflanzung abhängig. Bei einem dicht bepflanzten Garten ist es schwierig, die Erde mit einer Gartenhacke oder einem Grubber umzugraben, um den Boden zu lockern. Auch kann dabei das

Gleichgewicht der Mikroorganismen im Boden gestört werden. Hier können Würmer das Auflockern der Erde übernehmen. Im Fachhandel gibt es inzwischen tolle Wurmkisten, Wurmkomposter oder Wurmboxen zu kaufen, um den Bedarf an einer größeren Menge Würmer zu decken. Bei Wurmboxen entsteht zusätzlich hochwertiger Wurmhumus, der ebenfalls im Boden verteilt werden kann. Wer keine Wurmbox nutzen kann oder möchte, bezieht die Würmer bequem im Fachhandel. Durch den Wurmkot bekommt der Boden nach und nach eine krümelige Struktur und wird mit Stickstoff, Calcium, Kalium, Magnesium und Phosphor versorgt. Bei einem weniger dicht bepflanzten Garten kann die Erde mit einer Gartenhacke oder einem Grubber umgegraben werden. Dabei ist es ideal, eine große Menge an Kompost und Mist einzuarbeiten.

Wann ist Gründüngung sinnvoll?

Als Gründünger eignen sich zum Beispiel folgende Pflanzen: Raps, Sonnenblumen, Klee, Gelbsenf, Lupinen oder Phacelia (Bienenfreund). Diese Mischungen sind im gut sortierten Fachhandel erhältlich. Beim Anlegen eines Gartens empfiehlt es sich, vorab einen Gründünger auszusäen. Die Bildung von Humus wird dadurch begünstigt und der Boden kann auf natürliche Art und Weise verbessert werden. Darüber hinaus ist Gründünger ideal bei unbepflanzten Böden. Felder und Gemüsegärten erhalten diesen im Herbst. Gründünger fördert die Wasserspeicherfähigkeit und verhindert zudem das Wachsen von Unkraut. Mitte August bis Mitte September ist der ideale Zeitpunkt, damit die Pflanzen vor dem Winter noch ordentlich wachsen können..

Natürlicher Dünger

Ein beliebter organischer Dünger sind Hornspäne aus zerkleinerten Hörnern und Hufen von Rindern (aus biologischer Tierhaltung). Hornspäne versorgen den Boden mit wichtigen Nährstoffen und er kann ganzjährig ausgebracht werden. Aber auch klassische Pflanzenjauchen aus Schachtelhalm, Giersch, Löwenzahn, Knoblauch, Zwiebel, Kamille und vor allem

Brennnesseln sind als natürliche Dünger einfach herzustellen, kostengünstig und sehr wirkungsvoll. Sie enthalten viel Stickstoff und Kalium und sind damit für fast alle Gartengewächse, egal ob Nutz- oder Zierpflanze, ein guter Nährstofflieferant.

Gartenboden abmagern

Manche Wildblumen und Kräuter bevorzugen einen mageren Boden. Bei guter Stickstoffversorgung werden schneller wachsende Pflanzen (z.B. Gräser) langsamer wachsende Blumen und Kräuter unterdrücken. Das vorherige Abmagern eines fetten Bodens ist also essenziell. Gerade ein gut gepflegter Rasen sollte vor der Aussaat abgemagert werden, damit Wildblumen und Kräuter dort anwachsen können. Um einen Boden abzumagern, bitte ganz auf Düngung verzichten. Am besten schon zwei bis drei vorhergehende Jahre. Der Prozess kann aber auch beschleunigt werden, indem die Fläche mit Pappe oder Folie abgedeckt wird. Dadurch findet eine natürliche Verrottung statt. Beim Abdecken mit Pappe diese mit Wasser befeuchten. Nach ca. 6 bis 8 Wochen kann die Abdeckung entfernt werden. Die humose Schicht wird abgetragen und anschließend wird Sand untermischt. Gegebenenfalls etwas Rindenkompost oder -humus untermischen.

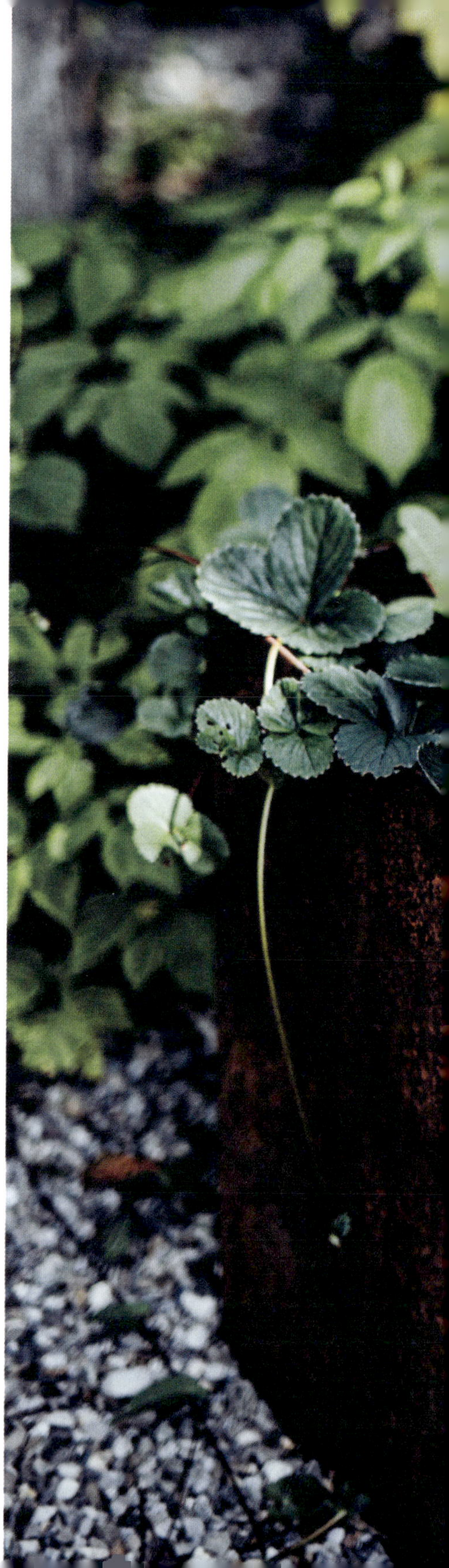

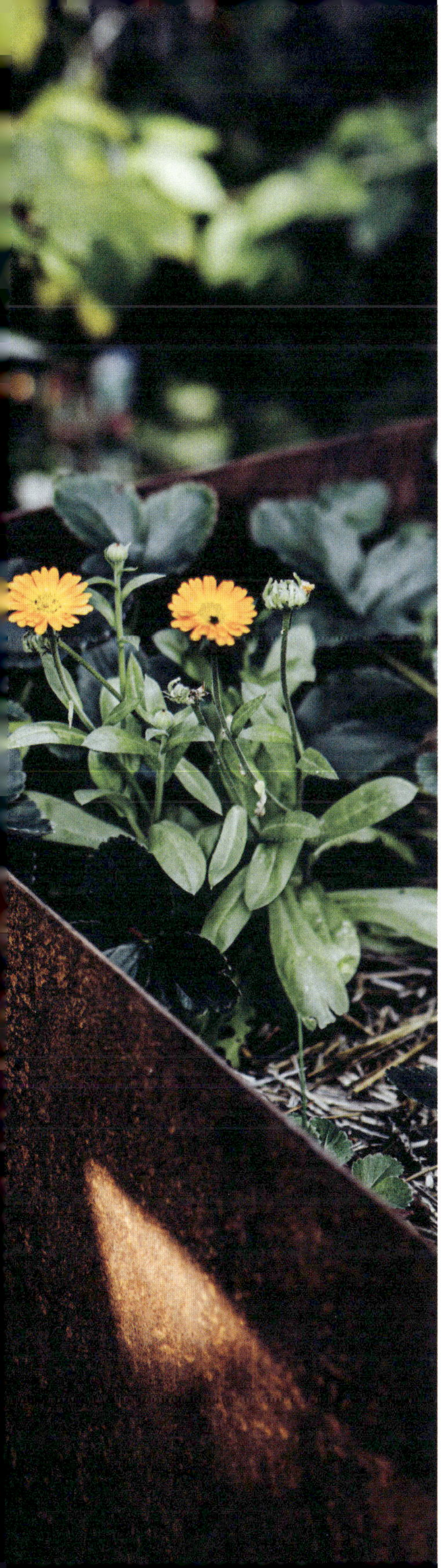

KRÄUTER UND BLUMEN IN HOCHBEETEN PFLANZEN

Damit die Pflanzen im Hochbeet richtig und prächtig gedeihen und optimal mit Nährstoffen versorgt werden, ist es wichtig, das Hochbeet in entsprechenden Schichten zu befüllen.

AUFBAU HOCHBEET

1. Schicht: grober Grünschnitt aus Häckselschnitt, Ästen und Zweigen
2. Schicht: Rasenschnitt, Blätter und Laub
3. Schicht: Mist (mindestens halbes Jahr alt), grober Kompost
4. Schicht: hochwertige Gartenerde und Pflanzensubstrat

Ein Hochbeet aus Holz mit Folie (frei von Weichmachern) auskleiden, um die Innenwände vor Nässe zu schützen. Beim Kauf der Folie darauf achten, dass diese schadstoffarm, verrottungsfest und wasserdicht ist. Alternativ kann Noppenfolien verwendet werden.
Auch sollte entlang des Bodens ein Kükendraht angebracht werden, sodass weder Wühlmäuse noch andere Nagetiere hindurchkommen können.

Zur Befüllung

Grundsätzlich werden die Materialien von unten nach oben immer feiner. Je nach Verfügbarkeit die einzelnen Schichten jeweils ca. 5 bis 25 cm Zentimeter hoch aufbauen. Die zwei obersten Schichten sollten in jedem Fall 25 bis 30 cm hoch sein.
Die unterste Schicht aus grobem Grünschnitt (Häckselschnitt,

Äste und Zweige) ist eine optimale Drainage für das Hochbeet. Danach folgt die Schicht mit Rasenschnitt, Blättern und Laub. Anschließend als dritte Schicht verrotteter Mist (mindestens ein halbes Jahr alt) und grober Kompost. Zum Schluss wird das Hochbeet mit hochwertiger Gartenerde befüllt. Wer mag, kann hier ein Pflanzensubstrat sowie gute Komposterde hinzugeben.

Tipps

Bitte immer die Kulturanleitung auf dem Pflanzenetikett nachlesen. Dort finden Sie alle wichtigen Informationen über Standort, Wuchshöhe und Bodenanforderungen, die bei der Kultivierung von Kräutern und Stauden zu beachten sind.
Dies gilt auch beim Bepflanzen des Hochbeets.

WARUM SIND HOCHBEETE SO BELIEBT?

Der Aufbau aus diesen unterschiedlichen organischen Schichten begünstigt eine optimale Humusbildung. Das Hochbeet wird somit über mehrere Jahre optimal mit wichtigen Nährstoffen versorgt. Zudem entsteht durch den Verrottungsprozess Wärme, die Erdtemperatur im Hochbeet ist im Schnitt 6 °C höher und wärmer als im Gartenboden. Dadurch wird das Wachstum der Pflanzen beschleunigt und die Pflanzzeit über den Herbst hinaus ausgedehnt.

HOCHBEET-PFLEGE

Durch den Verrottungsprozess sackt das Hochbeet nach und nach zusammen. Aus diesem Grund sollte das Hochbeet jährlich im Frühjahr mit Gartenerde, Pflanzensubstrat oder Komposterde aufgefüllt werden.
In der Regel hält ein Hochbeet zwischen 5 bis 7 Jahren. Der hochwertige Humus kann nun im Garten als Bodenverbesser verwendet werden. Das Hochbeet kann im Anschluss wieder nach dem gleichen Prinzip mit 4 neuen Schichten befüllt werden.

DUFTRASEN AUS VERSCHIEDENEN KRÄUTERN

Dort, wo jetzt diese kriechenden Kräuter in unserem Garten wachsen, war in den letzten Jahren ein wenig attraktiver Rasen. Wie wir das geändert haben?
Zuerst haben wir über mehrere Wochen den Rasen mit Pappe abgedeckt (s. S. 36/37). Dadurch ist der Rasen verrottet und wir konnten diesen recht einfach an der Grasnarbe abtragen. Im Anschluss haben wir die Erde mit Sand und Komposterde aufgelockert, da unser Boden recht lehmig und schwer ist.
Bei den Kräutern haben wir uns für herrlich duftende Bodendecker-Kräuter entschieden, die auch gut geerntet werden können. Wir haben zwei römische Kamillensorten und verschiedene Thymiansorten gewählt. Vor allem der Orangenthymian duftet wunderschön und schmeckt als Tee hervorragend.
Zwischendrin haben wir einfach einen Kürbis gepflanzt, und die Verbene hat sich von allein dort platziert. Es ist beeindruckend, wenn sich Pflanzen auf wunderschöne Art und Weise verselbstständigen und sich so ein kleines Blütenparadies entwickelt.
Den Duftrasen zeigen wir in seiner ganzen Pracht und Schönheit auf den Seiten 28/29.

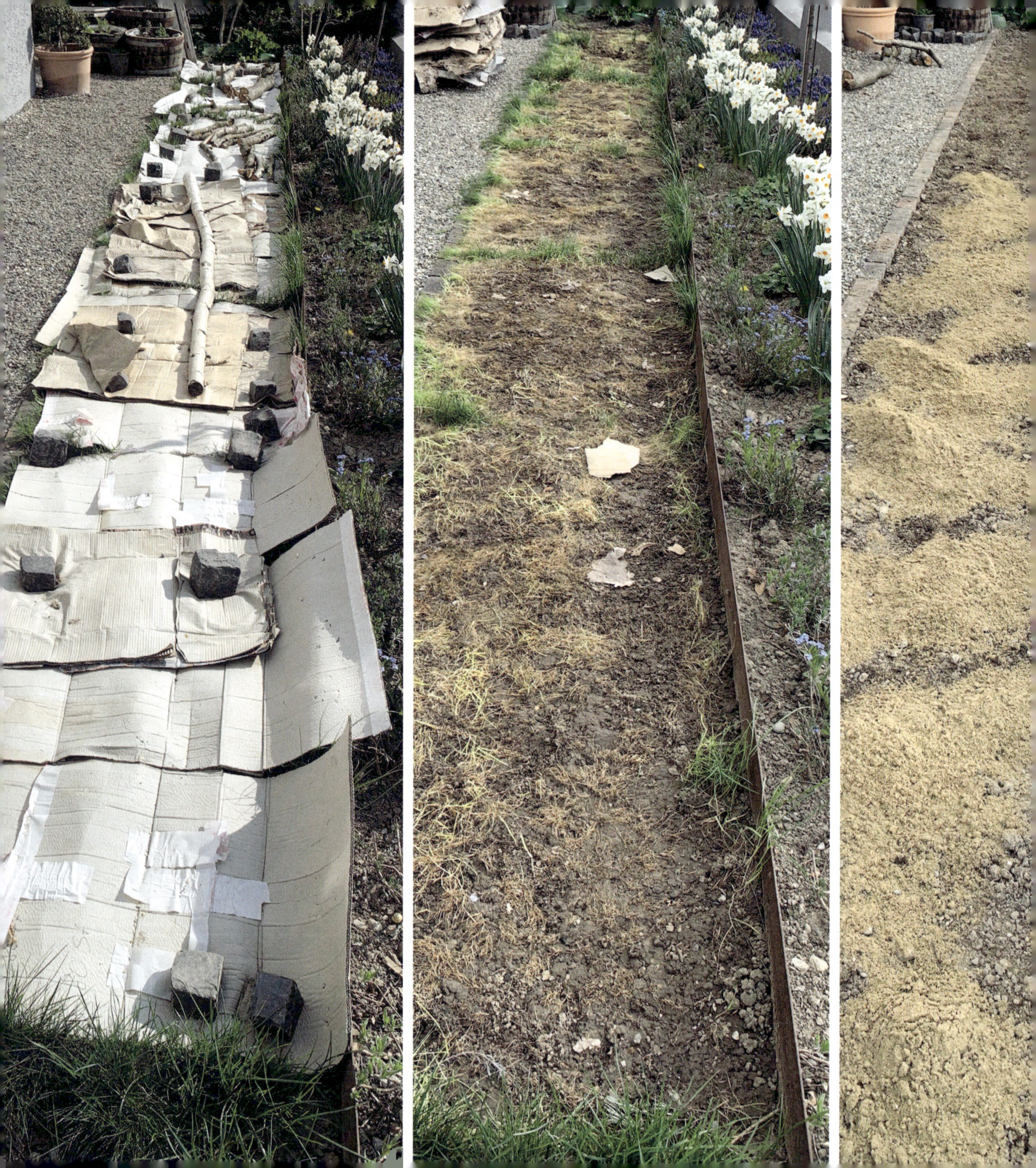

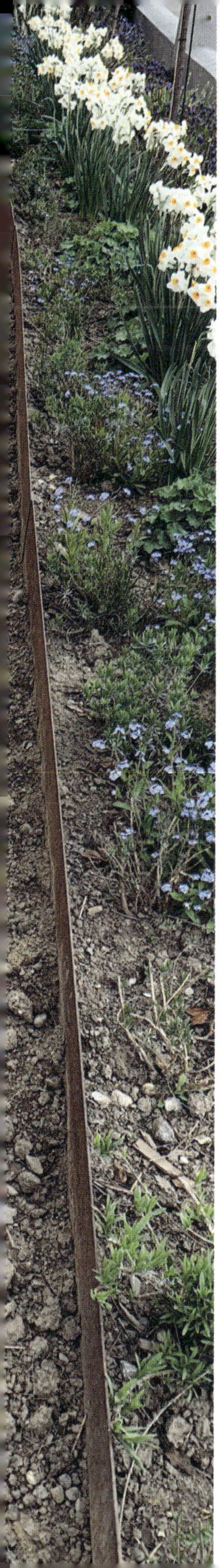
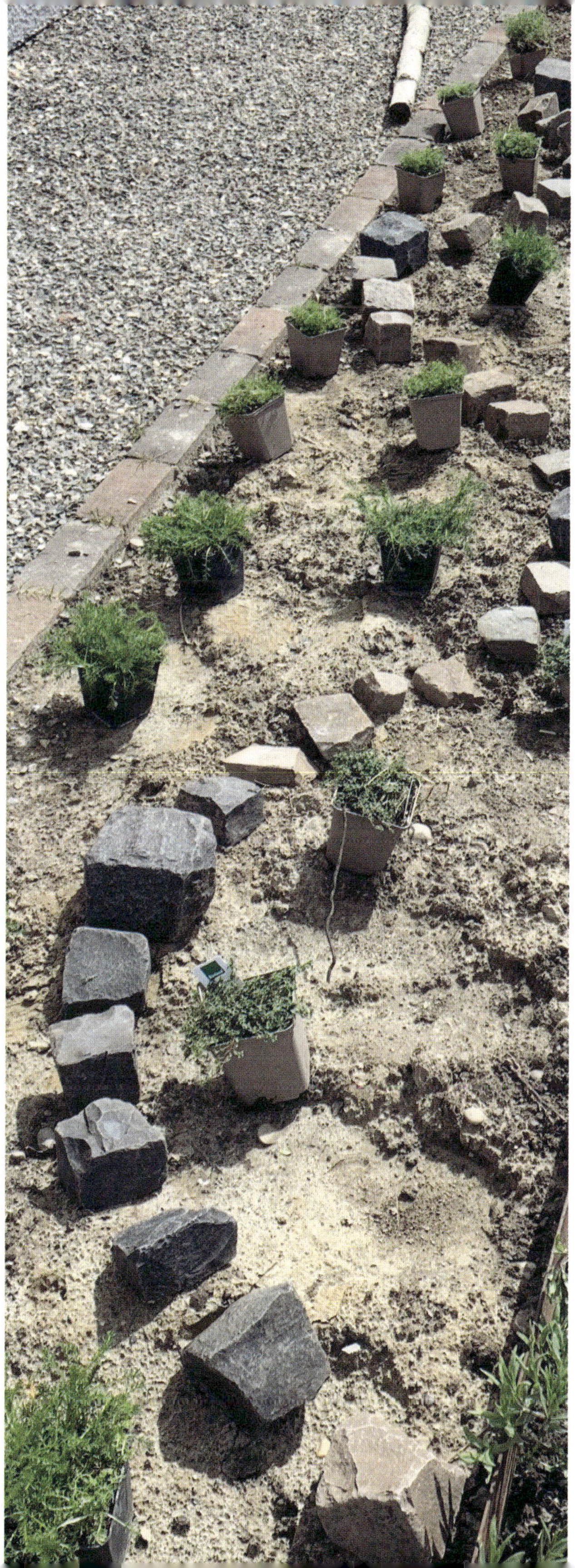
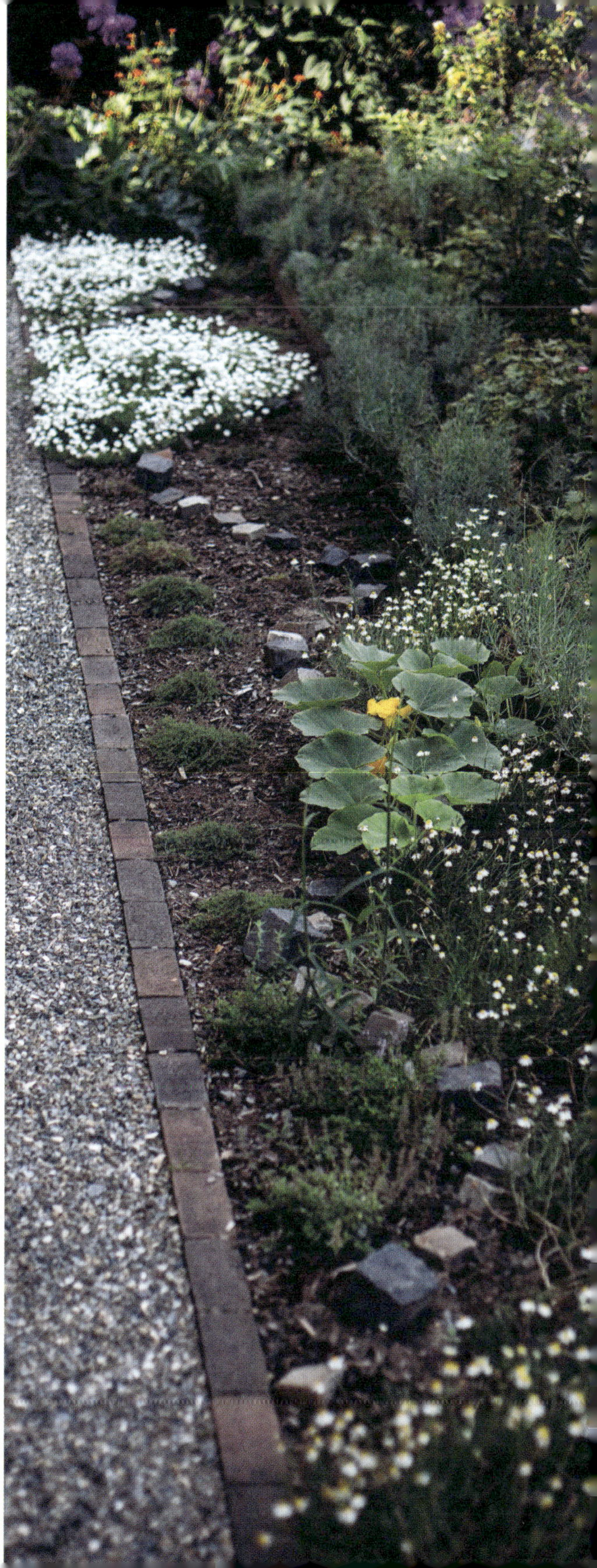

HEUBLUMEN – WIRKUNG UND ANWENDUNG

Bei den einzelnen Pflanzen handelt es sich hauptsächlich um die Gruppe der Süßgräser (lat.: Poaceae entspricht Gramineae) und Kleearten (Trifolium), wie z.B. Rotklee.

- Fuchsschwanzgras (Alopecurus)
- Gewöhnliches Ruchgras (Anthoxanthum odoratum)
- Gemeine Quecke (Elymus repens)
- Knäuelgras (Dactylis glomerata)
- Lieschgras (Phleum pratense)
- Trespen (Bromus)
- Wiesen-Schwingel (Festuca pratensis)
- Löwenzahn (Taraxacum officinale)
- Wegerich (Plantago lanceolata)
- Wiesenklee (Trifolium pratense)
- Wundklee (Anthyllis vulneraria)
- Kornblume (Centaurea cyanus)
- Klatschmohn (Papaver rhoeas)
- Wegwarte (Cichorium intybus)
- Steinklee (Melilotus)

Heublumenduft ist wohltuend und erinnert uns an unsere Kindheit.
Doch aus was besteht eine Heublumenmischung eigentlich? Sie ist eine Komposition aus unterschiedlichen Blumen und Gräsern sowie deren Samen, Stängeln, Blättern und auch Blüten. Heublumen können vielseitig bei allerlei Beschwerden eingesetzt werden.
Der typische Heuduft stammt von den Pflanzen, die Cumarin enthalten. Schon Sebastian Kneipp hatte die beruhigende sowie entspannende Wirkung der Heublumen erkannt und verwendete sie zur Schmerzlinderung. In der Volksheilkunde werden Heublumen deshalb auch als «Morphium der Natur» bezeichnet.

HEUBLUMEN SAMMELN

Eine Mischung aus mindestens 5 der links aufgeführten Blumen und Gräser ist ideal. Diese können bei einem Spaziergang wild gesammelt werden. Bitte nur bekannte Pflanzen mitnehmen und nicht direkt am Wegesrand pflücken und sammeln, wo Hunde gern ihr Geschäft verrichten.

Erntezeitpunkt:

Ein guter Zeitpunkt zum Sammeln ist von Juni bis Mitte August. Idealerweise sollten die Blüten geöffnet und das Wetter mindestens vier Tage lang trocken gewesen sein.

DIE WIRKUNG VON HEUBLUMEN UND IHRE ANWENDUNG

In den Pflanzen sind neben dem Cumarin auch noch viele weitere Inhaltsstoffe wie Flavonoide, ätherische Öle oder auch Gerbstoffe enthalten.
Heublumen sind ein prima Wärmespeicher. Wärmeanwendungen verbessern die Durchblutung, die Muskulatur entspannt und Schmerzen können gelindert werden. Zudem haben sie eine entspannende und stimmungsaufhellende Wirkung, der Kreislauf wird angeregt und das Gewebe wird elastischer.
Viele Wellness- und Gesundheitshotels oder Reha-Kliniken bieten Heublumentherapien an. Zum Beispiel bei schmerzhaften Gelenk- und Muskelschmerzen oder zur Therapieunterstützung bei Nieren-, Blasen- und Gallenleiden. Zur seelischen Entspannung ist ein Heublumenbad ebenfalls zu empfehlen.

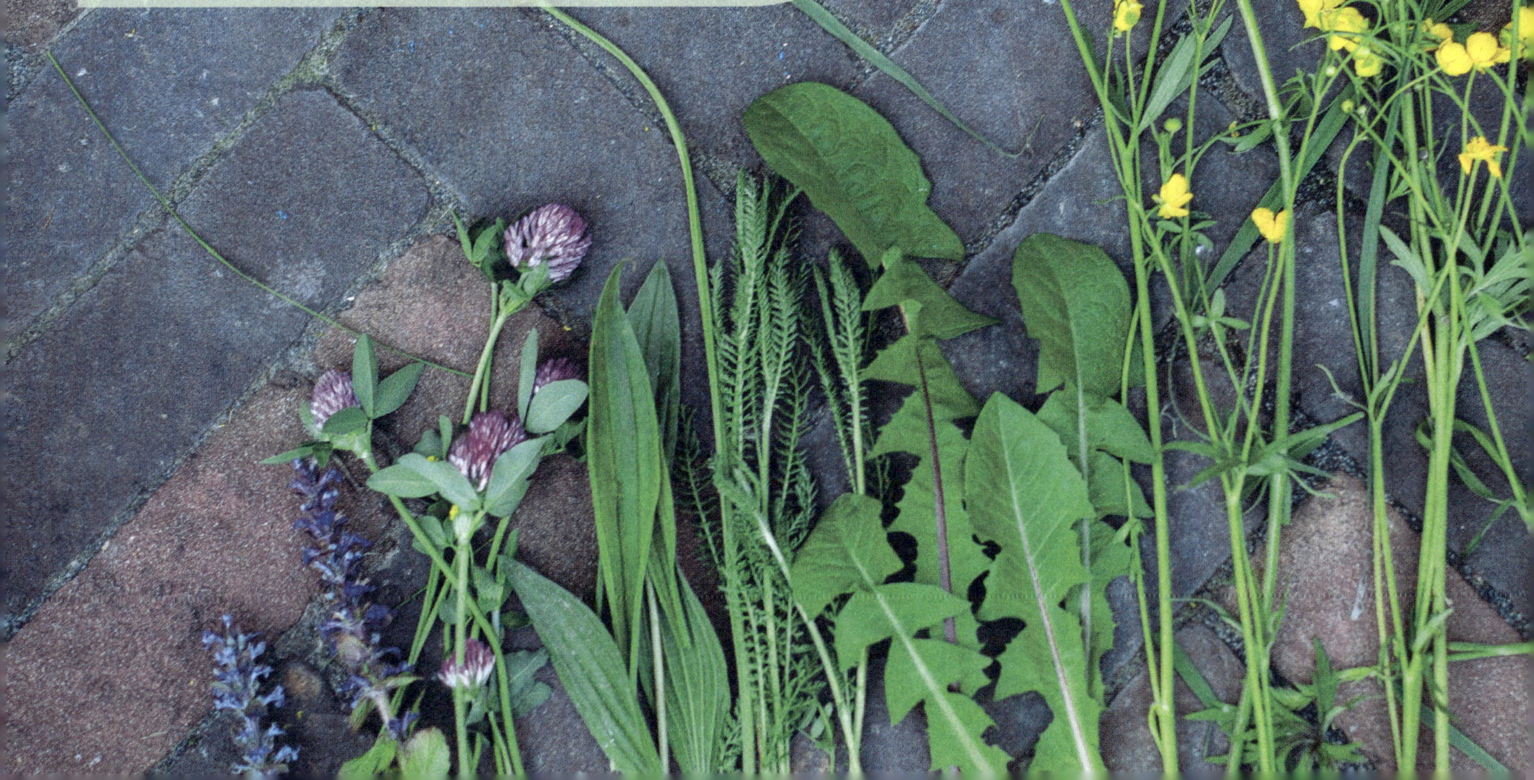

HEUBLUMENBAD ZUR ENTSPANNUNG

Den Heublumensack (Anleitung für Badebeutel s. S. 151, «Stoffbeutel und Universalbeutel») in die Badewanne geben und hier die entspannende und beruhigende Wirkung nach einem anstrengenden Tag genießen.
Noch mehr Inhaltsstoffe lösen sich, wenn der Heublumensack (2 bis 4 EL Heublumen auf 1 l Wasser) mit heißem Wasser übergossen wird. Dann eine Stunde ziehen lassen und den Sud in das Badewasser geben. Auch das Bindegewebe profitiert von einem Heublumenbad. Im Anschluss empfiehlt es sich zu entspannen bzw. nachzuruhen.

FUSSBAD

Gut bei Gelenkschmerzen, gegen Fußgeruch und Schweißfüße. Gleiche Rezeptur wie bei der Badewanne.

HEUKISSEN

Maße: 30 x 25 cm Kissen

In ein Füllkissen Heublumen füllen und bei Gefallen mit getrockneten Heilkräutern aus dem Garten mischen, wie zum Beispiel Thymian, Lavendel, Melisse oder Rosmarin. Das Kissen erwärmen, zum Beispiel am Ofen, und in den Nacken legen. Es entspannt, hilft beim Einschlafen, lindert Nackenschmerzen und durch Verspannungen verursachte Kopfschmerzen. Die Anleitung für ein Kräuterkissen finden Sie auf S. 141.

Füllung | Mischung

5 bis 6 EL Heublume
1 EL Thymian
1 EL Lavendel
1 EL Melisse
½ EL Rosmarin
Gerne kann noch mit etwas Dinkelspelz aufgefüllt werden.

Weitere Kissen-Rezepturen s. S. 139.

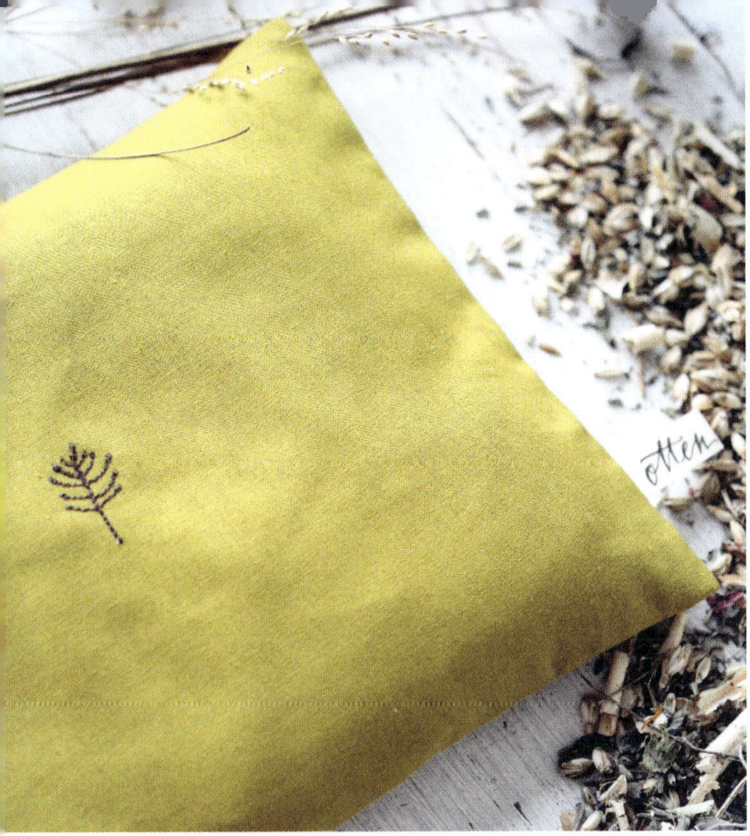
otten

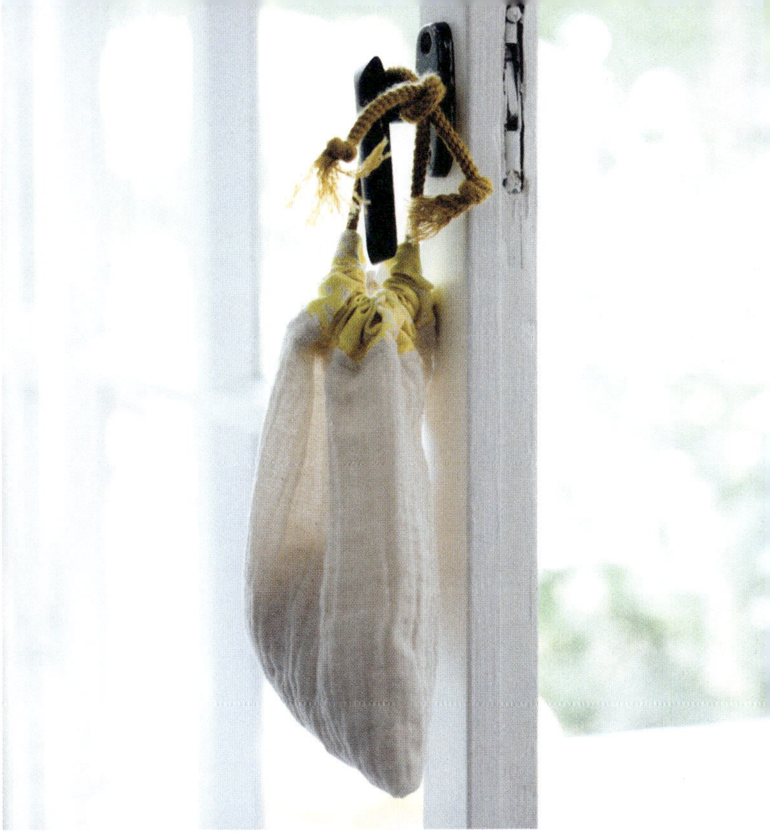

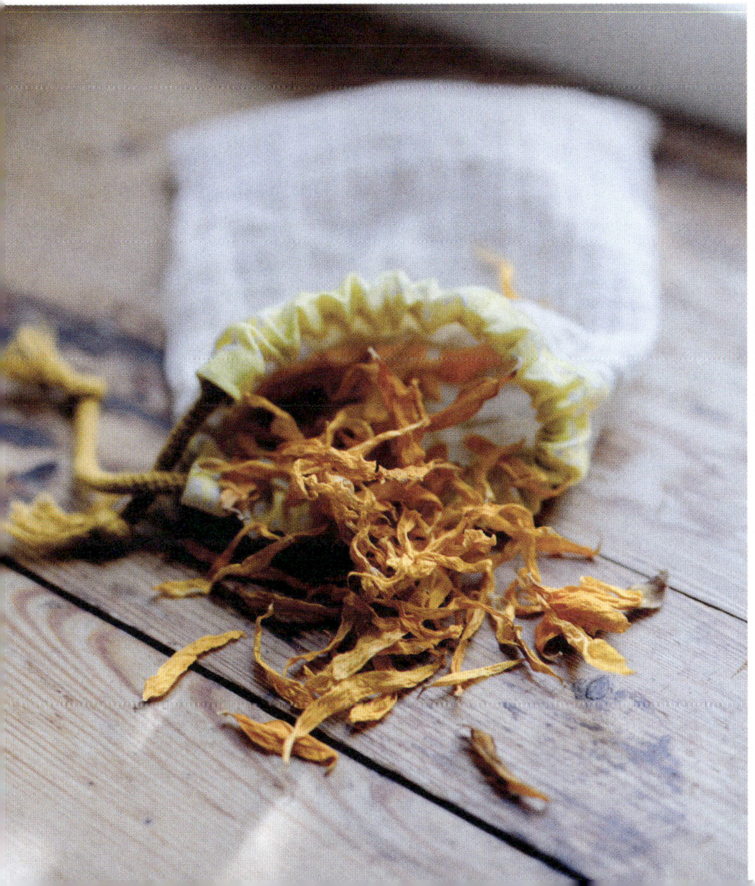

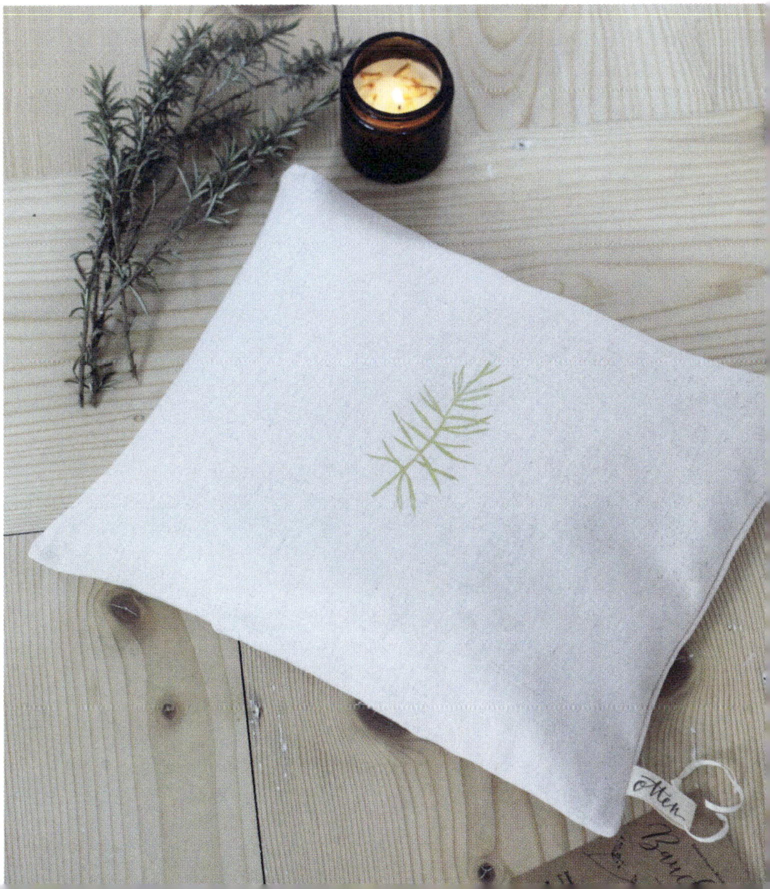
otten

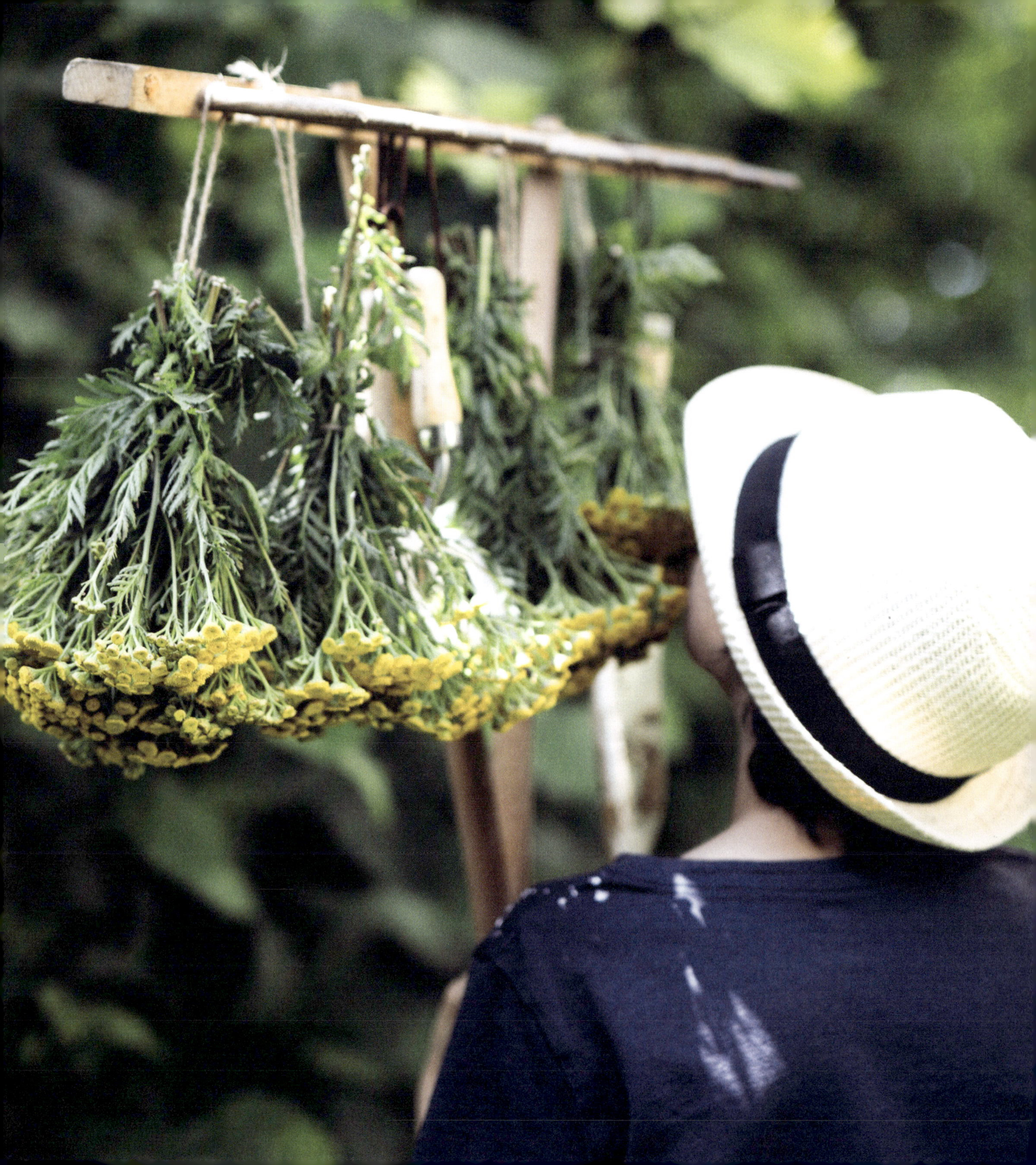

KRÄUTER UND BLÜTEN TROCKNEN

Es gibt überall Blumen
für den, der sie sehen will.

Henri Matisse

ERNTEN, TROCKNEN UND AUFBEWAHREN

DIE ERNTE

Um schöne und aromatische getrocknete Kräuter zu erhalten, sollte schon bei der Ernte einiges bedacht werden. Neben dem optimalen Erntezeitpunkt (siehe auch Anbauanleitungen) ist darauf zu achten, dass nur trockene (von Morgentau abgetrocknete Pflanzen) und einwandfreie Pflanzen im Erntekörbchen landen. Sie sollten gesund und sauber sein, auch Pflanzenteile, die von Tierchen behaust sind, werden nicht geerntet. Vorsichtig werden die Kräuter gepflückt oder geschnitten, ohne sie zu quetschen. Um so wenig Wirkstoffe wie möglich zu verlieren, müssen die gesammelten Kräuter zügig verarbeitet oder getrocknet werden! Blüten und Blätter werden am besten unzerkleinert getrocknet, dadurch behalten sie ihr volles Aroma. Denn jedes Zerkleinern beschädigt die winzigen Ölzellen und setzt somit unnötigerweise die wertvollen Duftstoffe frei.

Stefanie Fetscher

TROCKNEN

Es gibt verschiedene Methoden seine Kräuter zu trocknen. Zum einen kann man warme, trockene Sommertage nutzen, um sie auf natürliche Weise zu trocknen. Dabei ist darauf zu achten, dass die Kräuter immer gut durchlüftet sind, um feuchte Nester zu verhindern. Optimal sind hier bespannte Holzrahmen, die einen Luftstrom von unten durch die Kräuter ermöglichen. Man kann sich aber auch mit einem Sieb, einem Obstkorb, einem Wäscheständer, etc. ein Trocknergestell basteln. Dafür eine Fliegengaze oder ein luftdurchlässiges Baumwolltuch unter die Kräuter legen. Während der Trocknung sollten die Kräuter ab und zu vorsichtig aufgelockert und gewendet werden. Bitte nicht der direkten Sonneneinstrahlung aussetzen, denn die starke Lichteinwirkung lässt die Kräuter schnell verblassen. Zum Schutz vor Sonneneinstrahlung können die Kräuter mit einem leichten Baumwolltuch bedeckt werden, was gleichzeitig vor Verunreinigungen schützt. Ein optimaler Ort, um seine Kräuter auf natürliche Weise zu trocknen, sind ungedämmte Speicher und Dachböden. Der Prozess sollte nach 10 Tagen abgeschlossen sein, da es sonst durch eine fortschreitende Fermentation zu Wirkstoffverlusten kommt.
Im Dörrautomat getrocknet liegt die ideale Temperatur bei 30 °C bis 40 °C, bei einer höheren Temperatur verlieren die Kräuter ihre ätherischen Öle.

WIE ERKENNT MAN, DASS DIE KRÄUTER TROCKEN SIND?

Sind die Kräuter «richtig» trocken, dann rascheln und knistern sie und lassen sich zu Pulver zerreiben! Trockene Stängel sind zerbrechlich und knacken dabei, sie dürfen nicht mehr zäh und elastisch sein. Ganze Blütenköpfchen, wie z.B. die Ringelblume, bricht man an der dicksten Stelle einmal durch und überprüft dort, ob sie schon durchgetrocknet sind.

RICHTIGES LAGERN NACH DEM TROCKNEN

Die getrockneten Kräuter werden dann locker in Schraubgläser oder Aromadosen gefüllt. Da auch nach dem Trocknen die Wirkstoffe der Pflanzen durch Licht zerstört werden können, bitte darauf achten, dass die Kräuter lichtgeschützt gelagert werden. Wichtig ist auch, sie vor Luftfeuchtigkeit zu schützen, da sie ansonsten wieder Wasser ziehen und so schneller verderben. Auch hier sind Schraubgläser mit Dichtung im Deckel und dichte Aromadosen gut geeignet. Die Lagertemperatur ist für eine gute Qualität ebenfalls relevant. So beschleunigen zu hohe Temperaturen Abbauprozesse in den Pflanzen und setzen ätherische Öle frei. Bei der Lagerung in einem kühlen Raum bleiben die Wirkstoffe am besten erhalten. Ideal sind 15 °C bis 18 °C.

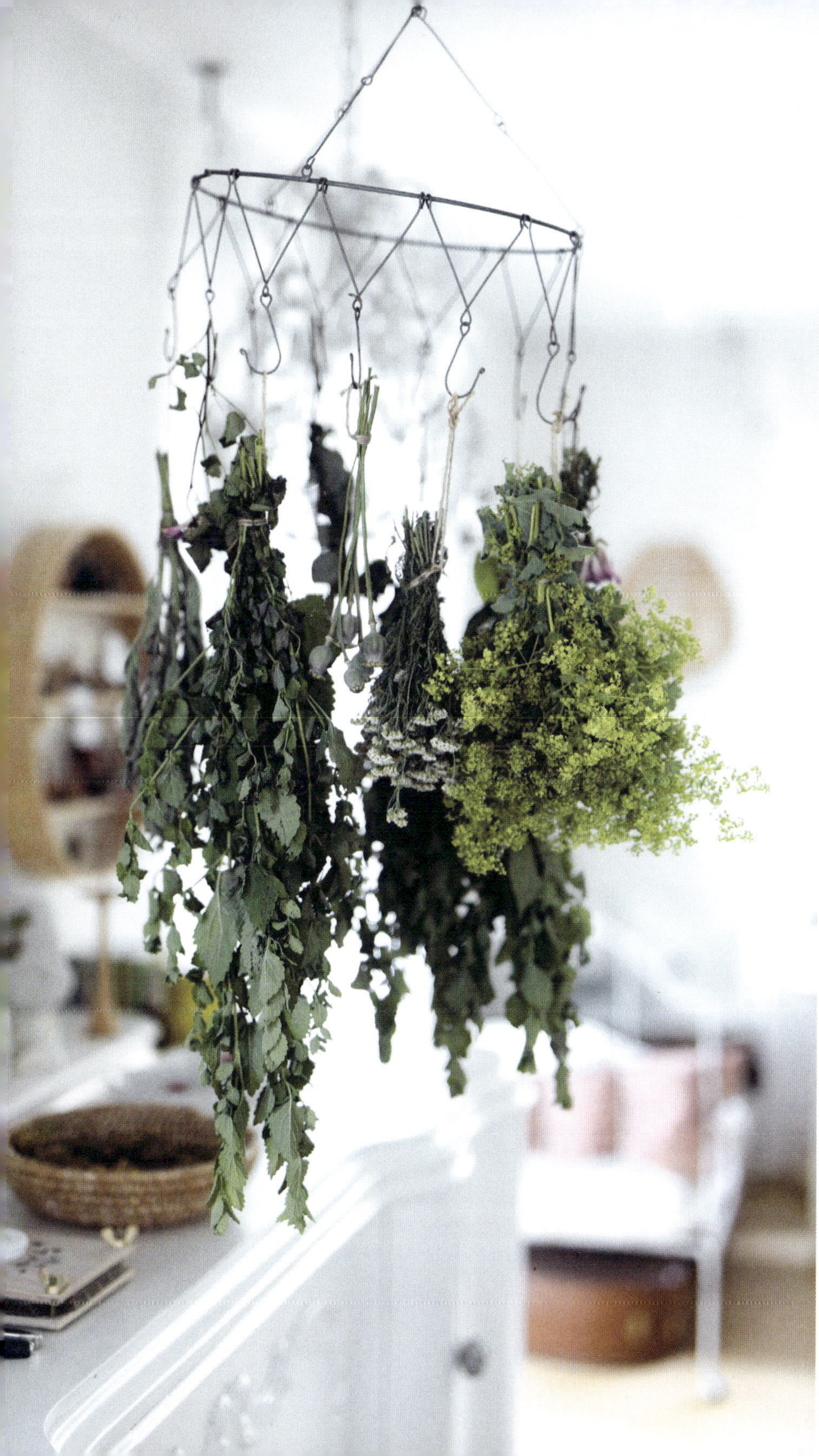

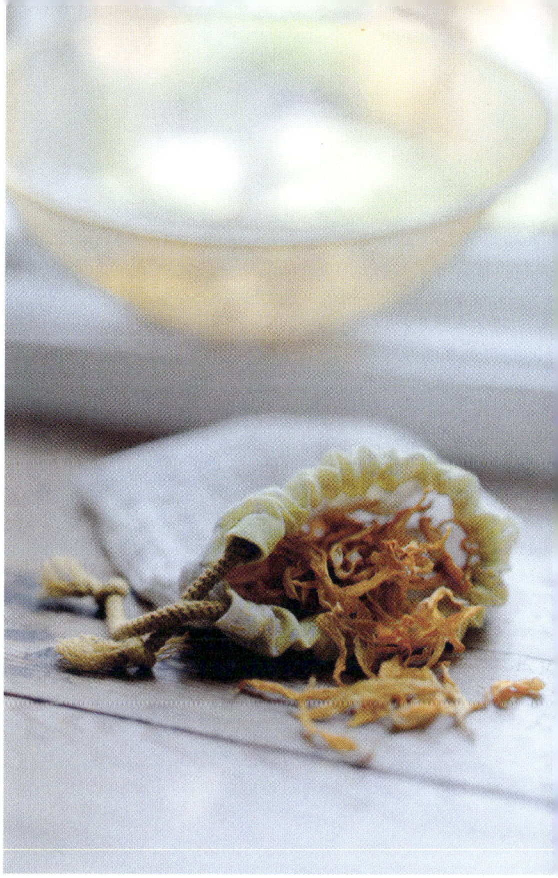

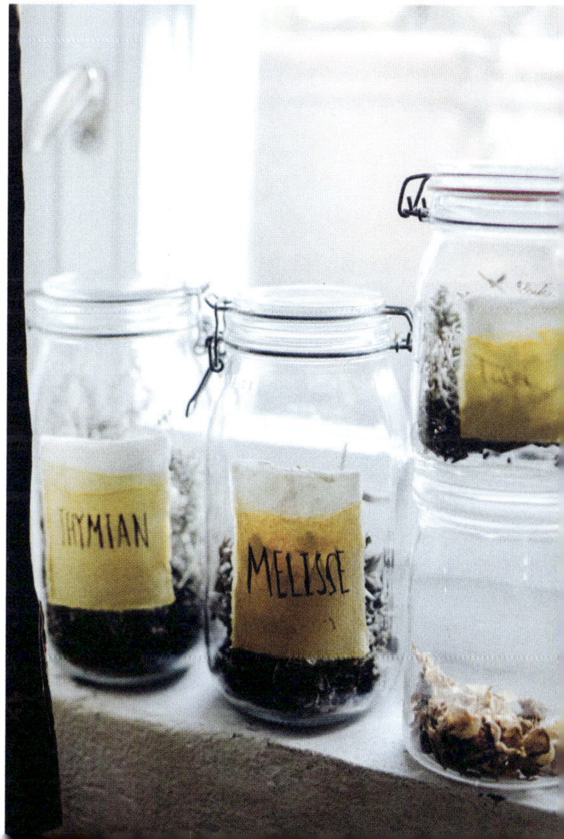
THYMIAN
MELISSE

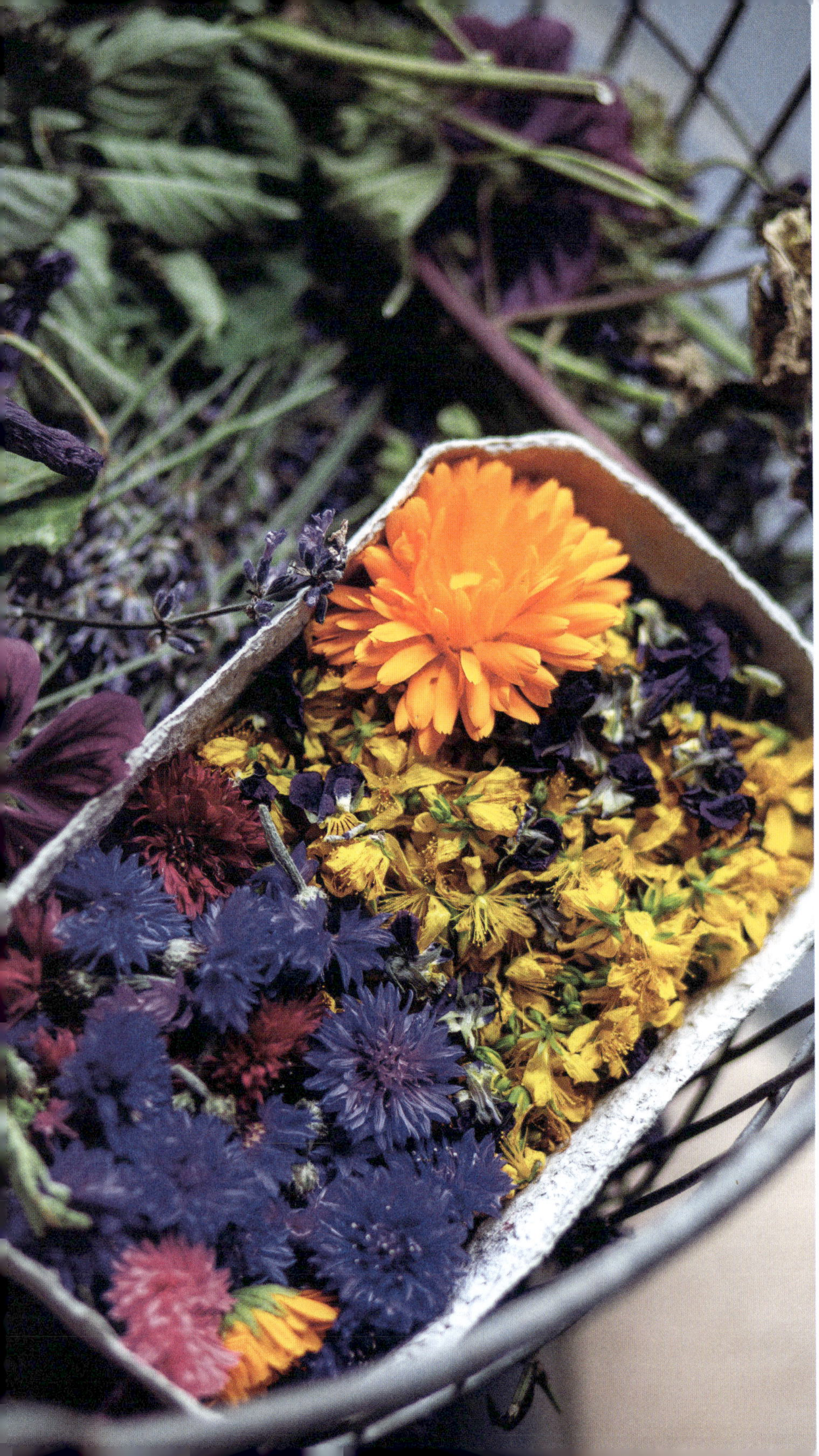
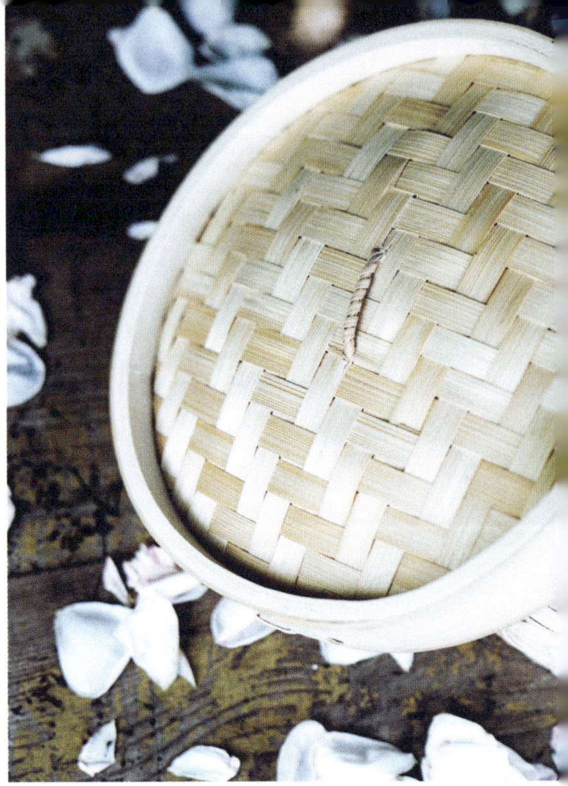
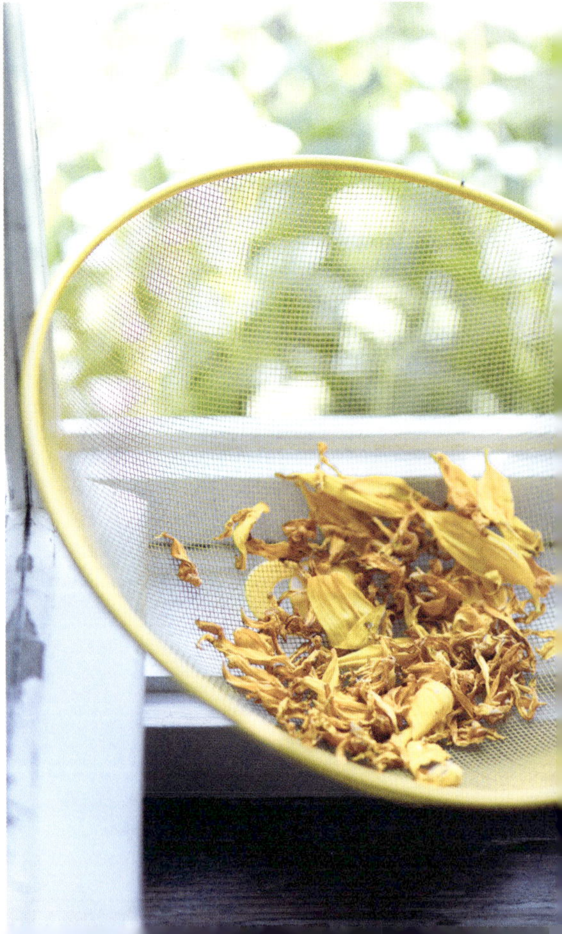

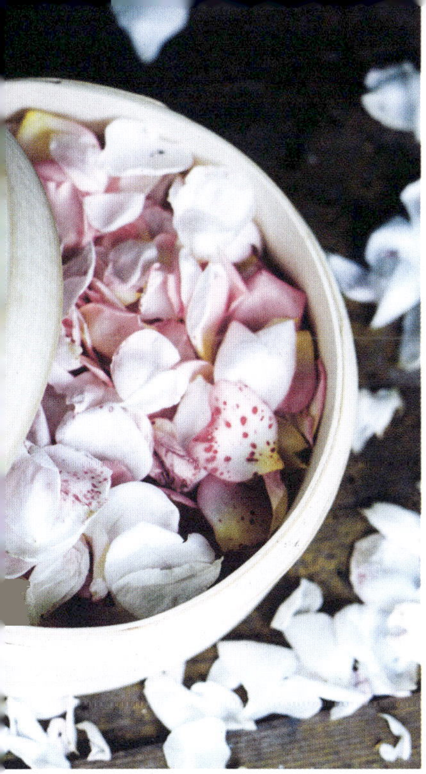
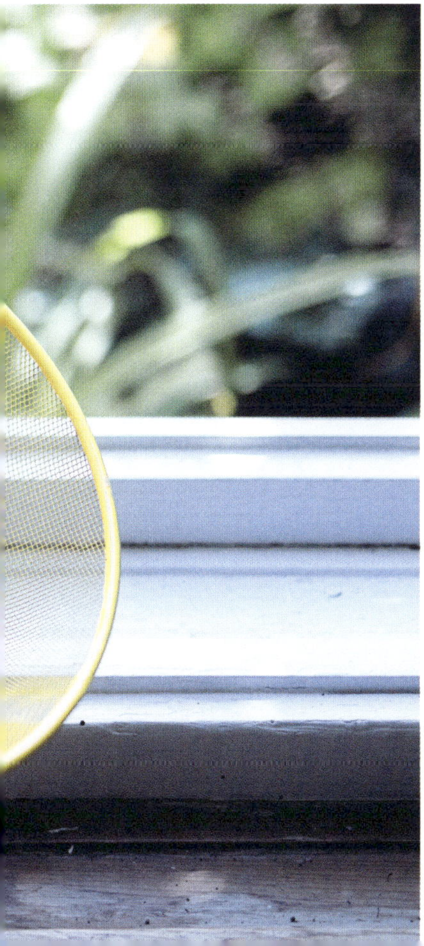
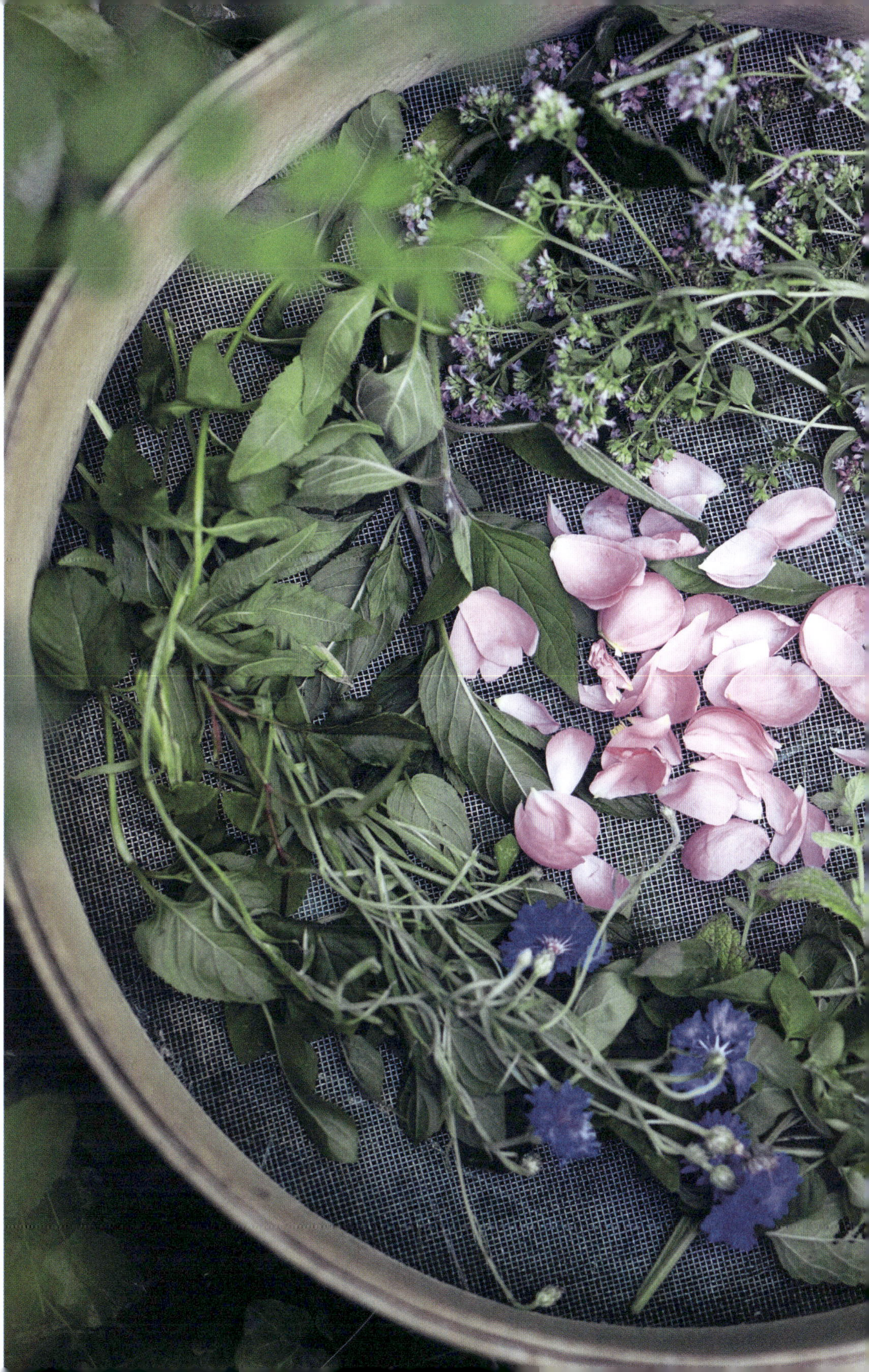

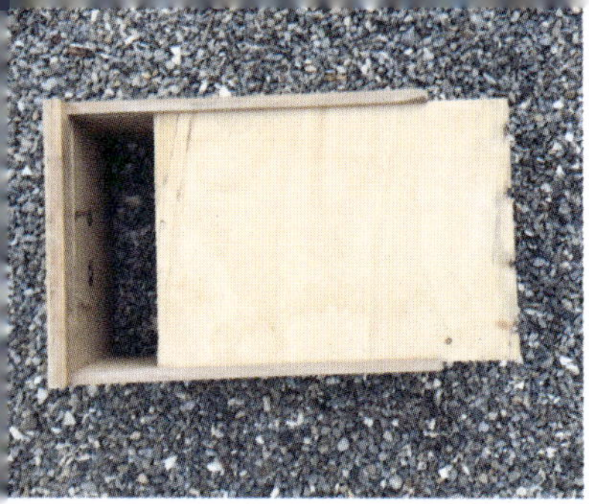

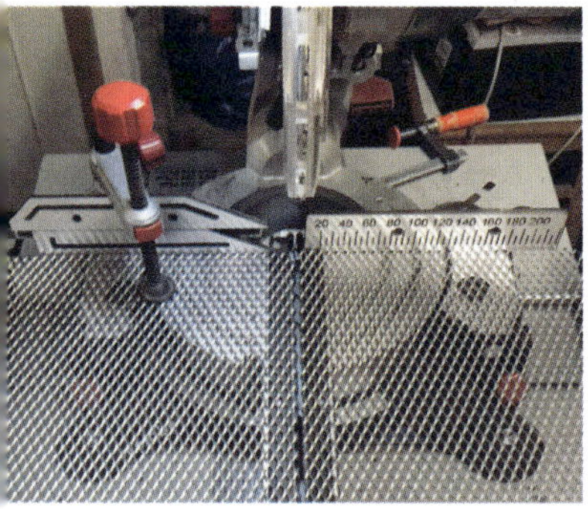

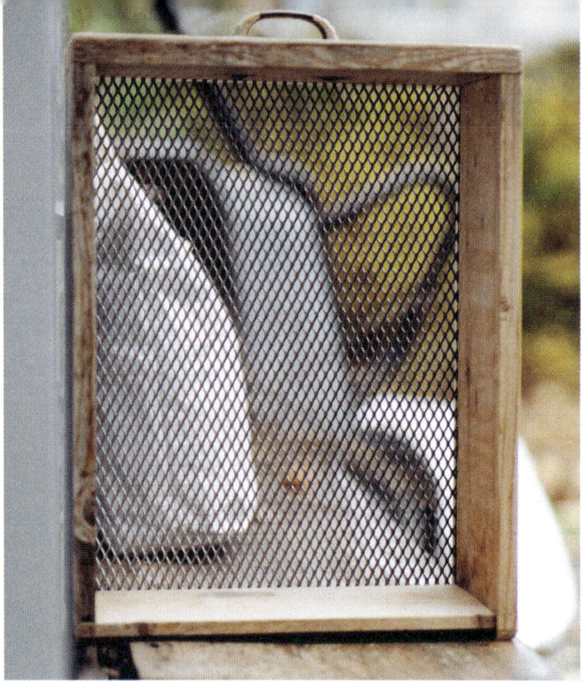

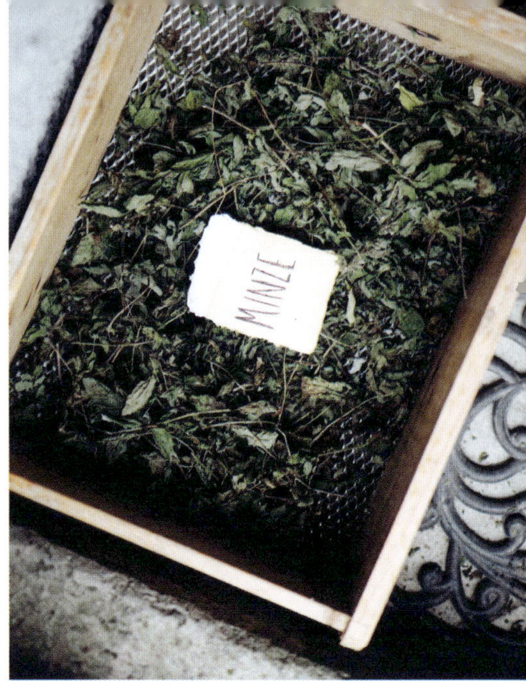

UPCYCLING-PROJEKT: TROCKENKISTE BAUEN

Im Kapitel «Ernten, trocknen und aufbewahren» wird beschrieben, worauf beim Trocknen von Kräutern und Blumen zu achten ist.
Als Hilfsmittel zur Trocknung eignet sich die Verwendung von Mehl-, Mauer-, Kompost- oder Gartensieb. Auch ein Obstkorb oder ein Wäscheständer kann zum Trocknen verwendet werden.
Hier möchten wir Ihnen ein Ruckzuck-Upcycling-Projekt zeigen, bei dem wir eine Schublade mithilfe eines Gitters in eine Trockenkiste umgewandelt haben. Dazu einfach den Holzboden rausnehmen und durch ein Fliegen- oder Metallgitter ersetzen.

Anleitung

1. Zuerst den Holzboden entfernen. Wenn der Holzboden durch Nägel gesichert ist, auch diese rausziehen. Dann kann der Boden meist sehr leicht entnommen werden.
2. Jetzt das Metallgitter zuschneiden. Am besten den alten Holzboden als Vorlage verwenden, damit das Gitter in die vorhandenen Nuten der Schublade passt. Darauf achten, ein Metallsägeblatt zu verwenden.
3. Abschließend das Gitter einsetzen und ebenfalls mit zwei oder drei Nägeln gegen das Verrutschen sichern. Schon ist unsere Trockenkiste fertig.

BLUMEN PRESSEN MIT DER BLUMENPRESSE

Material

Pflanzen; Blumenpresse; Pflanzenschere; Pinzette

Aller Anfang ist in diesem Fall sehr leicht, denn zum Blumenpressen gehört nicht viel: ein paar Blumen, eine Presse und Sorgfalt.

Die Pflanzen sollten frisch, aber nicht feucht in die Presse gelegt werden. Hier gilt: Je sorgfältiger und ordentlicher die Pflanze zwischen das Papier gelegt wird, desto schöner wird das Ergebnis.

Auch wenn ein ganzer Strauß gepresst werden will: Man sollte sich Zeit für jede einzelne Blüte nehmen. Es lohnt sich. Sorgfältiges Arbeiten wird mit schöneren Ergebnissen belohnt.

Geöffnete Blüten werden am besten kopfüber in die Presse, sprich mit der offenen Seite nach unten, gelegt.

Große Blütenstände wie die der Hortensien lassen sich im Ganzen nur mit Aufwand und mehr Zeit pressen. Hier ist es sinnvoll, die Blüten vor dem Pressen abzutrennen, vom Stängel separat zu pressen und nachher, wenn gewünscht, auf dem Bild wieder zusammenzufügen.

Der Einsatz einer Pinzette ist ratsam, um widerspenstige (Blüten-)Blätter zu richten und in die richtige Form zu bringen. Das bedeutet mitunter etwas Fummelei, aber diese lohnt sich durchaus!

Unnötige oder beschädigte Pflanzenteile werden vor dem Pressen abgeschnitten.

Um die einzelnen Blüten oder Pflanzen lässt man genügend Platz, damit die verschiedenen Exemplare beim Pressen nicht mit anderen in Berührung kommen und verkleben.

Durchschnittlich dauert das Pflanzenpressen 2 bis 5 Tage. Je fleischiger die Pflanze ist, desto länger muss sie gepresst werden. Bei besonders kräftigen Exemplaren empfiehlt es sich, das Papier zwischendurch zu wechseln und die Presse noch mal festzuziehen.

Stellt man beim Öffnen der Presse fest, dass die Pflanzen noch nicht durchgetrocknet sind, werden sie einfach so lange weitergepresst, bis sie fertig sind.

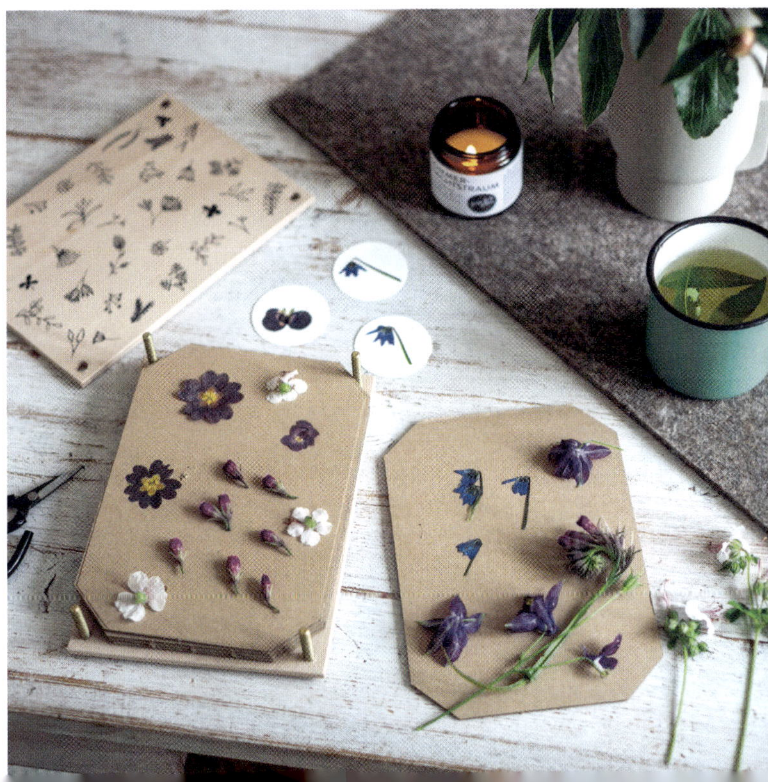

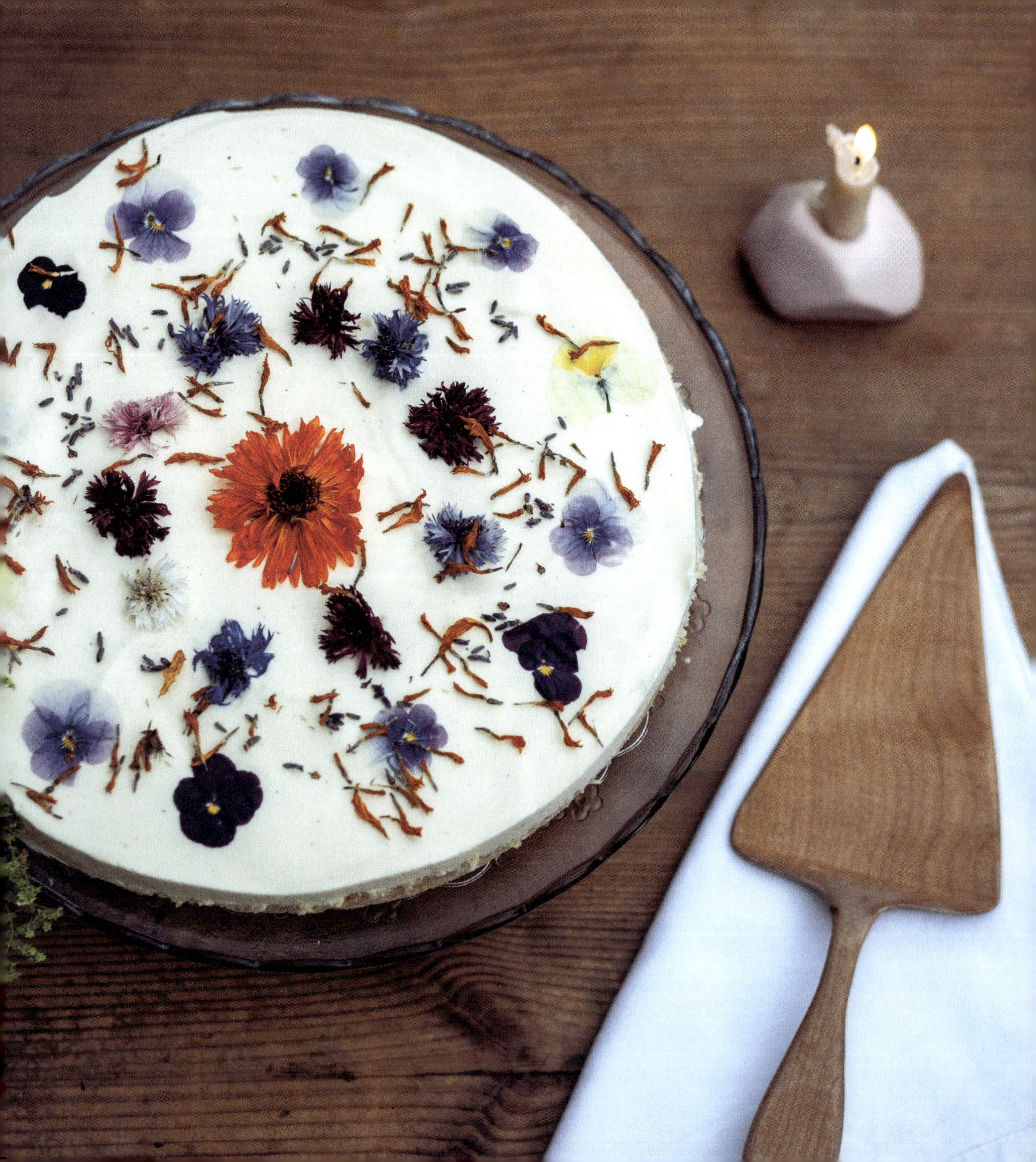

AUGEN- UND GAUMENSCHMAUS MIT BLÜTEN UND KRÄUTERN

Blumen sind das Lächeln der Erde.
Ralph Waldo Emerson

MIT KRÄUTERN UND BLUMEN LIEBEVOLL GESTALTEN

Geschmackvolle Kräuter und farbenfrohe Blüten sind vielseitig nutzbar. Auf natürliche Art und Weise setzen sie in der Küche charmante und dekorative Akzente, schmeicheln mit ihren feinen Aromen nicht nur dem Gaumen, sondern erfreuen auch Auge und Herz mit ihrer Schönheit.

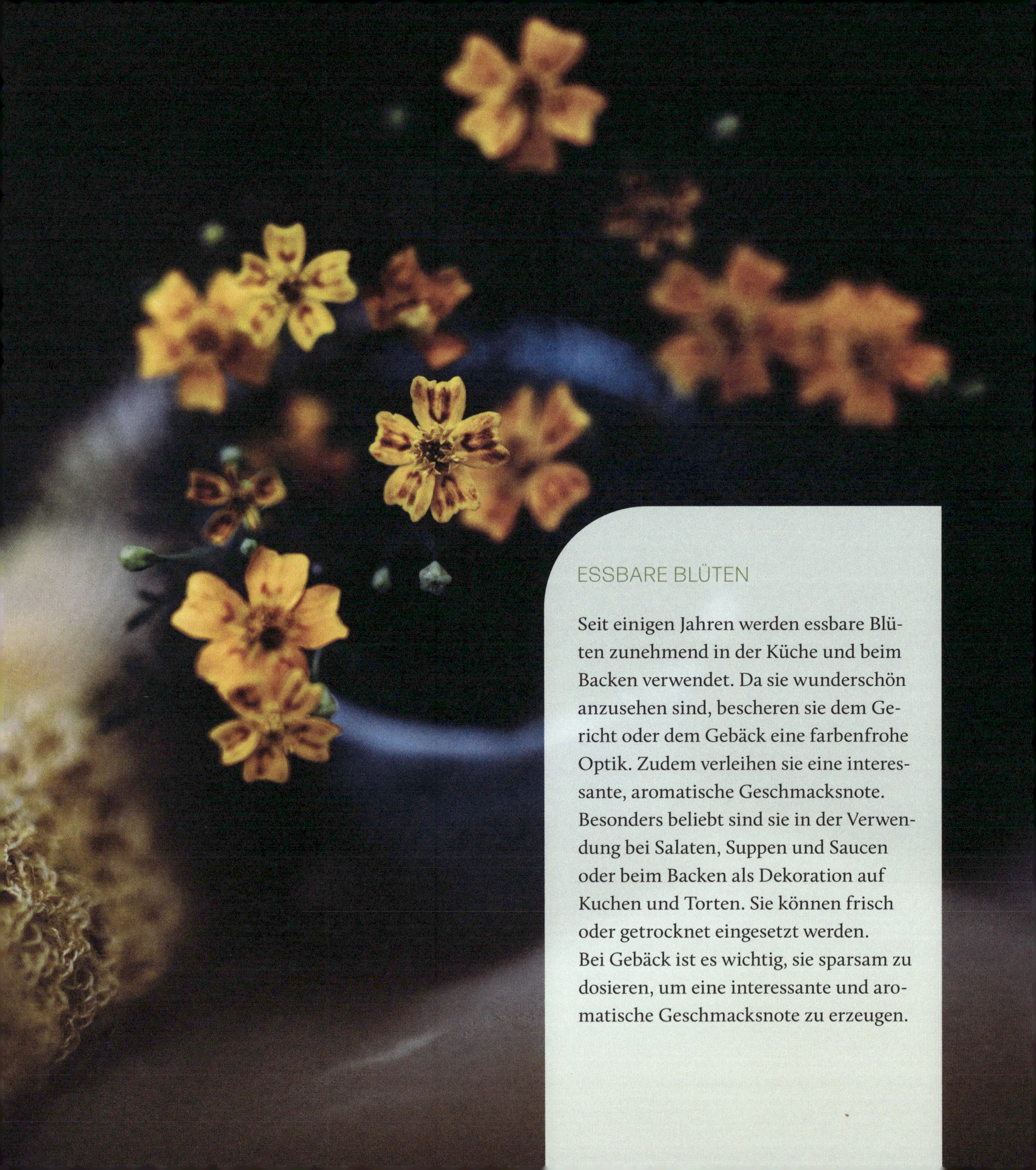

ESSBARE BLÜTEN

Seit einigen Jahren werden essbare Blüten zunehmend in der Küche und beim Backen verwendet. Da sie wunderschön anzusehen sind, bescheren sie dem Gericht oder dem Gebäck eine farbenfrohe Optik. Zudem verleihen sie eine interessante, aromatische Geschmacksnote. Besonders beliebt sind sie in der Verwendung bei Salaten, Suppen und Saucen oder beim Backen als Dekoration auf Kuchen und Torten. Sie können frisch oder getrocknet eingesetzt werden.
Bei Gebäck ist es wichtig, sie sparsam zu dosieren, um eine interessante und aromatische Geschmacksnote zu erzeugen.

BLÜTEN-KRÄUTER-SALZ

Blütenblätter von	Kleinere Blütenköpfchen	Dazu Kräuter wie
Ringelblume	Lavendel	Rosmarin
Sonnenblume	Kamille	Thymian
Rose	Borretsch	Melisse
Malve	Kornblumen	Minze
Gewürztagetes	Kapuzinerkresse	Salbei
usw.	usw.	usw.

Blüten-Kräuter-Salz ist nicht nur ein Gaumenschmaus, sondern auch eine sinnliche Augenweide (als leuchtender Farbtupfer auf eine Scheibe Butterbrot gestreut). Hübsch in kleine Gläschen verpackt ist dieses bunte Gewürzsalz auch eine schöne Geschenkidee für liebe Menschen. Es lässt sich ohne viel Mühe zubereiten: Die oben aufgeführte Auswahl an Blüten und Kräutern soll lediglich als Inspiration dienen, man kann ganz nach Lust und Laune andere essbare Blüten und Kräuter sammeln, die einem in die Hände fallen.

Zubereitung

1. An einem sonnigen Tag einen Spaziergang durch den Garten oder die Natur machen und dabei allerlei feine Kräuter und essbare Blüten sammeln.
2. Die Kräuter und Blüten trocknen.
3. Auf einen Teil Salz einen Teil Kräuter-Blüten-Mischung geben (z.B. 2 EL grobes Meersalz + 2 EL Blüten-Kräuter-Mischung).
4. Beides in kleinen Portionen in einen Mörser geben und sachte zerreiben. Alternativ kann auch ein elektrischer Zerkleinerer verwendet werden.

Tipps

Intensiv schmeckende Blüten und Kräuter wie Lavendel oder Salbei besser etwas sparsamer zugeben.
Außergewöhnliche Kräutersorten wie Mandarinenmelisse, Melonensalbei, Ananasminze, Orangenthymian, Gewürztagetes usw. machen das Kräuter-Blüten-Salz besonders köstlich.
Es ist schön anzusehen, wenn noch Kräuter und Blüten erkennbar sind, diese also nicht zu fein gemahlen werden.

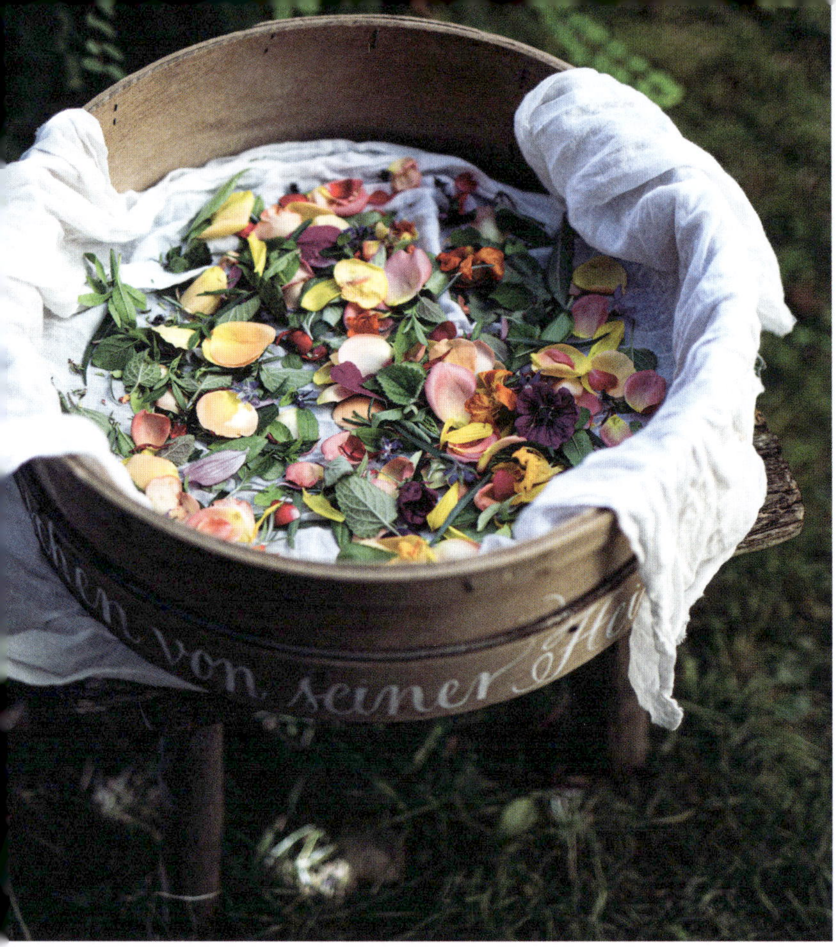
von seiner

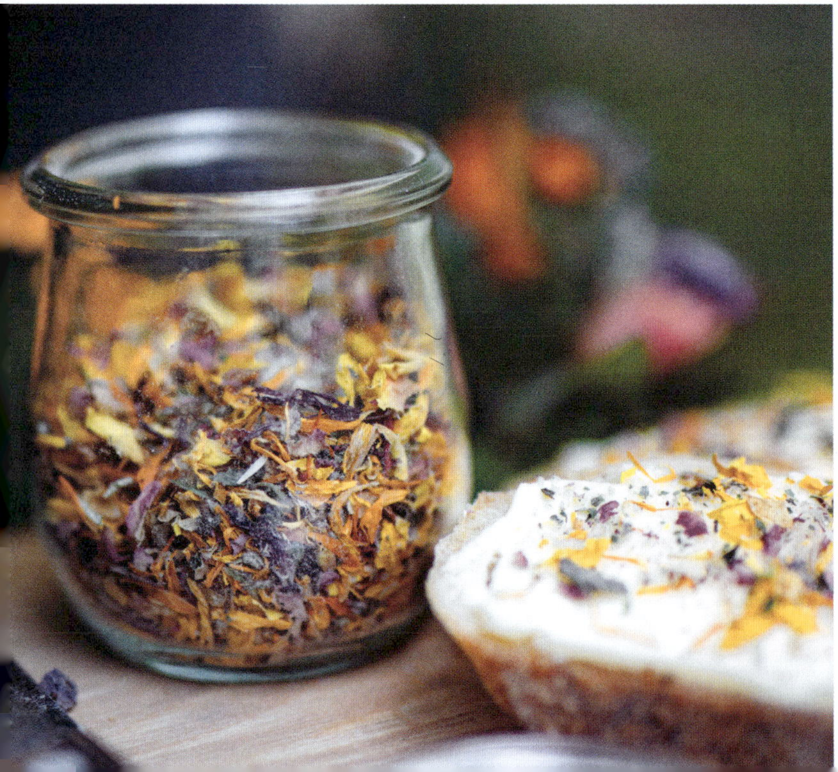

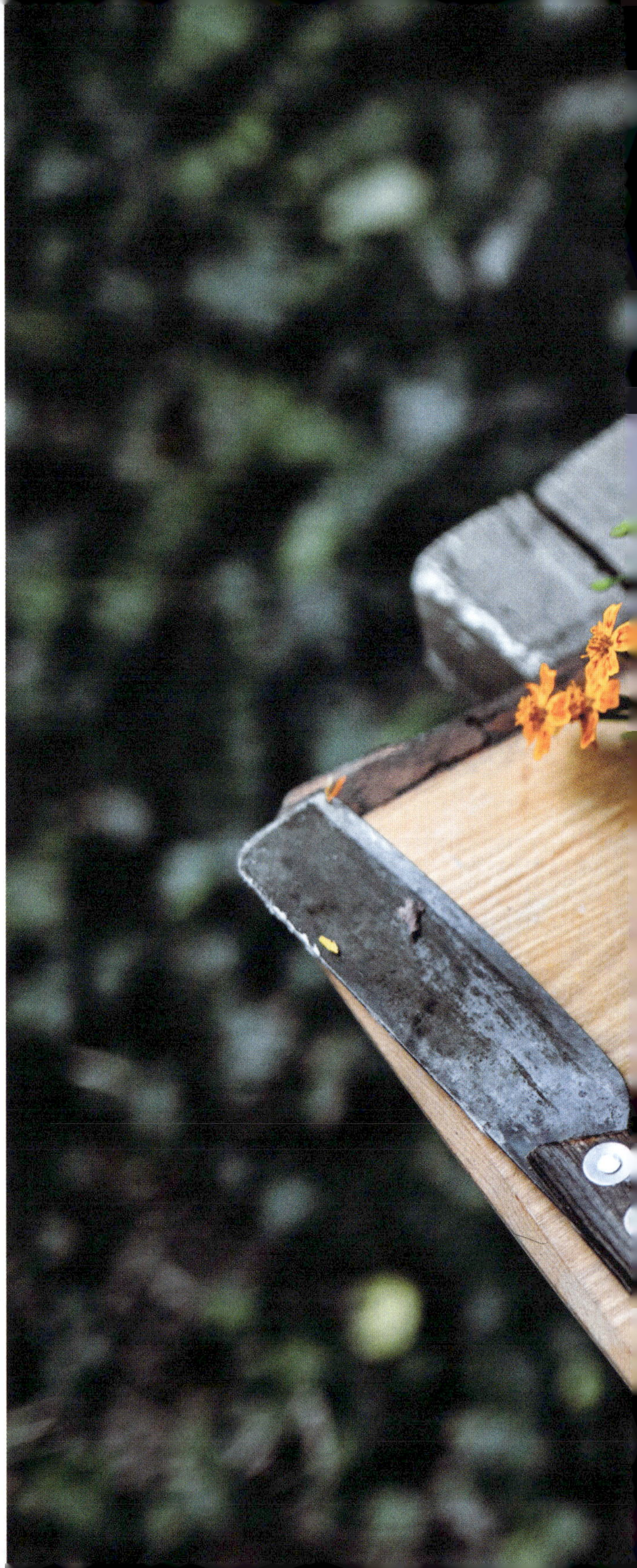

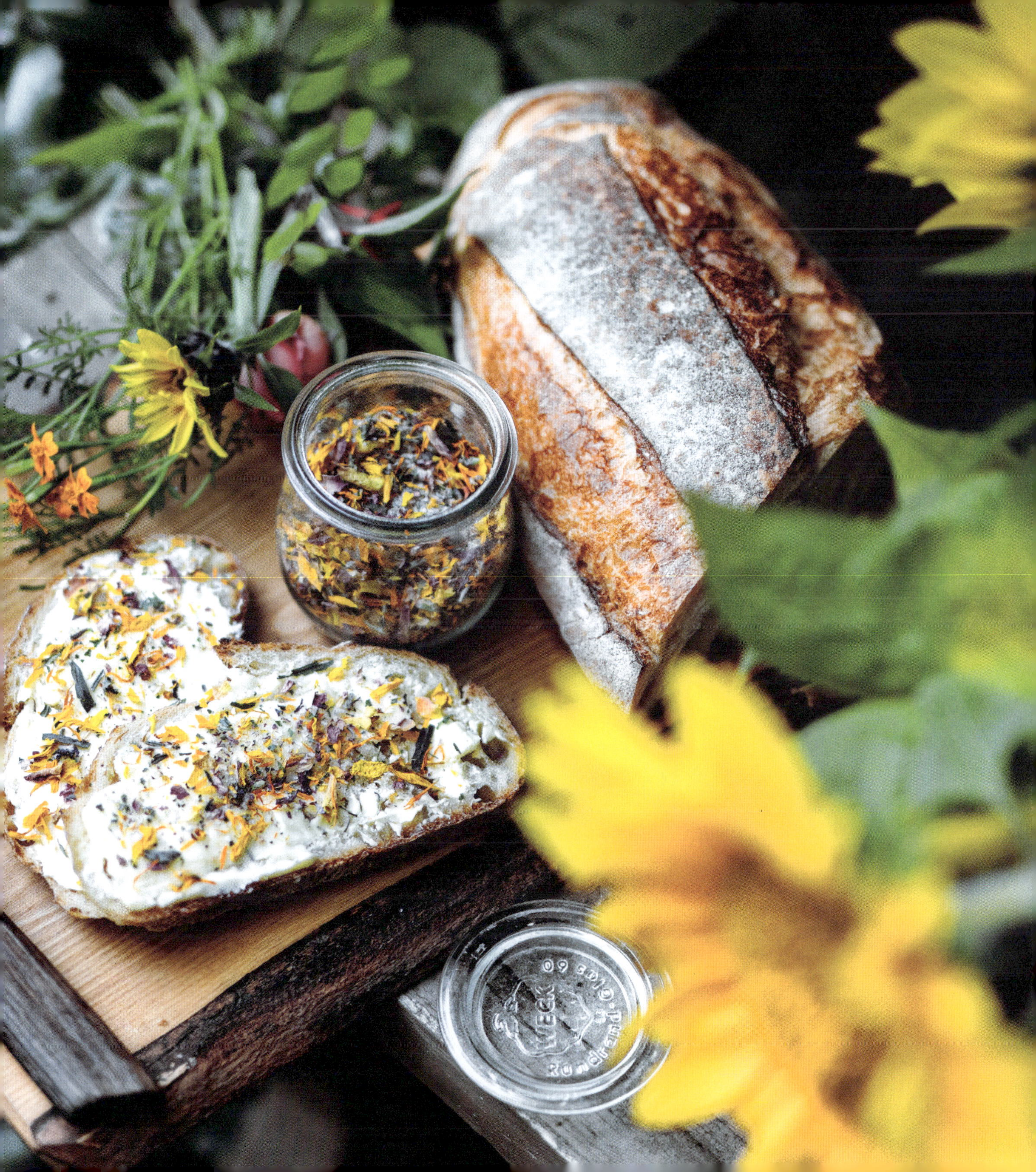

KAPUZINERKRESSE-PESTO

Zutaten

2 bis 3 Handvoll Kapuzinerkresse, Blüten & Blätter
2 EL Pinienkerne, geröstet oder Zedernüsse
1 bis 2 Knoblauchzehen
etwas Salz und Pfeffer
4 bis 5 EL Öl, geschmacksneutral, wie Raps- oder Sonnenblumenöl
60 g Parmesan oder Pecorino (nach Geschmack)

Die Kapuzinerkresse hat wunderschöne Blüten, die nicht nur ein natürliches Antibiotikum sind, sondern auch eine feinwürzige Geschmacksnote haben. Sie schmeckt sehr lecker in Salat, Omelett oder Kräuterquark. Auch als Pesto überzeugt die Kapuzinerkresse mit ihrer sinnlich-scharfen Note.
Das Pesto kann wie andere Kräuter-Pestos zu Spaghetti, Quark, Kartoffeln oder einfach auf dem Brot genossen werden.

Zubereitung

1. Zuerst die Pinienkerne oder die Nüsse goldgelb anrösten.
2. Alle Zutaten in einen Mixer geben und pürieren, bis sich die gewünschte Konsistenz einstellt.
3. Mit Salz und Pfeffer abschmecken.
4. In ein Glas füllen und darauf achten, dass der Rand mit Öl bedeckt ist, damit das Pesto länger haltbar ist.

LAVENDELKEKSE MIT BLÜTENDEKOR

Zutaten

375 g Mehl
150 g Zucker
150 g Butter, in Stücken
1 Ei
1,5 TL Backpulver
1,5 TL Lavendel gerebelt

Verzierung

Essbare Blüten aus Kornblume, Calendula, Veilchen und Sonnenblume

Zubereitung

1. Den Backofen auf 180 °C vorheizen.
2. Alle Zutaten in eine Backschüssel geben. Mit dem Handrührgerät (Knethacken) ca. 25 Sekunden lang zu einem krümeligen Teil kneten.
3. Im Anschluss kleine Kugeln (ca. 3,5 cm Durchmesser) formen. Diese dann mit einer Gabel zu kleinen Talern flachdrücken. Wer mag, kann die Kekse nun mit essbaren Blüten verzieren.
4. Backblech mit Backpapier auslegen und die Kekse darauflegen.
5. Kekse bei 180 °C ca. 20 Minuten goldgelb backen. Im Anschluss auf einem Kuchengitter abkühlen lassen.

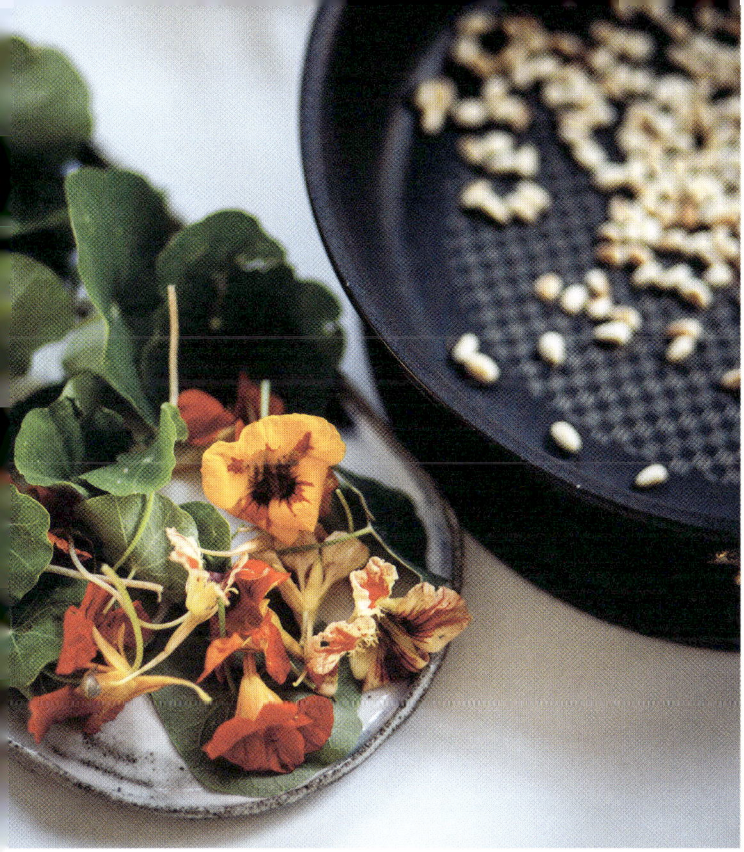
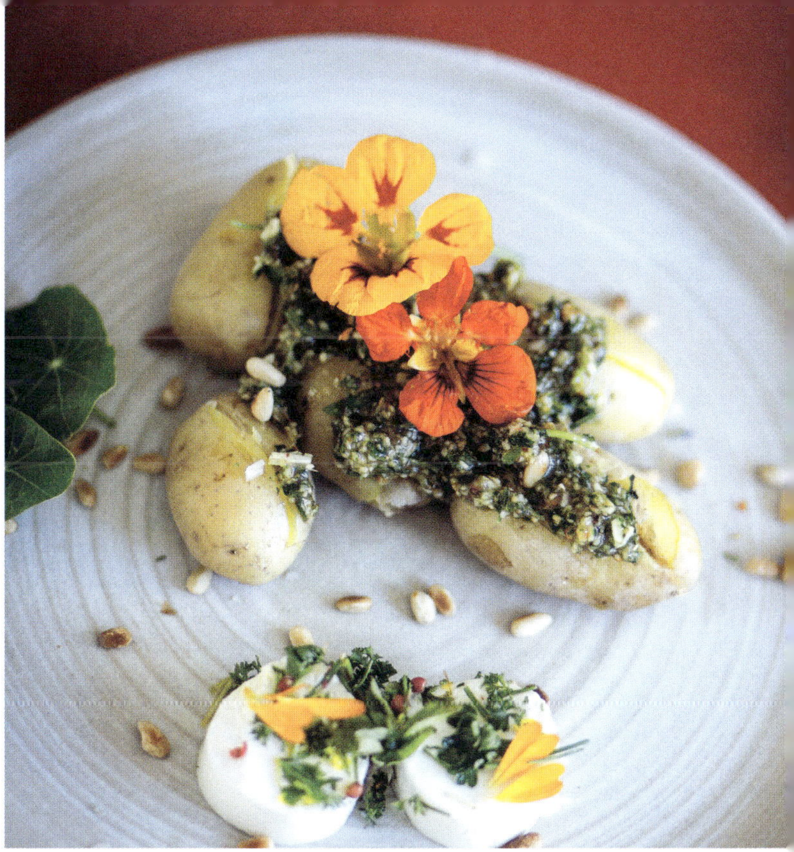
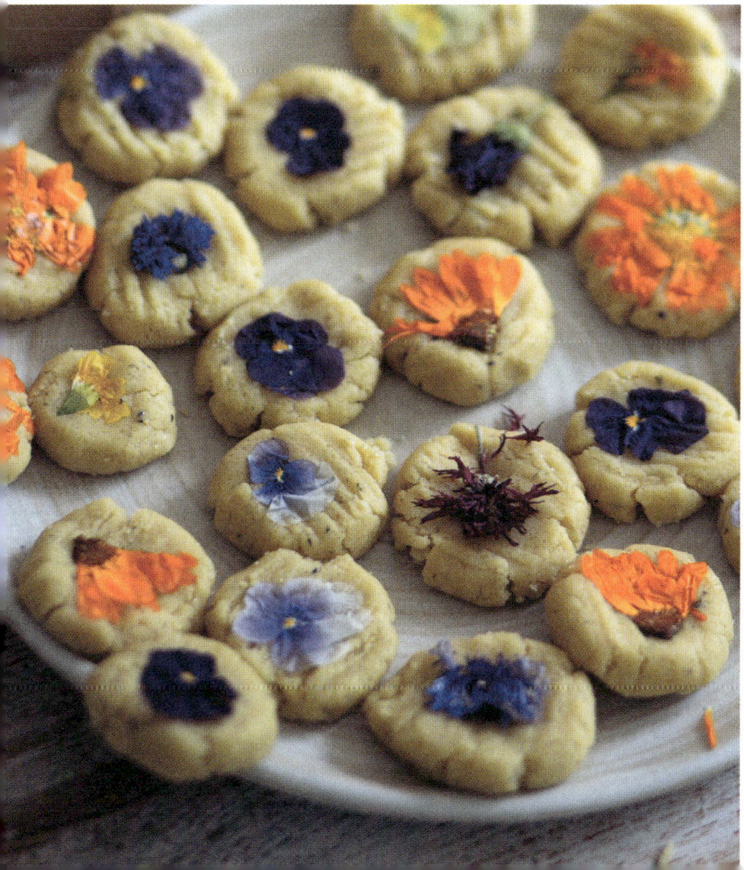
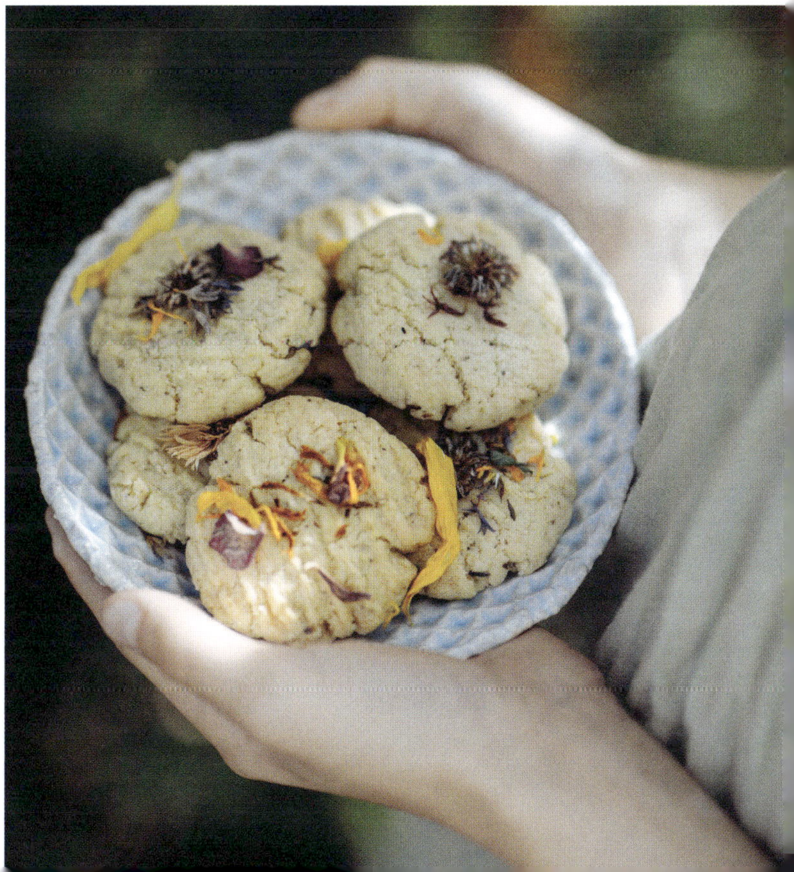

SCHOKOLADIGE ROSMARINKEKSE

Mürbteig

300 g Mehl Typ 450
110 g Nüsse gemahlen (Mandeln, Haselnüsse oder Walnüsse)
240 g Butter
1 EL Orangenschale
2 EL Rosmarin, fein gehackt

Glasur

200 g Kuvertüre, dunkel
20 g Öl, neutral oder Butter

Verzierung

1 EL Rosmarin, fein gehackt
2 EL Orangenschale

Nach Geschmack Calendula und/oder Gewürztagetes

1. Orange mit einem Zestenreißer schälen.
2. Rosmarinzweige zusammen mit der Orangenschale mit einem Wiegemesser fein hacken. Die Hälfte zum Verzieren auf die Seite stellen.
3. Alle Zutaten inklusive Rosmarin und Orangenschale mit der gekühlten Butter zu einem Mürbteig verkneten. Mindestens 1 Stunde kühl stellen.
4. Den Mürbteig ausrollen und Kekse ausstechen.
5. Die Kekse 10 bis 15 Minuten bei 170 °C Umluft goldgelb backen.
6. Die Kuvertüre im Wasserbad schmelzen.
7. Parallel die verbliebene Rosmarin-Orangen-Mischung mit Calendula- und Tagetesblüten mischen.
8. Abgekühlte Kekse mit der Kuvertüre zügig bestreichen und mit der Blütenmischung verzieren.

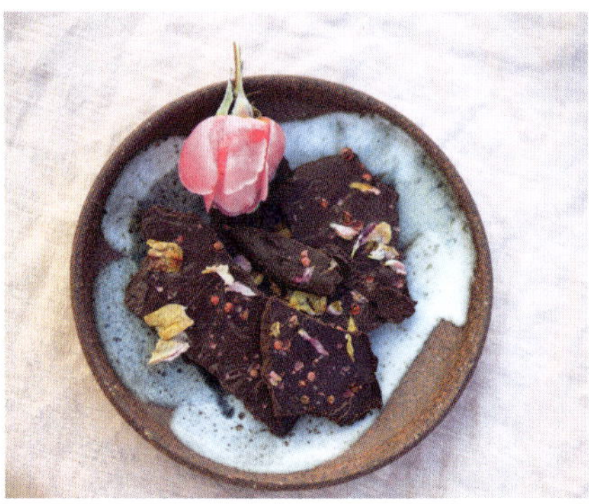

Tipp

Falls etwas Kuvertüre übrig bleibt, daraus Bruchschokolade herstellen. Die noch warme Kuvertüre auf ein Stück Backpapier gießen. Diese nun mit Blüten verzieren und abkühlen lassen. Nach dem Abkühlen vom Backpapier lösen.
Schöne Mischung: Rosa Pfeffer mit Rosenblüten

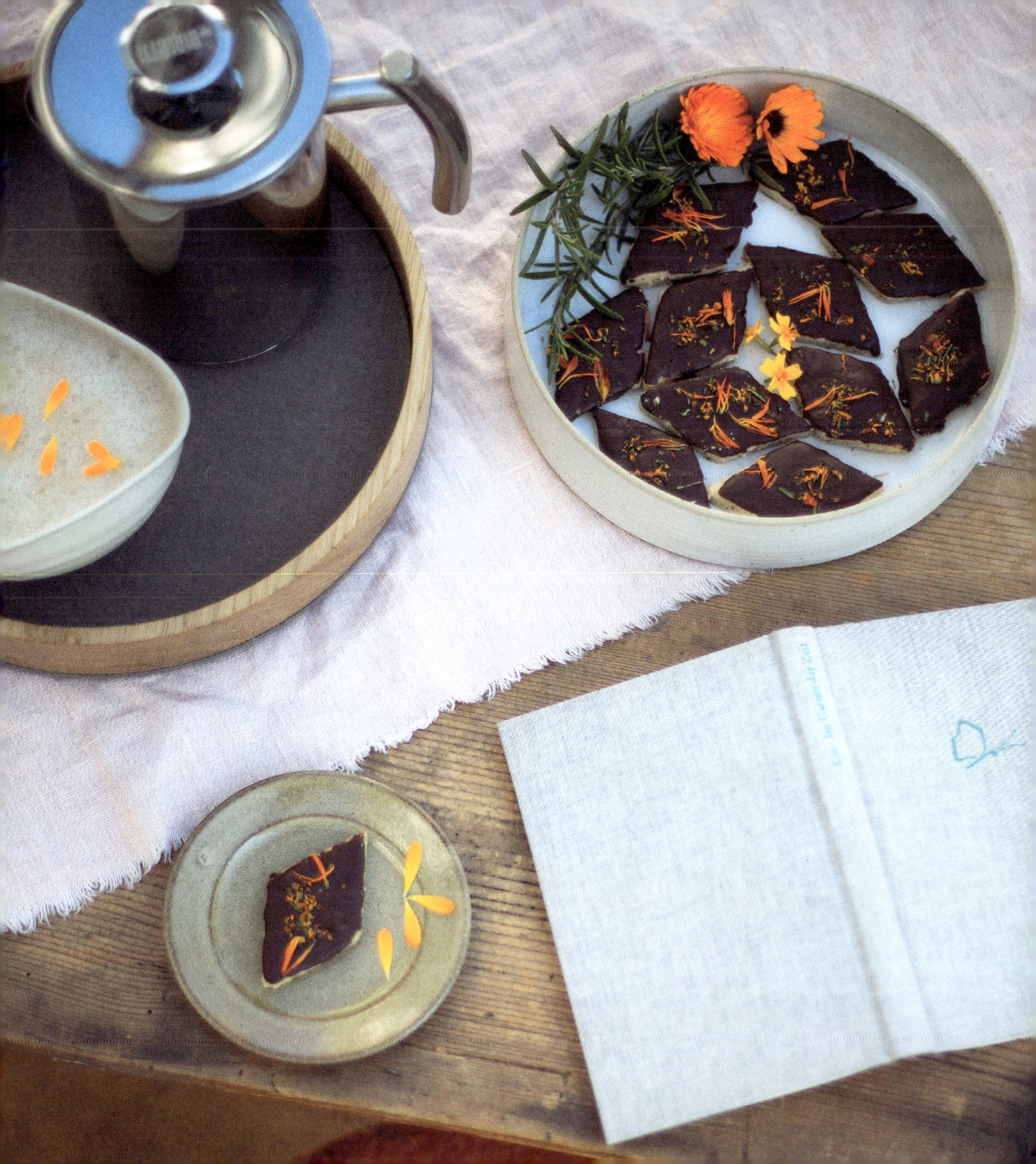

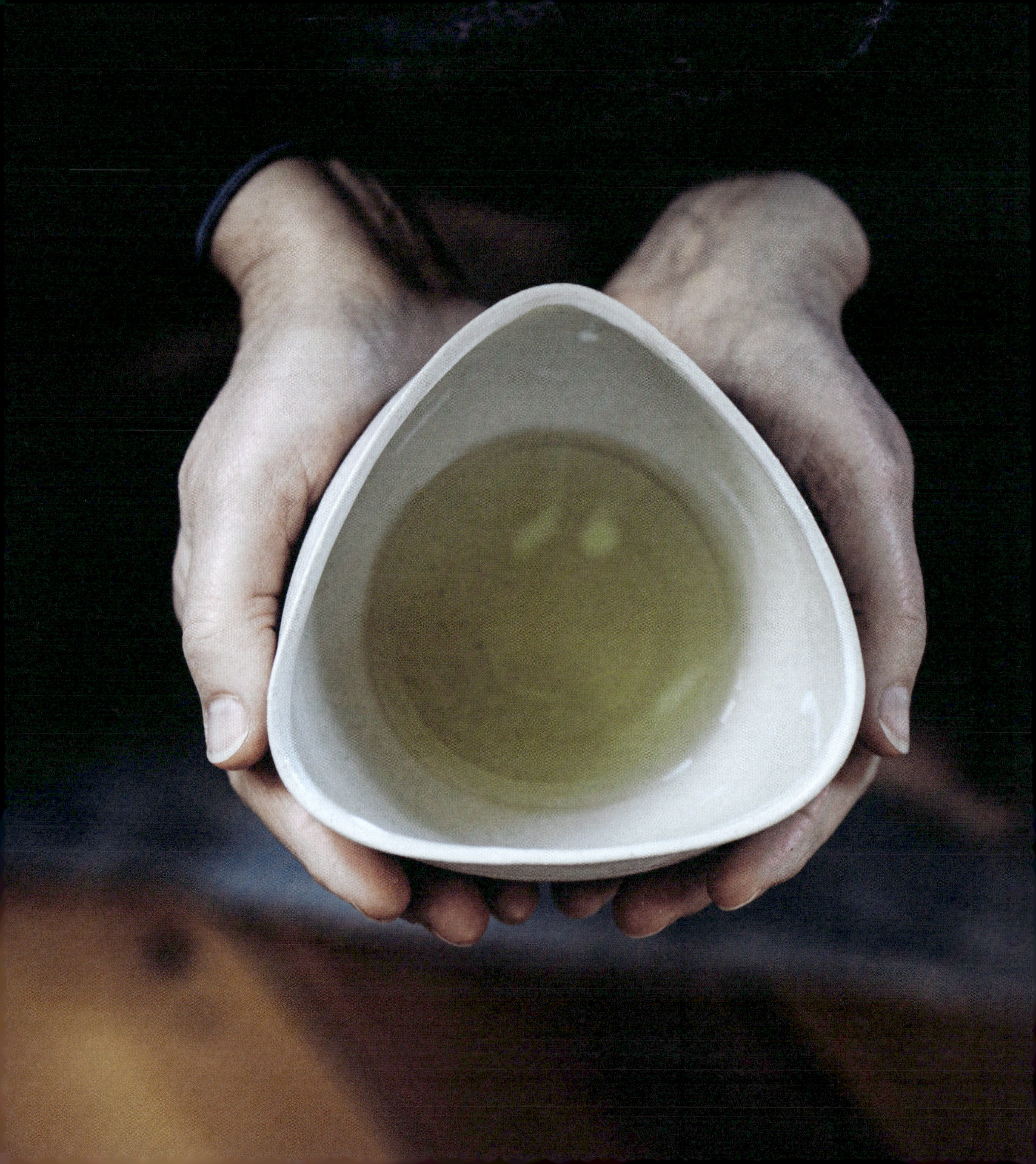

KRÄUTERTEE-REZEPTUREN SELBST MISCHEN

SCHLAFWOHL-TEE

60 g Melisse
25 g Lavendel
15 g Kamille
Essbare Blüten (Ringelblumen, Gänseblümchen, Rose, Malve, Kornblumen, Sonnenblumen, Schlüsselblumen)

1 bis 2 TL pro Tasse mit heißem Wasser überbrühen und bedeckt 6 bis 8 Minuten ziehen lassen.

LEBER-TEE

10 g Löwenzahn
20 g Fenchelfrüchte
5 g Spitzwegerich
30 g Mariendistelsamen
5 g Brennnessel
20 g Artischocke
10 g Ringelblume

1 bis 2 TL pro Tasse mit heißem Wasser überbrühen und bedeckt 8 bis 10 Minuten ziehen lassen.
Für eine Leberkur (3 bis 6 Wochen) geeignet.

Hinweis

Bitterstoffdrogen können den Magen reizen.

MEDITATIONS-TEE

50 g Tulsi
50 g Melisse
Essbare Blüten:
siehe Schlafwohl-Tee

2 bis 3 TL pro Tasse mit heißem Wasser überbrühen und 6 bis 8 Minuten ziehen lassen.

MOTIVATIONS-TEE

35 g Rosmarin
30 g Thymian
20 g Salbei
15 g Rosenblüten
wenn vorhanden:
Malvenblüten, Stockrosenblüten

1 bis 2 TL pro Tasse, 4 bis 5 Minuten Ziehzeit.
Kräuter kurz vor der Zubereitung gut zerkleinern (dadurch gehen mehr Inhaltsstoffe und Aromen in den Tee über).

Achtung

Rosmarin nicht bei Hypertonie (erhöhtem Blutdruck) anwenden. Nicht vor dem Schlafengehen, denn Rosmarin wirkt kreislaufanregend.

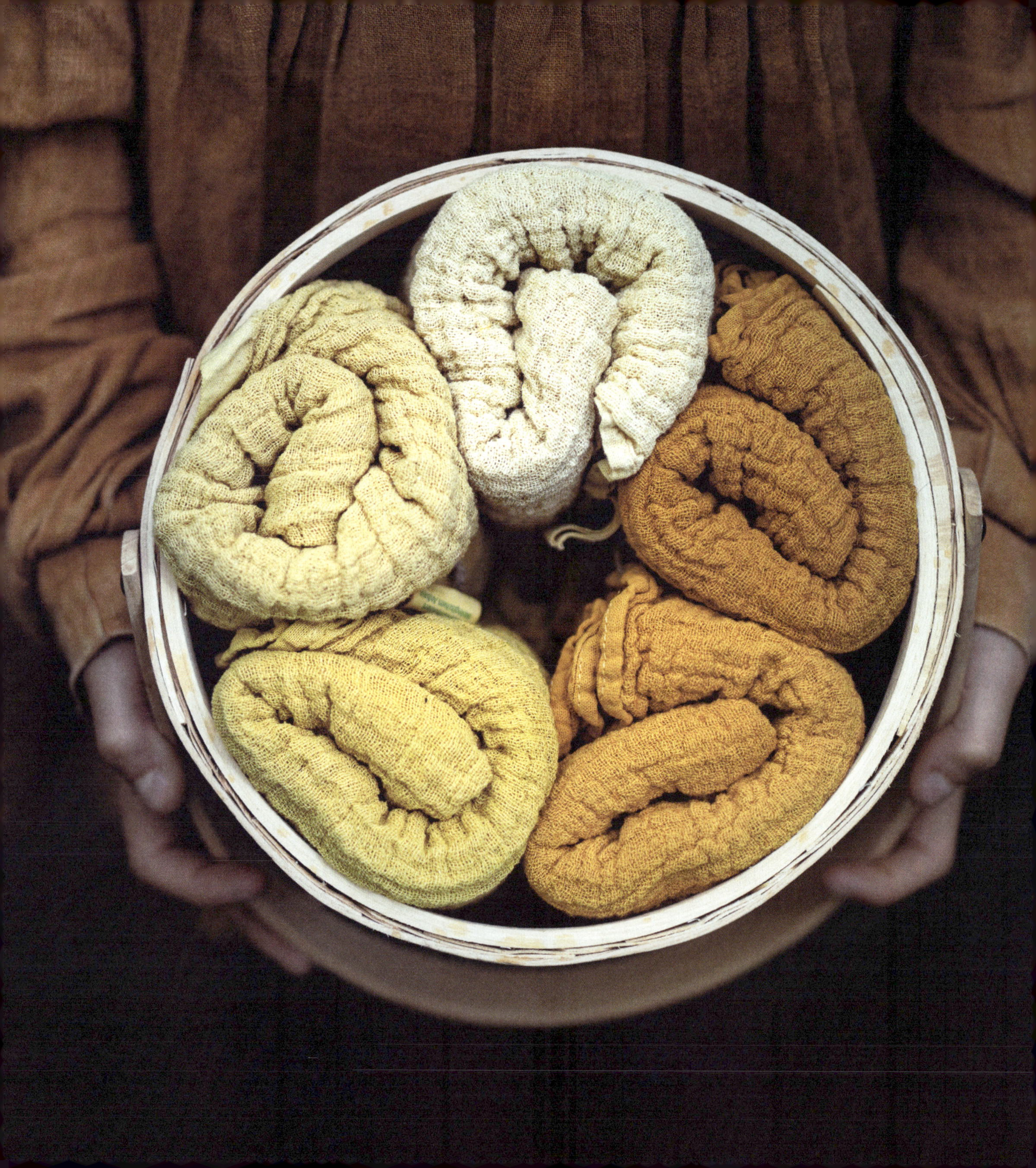

MIT KRÄUTERN UND BLUMEN FÄRBEN UND DRUCKEN

Welche Lust, wenn's grünt und sprießet!
Hoffmann von Fallersleben

STOFFE UND GARNE MIT PFLANZEN FÄRBEN

Es ist ein wundervolles Erlebnis, den Farbschatz unterschiedlicher Pflanzen im Jahreslauf zu gewinnen, diesen auf Stoffen oder Garnen zum Leuchten zu bringen, um damit wiederum liebevolle Alltagsdinge zu gestalten. Besonders schön ist es, die Färbepflanzen eigenhändig zu sammeln oder gar im eigenen Garten anzupflanzen. Blumen wie Dahlien, Ringelblumen oder Tagetes bieten sich hierfür wunderbar an und so manche Gartenkräuter wachsen einem im Lauf des Sommers ohne viel Zutun gerne buchstäblich über den Kopf, sodass sich mit der Ernte eines herzhaften Rückschnitts von Rosmarin, Minze oder Salbei praktischerweise neben den Küchenvorräten auch gleich die Färbetöpfe füllen lassen.

Wer weniger üppige Kräuter- oder Blumenbeete im eigenen Garten hat, kann in der Nachbarschaft oder bei Freunden um ein gefülltes Blüten- oder Kräuterkörbchen bitten oder findet sein Glück für kleines Geld auf einem Blumenfeld.

Zum Färben eignen sich auch viele wildwachsende Pflanzenarten wie Löwenzahnblüten, Rainfarn, Schafgarbe, Goldrute, Brennnessel und vieles mehr. Wer Pflanzen in der Natur sammeln möchte, sollte das behutsam tun und im Bewusstsein haben, dass diese Pflanzen auch eine wichtige Nahrungsquelle für Insekten sind. Am besten sammelt man nur an solchen Orten, an denen es einen üppigen Bestand der jeweiligen Pflanzenart gibt und nimmt nur so viel mit, wie man tatsächlich braucht.

Mit unserer Färbefreude möchten wir inspirieren und Lust auf eigene Experimente machen, denn die Natur gleicht einer Wundertüte, die allerfeinste Nuancen an Farben für uns bereithält. Beachten sollte man, dass Pflanzenfarben weniger lichtecht als chemisch hergestellte Farben sind und es in der Regel eine Vorbehandlung von Stoffen und Garnen in Form einer Beize braucht, um die natürlichen Farbpigmente an das Färbegut zu binden. Pflanzliche Fasern (Zellstofffasern) wie beispielsweise Leinen nehmen Pflanzenfarbstoffe eher zaghaft an, Baumwollfasern binden diese dagegen besser an sich. Wesentlich intensivere Farbergebnisse erzielt man auf tierischen Fasern wie Wolle oder Seide (Eiweißfasern). Dennoch lohnt es sich allemal, mit ganz unterschiedlichen Materialien zu experimentieren (z.B. mit Papier) und sich dem Färben mit Pflanzen möglichst ohne Erwartungen zuzuwenden. Auch nach all den Jahren, in denen wir nun mit Pflanzen färben, erleben wir noch immer wundersame Überraschungen, denn das Farbergebnis ist von etlichen Faktoren abhängig. So spielen z.B. Zeitpunkt und Standort, an dem eine Pflanze im Jahreslauf gesammelt wird, eine Rolle. Es macht auch einen Unterschied, ob frische oder getrocknete Pflanzen verwendet werden, ob diese samt Stängeln, Blattwerk und Blüten oder nur einzelne Teile wie Wurzeln oder Blüten verarbeitet werden. Neben alldem ist auch das Mengenverhältnis von Färbegut und Färbepflanzen ausschlaggebend. Selbst das Material des Färbetopfes kann, genau wie Färbetemperatur und -dauer sowie die Beizart usw., Auswirkungen auf Nuance, Leuchtkraft und Intensität der Farben haben.

Mit Pflanzen natürlich zu färben schafft Wertschätzung gegenüber der Natur, ist eine äußerst feinsinnige und meditative Tätigkeit und wir wünschen uns, dass unsere ästhetischen Designbeispiele in harmonischer Weise zeigen, wie wundervoll sich pflanzengefärbte Stoffe nicht nur untereinander, sondern auch mit anderen Stoffen kombinieren lassen. Aus unseren pflanzengefärbten Materialien entstanden u.a. wunderschöne Yoga-Utensilien, Wärmekissen und zahlreiche Mulltücher, die in vielfältiger Weise verwendet werden können – z.B. als nachhaltige Geschenkverpackung oder auf dem Jahreszeitentisch.

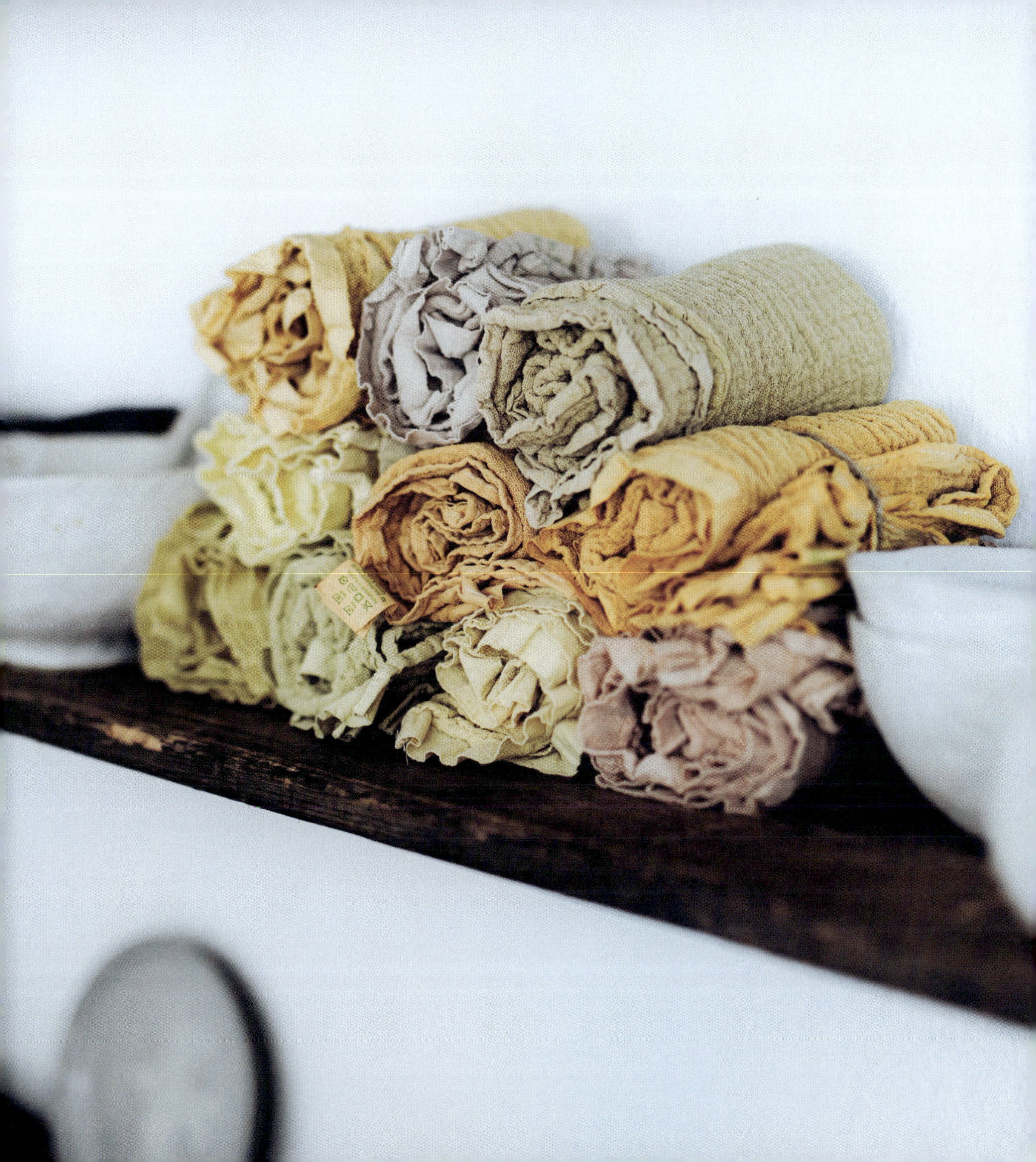

ZUBEHÖR

Es braucht nicht viel, um sich ans Werk zu machen – lediglich Zeit, eine Prise Geduld und:

- großer Eimer (mind. 10 l) oder Box mit Deckel für die Kaltbeize
- ggf. ein zweiter sauberer Eimer zum Abgießen des Farbsuds bzw. alternativ ein zweiter Färbetopf
- möglichst großer Färbetopf (mind. 10 l)
- großes feines Sieb (ggf. zusätzlich feiner Baumwollstoff)
- mindestens zwei Holzrührlöffel (jeweils einen für Beize und Farbsud)
- Schneebesen zum Anrühren der Beize
- Gummihandschuhe
- Küchenwaage
- Färbegut nach Wahl wie Baumwoll-Mulltücher, diverse Stoffe und Garne aus Naturmaterial wie Leinen, Baumwolle, Wolle, Seide
- diverse Pflanzen (z.B. Tagetes-, Dahlien-, Ringelblumenblüten, Goldrute, Frauenmantel, Brennnessel, Minze, Salbei, Rosmarin, Johanniskraut)*
- Gartenschere zum Zerschneiden des Pflanzenmaterials
- 100 g Kaltbeize AL (*Aluminiumformiat*), ausreichend für ca. 2,5 kg Färbegut

VORBEREITUNGEN VOR DEM FÄRBEN

1. Um die Farbaufnahme zu verbessern, muss die Appretur, mit der die meisten Textilien ausgerüstet sind, ausgewaschen werden. Ein normaler Waschgang reicht hier meist nicht aus, die Stoffe sollten entschlichtet werden.
2. Eine einfache Methode hierfür ist, 1 bis 2 EL Waschsoda in warmem Wasser aufzulösen und zusammen mit dem Waschmittel in das Waschmaschinenfach zu geben. Die Stoffe bei mind. 60 °C, besser bei

* Alle in unserem Buch gefärbten Materialien wie ungebleichte Baumwolle (Mulltücher), diverse Wollstoffe und -garne sowie Leinen wurden – außer die Färbungen mit Ringelblumenblüten und Frauenmantel – mit frischen Pflanzen gefärbt.

90 °C waschen. Wollstoffe oder -garne sollten faserschonend von Hand mit einem biologischen Wollwaschmittel vorgewaschen werden (z.B. mit Olivenwaschmittel für Wolle & Seide von Sonett), anschließend mit klarem Wasser ausspülen.

3. Vor dem Färben muss das Färbegut in den meisten Fällen gebeizt werden. Als Beizmittel empfehlen wir das einfach handzuhabende und zugleich faserschonende Kaltbeizverfahren mit biologisch abbaubarem Aluminiumformiat (kurz *Kaltbeize AL*). Den Verkaufspackungen von AL liegt eine ausführliche Beschreibung für das Ansetzen der Beize und für den Beizvorgang bei, die man unbedingt beachten sollte.

ZUM FÄRBEN VERWENDETE PFLANZEN UND DEREN FARBTÖNE

- Goldrute | leuchtende Gelbtöne
- Ringelblumenblüten | matte Gelbtöne
- Tagetesblüten | leuchtend-satte Gelb- bis Orangetöne
- Dahlienblüten | intensive Orangetöne
- Frauenmantel, Brennnessel, Minze, Salbei, Rosmarin ergeben recht ähnliche Farbtöne, die sich meist zwischen Gelb-Grün und Oliv bewegen

Die Menge an Pflanzenmaterial ist abhängig vom Gewicht des gewählten Färbeguts. Als Faustregel gilt, dass für 100 g Färbegut mindestens 100 g Pflanzenmaterial benötigt werden – je mehr, desto besser bzw. umso intensiver wird das Farbergebnis.* Ausnahmen bestimmen die Regel, denn es gibt durchaus Pflanzen mit sehr ausgeprägter Farbkraft. Mit ca. 30 bis 40 großblütigen Tagetesblüten lässt sich beispielsweise ein halber Meter (kräftiger) Wollstoff samt ein bis zwei 100 g-Wollsträngen recht intensiv färben und im zweiten Auszug ggf. noch Mulltücher. Im Vergleich dazu

* Das Farbergebnis variiert in Abhängigkeit der verwendeten Pflanzenmenge, des Sammelzeitpunkts, der Farbe der Blüten etc.

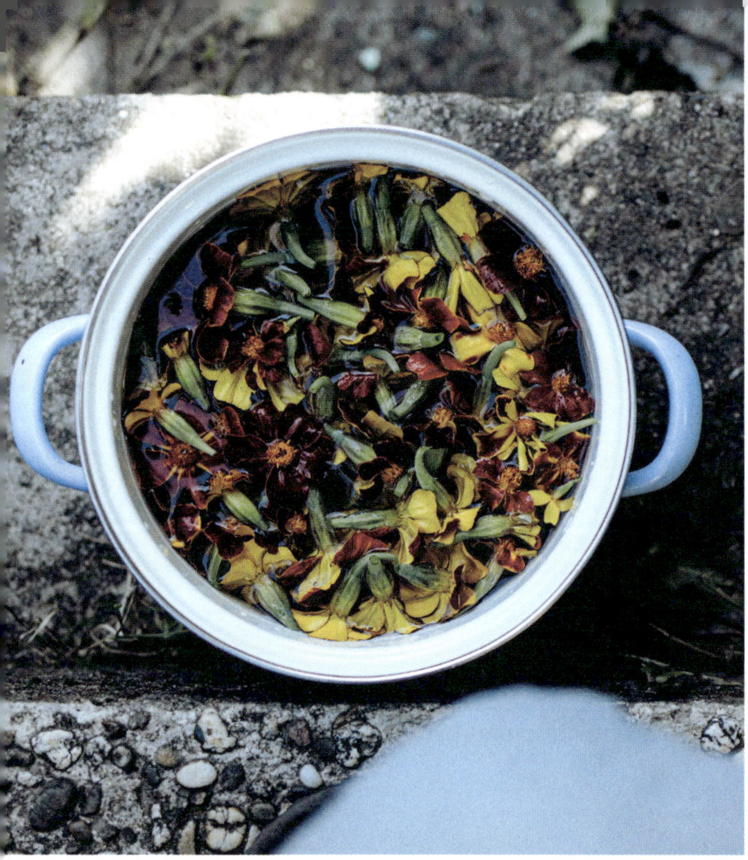

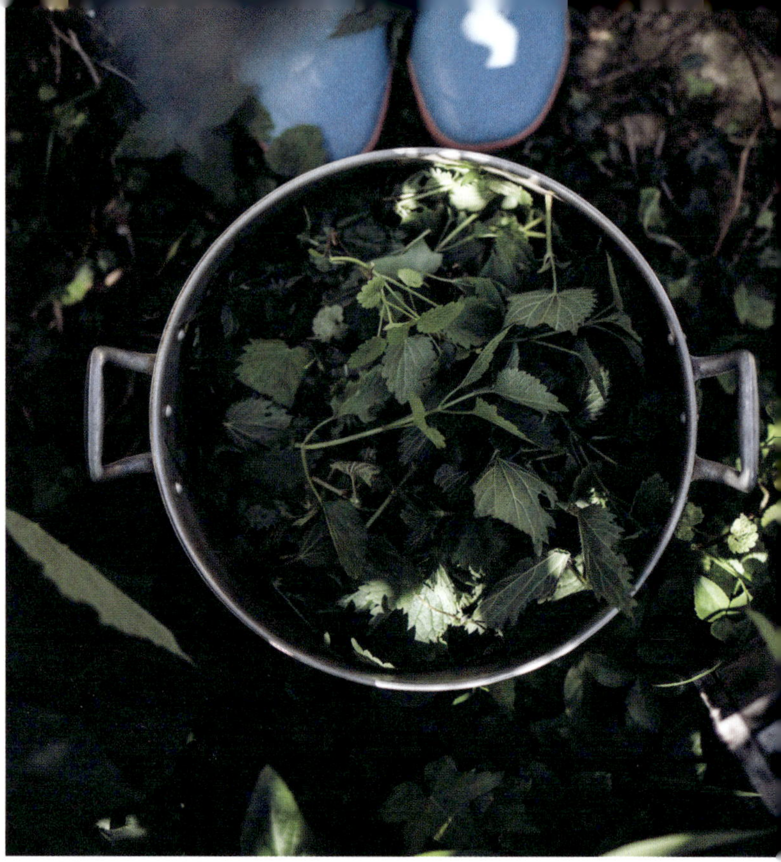

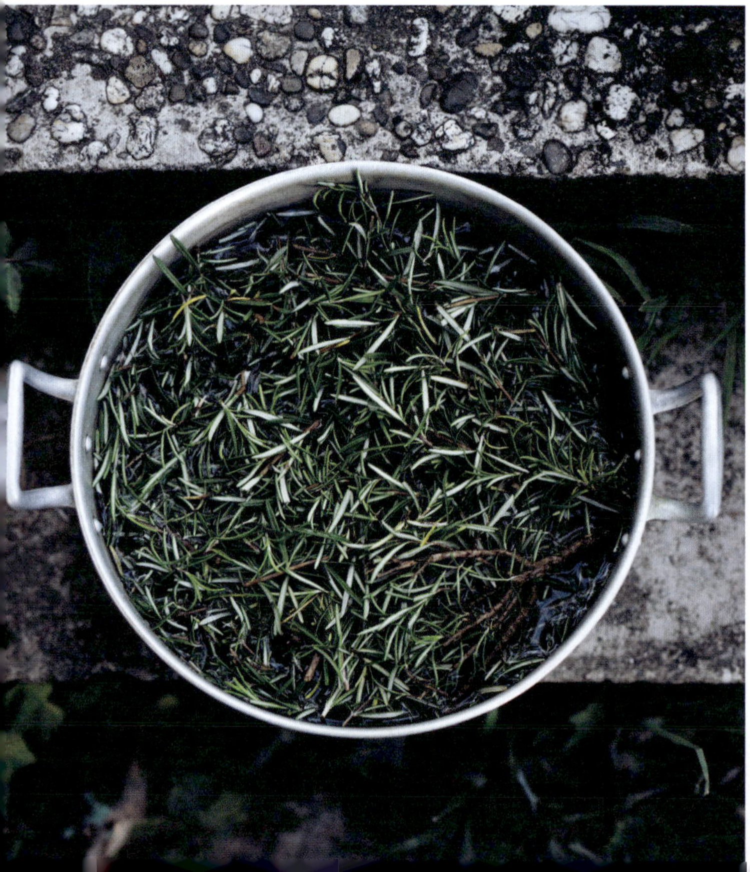

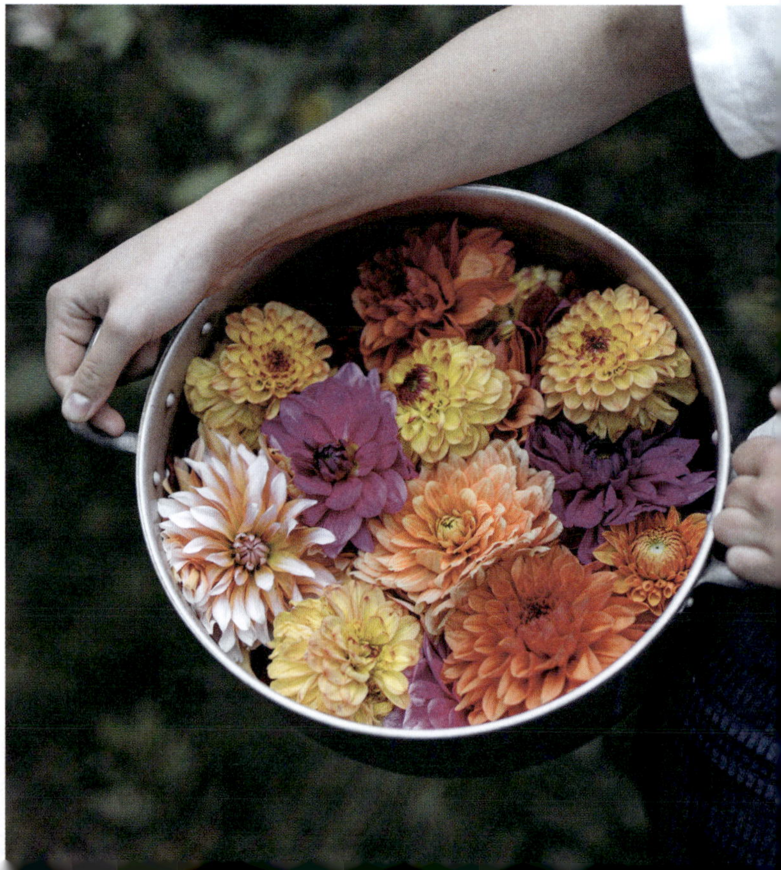

benötigt man jedoch z.B. bei Ringelblumen, Brennnesseln oder Minze für die gleiche Färbegutmenge wesentlich mehr Pflanzenmaterial.
Wir persönlich halten es so, dass wir das verarbeiten, was wir in unseren Körbchen nach Hause tragen, färben also in Abhängigkeit des vorhandenen Pflanzenmaterials mehr oder weniger Stoffe oder Garne.

FÄRBEVORGANG

1. Zum Ansetzen der Färbeflotte wird zunächst das jeweilige Pflanzenmaterial ggf. zerkleinert (rupfen oder schneiden) – Ringelblumenblüten, Tagetes und Dahlienblüten bleiben unzerkleinert.
2. Das Pflanzenmaterial in einen großen Topf geben und mindestens so viel Wasser zugegeben, bis die Pflanzenmasse ordentlich bedeckt ist.
3. Das Ganze langsam bei geschlossenem Deckel erhitzen und für ca. 1 Stunde sachte vor sich hinsimmern lassen, anschließend von der Herdplatte nehmen und erkalten lassen (z.B. über Nacht).
4. Den Sud durch ein feines Sieb oder Tuch abseihen (z.B. in einen sauberen Eimer), anschließend zurück in den ausgespülten Färbetopf gießen.
5. Färbegut (Stoffe, Garne) wässern (wird direkt im Anschluss an das Beizen gefärbt, entfällt dieser Arbeitsgang, das Färbegut muss in diesem Fall nur ordentlich ausgespült werden), anschließend in das Farbbad legen. Den Farbsud mit Färbegut nun vorsichtig erwärmen, der Topfinhalt darf jedoch, wie schon beim Ansetzen des Farbsuds, nicht zu heiß werden oder

Wichtig

Stoffe oder Garne aus Wolle sollten unbedingt für mind. 20 bis 30 Minuten im Wasser liegen bleiben, denn Wollfasern benötigen Zeit, um vollständig durchtränkt zu sein. Sind Wollstoffe oder -garne nicht gleichmäßig nass, werden die Farbpigmente ungleichmäßig aufgenommen – das Farbergebnis kann fleckig erscheinen.

kochen. Durch zu große Hitze kann sich der Farbsud verändern und die Färbung bräunlich ausfallen.

6. **Achtung:** Beginnt der Farbsud versehentlich doch zu köcheln, was bei geschlossenem Deckel schnell passieren kann, steigen die Stoffe gerne aus der Flüssigkeit nach oben, verlieren dann stellenweise den Kontakt zum Farbbad und werden ungleichmäßig gefärbt oder es entstehen schnell Farbränder. Zwischendurch immer wieder rühren, damit sich die Farbpigmente gleichmäßig verteilen.
7. Nach ca. 1 Stunde den Herd ausschalten, das Färbegut jedoch weiterhin bis mindestens zum Erkalten im Sud belassen, währenddessen weiterhin regelmäßig rühren.
8. Färbegut aus dem Topf nehmen und zunächst mit klarem Wasser ausspülen.
9. Stoffe oder Garne aus Wolle anschließend von Hand mit mildem Wollwaschmittel auswaschen (andere Fasern mit Feinwaschmittel) und mit klarem Wasser ausspülen.
10. Wollstoffen und -garnen tut es nach all diesen Strapazen gut, wenn sie anschließend in einer Wollkur baden dürfen (z.B. von Sonett).
11. Färbegut trocknen (nicht an der Sonne).

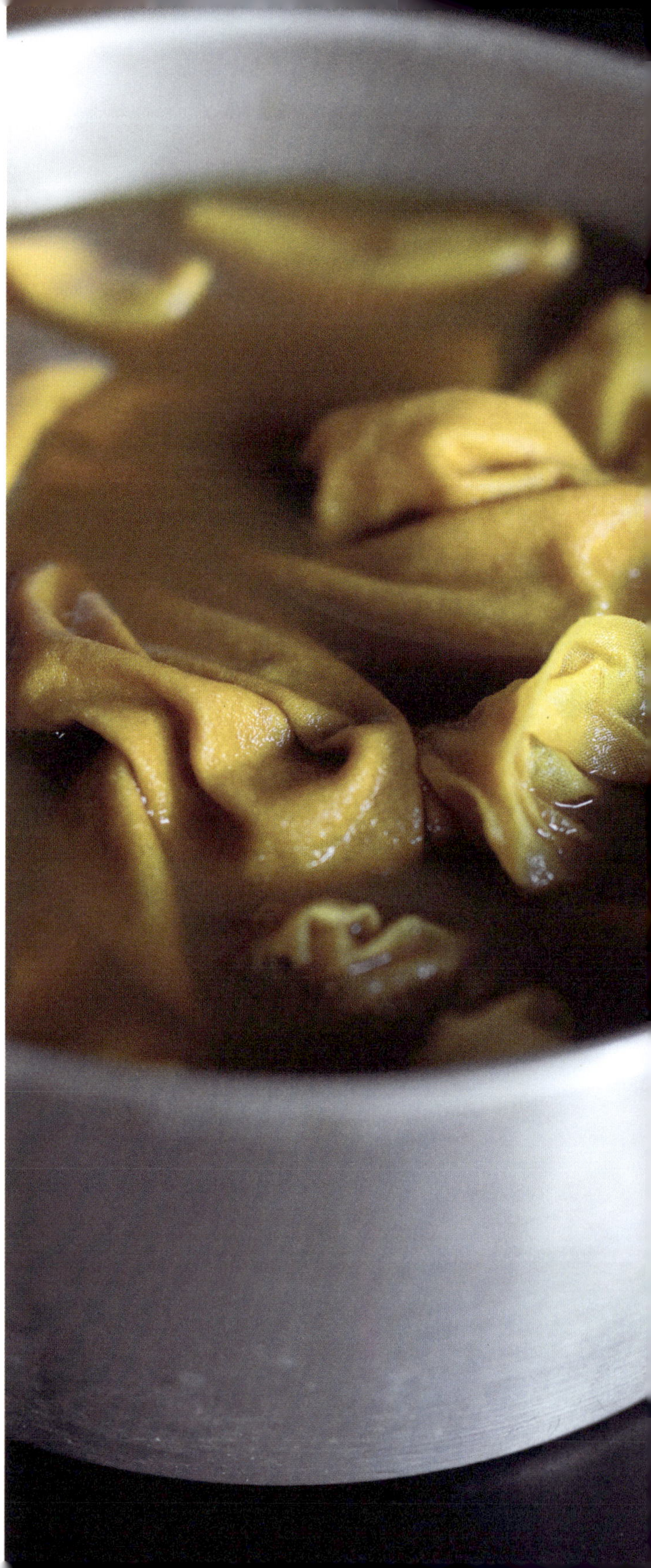

- Sämtliche Färbepflanzen lassen sich trocknen, somit besteht die Möglichkeit dann zu färben, wenn man Zeit dafür findet. Das Farbergebnis fällt im Vergleich zu Färbungen mit frischen Pflanzen manchmal etwas anders, jedoch nicht weniger schön aus.
- Stoffe bilden nach dem Einlegen in den Farbsud an der Oberfläche oft Luftblasen. Diese müssen unbedingt mit einem Kochlöffel herausgedrückt werden.
- Nur so viel Färbegut in den Farbsud legen, dass das Färbegut genügend Platz «zum Schwimmen» hat.
- Pflanzengefärbtes ist (je nach Pflanzenart) sehr licht- und waschempfindlich, bleicht mit der Zeit also mehr oder weniger aus (vor allem bei reichlich Sonnenkontakt).
- Pflanzengefärbtes sollte stets mit einem milden Waschmittel ohne Bleiche von Hand gewaschen und nicht in der Sonne getrocknet werden.
- Es kann so oft Färbegut in das Farbbad gelegt werden, bis dieser sozusagen erschöpft ist. Nach und nach fällt das Farbergebnis immer sanfter aus.
- Manche Pflanzen besitzen so viel Farbkraft, dass man diesen in einem zweiten Auszug erneut Farbpigmente entlocken kann. Bei Tagetesblüten lohnt sich z.B. ein Versuch – d.h. nach dem ersten Auszug wird das Pflanzenmaterial erneut mit Wasser in einen Topf gegeben und abermals erhitzt.
- Auch beim Färben mit Dahlien hängt das Farbergebnis sehr von der jeweiligen Sorte bzw. hier eher von der Farbe der Blüten ab. Färbt man z.B. ausschließlich mit gelben und/oder orangefarbenen Dahlienblüten, fällt das Ergebnis völlig anders aus, als wenn auch roséfarbene und rote Blüten mit im Farbtopf lagen.
- Oft lässt sich ein Farbton vertiefen, wenn der Sud samt Färbegut ein zweites Mal erhitzt wird.
- Auch Papier und Holzperlen können gefärbt werden. Hierfür z.B. kleine Kärtchen aus Büttenpapier/Aquarellpapier (s. Beispiel S. 206/207) mehrmals in das Farbbad tauchen bzw. die Holzperlen einfach zusammen mit Stoffen oder Garnen ins Färbebad geben (nach dem Trocknen mit etwas Leinöl einreiben).
- Wichtig: Zum Färben gewähltes Zubehör sowie sämtliche Behältnisse wie Kochtopf, Rührlöffel usw. ausschließlich zum Färben und keinesfalls für Lebensmittel verwenden!

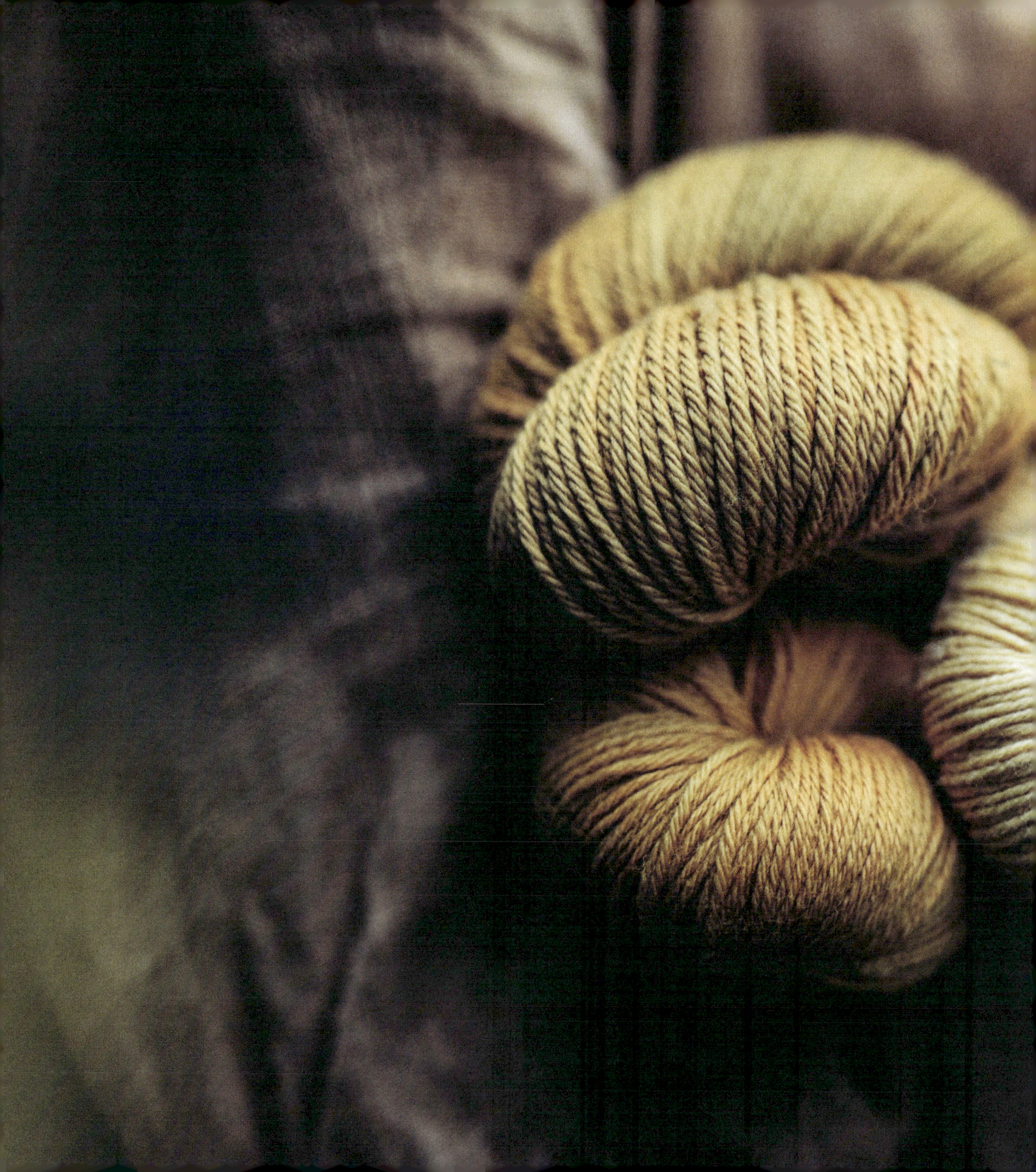

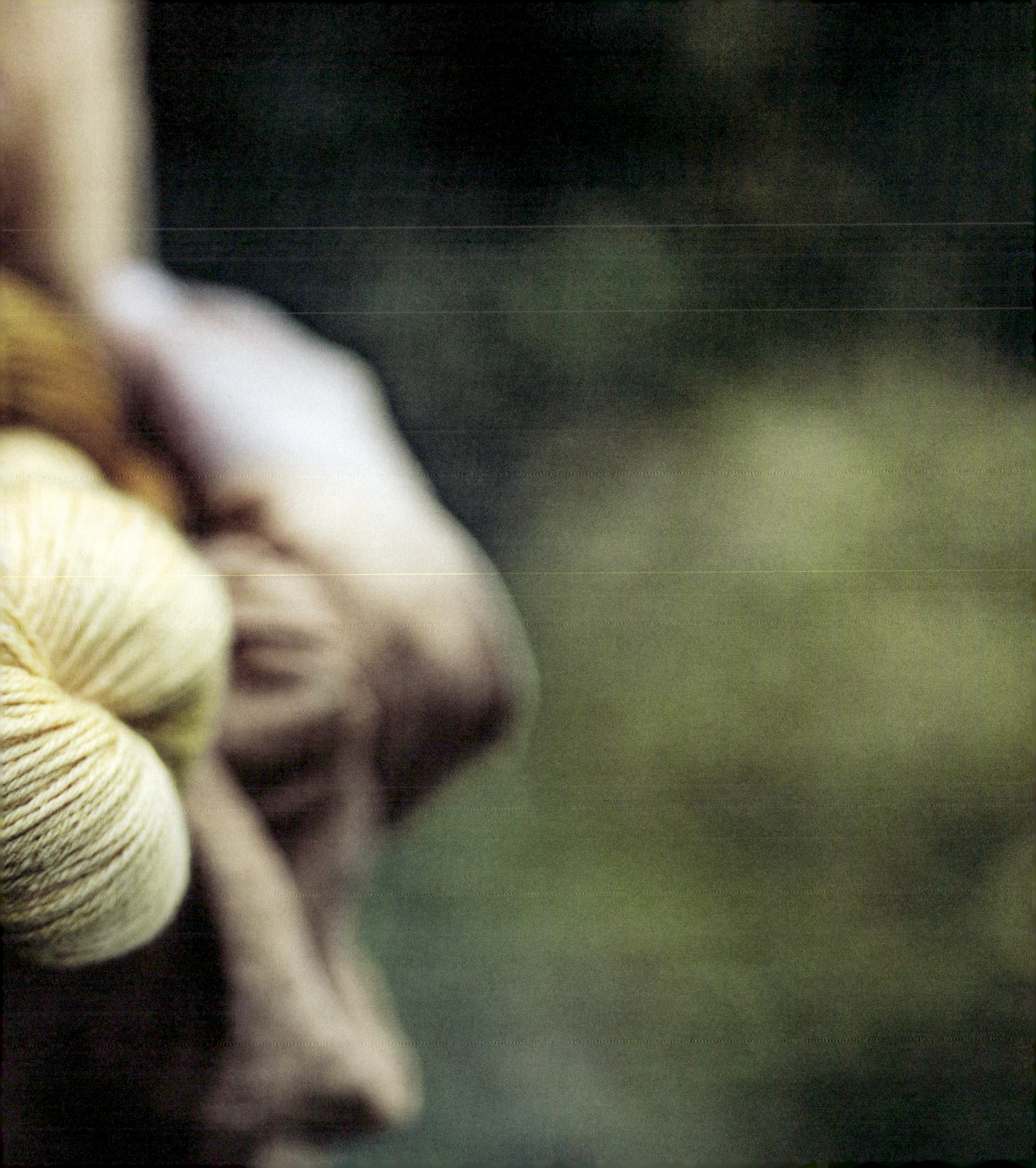

SONNENDRUCK

Material

weiße, helle Stoffstücke
Textilmalfarbe
(Farbton nach Wunsch)
Glas für die verdünnte Farbe
Wasser
großer (breiter) Pinsel
Backpapier
Unterlage (z.B. Backblech)
Blumen, Gräser o.Ä.
Bügeleisen

Tipps

Werden die Pflanzen vorab für 1 bis 2 Tage gepresst, lassen sich diese dichter auf den Stoff legen und die Konturen werden somit klarer abgebildet.
Als Alternative zu Pflanzen wie Blumen, Blätter, Farne, Gräser usw. können auch andere Dinge auf den Stoff gelegt werden (z.B. Schablonen, Schnüre, usw.).
Lebendige Strukturen, wie sie beispielsweise durch Faltenbildung entstehen, können sich in schöner Weise auf das Ergebnis auswirken. Auch das ungleichmäßige Bemalen des Stoffes oder weiße Ränder an den Stoffkanten entlang ergeben hübsche Effekte in Nähprojekten.

Sonnendruck erinnert ein wenig an das fotografische Verfahren der «Cyanotypie» (auch als Eisenblaudruck bekannt). Wir fanden den typischen Blauton sehr ansprechend und harmonisch in Kombination mit unseren pflanzengefärbten Stoffen, weswegen unsere Sonnendrucke auch größtenteils blau ausfallen und den Nähwerken eine japanische Anmut verleihen.
Für den Sonnendruck werden im Vergleich zur Cyanotypie keine chemischen Mittel benötigt: Ein warmer sonniger Tag genügt, um diesen Effekt hervorzurufen.

Anleitung

1. Textilfarbe in einem Glas mit Wasser verdünnen (je dünner die Farbe, desto heller das Ergebnis).
2. Stoffstück in Wasser tauchen, auswringen und glatt gestrichen auf eine mit Backpapier ausgelegte Unterlage (z.B. Backblech) legen.
3. Feuchtes Stoffstück mit Farbe einpinseln und ggf. noch mal etwas glatt ziehen.
4. Pflanzen auflegen und möglichst dicht an den Stoff drücken, ggf. mit dem Pinsel nachhelfen. Je dichter die Pflanzen auf dem Stoff liegen, desto klarer deren spätere Abbildung.
5. Den Stoff in die Sonne legen, bis die Farbe gänzlich trocken ist.
6. Aufgelegte Pflanzenteile abziehen.
7. Textilfarbe nach Herstellerangaben fixieren (in der Regel durch Bügeln).
8. Stoff waschen.

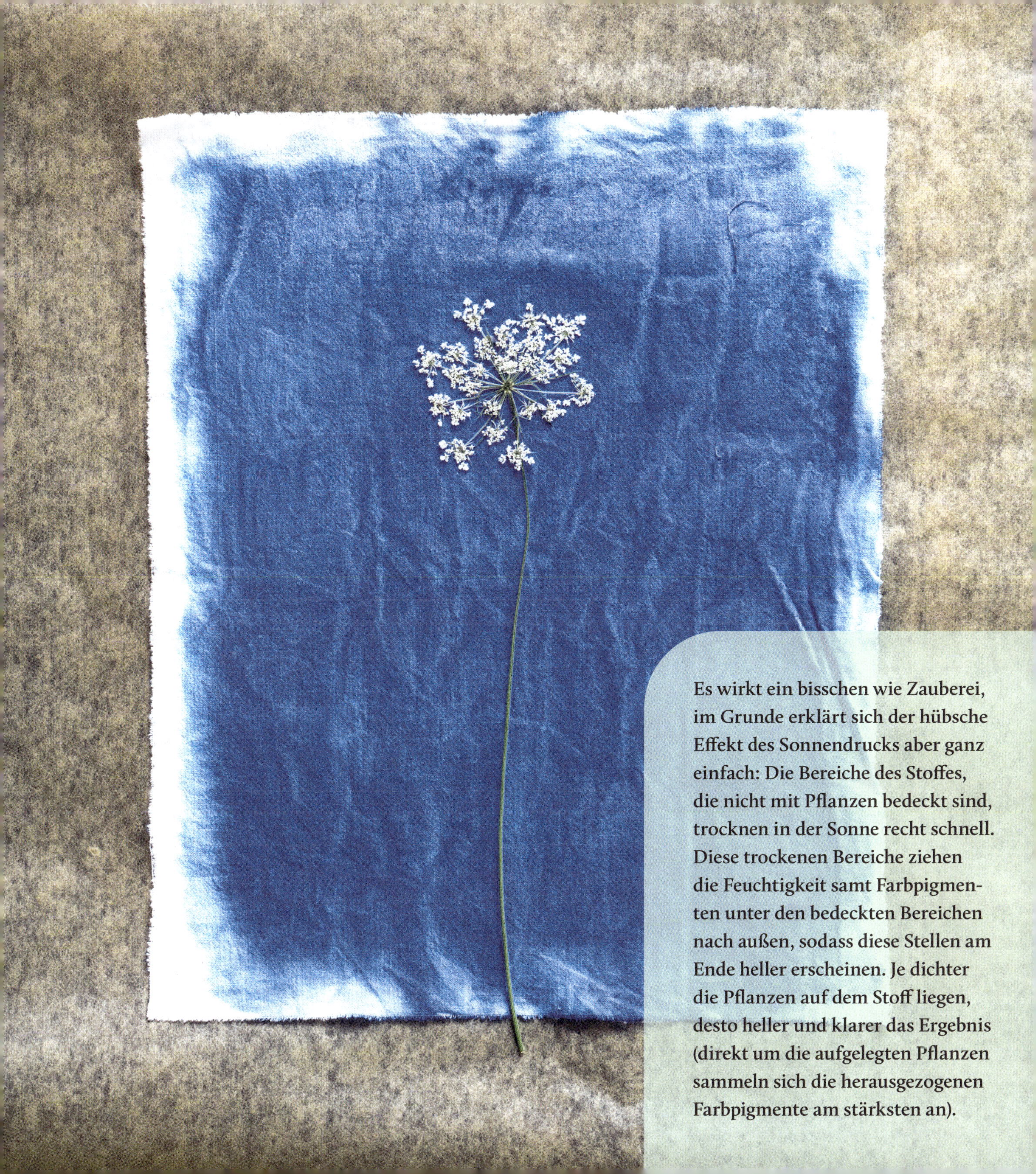

Es wirkt ein bisschen wie Zauberei, im Grunde erklärt sich der hübsche Effekt des Sonnendrucks aber ganz einfach: Die Bereiche des Stoffes, die nicht mit Pflanzen bedeckt sind, trocknen in der Sonne recht schnell. Diese trockenen Bereiche ziehen die Feuchtigkeit samt Farbpigmenten unter den bedeckten Bereichen nach außen, sodass diese Stellen am Ende heller erscheinen. Je dichter die Pflanzen auf dem Stoff liegen, desto heller und klarer das Ergebnis (direkt um die aufgelegten Pflanzen sammeln sich die herausgezogenen Farbpigmente am stärksten an).

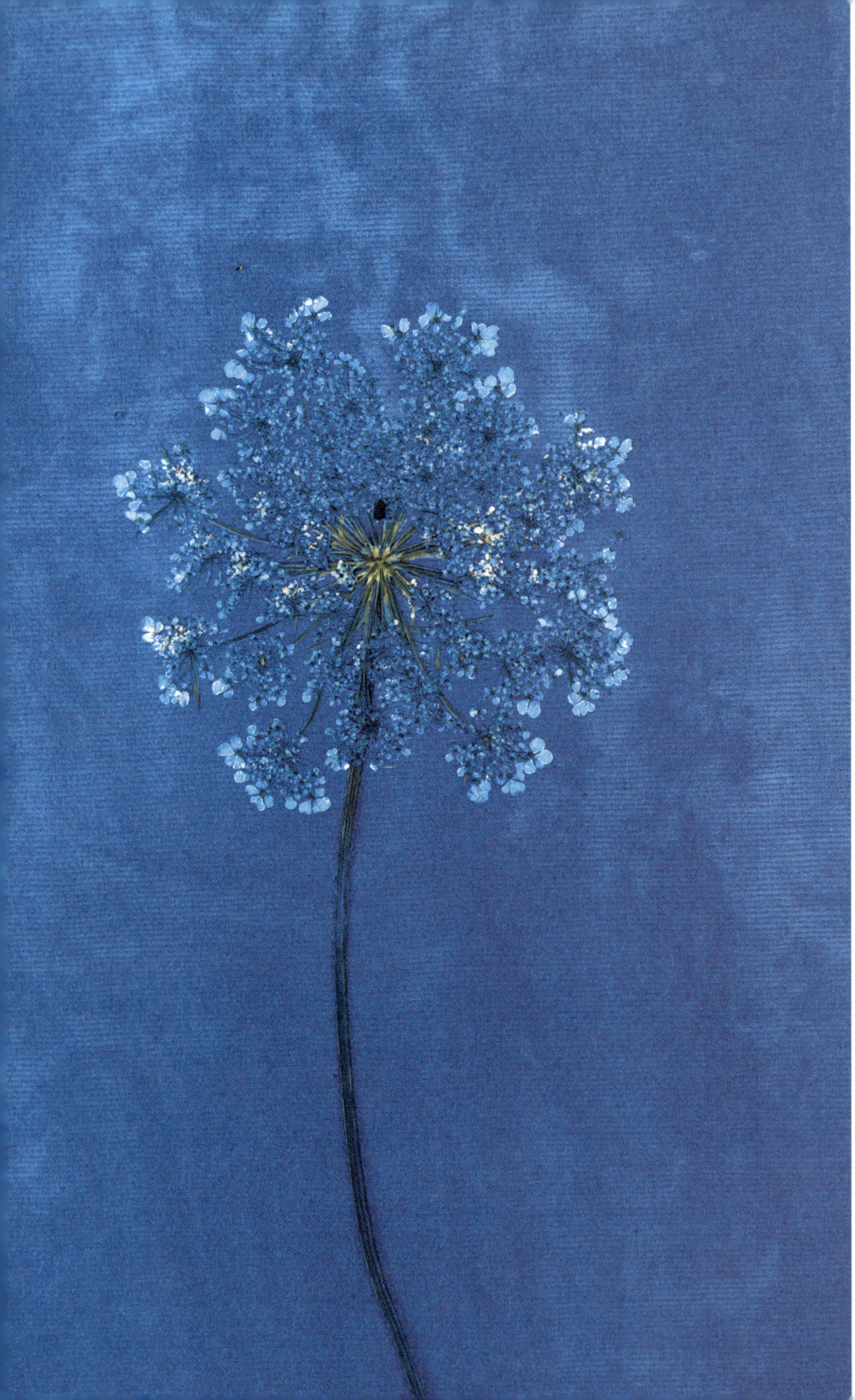
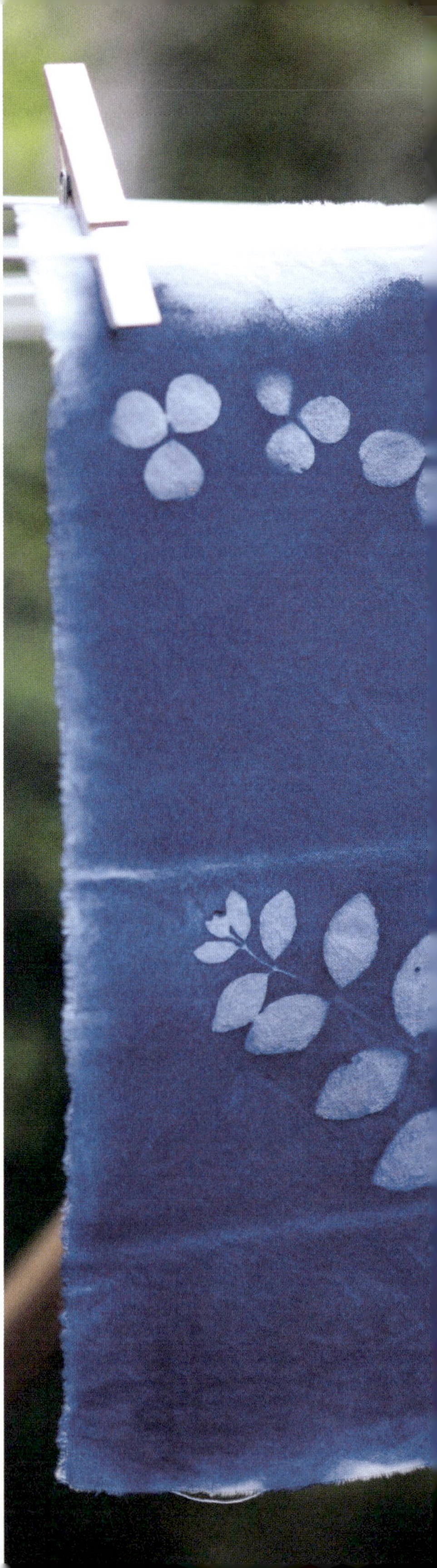

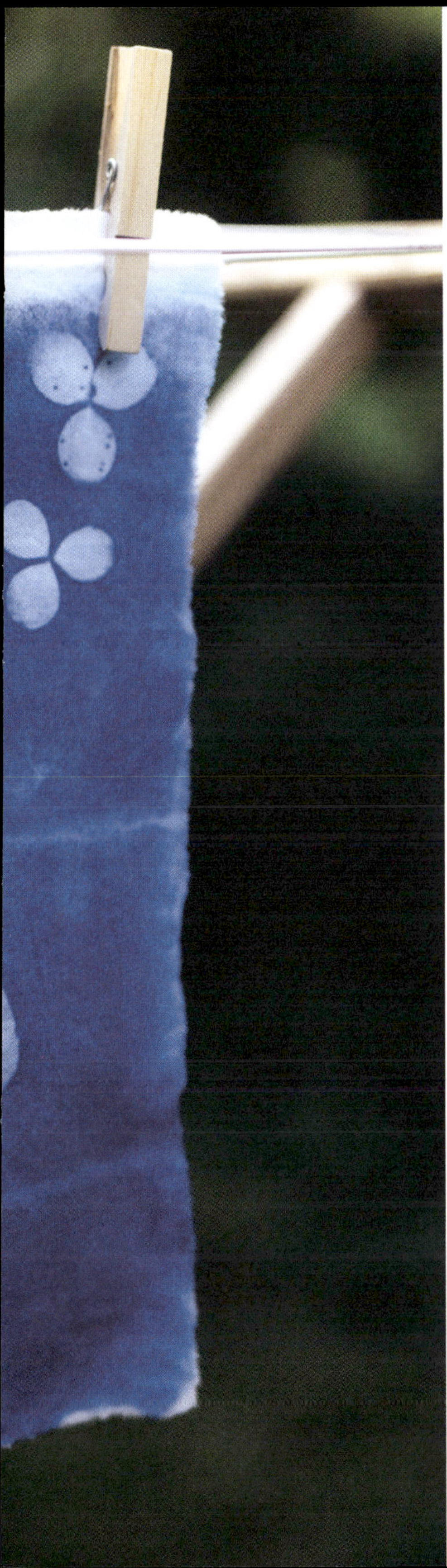
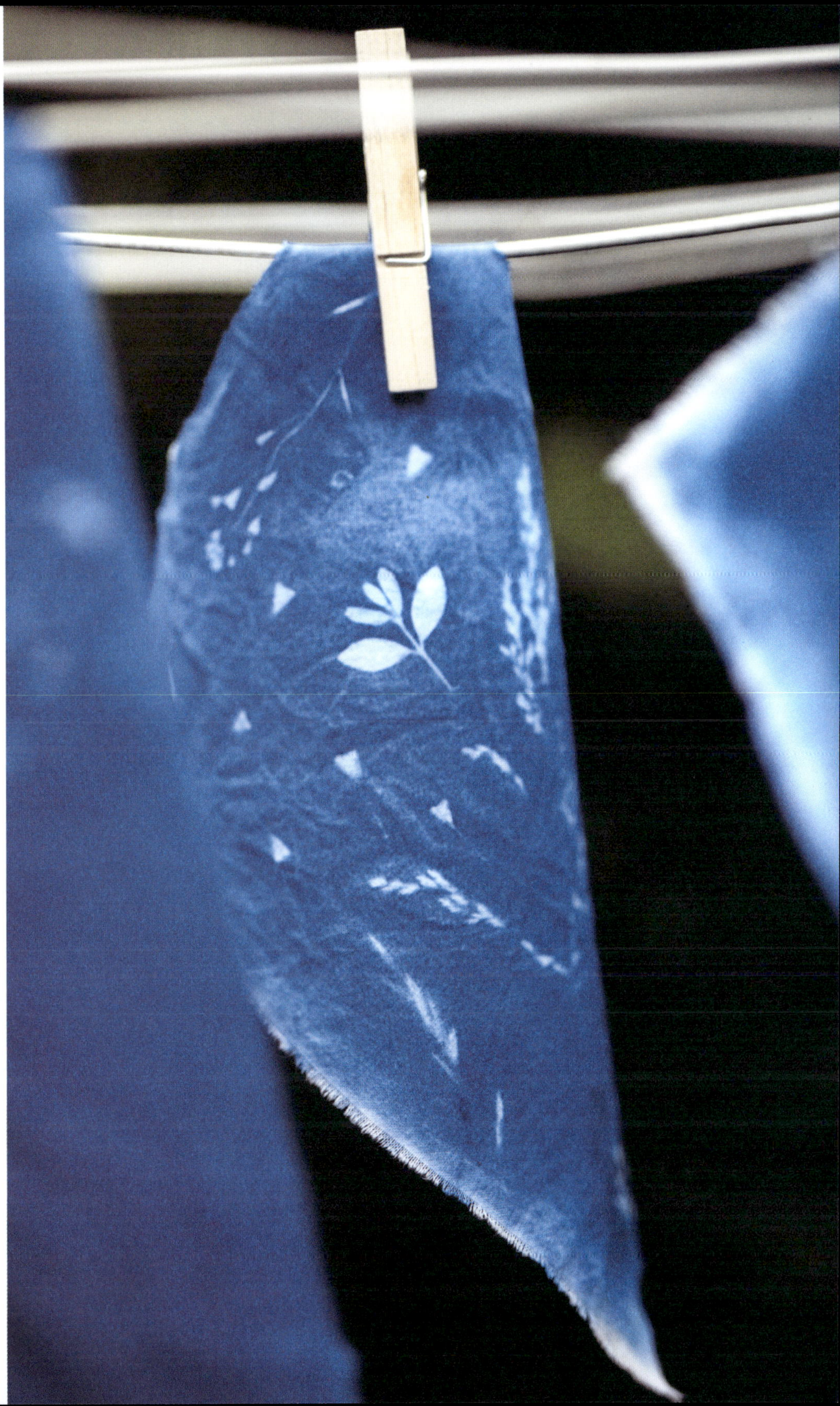

BLÜTEN «HÄMMERN» NATURDRUCK – TATAKI ZOMÉ

Material

weiße, helle Stoffe (Baumwolle oder Leinen) mit feiner Struktur
Hammer mit möglichst flachem Boden
frische Blüten und Blätter
Backpapier oder altes Geschirrtuch
Bügeleisen

Mit der japanischen Drucktechnik «Tataki Zomé» werden Farbpigmente aus frischen Blüten und Blättern mit einem Hammer auf Stoff (oder Papier) übertragen. Es ist trotz (oder gerade wegen?) der rhythmischen Hammerschläge sehr meditativ und macht Freude, Blumen und Blätter und die damit verbundenen Erinnerungen an den Frühling und Sommer in feiner Weise festzuhalten und sichtbar zu machen. Mit den anmutenden Naturdrucken lassen sich u.a. kleine Duftkissen nähen, wie wir sie auf S. 150 zeigen.

Anleitung

1. Stoffe vorab waschen bzw. wie beim Pflanzenfärben beschrieben entschlichten (s. S. 66/67).
2. Um eine bessere Haltbarkeit zu erzielen, können die Stoffe wie beim Pflanzenfärben gebeizt werden.
3. Stoff bügeln, auf einen glatten Untergrund legen (z.B. Holzbrett), die gewünschten Pflanzen auf den Stoff auflegen und ein zweites Stück Stoff darüberlegen.
4. Mit dem Hammer vorsichtig über die Pflanzen hämmern, dabei an den Pflanzenrändern beginnen und langsam zur Mitte hinarbeiten, bis das Abbild der Pflanze durch den oberen Stoff hindurch sichtbar wird.
5. Obere Stofflage vorsichtig abnehmen, aufgelegte Blüten oder Blätter vom Stoff lösen. Dadurch, dass sich die Pflanzen durch das Hämmern recht fest mit dem Stoff verbunden haben, lösen sich manche evtl. nur schwer. Es ist ratsam, diese trocknen zu lassen – später können sie meist einfach weggepustet oder abgeschüttelt werden.
6. Ein Backpapier oder Geschirrtuch auf den Naturdruck legen und 2 bis 3 Minuten bügeln.

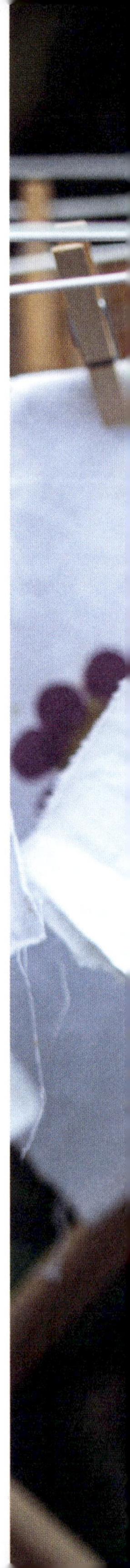

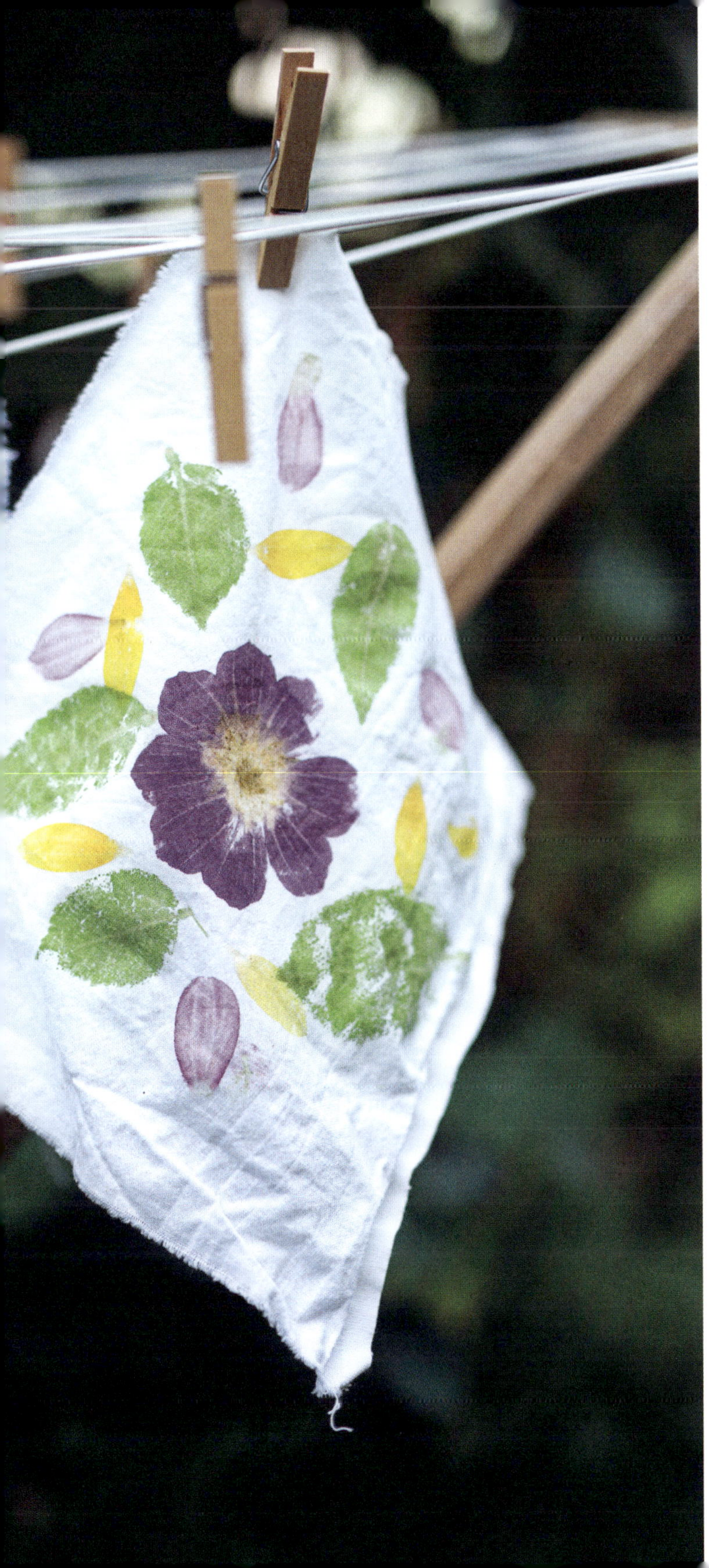

TIPPS

Die Blütenmitte sollte nicht zu dick sein.
Blüten mit kräftiger Farbe verwenden.
Die zu bedruckenden Stoffe sollten fein gewebt sein, um ein möglichst klares Abbild der Pflanzen zu gewährleisten.
Beim Hämmern darauf achten, nicht mit der Kante auf den Stoff zu schlagen – derartige Hammerschläge können Löcher im Stoff verursachen.
Durch das Auflegen des zweiten Stoffstücks erhält man praktischerweise jeweils zwei Abdrucke (wobei einer der beiden Drucke etwas zarter ausfallen kann).
Da Pflanzengefärbtes generell sehr licht- und waschempfindlich ist, sollten die fertigen Naturdrucke vor direktem Sonnenlicht geschützt bzw. mit den Stoffstückchen möglichst etwas kreiert werden, was nicht oder nur selten gewaschen werden muss, wie z.B. Lavendelsäckchen.
Falls die Naturdrucke gewaschen werden sollen, ist Handwäsche mit einem milden Bio-Waschmittel ohne Bleiche empfehlenswert.

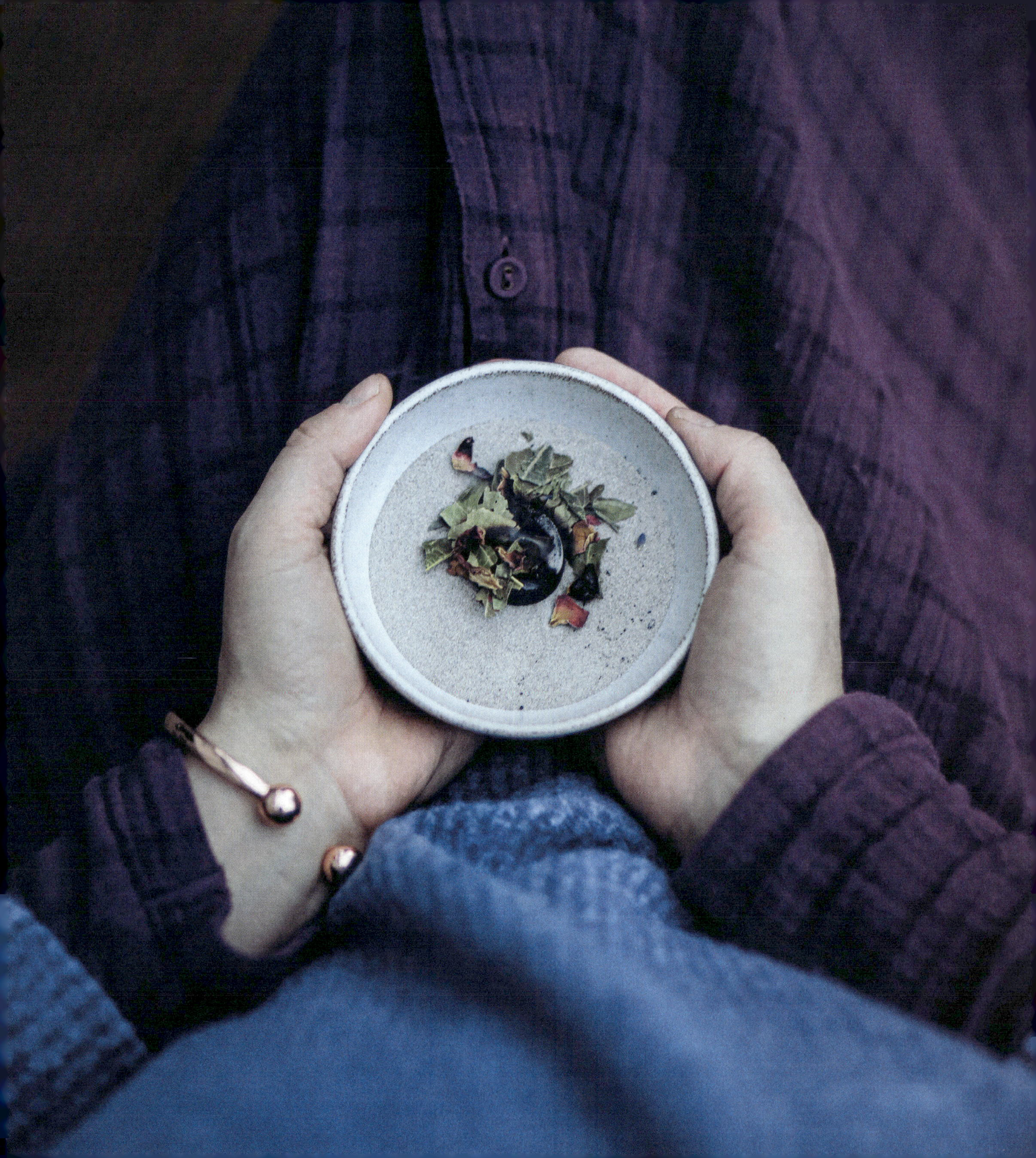

RÄUCHERN MIT KRÄUTERN UND BLUMEN

Es gibt ein Bleiben im Gehen,
ein Gewinnen im Verlieren,
im Ende einen Neuanfang.
Japanisches Sprichwort

GESCHICHTE DES RÄUCHERNS

Das Verglühen von Kräutern ist eine uralte Tradition und begleitet die Menschen aus aller Welt von jeher.
Früher wurden neben religiösen Zwecken Wohnräume und Ställe zur Reinigung ausgeräuchert. Auch zur Heilung bei Krankheit und um das Böse von Haus und Hof fernzuhalten, fand das Räuchern Anwendung.
Viele von uns verbinden das Räuchern mit der Kirche, wo kostbare Harze wie Weihrauch und Myrrhe verwendet werden. Die einfachen Leute haben früher hauptsächlich mit einheimischen Kräutern, Baumharzen und Gewürzen geräuchert. Neben der Reinigung und der Heilung wurde auch bei den Jahreskreisfesten wie der Walpurgisnacht, der Johanninacht und den Rauhnächten geräuchert.
In der Hektik unserer Zeit kann uns dieses ruhige und besonnene Ritual dabei helfen, unser seelisches Gleichgewicht wiederherzustellen.

Räucherduft kann uns dabei helfen, innerlich zur Ruhe zu kommen. Denn nur so können wir uns seelisch weiterentwickeln und den Blick auf die wesentlichen Dinge richten. Wir bauen unser eigenes Ich auf und werden so umsichtiger und gelassener. Es entsteht Vertrauen und unsere Intuition wird gestärkt. Zudem reinigt das Räuchern den Raum und vertreibt negative Energien. Es klärt das Bewusstsein und befreit von allerlei Anhaftungen.

VERSCHIEDENE MÖGLICHKEITEN DES RÄUCHERNS

WIE WIRD GERÄUCHERT?

Durch das Verglühen über einer Wärmequelle setzen Kräuter, Gewürze und Baumharze ihre enthaltenen Duft- und Wirkstoffe frei. Mit dem aufsteigenden Rauch entfaltet sich die Wirkung im Raum. Dabei ist es egal, wie groß oder klein der Raum ist. Der aromatische Pflanzenrauch befreit die Räume von gebundenen Energien und hat eine klärende Wirkung. Bei der Meditation zentriert uns der Rauch, umhüllt uns und versetzt uns in das Hier und Jetzt.

VORBEREITUNG DES RÄUCHERNS

Als Räucherwerk eignen sich alle getrockneten Pflanzenteile wie Blüten, Blätter, Samen, Rinden, Harze und Moose. Sie können einzeln geräuchert oder mit mehreren Räucherstoffen zusammengemischt werden. Mithilfe eines Mörsers werden die Pflanzenteile zuerst etwas zerkleinert und aufgebrochen, sodass sich die Aromen besser entfalten können. Es können auch frische Kräuter verräuchert werden. Dazu die Blätter und Blüten mit der Hand etwas klein zupfen. Frische Kräuter funktionieren nur mit der Sieb- oder Räucherplattenvariante.

Es ist sinnvoll, den Raum vorher zu lüften, um ihn von vorhandenen Gerüchen zu befreien. Das Fenster sollte während einer reinigenden Räucherung geöffnet oder gekippt bleiben. Nach dem Räuchern idealerweise noch einmal nachlüften.

VARIANTEN DES RÄUCHERNS

MIT RÄUCHERKOHLE RÄUCHERN

Dabei wird eine feuerfeste Schale mit Sand befüllt und in der Mitte ein Stück Räucherkohle platziert. Zuerst wird die Räucherkohle angezündet, und wenn sich die Kohle weißlich gefärbt hat, wird 1 TL Räucherwerk daraufgelegt. Durch die Hitze werden die Aromen frei und verräuchert. Diese Variante ist ideal bei intensiven sowie reinigenden Räucherungen, da sie eine starke Rauchentwicklung hat. Mithilfe einer Feder oder Ähnlichem kann nun der Rauch verteilt werden.

RÄUCHERN MIT EINEM SIEB

Eine etwas sanftere Methode ist das Räuchern mit einem Sieb. Dabei wird auf ein Teelichtstövchen ein Sieb gesetzt und 1 TL Räucherwerk auf dem Sieb verteilt. Durch die Wärme des sich darunter befindlichen Teelichts entsteht ein sanftes, angenehmes Pflanzenaroma ohne starke Rauchentwicklung. Anschließend werden alle Pflanzen- und Rußrückstände vom Sieb entfernt. Am besten eignet sich dafür eine Bürste. Das Reinigen ist wichtig, damit wir beim nächsten Räucherritual wieder neutral beginnen können.

DIE RÄUCHERPLATTE

Die Räucherplatte ist eine Alternative zum Sieb. Die Edelstahlplatte hat wie das Räuchersieb eine Vertiefung, in die das Räucherwerk gelegt wird. Auf der Räucherplatte lassen sich besonders Harze, die sich schnell verflüssigen, gefahrlos verräuchern. Aber auch Kräuter und Blüten, die bei zu großer Hitze sehr schnell verbrennen, oder feine Räuchermischungen können sehr gut auf der Räucherplatte schonend und raucharm verräuchert werden. So erfreuen uns die feinen Düfte auch ganz ohne Rauchentwicklung. Dies ist bei Seelenräucherungen sehr angenehm.

RÄUCHERN MIT RÄUCHERBÜSCHELN

Das Kräuterbündel wird am offenen Feuer oder an einer Kerzenflamme entzündet. Die trockenen Kräuter entzünden sich sofort und beginnen zu brennen. Nun wird die Flamme ausgeblasen und der glimmenden Glut Luft zugefächelt – es entsteht Rauch. Wird nicht das gesamte Räucherbündel benötigt, kann es gelöscht werden, indem das glimmende Ende in Sand gesteckt wird, bis die Glut erstickt.

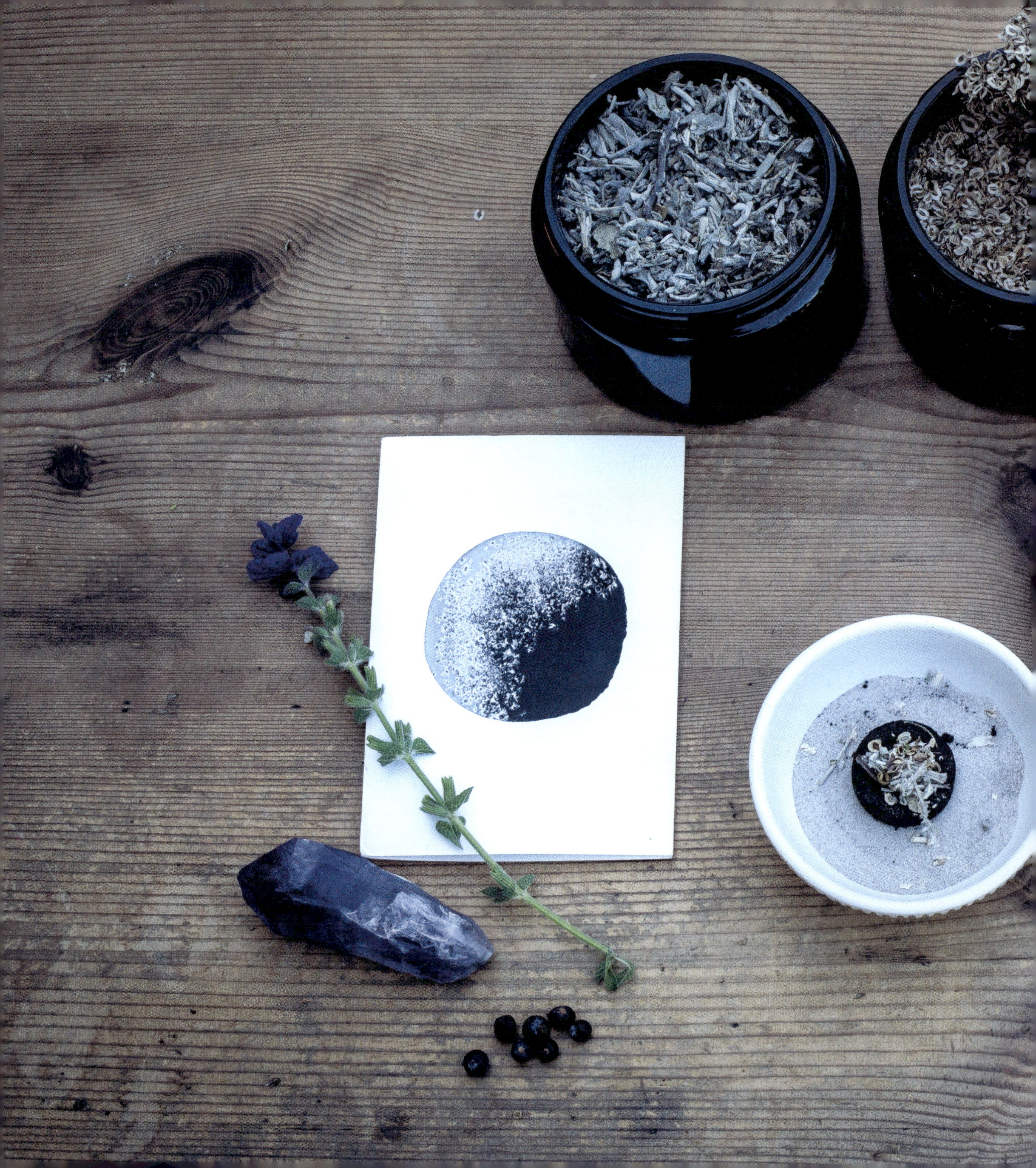

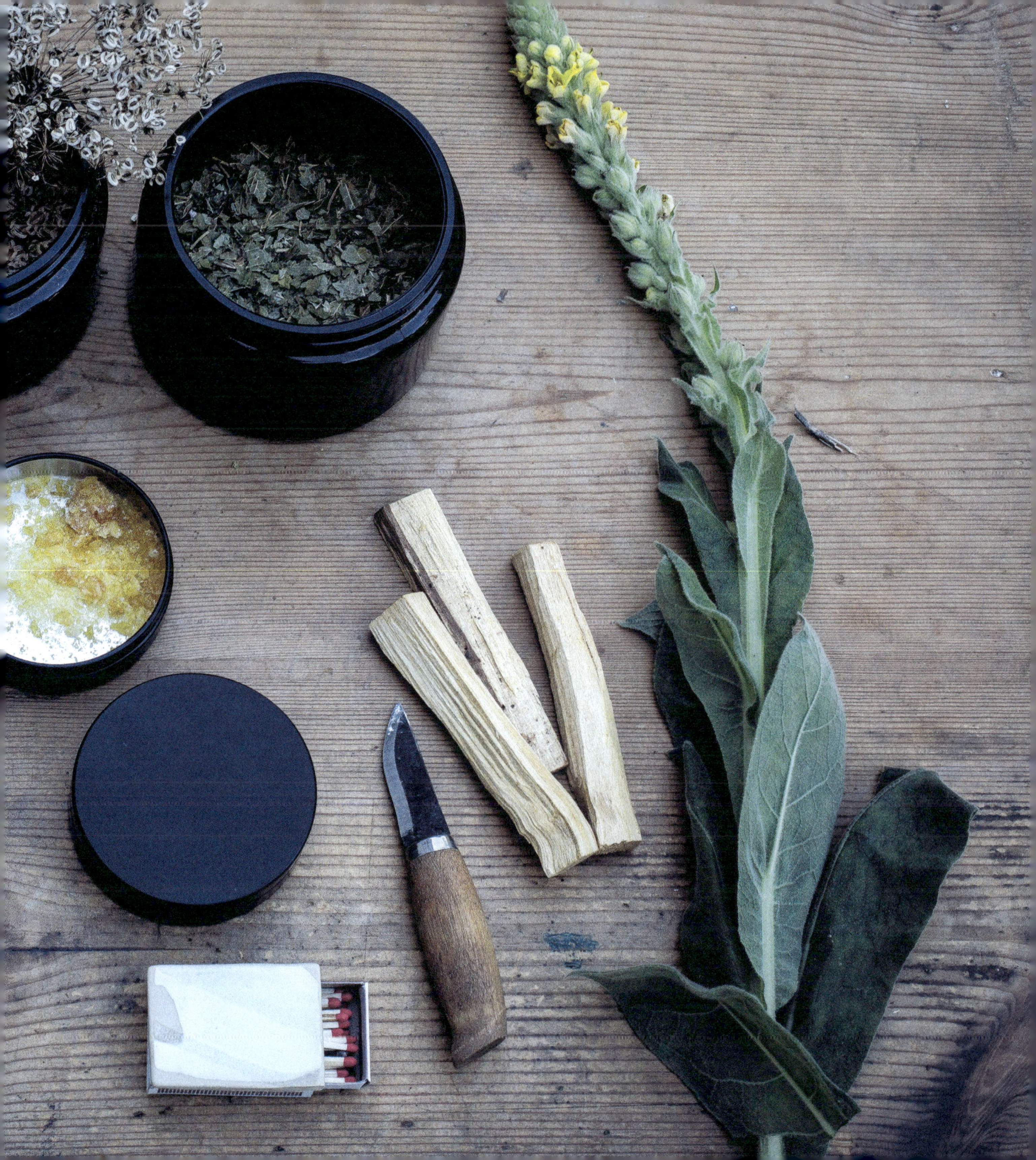

ANWENDUNGSBEREICHE DES RÄUCHERNS

Wo und wann kann in unserem Alltag das Räuchern gut angewendet werden?

Reinigende sowie energetisierende Räucherung für das Zuhause

- vor dem Einzug in ein neues Zuhause
- feuchter Keller
- Reinigung nach Streit
- Reinigung nach Krankheit
- Reinigung bei schlechter Energie oder negativen Gerüchen im Raum
- Reinigung bei Jahresfesten wie z.B. Rauhnächten, Weihnachten etc.

Räuchern für die Seele in verschiedenen Lebenslagen

- bei der Meditation
- spirituelle Zwecke
- für eine positive, sonnige Energie
- Entspannung und Beruhigung, z. B. bei Schlafstörungen
- sinnliche Räucherung
- Schutz vor negativen Einflüssen
- zur Stärkung sowie Unterstützung und zum Aufbau nach Krankheit, bei Stimmungsschwankungen und Depressionen

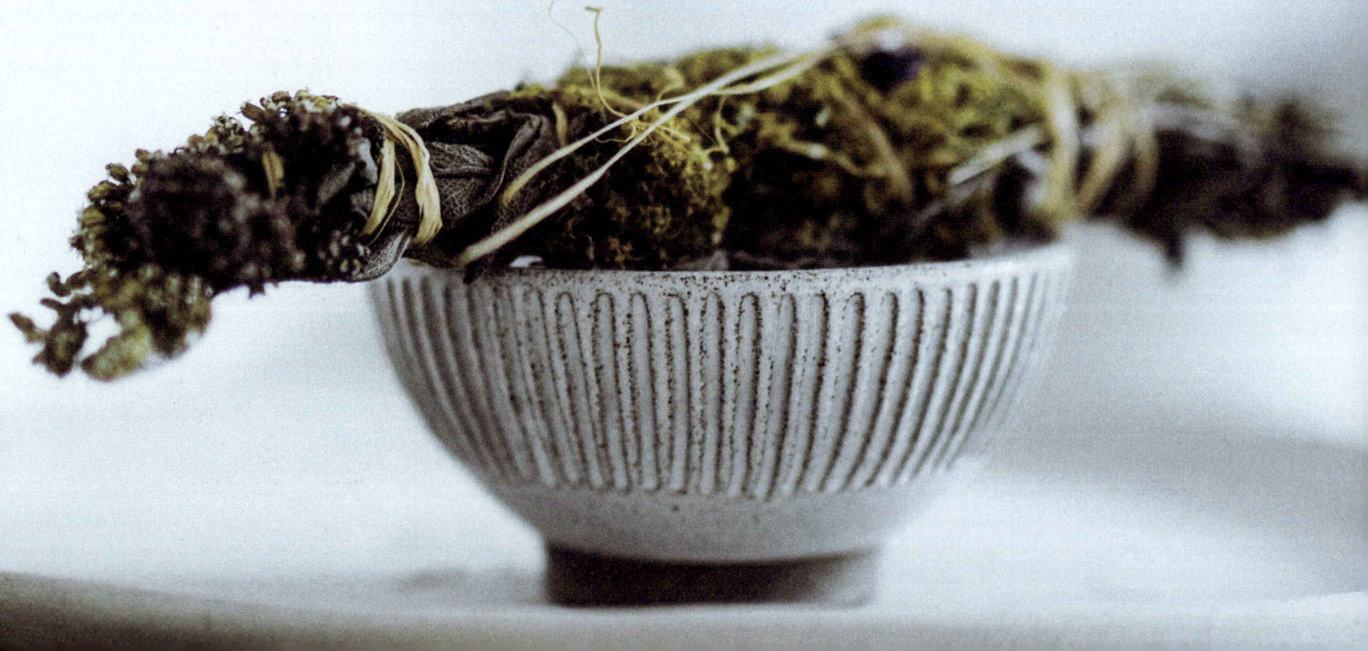

RÄUCHERMISCHUNG HERSTELLEN

VERSCHIEDENE RÄUCHERMISCHUNGEN MIT EINHEIMISCHEN KRÄUTERN

Zubereitung

Mithilfe eines Mörsers die Pflanzenteile zerkleinern und aufbrechen. Von allen Zutaten je einen Esslöffel in einer Schale mischen und in ein kleines, dunkles Glas oder eine Dose füllen. Idealerweise 1 bis 2 Wochen ruhen lassen, damit sich alle Kräuteraromen gut miteinander verbinden können. Wenn es jedoch schnell gehen soll, kann diese natürlich auch frisch verwendet werden. Gern können auch Harze beigefügt werden. Harze brennen etwas langsamer. Ein gutes Mischungsverhältnis sind 3 Teile Kräuter | 1 Teil Harz. Am besten ausprobieren, was einem persönlich gefällt. Frische Kräuter mit der Hand klein zupfen und direkt räuchern. Dies funktioniert nur auf dem Sieb oder Blech.

Reinigende Räucherung

Salbei ist zum reinigenden Räuchern ideal. Gern können je nach Belieben weitere Kräuter ergänzt werden: Beifuß, Wacholderbeeren, Engelwurzsamen, Königskerze oder Fichtenharz.

Sommerabend gegen Stechmücken

Zitronenmelisse, Lavendel und Minze. Gern noch mit etwas Nelken, Zimt, Zitronenschale oder Eisenkraut ergänzen.

Ruhe und Gelassenheit oder für erholsamen Schlaf

Lavendel, Johanniskraut, Ringelblume und Rosenblüte. Hier kann mit Zitronenmelisse oder Kiefernharz ergänzt werden.

Gute-Laune-Mischung

Katzenminze, Johanniskraut und Rosmarin. Auch Orangenschale, Muskatellersalbei, Eisenkraut oder Rosengeranie können hinzugefügt werden.

Konzentration

Minze, Johanniskraut und Rosmarin. Kann gut mit Fichtenharz oder Zitronenschale ergänzt werden.

Besinnliche Weihnachten

Fichtennadeln und Schafgarbe. Ergänzend passt Orangenschale, Zimt, Nelke oder Sternanis.

Meditation

Rosmarin, Tulsi und Lavendel. Gern noch Muskatellersalbei, Limettenschale sowie Fichtenharz beimengen.

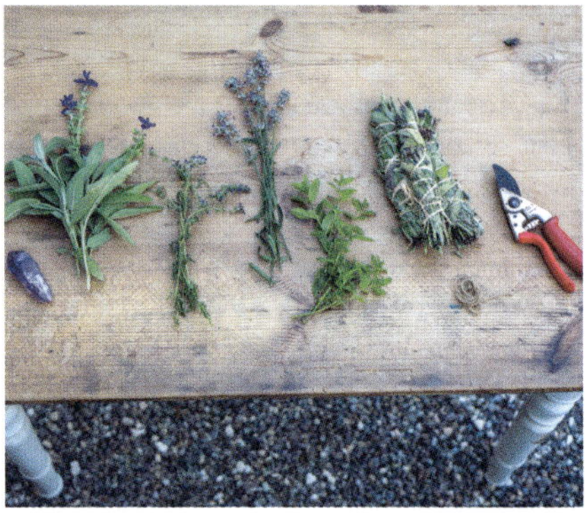
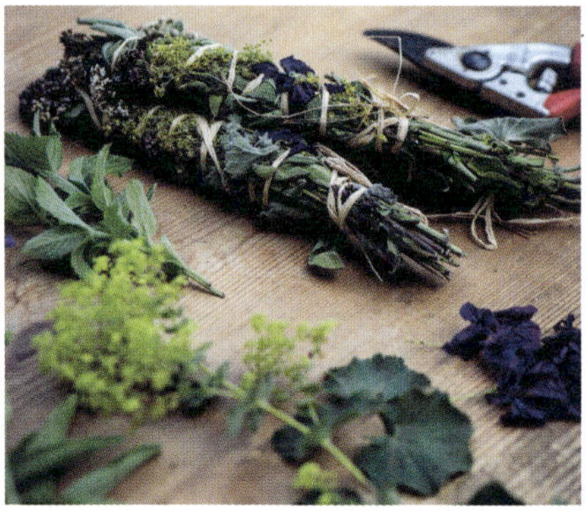
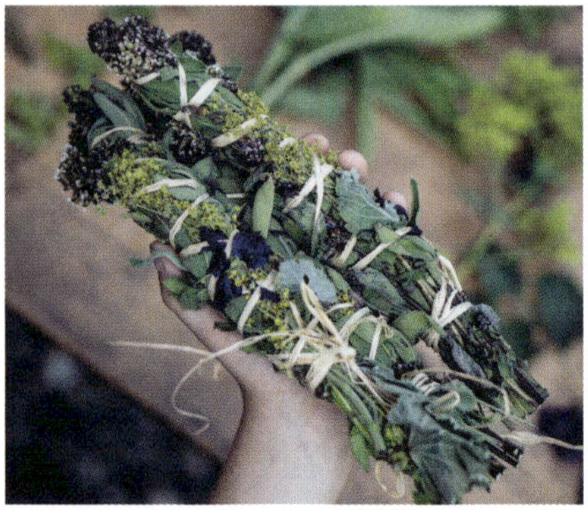
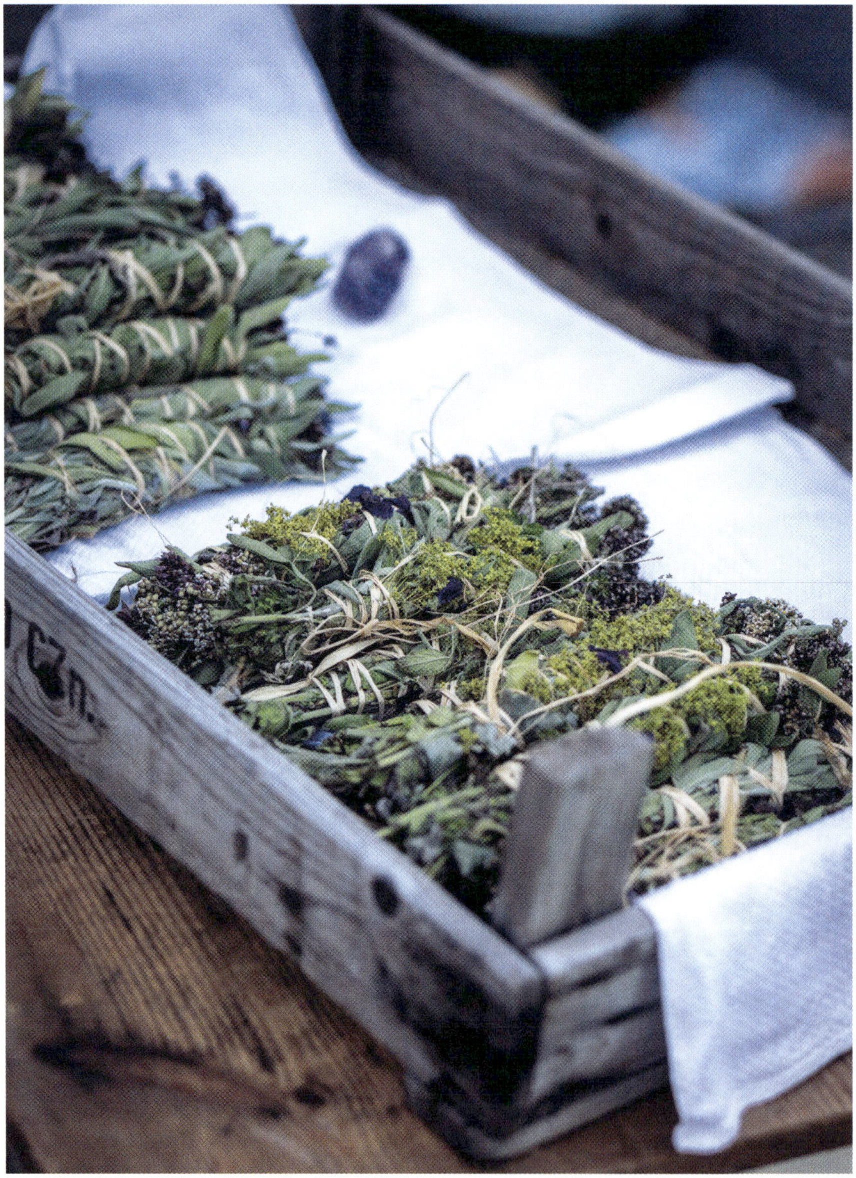
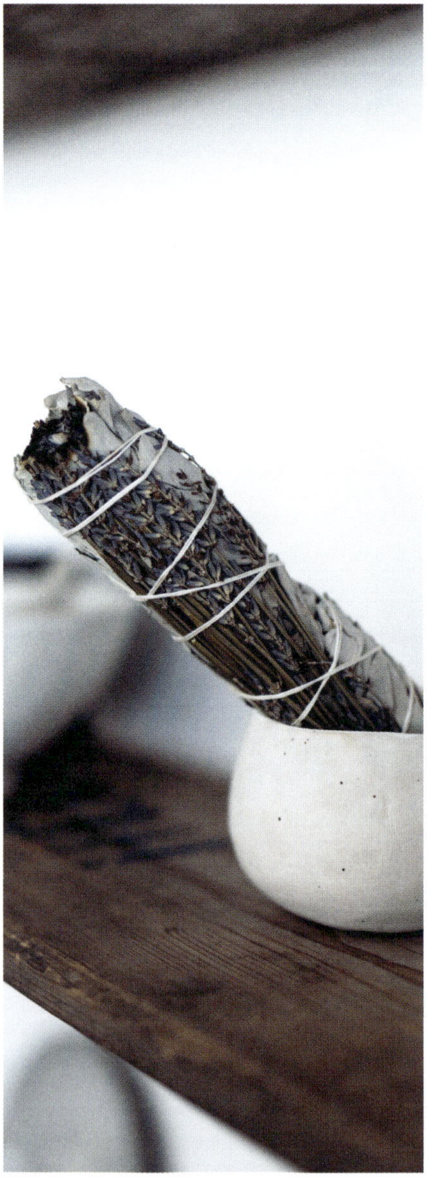

RÄUCHERBÜNDEL HERSTELLEN

Die Kräuter für das Räucherbündel idealerweise etwas welken lassen. Im frischen Zustand gebundene Räucherbündel können leicht schimmeln. Wenn die Kräuter zu trocken sind, zerbröseln die Blätter während des Bindens. Als Bindematerial eignen sich Naturfasern wie Naturbast, Baumwoll- oder Leinenfaden. Es sollte keine Wolle und auf keinen Fall ein synthetischer Faden verwendet werden! Wolle hat einen zu starken Eigengeruch, weshalb sie und synthetische Fäden beim Verbrennen nicht optimal sind.

Zutaten pro Bündel

ca. 100 bis 150 g Kräuter
Bindematerial

Anleitung

1. Die Zweige sollten ungefähr gleich lang sein. Die fertiggetrockneten Bündel ca. 2 bis 4 cm dick und ca. 25 bis 30 cm lang sein.
2. Die Kräuter gut zusammendrücken und im Anschluss mit dem Faden das Bündel umkreisend einmal abwärts und einmal aufwärts binden. Dadurch kreuzen sich die Windungen und bilden mehrere Kreuzbindungen (X). Die Enden werden abschließend zusammengebunden.
3. Die fertigen Räucherbündel zum Trocken aufhängen. Wenn sie komplett getrocknet sind, können sie verräuchert werden.

Tipp

Falls die Bündel doch im frischen Zustand schon gebunden werden, unbedingt 2 bis 3 Stunden im Backofen bei 60 °C antrocknen und im Anschluss zum weiteren Trocknen aufhängen, damit diese nicht schimmeln.

Räucherbündel «klärend und reinigend»

Inhalt: Salbei, mit Lavendel, Minze, Ysop oder Majoran ergänzen.

Räucherbündel «Meditation»

Inhalt: Salbei, Melisse und Schafgarbe. Gern kann mit Majoran und Malve ergänzt werden.

RÄUCHERMISCHUNGEN

In unseren Räuchermischungen haben wir neben den im Anfangskapitel genannten Basiskräutern noch weitere Kräuter verwendet, die sich ebenfalls wunderbar zum Räuchern eignen. Eine Übersicht der einzelnen Kräuter sowie deren Wirkung beim Verräuchern finden Sie auf der gegenüberliegenden Seite. Bei der Anschaffung von Kräutern ist es oft so, dass manche zur Genüge im eigenen Garten vorhanden und andere wiederum schwer zu beschaffen sind. Die Liste soll eine Anregung sein, um zu experimentieren und um ggf. einzelne Zutaten zu ersetzen. Wichtig dabei ist, dass die Eigenschaft der Kräuter in einem Kontext zur Mischung steht. So ist es bei einer beruhigenden Räuchermischung wenig sinnvoll, ein Kraut zu verwenden, das genau das Gegenteil bewirkt. Vorab daher bitte immer abwägen, welche Kräuter und Wirkungen sich ergänzen und somit sinnvoll sind.

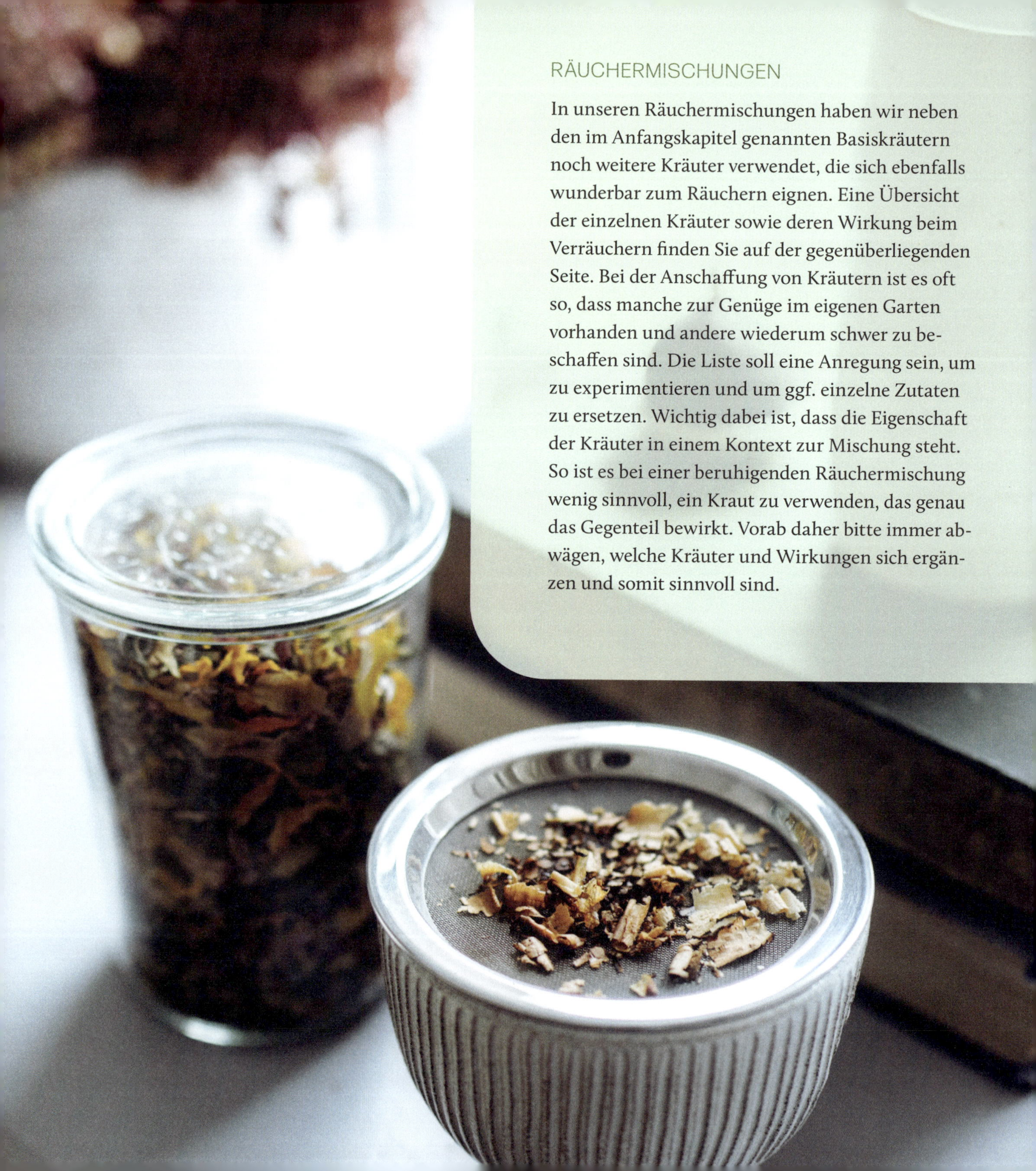

WIRKUNG BEIM VERRÄUCHERN DER EINZELNEN KRÄUTER

Räucherwirkung der einzelnen Kräuter

Salbei klärt und reinigt die Atmosphäre und verdrängt störende Energien.

Wacholder ist stark reinigend und schützend.

Engelwurz oder Angelikawurzel ist Grundbestandteil bei Reinigungsräucherungen. Bringt einen schützenden Lichtmantel.

Ysop segnet Räume und Gegenstände.

Schafgarbe bringt Leichtigkeit, Gelassenheit und Weisheit.

Königskerze richtet von innen auf und stärkt den Charakter.

Eisenkraut bringt neuen Schwung und Mut, stärkt neue Prozesse.

Rose öffnet das Herz und fördert Harmonie.

Rosmarin wirkt anregend und kommunikationsfördernd.

Muskatellersalbei sorgt für Lebensfreude.

Johanniskraut hat eine stimmungsaufhellende Wirkung bei leichteren Depressionen, Niedergeschlagenheit und Unruhe.

Tulsi Heilungszeremonie, Hellsichtigkeit, Spiritualität, Vision, Gedenken, Tod/Auferstehung und Schutz.

Zitronenmelisse schützt vor negativer Energie.

Minze ist klärend und reinigend.

Malve bietet Schutz und Beruhigung.

Mädesüß steht für den Neubeginn.

Pfingstrosenblüte ist aufhellend und schützend.

Ackerschachtelhalm ist aphrodisierend.

Echinacea (Sonnenhut) stärkt und führt zur feinstofflichen Reinigung.

Waldmeister ist fröhlich, lebenslustig und steht für den Neuanfang.

Frauenmantel bringt Schutz und Fruchtbarkeit.

Beinwell ist reinigend und desinfizierend.

Majoran wirkt gegen negative Energien.

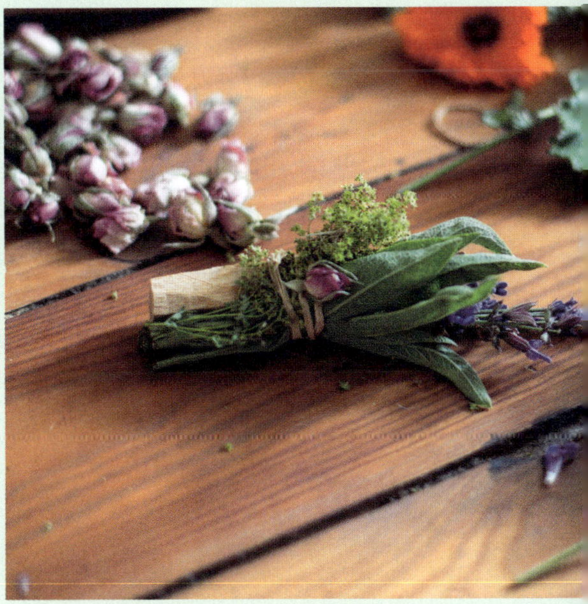

Gewürze und Harze, die zugekauft werden können

Nelke ist ein warmer und stimulierender Duft. Leicht aphrodisierend hebt er unsere Stimmung. Zudem wirkt er stark desinfizierend und vertreibt Insekten.

Sternanis löst verspannte Vorstellungen, wirkt harmonisierend, tröstend, erwärmend und aphrodisierend.

Zimt ist exotisch, warm, aphrodisierend, stimulierend, anregend, leicht reinigend, aufbauend, löst seelische Verkrampfungen.

Einheimische Harze

Fichtenharz regt die natürlichen Vitalisierungskräfte bei Erschöpfung und Stress an, verleiht ein positives Lebensgefühl.

Kiefernharz hat eine kraftspendende, reinigende und schützende Wirkung.

SPEZIELLE RÄUCHERPFLANZEN

Besondere Salbeisorten wie Ananassalbei, Pfirsichsalbei, indianischer und afrikanischer Räuchersalbei. Genauso einzelne Thymiansorten wie Zitronenthymian, Orangenthymian und Quendel. Aber auch Tulsi, Limonenbasilikum, verschiedene Rosmarinsorten, Zitronenmelisse und verschiedene Lavendelsorten.
Zudem gibt es ein paar besondere Räucherpflanzen wie Rosenweihrauch, indianischer Räucherwermut, Weihrauchpflanze, Mariengras und Heiligenkraut.

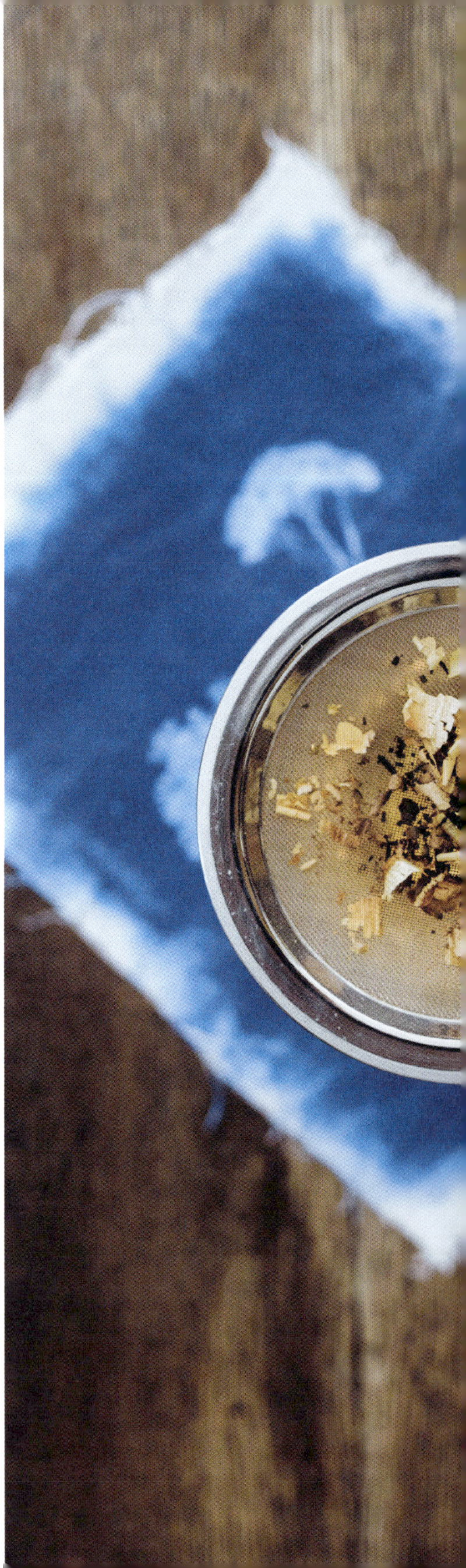

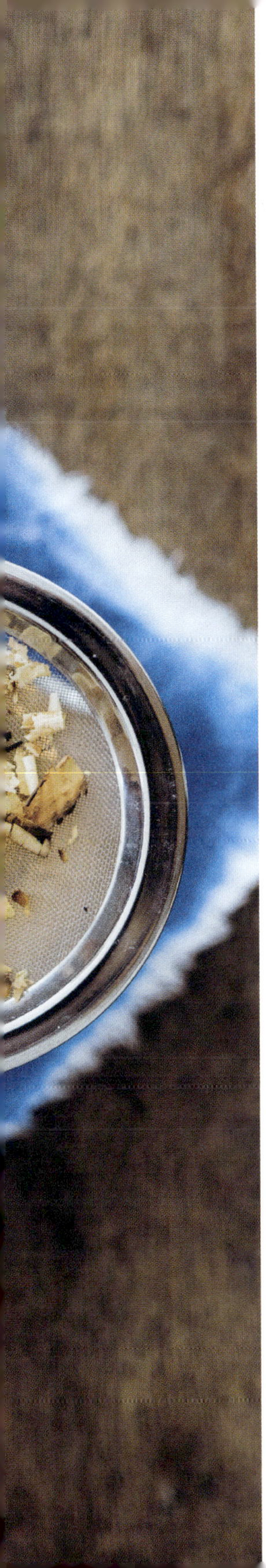

ZITRUSFRÜCHTE RÄUCHERN

Dazu bitte nur Biofrüchte und nur die feinen Schalen verwenden. Am besten mit einem Zestenreißer so schälen, dass der weiße, schwammige Teil an der Frucht bleibt. Die Schalen trocknen. Dann können sie wunderbar als Räucherwerk eingesetzt werden.
Zum Räuchern werden auch Blätter und Blüten verwendet. Zum Gebrauch können die getrockneten Schalen klein geschnitten werden, sodass sie homogen zu den anderen Bestandteilen der Mischung passen.

Die Wirkung von Zitrusfrüchten beim Räuchern

Sie verleihen eine überaus frische, reine Raumluft und zaubern eine fröhliche Atmosphäre, die nahezu alle Menschen mögen.

Limette wirkt angstlösend.

Orange vertreibt melancholische Stimmungen in der dunklen Jahreszeit, Gereiztheit und Nervosität und führt zu emotionaler Ausgeglichenheit.

Zitronen wirken stimmungsaufhellend und aktivieren Aufmerksamkeit, Konzentration und geistige Klarheit.

FRISCHE KRÄUTER RÄUCHERN

Auch frische Kräuter können zum Räuchern verwendet werden. Hierfür am besten Pflanzen verwenden, die sehr ölhaltig sind und wenig Feuchtigkeit enthalten. Beispiele sind Lavendel, Salbei, Thymian, Tannen- und Wacholdernadeln. Der Räucherduft hat eine frische und angenehme Duftnote.
Einige Gärtnereien bieten dazu inzwischen auch spezielle Räucherpflanzen an. Diese können auch im getrockneten Zustand geräuchert werden.

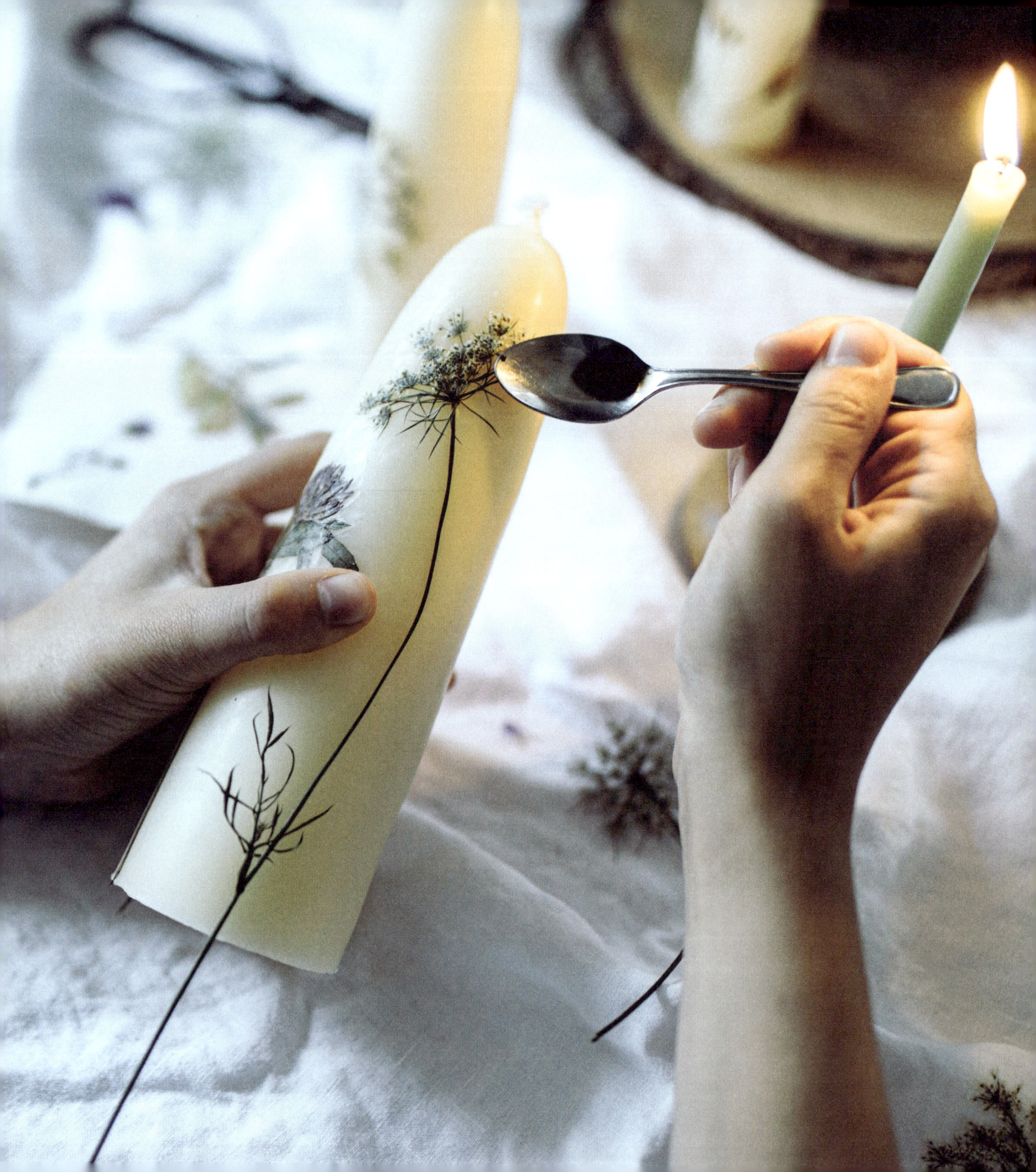

KERZEN-WERKSTATT

Eine Kerze abbrennen zu lassen,
sich wirklich einmal die Zeit nehmen,
nur dieses zu tun …
Unbekannt

AROMAKERZEN MIT NACHHALTIGEN WACHSARTEN UND ÄTHERISCHEN ÖLEN

Im Handel sind vielerlei Aromakerzen zu finden, meist bestehen diese leider aus weniger nachhaltigen Wachsen wie Paraffin und enthalten zudem oft künstliche Duftstoffe.

Aromakerzen entsprechend den eigenen Wünschen und Bedürfnissen selbst zu kreieren, macht nicht nur Freude, sondern hat auch den großen Vorteil, dass man alle Zutaten selbst auswählen kann – dazu möchten wir mit unseren Aromakerzen, die ausschließlich aus natürlichen Zutaten bestehen, inspirieren.

Ihr feiner Duft stammt von hochwertigen, naturreinen, ätherischen Ölen und sie enthalten zudem keine umweltschädlichen Paraffine.

Zur Herstellung von Aromakerzen eignen sich z.B. diese palmölfreien Wachse

Rapswachs

- vegan
- wird vor allem in Europa angebaut (kurze Transportwege)
- Schmelzpunkt ca. 57 °C bis 61 °C
- duftneutral

Sojawachs

- vegan
- weniger gute Ökobilanz
- meist weite Transportwege
- Sojawachs stammt oft von gentechnisch veränderten Pflanzen
- entwaldungskritischer Rohstoff
- Schmelzpunkt ca. 50 °C
- duftneutral

Bienenwachs

- nicht vegan
- meist teurer als andere Wachse
- regional erhältlich (es empfiehlt sich, darauf zu achten)
- nachhaltig
- Schmelzpunkt ca. 62 °C bis 65 °C
- Eigengeruch*

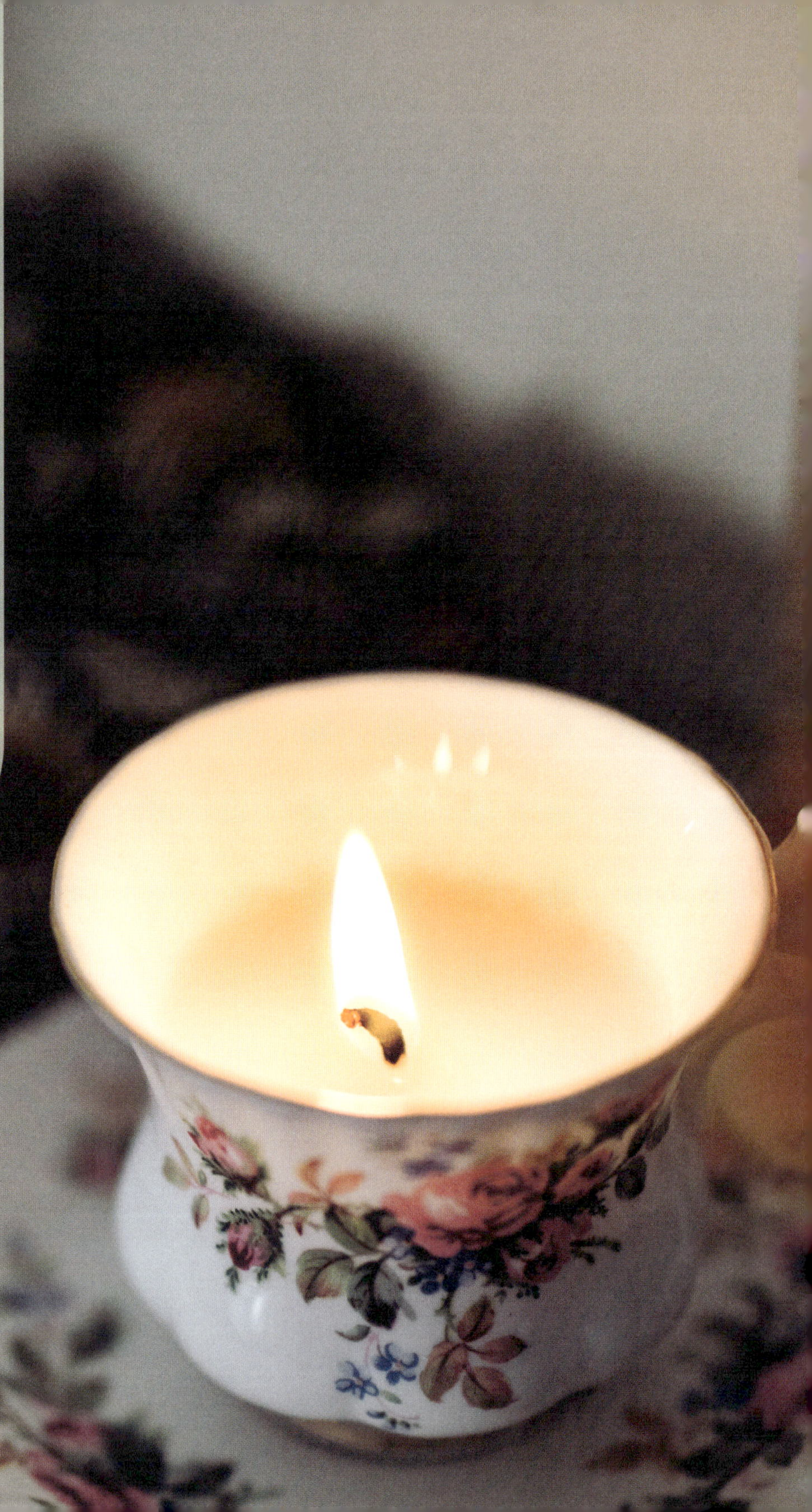

WAHL DES DOCHTS

Klassische Baumwoll-Kerzendochte sowie die noch weniger bekannten Holzdochte sind z.B. im Imker- und Kerzenfachhandel erhältlich oder auch in Bastelgeschäften. In der Regel wird in der Produktbeschreibung angegeben, welche Dochte und Stärken für das verwendete Wachs und den entsprechenden Kerzendurchmesser benötigt werden.

Klassischer Baumwolldocht als Meterware

Baumwolldochte sind wahlweise als Flach- oder Runddocht in verschiedenen Stärken (hier ist die Dicke des Dochtes gemeint) als Meterware erhältlich. Ein Docht ohne Metallfüßchen hat einen weniger stabilen Halt bzw. Stand als jene mit Füßchen. Der Docht sollte immer zu der gewählten Wachsart sowie zum Durchmesser des Kerzengefäßes passen, um ein gutes und rußfreies Abbrennen der Kerze zu gewährleisten. Empfehlungen dazu sind in den Produktbeschreibungen des Fachhandels zu finden.
Der Docht sollte nach dem Gießen und völligen Erkalten des Wachses auf ca. 1 bis 1,5 cm gekürzt werden. Für ein allgemein gutes Abbrennen die Kerze immer mindestens so lange brennen lassen, bis das Wachs bis zum Rand hin flüssig ist, andernfalls bildet sich oftmals eine Art Tunnel um den Docht herum, das Wachs brennt infolgedessen schlecht ab.

Baumwolldocht mit Metallfüßchen

Baumwolldochte in verschiedenen Stärken und Längen mit Wachs-Ummantelung (derzeit meist Paraffin) und Metallfüßchen, das für einen sicheren Stand sorgt. Auch hier sollte beachtet werden, für welchen Kerzendurchmesser sich die jeweiligen Dochte eignen.

* Je nach Auswahl der ätherischen Öle kann sich der Bienenwachsduft in harmonischer Weise mit dem der ätherischen Öle verbinden oder diesen dämpfen. Vor allem balsamisch umhüllende ätherische Öle schmiegen sich in angenehmer Weise an den natürlichen Geruch des Bienenwachses. Leichte, erfrischende Düfte wie Zitrus usw. kommen dafur in duftneutralen Wachsen wie Raps- oder Sojawachs klarer zum Vorschein. Am besten, man experimentiert und vertraut seinem Gespür und der eigenen Nase!
Wichtig ist bei der Auswahl des Bienenwachses, dass dieses mehrfach gereinigt ist, um ein gutes und möglichst rußfreies Abbrennen zu ermöglichen.

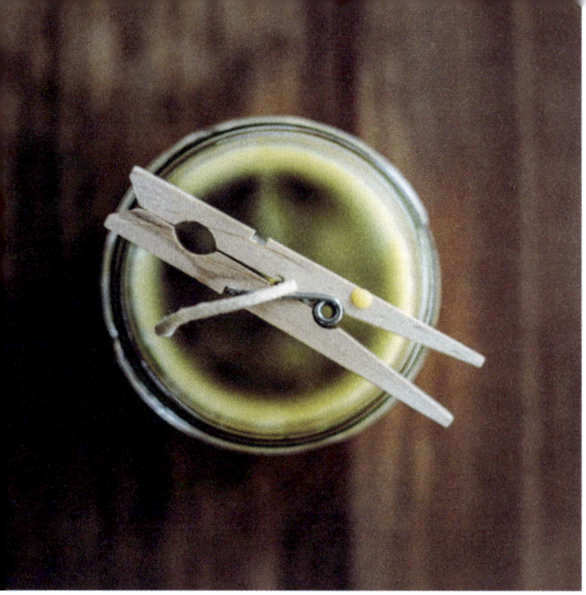

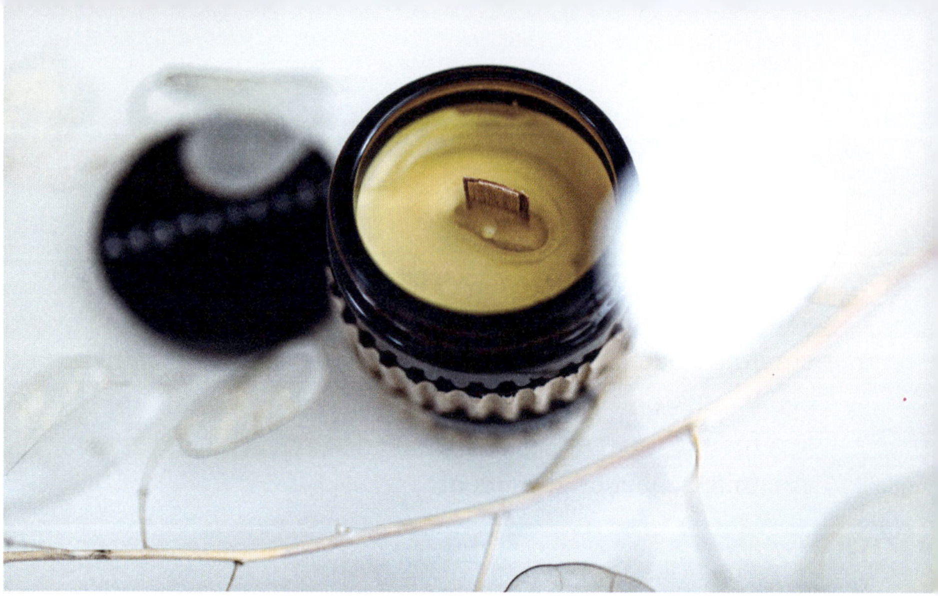

Hanfdocht mit Metallfuß

Die nachhaltige Alternative zu den mit Paraffin ummantelten Dochten, die (Stand Dezember 2021) jedoch nur in einer Stärke angeboten wird (für Kerzen mit einem Durchmesser bis max. 50 bis 60 mm).

Holzdocht

Holzdochte mit Metallfuß, die beim Anzünden der Kerze ein klein wenig Lagerfeuer-Romantik vermitteln, sind vorwiegend im Kerzenfachhandel erhältlich. Wie bei den Baumwolldochten muss auch bei den Holzdochten die Stärke an den Durchmesser des Kerzenbehälters angepasst werden. Empfehlungen dazu sind in den Produktbeschreibungen zu finden (Holzdochte mit einer Breite von 10 mm eignen sich z.B. für Kerzen bis 60 mm Durchmesser).
Bitte darauf achten, dass der Docht nach dem Kürzen weder zu kurz noch zu lang ist – es wird eine Länge von ca. 8 bis 10 mm empfohlen. Wird der Holzdocht zu kurz abgeschnitten, ist die Flamme zu schwach, um das Wachs ordentlich abzubrennen. Im Vergleich zu den klassischen Dochten erscheint die Flamme meist etwas kleiner.

Tipp

Mit einer scharfen, spitzen Schere (z.B. Nagelschere) kann der Holzdocht gut gekürzt werden. Die im Handel angebotenen Holzdochte unterscheiden sich teilweise in ihrer Beschaffenheit. So werden doppellagige sowie einlagige Holzdochte angeboten, wobei die doppellagigen unserer Erfahrung nach das Kerzenwachs besser abbrennen (vor allem bei Verwendung von Naturwachsen wie Bienenwachs etc.).

DAS KERZENGIESSEN

Materialien

Wachs (je nach Wachsart z.B. als Flocken, Pastillen oder Wachsblock erhältlich)
passender Docht
Füllglas, z.B. Glastiegel, kleines Weckglas, altes Teetässchen vom Flohmarkt, kleine Tongefäße o.Ä. (bestenfalls mit Deckel zum Schutz der ätherischen Öle)
Topf für das Wasserbad
hitzebeständiges Becherglas, Einmachglas, leere Konservendose o.Ä. zum Schmelzen des Wachses (alternativ kleiner Topf)
ätherische Öle nach Wunsch (ca. 30 bis 40 Tropfen auf 100 g Wachs)
evtl. Holzstäbchen zum Verrühren der ätherischen Öle
Schere mit scharfer Spitze für den Docht
Wäscheklammer o.Ä. zum Fixieren des Baumwolldochts während des Einfüllens und dem Erkalten des Wachses
getrocknete Kräuter und/oder Blüten nach Wunsch

Anleitung

1. Falls statt Wachspastillen oder -flocken ein fester Wachsblock verwendet wird, diesen zerkleinern (am besten in einer stabilen Tüte, damit keine Wachsstückchen umherfliegen).
2. Die gewünschte Wachsmenge entsprechend der Anzahl und des Fassungsvermögens der Kerzenbehälter (siehe Tipp) in das Schmelzgefäß geben und im Wasserbad schmelzen.
   Hinweis: Bitte stets am Herd bleiben – heißes Wachs kann sich entzünden!
3. Wird ein Holzdocht verwendet, diesen mittig im Kerzengefäß platzieren. Mit einem Tropfen des flüssigen Wachses kann das Metallfüßchen am Boden fixiert werden – dasselbe gilt bei einem Baumwoll- oder Hanfdocht mit Metallfüßchen.
4. Bei Verwendung eines Baumwolldochts als Meterware unbedingt auf die korrekte Laufrichtung des Dochts achten (diese ist normalerweise bei Meterware immer mit einem Knoten

Tipp

Die von uns gern verwendeten und auf den Bildern gezeigten Braunglas-Tiegel fassen ca. 120 ml. Um diese zu füllen, braucht es nicht mehr als ca. 100 g festes Wachs pro Tiegel, da Wachs sich beim Erwärmen ausdehnt.
Auch aus nachhaltiger Sicht empfiehlt es sich, gleich mehrere Kerzen zu gießen.

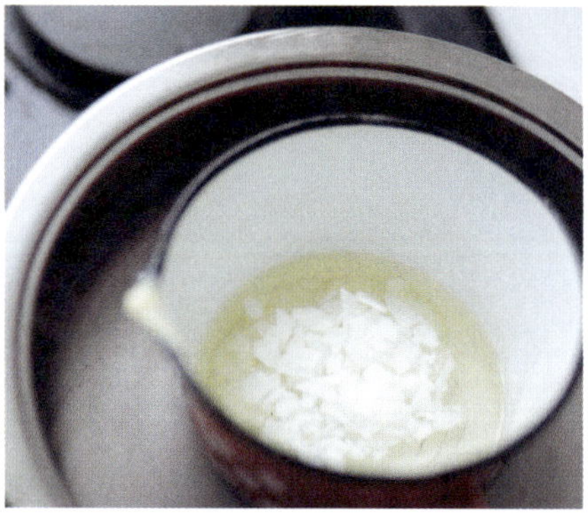
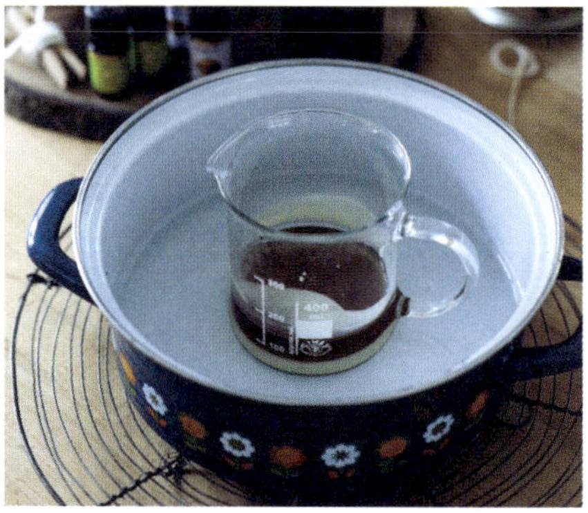
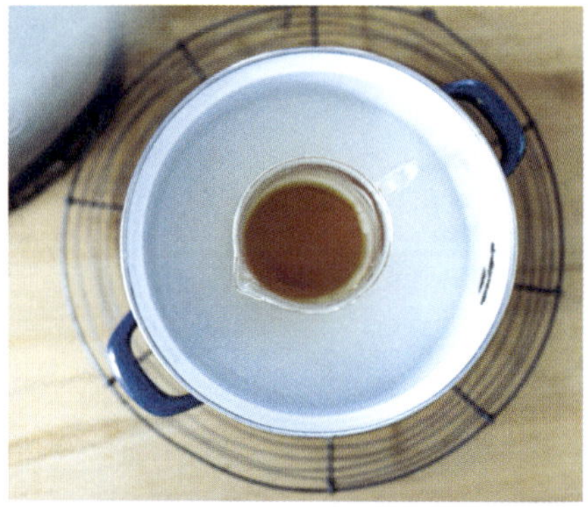
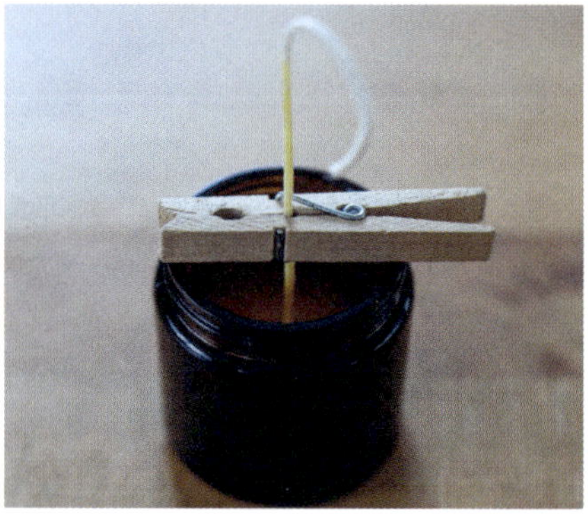
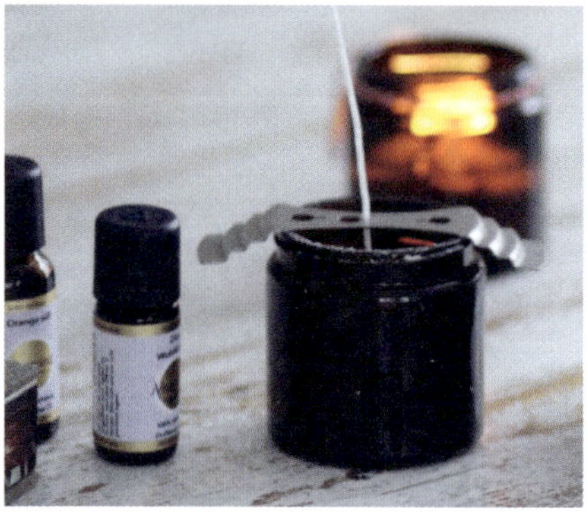
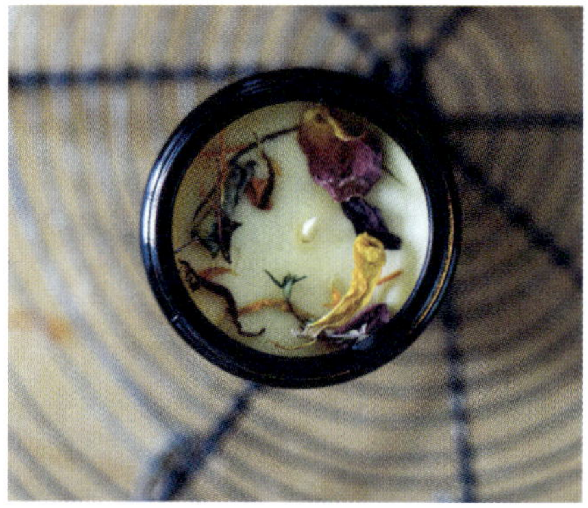
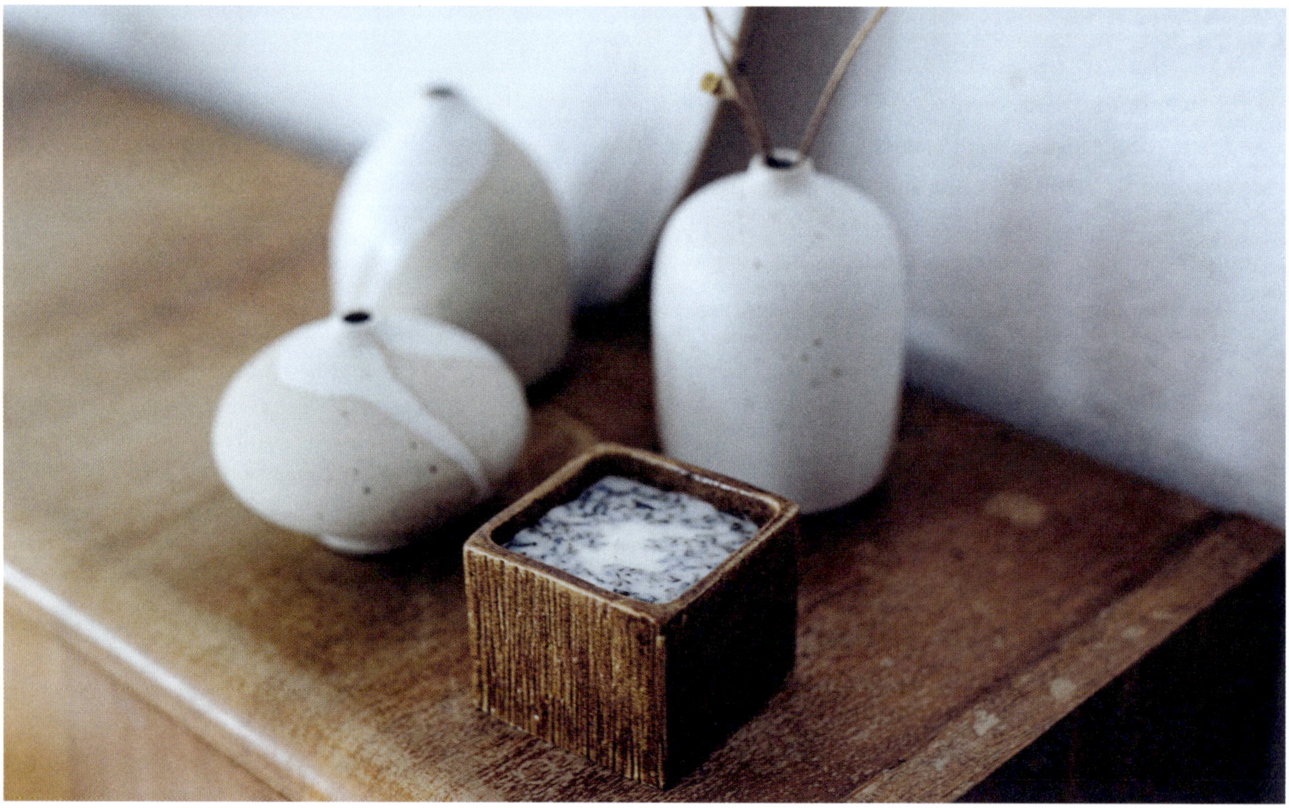

oder einer Farbmarkierung gekennzeichnet). Den Docht so zurechtschneiden, dass dieser mind. 2 bis 4 cm über den Rand des Kerzengefäßes reicht. Den unteren Dochtteil zu ca. ⅔ kurz in das flüssige Wachs tauchen, abkühlen lassen, auf einer glatten Oberfläche rollen und mit einem Tropfen des flüssigen Wachses am Boden des Kerzengefäßes fixieren. Hinweis: Dochte ohne Füßchen haben einen schlechten Stand, wenn sich das Wachs beim Abbrennen verflüssigt.

5. Die ätherischen Öle in das Kerzengefäß tropfen (die Menge ist abhängig von dessen Größe – siehe Materialien).
6. Das flüssige Wachs vorsichtig dazugießen – Wachs und ätherische Öle vermischen sich von selbst, mit einem Holzstäbchen kann noch etwas nachgeholfen werden.
7. Das Wachs völlig erkalten lassen.
8. Den Docht erst dann kürzen, wenn das Wachs ganz ausgehärtet ist.

Auch wenn dies sicher bekannt ist, möchten wir vorsichtshalber erwähnen, dass

- Kerzen keinesfalls in der Nähe von brennbaren oder leicht entflammbaren Materialien (wie z.B. Gardinen usw.) aufgestellt werden sollten,
- Kerzen in Regalen o.Ä. unbedingt einen ausreichenden Sicherheitsabstand zum darüberliegenden Regalboden einhalten sollten (besser gar nicht an so einem Ort platzieren),
- brennende Kerzen bzw. Kerzengläser mit flüssigem, heißem Wachs nie in der Reichweite von Kindern oder Tieren aufgestellt werden sollten.

Tipps

Die Wachsoberfläche kann sparsam mit getrockneten Kräutern, Blütenblättern, Orangenschalen o. Ä. verziert werden. Das Wachs sollte hier allerdings bereits eine zarte Haut gebildet haben, damit Kleinteile nicht versinken.

Die getrockneten Kräuter und dergleichen können auch direkt zum bereits geschmolzenen Wachs in das Schmelzgefäß gegeben werden, es kann jedoch passieren, dass sich die Pflanzenteile im unteren Bereich des flüssigen Wachses absetzen. Der Anteil dieser Zugabe sollte möglichst gering gehalten werden, um das saubere Abbrennen des Wachses möglichst wenig zu behindern.

Die Aromakerzen werden zu einem besonderen Hingucker, wenn die Tiegel am Ende liebevoll verziert werden (z.B. entsprechend der Jahreszeit).

Auch kleine keramische Gefäße, Porzellantässchen vom Flohmarkt, hübsche Marmeladengläschen und andere hitzebeständige Behältnisse eignen sich zum Kerzengießen.

Durchsichtige Gläser können innenseitig auf wunderschöne Weise mit gepressten Blüten verziert werden (siehe Anleitung S. 102).

BLÜTENKERZEN IM GLAS

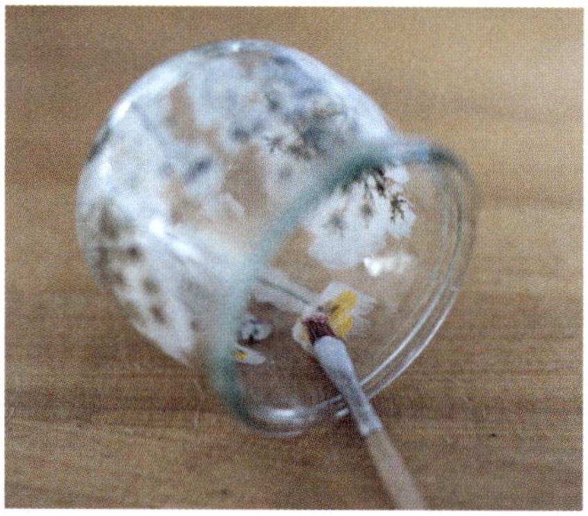

Materialien

helles Wachs wie
Rapswachs oder Sojawachs
Weckgläser o. Ä.
Docht
gepresste Blumen
Pinsel

Anleitung

1. Wachs im Wasserbad schmelzen (s. auch Anleitung auf S. 99).
2. Pinsel in das flüssige Wachs tauchen und die gepressten Blüten mit einigen Pinselstrichen an der Innenwand des Glases befestigen.
3. Gewünschten Docht (möglichst mit Füßchen) mittig am Glasboden befestigen und (außer bei Verwendung eines Holzdochts) über dem Glasrand mithilfe einer Wäscheklammer oder eines Dochthalters in der Mitte halten (s. Abb. S. 98).
4. Wachs schichtweise in das Glas gießen und jeweils so lange abwarten, bis die untere Wachsschicht mindestens gelartig fest ist. Würde das Glas in einem Schwung mit Wachs aufgefüllt werden, würden sich die Blüten an der Innenwand wieder lösen.
5. Nach Belieben kleine getrocknete Blütenblätter auf der obersten Wachsschicht verteilen (auf dem Foto rechts sind dies bunte Blütenblätter von Dahlien).

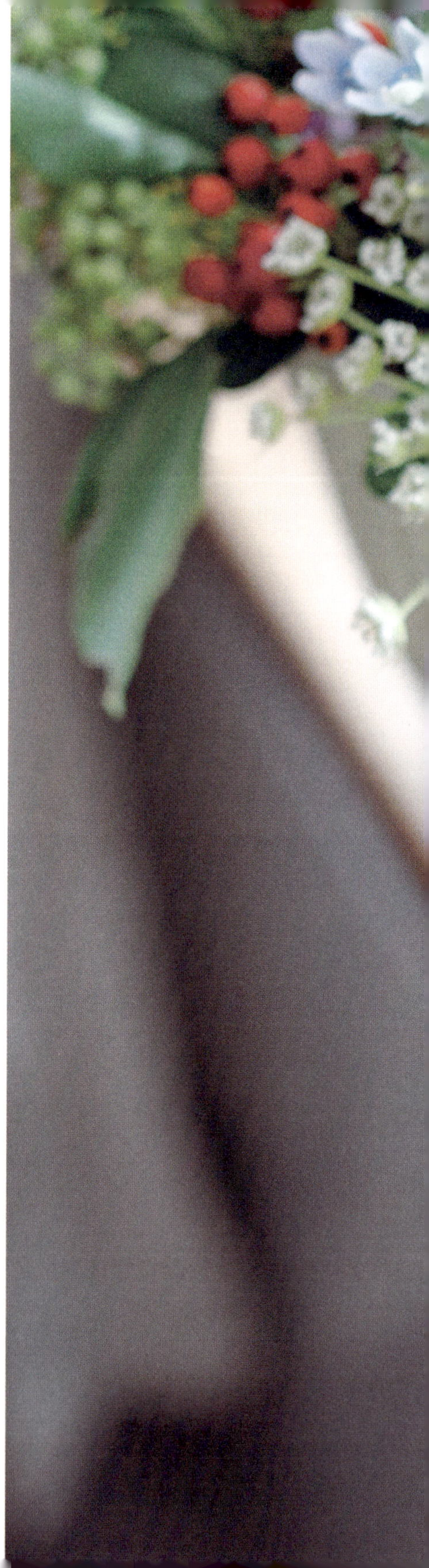

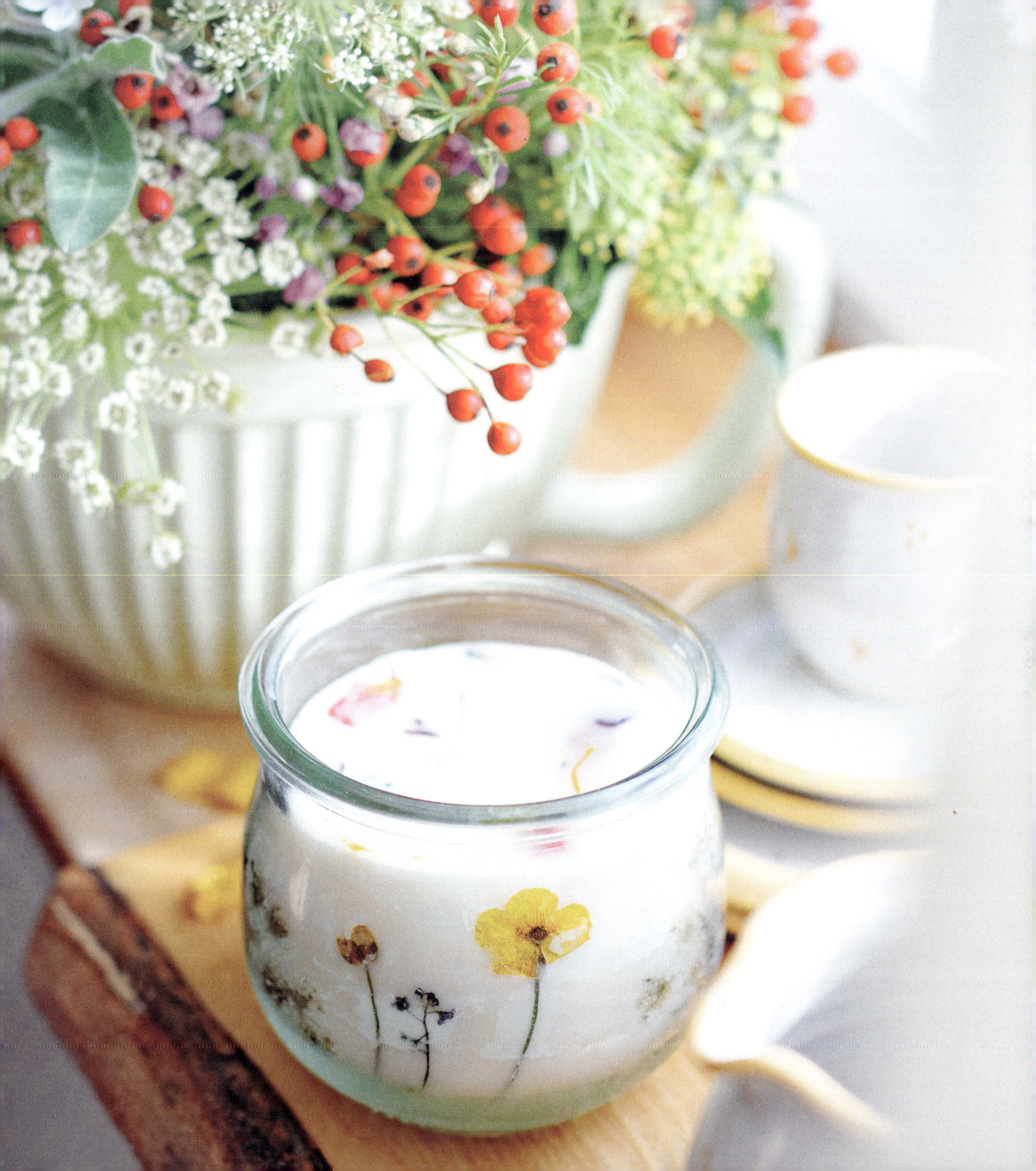

BIENENWACHSKERZEN MIT GEPRESSTEN BLÜTEN VERZIEREN

Mit zarten Blüten dekorierte Bienenwachskerzen – für ein stimmungsvolles Zuhause und als besondere Geschenkidee.

Materialien

Bienenwachskerzen
gepresste Blüten
brennende Kerze nach Wahl
Teelöffel

Anleitung

1. Eine Kerze zum Erhitzen des Löffels anzünden.
2. Gepresste Blüten bereitlegen bzw. diese zusammenstellen, mit denen eine Kerze dekoriert werden soll.
3. Teelöffel mit der Mulde nach unten gerichtet über die Kerzenflamme halten.
4. Blüten einzeln an der gewünschten Stelle auf die zu verzierende Kerze legen und vorsichtig mit der gewölbten Seite des erhitzten Löffels darüberstreichen. Durch die Hitze des Löffels schmilzt das Wachs an der Kerzenoberfläche und fixiert beim Erkalten die Blüten.

Tipps

Stets nur die Löffelmulde über die Flamme halten, keinesfalls die Wölbung, mit der man über die Blüten streichen möchte. Der der Flamme zugewendete Teil des Löffels könnte vom Ruß geschwärzt sein.
Zum Verzieren bieten sich feinere Blumen wie Zaunwinde, Vergissmeinnicht, Wilde Möhre, Schneeglöckchen usw. besser an als kräftige fleischige Sorten.
Je länger man mit dem heißen Löffel über die Blüten streicht, desto mehr Wachs schmilzt unter und um die aufgelegten Blüten. Mit etwas Gespür ist erkennbar, wann sich ein hauchzarter Wachsfilm über die Blüten legt, der die filigranen Pflanzen vor Berührungen usw. schützt. Ist der Wachsfilm über den Blüten zu dick, erkennt man vor allem sehr kleine und zarte Blumen nicht mehr so gut.

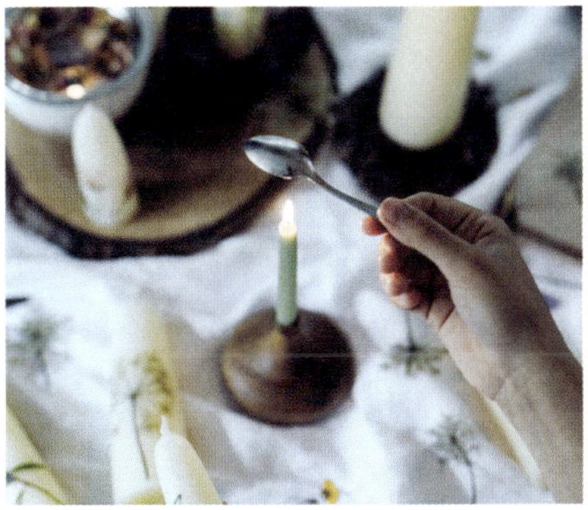
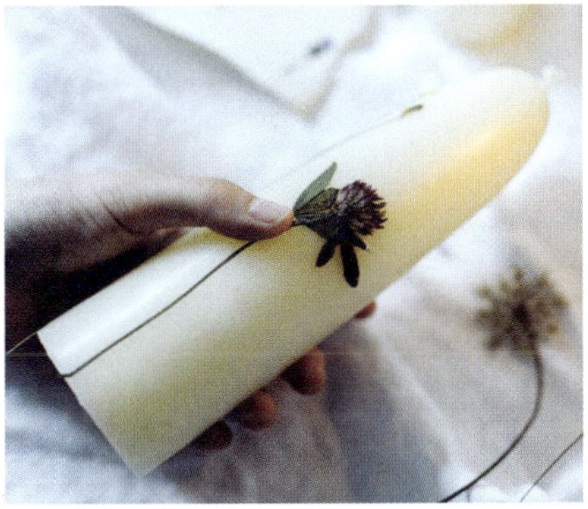
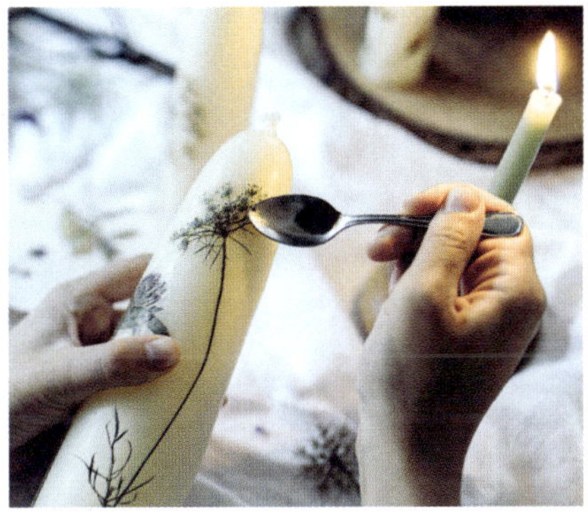
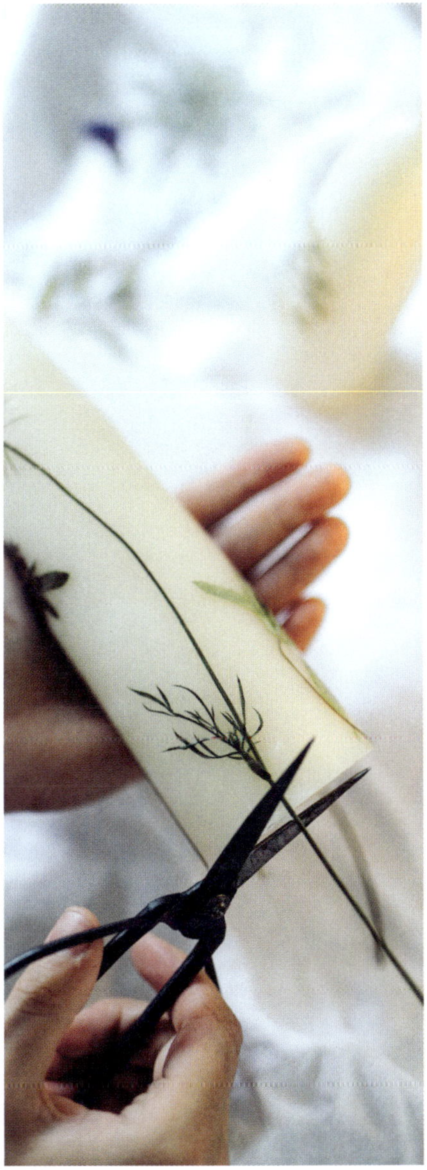
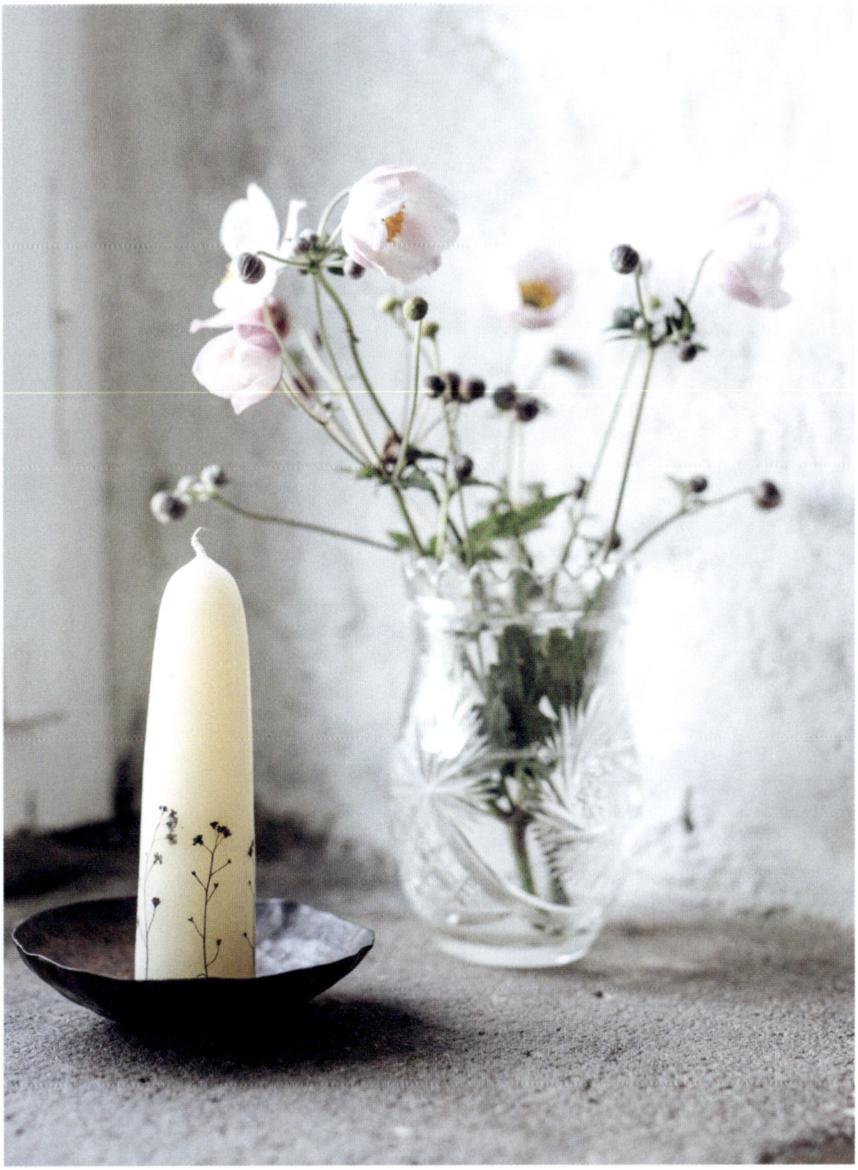

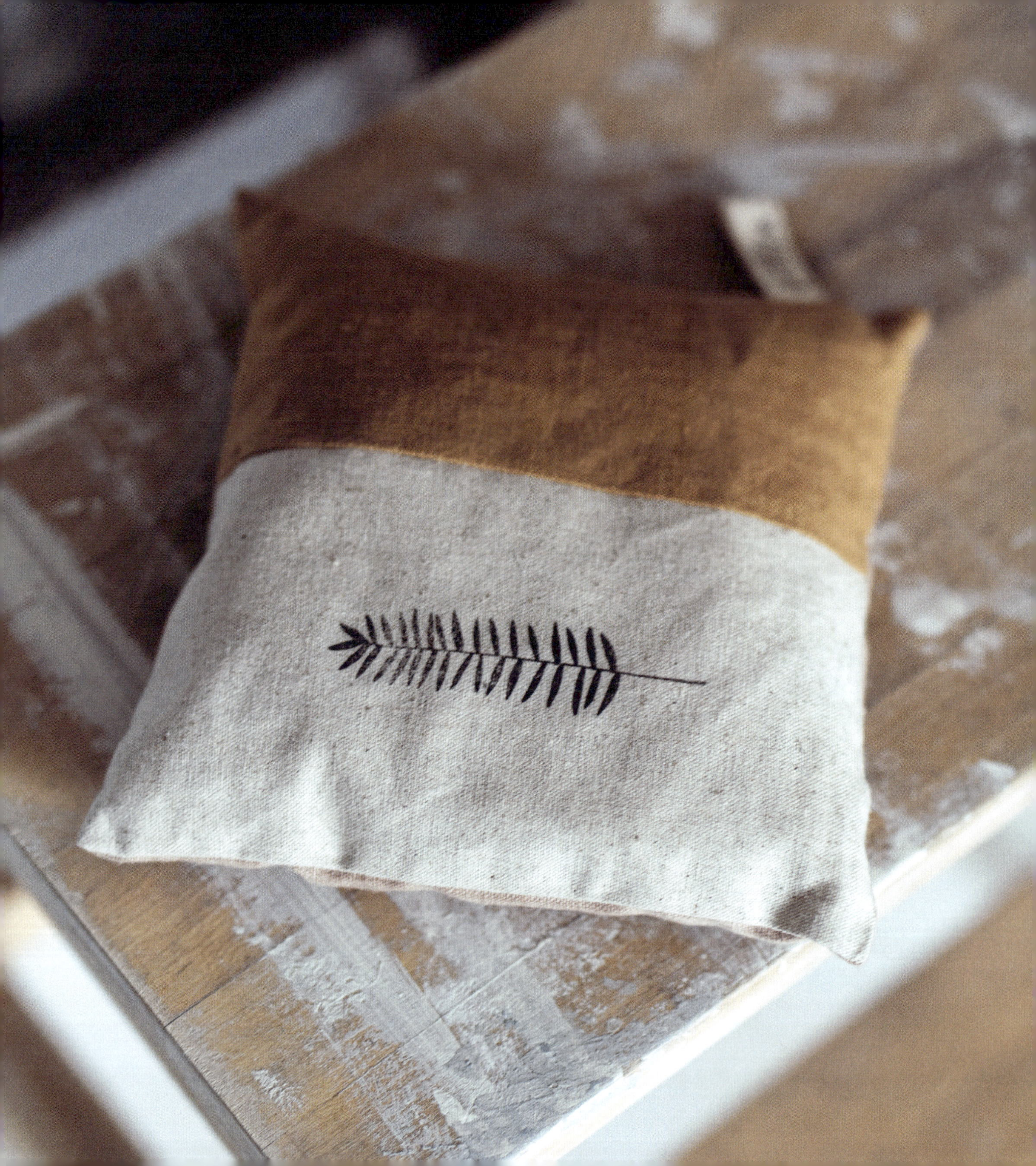

NÄHEN MIT KRÄUTERN UND BLÜTEN

Handarbeit hat Seele.
Frank Dommenz

EINFÜHRUNG IN VERSCHIEDENE NÄHTECHNIKEN

Unsere Nähprojekte und Gestaltungsvorschläge können mit ein wenig Geschick gut nachgearbeitet werden. Bei den Nähprojekten haben wir zur Orientierung einen Schwierigkeitsgrad angegeben, sodass Sie den Arbeitsaufwand und die Anforderungen schnell einschätzen können.
Die meisten Techniken und Verarbeitungsarten werden wiederholt eingesetzt. So zum Beispiel ähnliche Verschlussarten, Modelle in unterschiedlichen Formvarianten sowie einige Patchwork- und Sticktechniken, die wir den Modellbeispielen voranstellen. Wer mag, kann diese selbstverständlich selbst abwandeln und der eigenen Kreativität freien Lauf lassen. Wir bieten hier Anregungen an, die zum Weitergestalten inspirieren sollen.

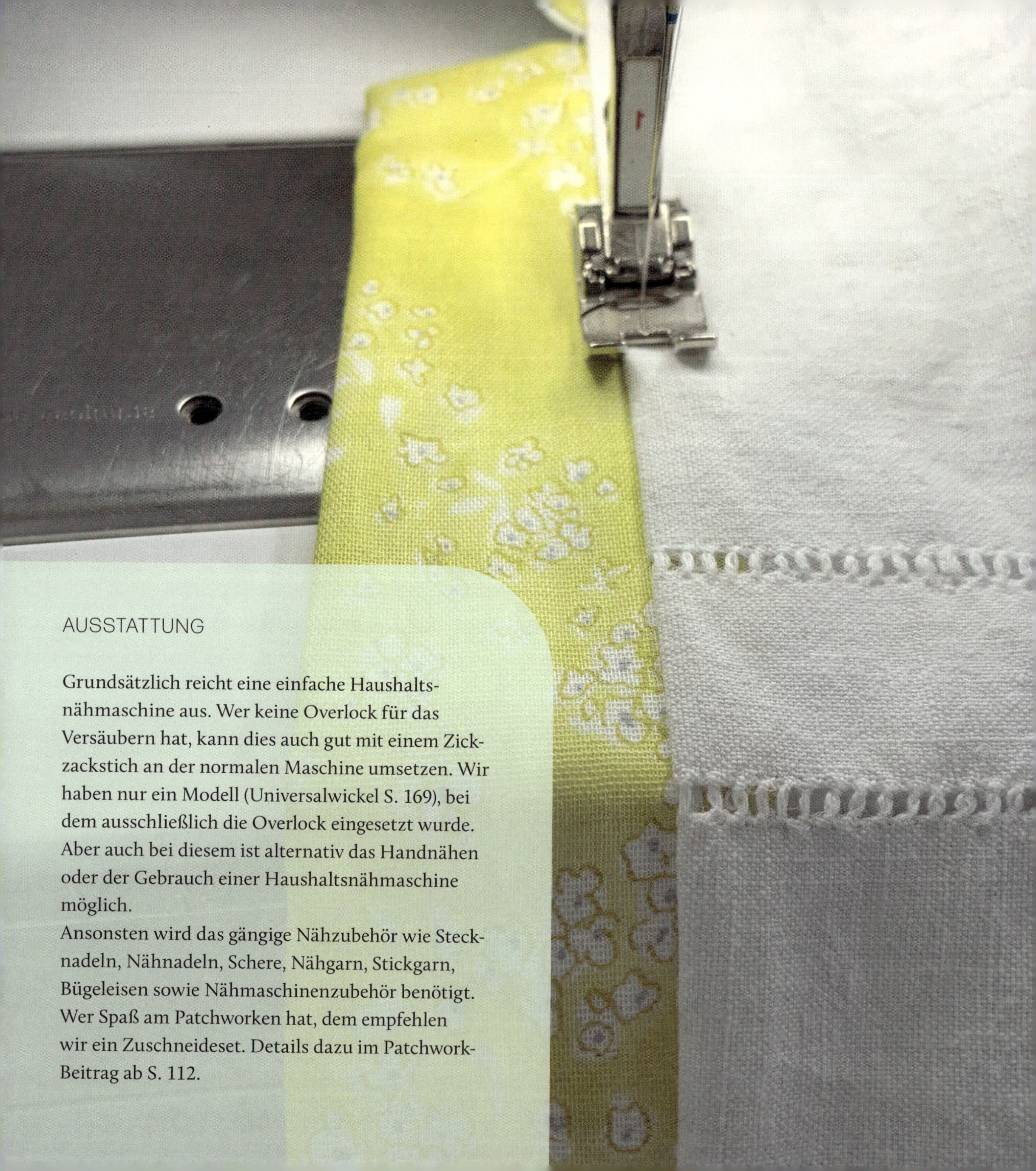

AUSSTATTUNG

Grundsätzlich reicht eine einfache Haushaltsnähmaschine aus. Wer keine Overlock für das Versäubern hat, kann dies auch gut mit einem Zickzackstich an der normalen Maschine umsetzen. Wir haben nur ein Modell (Universalwickel S. 169), bei dem ausschließlich die Overlock eingesetzt wurde. Aber auch bei diesem ist alternativ das Handnähen oder der Gebrauch einer Haushaltsnähmaschine möglich.
Ansonsten wird das gängige Nähzubehör wie Stecknadeln, Nähnadeln, Schere, Nähgarn, Stickgarn, Bügeleisen sowie Nähmaschinenzubehör benötigt. Wer Spaß am Patchworken hat, dem empfehlen wir ein Zuschneideset. Details dazu im Patchwork-Beitrag ab S. 112.

VERSCHIEDENE VERSCHLUSSARTEN

Bei den meisten Nähanleitungen verwenden wir drei Arten von Verschlussmöglichkeiten:

- verdeckter Reißverschluss
- sichtbarer Reißverschluss
- Hotelkissenverschluss

VERDECKTER REISSVERSCHLUSS

1. Den Stoff zuerst versäubern.
2. Eine Seite mit 2,5 cm umbügeln.
3. Den Endlosreißverschluss in der Mitte teilen. Die eine Reißverschlusshälfte an der nicht gebügelten Seite rechts auf rechts mithilfe eines Reißverschlussfußes annähen (Abb. 1).
4. Die andere Reißverschlusshälfte auf das gebügelte Rückteil legen, sodass, wie im Bild zu sehen, der Reißverschluss rechts auf rechts bündig an der Außenkante liegt (Abb. 2).
5. Im Anschluss den Zipper einfädeln (Abb. 3).

SICHTBARER REISSVERSCHLUSS

1. Den Stoff zuerst versäubern.
2. Den Endlosreißverschluss in der Mitte teilen.
3. Nun den geteilten Reißverschluss mithilfe des Reißverschlussfußes rechts auf rechts annähen.
4. Im Anschluss den Zipper einfädeln.

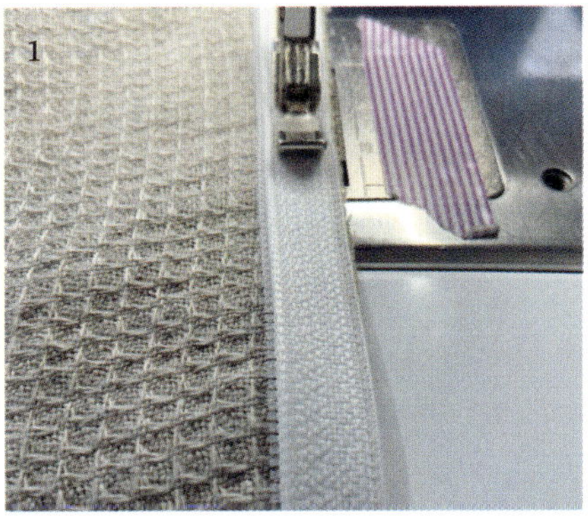
1

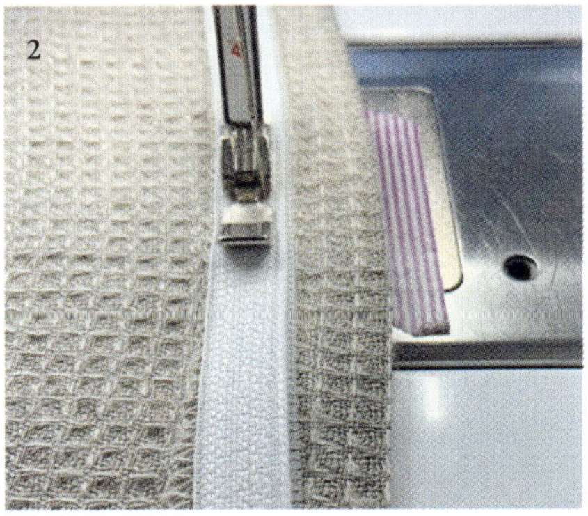
2

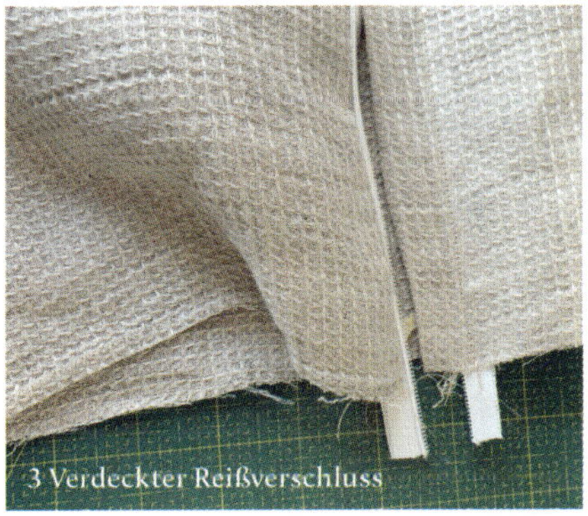
3 Verdeckter Reißverschluss

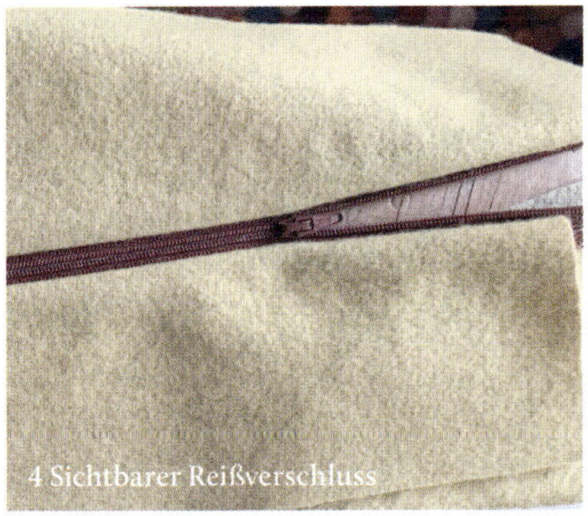
4 Sichtbarer Reißverschluss

HOTELKISSENVERSCHLUSS

Bei einem Hotelkissenverschluss überlappen sich die beiden Rückseiten. Die Schnittteile errechnen sich wie folgt: Für die Rückseite das Maß der Vorderseite als Vorlage verwenden und die Länge um 1/3 verkleinern. Dieses Maß bitte 2-mal zuschneiden. Je nach Modell kann die Überlappung auch variieren und muss nicht zwingend immer in der Mitte liegen. Ganz unten im Bild ist ein Augenkissen zu sehen. Eine mittige Überlappung wäre hier störend. Entscheidend ist, dass die zwei Teile je nach Gesamtgröße 3 bis 8 cm überlappen.

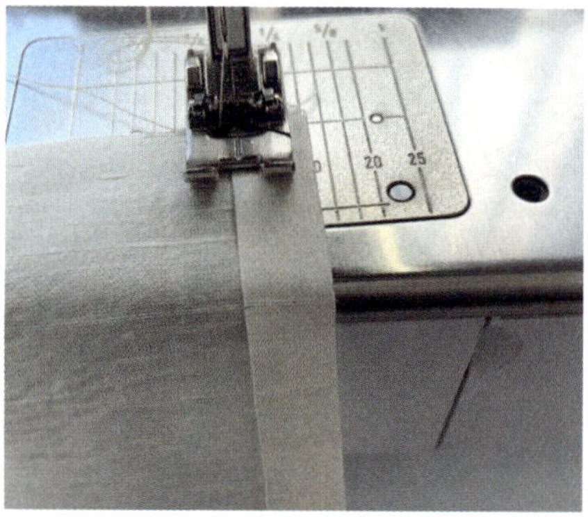

1. Die Öffnungsseite der Rückteile 2-mal 1 cm einschlagen und bügeln. Anschließend absteppen bzw. nähen.

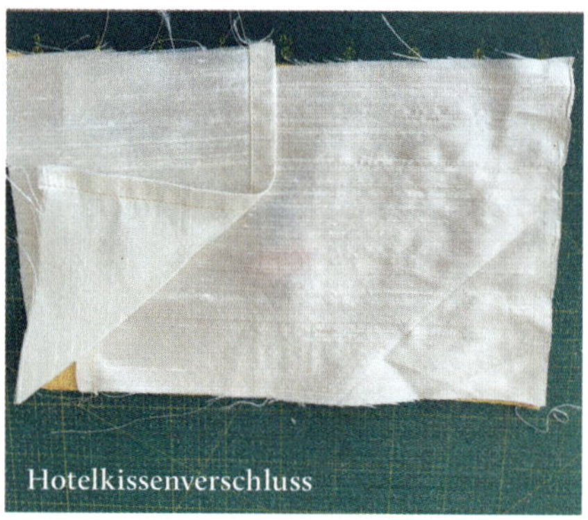

2. Die zwei Rückseiten auf die Vorderseite rechts auf rechts legen. Dabei überlappen die beiden Rückseitenteile. Nun das Ganze ringsum nähen.

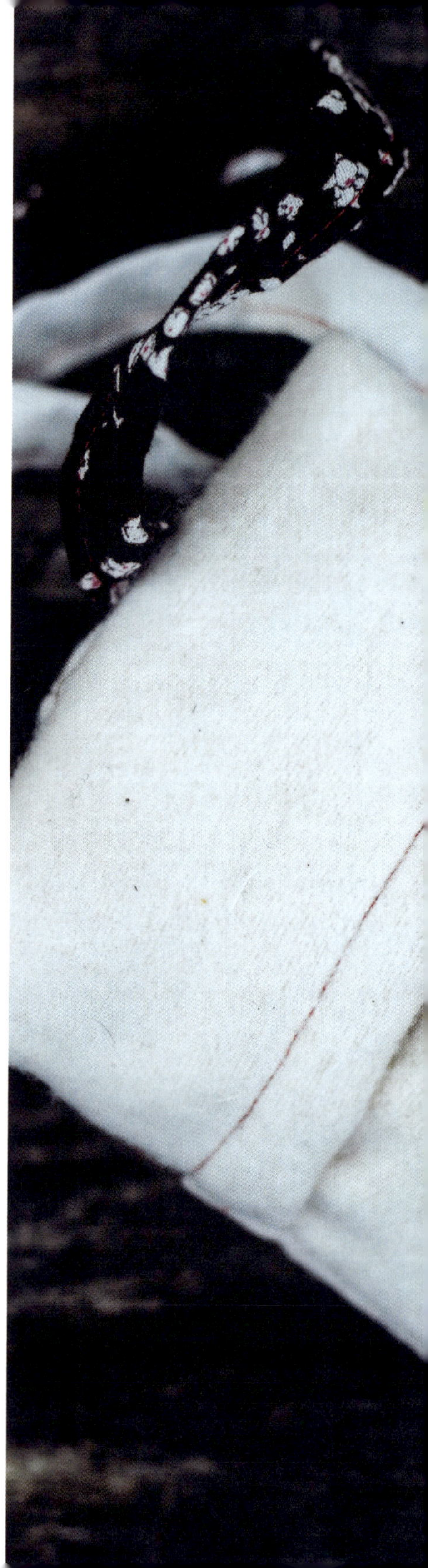

EXTRA KRÄUTERFACH IN DER RÜCKSEITE

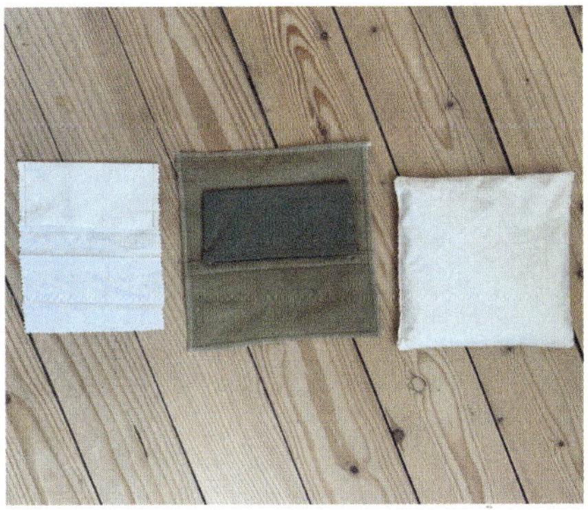

Bei einigen Modellen haben wir am Hotelkissenverschluss ein zusätzliches Kräuterfach eingenäht. Auf dem Foto links ist das dunkelgrüne Kräuterfach beim Kirschkernkissen in der Bildmitte zu erkennen. Hier kann ein einfaches Kräutersäckchen (links im Bild) eingelegt werden. Die Anleitung dafür finden Sie unten. Rechts im Bild ist das Füllkissen zu sehen.

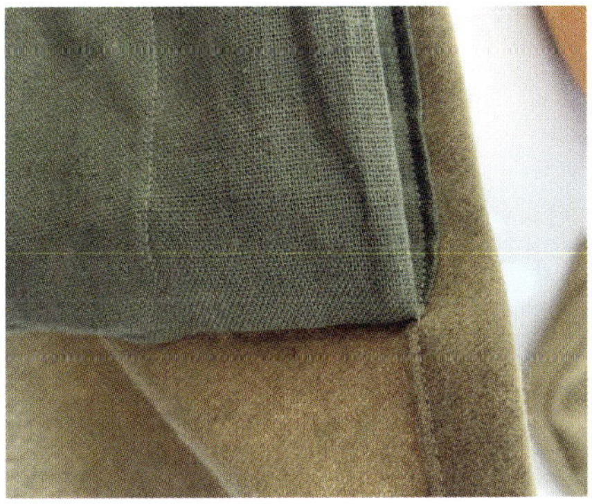

Kräuterfach nähen: Kleiner als das Rückteil ein Kräuterfach zuschneiden. Es besteht aus zwei Rechtecken, die links, rechts und am Boden zusammengenäht und versäubert werden. Den oberen Rand 2-mal 1 cm umschlagen und absteppen. Dann am Rand der innenliegenden Seite des Hotelkissenverschlusses feststecken und im Anschluss zusammennähen.

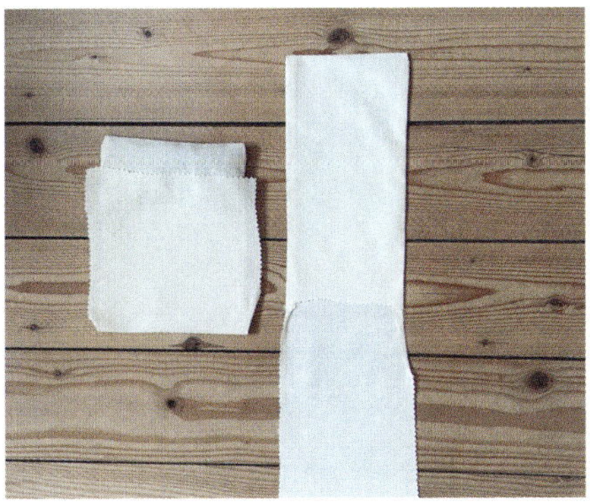

Das Kräutersäckchen kann mit Kräutern befüllt in das Kräuterfach gelegt werden und ist schnell hergestellt. Dazu ein längliches Rechteck mit einer Zickzackschere zurechtschneiden, zu einer Tasche falten und etwa 1 Drittel für einen langen Deckel überstehen lassen. Die Seiten zusammennähen, fertig ist das Kräutersäckchen. Der Deckel verhindert, dass der Inhalt herausbröseln kann.

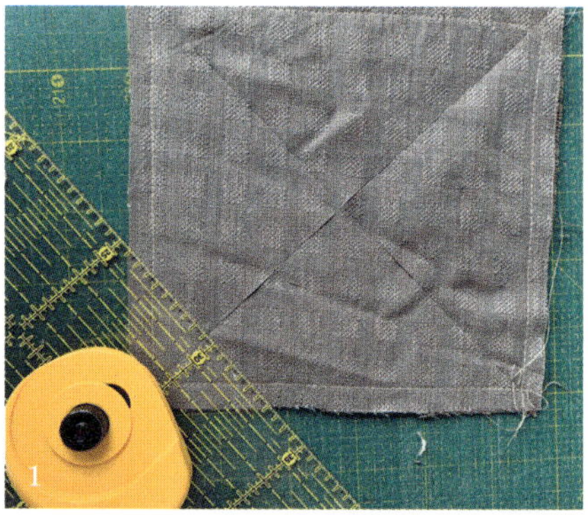
1

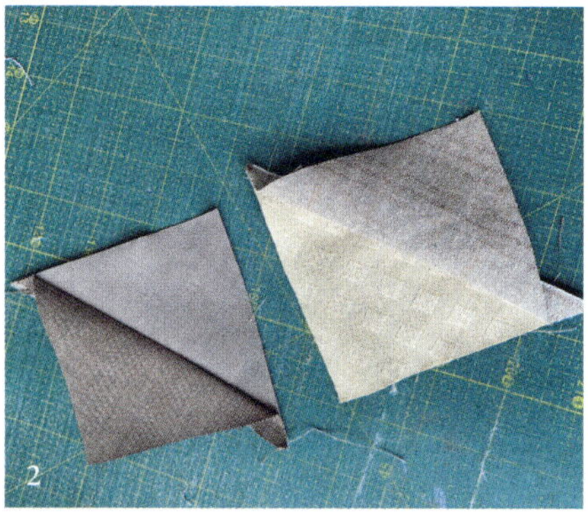
2

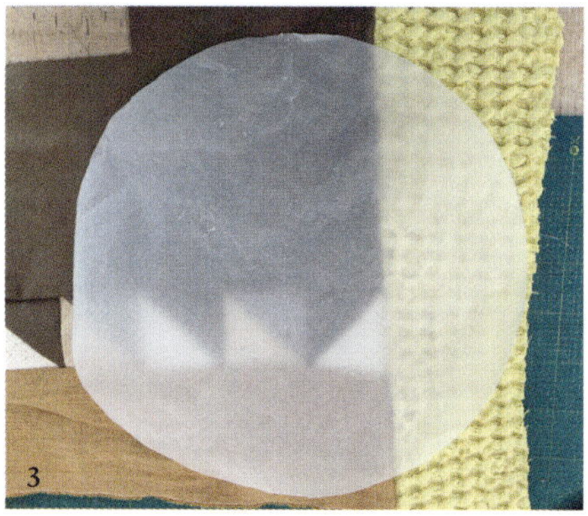
3

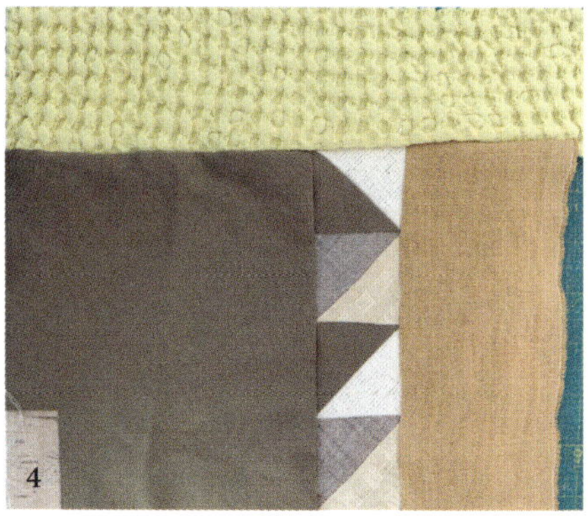
4

PATCHWORK, QUILTEN, SASHIKO UND STOFFSTEMPELN

Patchwork entstand, als englische Frauen und US-amerikanische Siedlerinnen aus alten Kleidungsstücken Patchwork-Decken herstellten.

Heutzutage gibt es viele unterschiedliche Arten und Stilrichtungen. Wir persönlich mögen vor allem den japanischen Zakka-Stil, der uns besonders gut gefällt. Zuerst stellen wir uns verschiedene Stoffe zusammen, z.B. alte Kleidungsstücke, um auch an der Oberfläche eine unterschiedliche Haptik zu bekommen und als Hommage an den Ursprung des Patchworks.

Wir schneiden uns für unser Patchwork Quadrate, Rechtecke und zwei zusammengenähte Dreiecke zurecht. Diese Dreiecke sind recht einfach hergestellt, indem zwei Quadrate übereinander ringsum zusammengenäht werden. Im Anschluss wird diagonal mithilfe von Lineal und Rollschneider geschnitten und dann umgeklappt. (Abb. 1 und 2)

Grundsätzlich empfehlen wir, für Patchworken ein Lineal, einen Rollschneider und eine Matte anzuschaffen, um die Patches exakt zurechtzuschneiden. Wir arbeiten uns Schritt für Schritt an unser Patchwork heran, testen Streifen aus, um das Passende zu finden und nähen diese dann zusammen. Beim Patchworken nie die Naht verriegeln, sonst fügen sich die Stoffe nicht optimal zusammen. Auch werden die Stoffkanten nicht versäubert.

Im Anschluss kann dann dem Schnittmuster entsprechend das Patchwork weiterverarbeitet werden. (Abb. 3 und 4)

WAS IST DER UNTERSCHIED ZWISCHEN PATCHWORKEN UND QUILTEN?

Beim Patchworken nähen wir die Stoffe zusammen, während das englische Wort «to quilt» so viel heißt wie steppen. Meistens besteht Patchwork aus drei Lagen. Oben liegt die schöne Seite, auch Top genannt. Die Zwischenlage bildet ein Vlies. Die Rück- oder die Unterseite besteht in der Regel aus einer Stoffbahn. Beim Quilten werden diese drei Lagen mit groben Heftstichen oder Sicherheitsnadeln gegen ein Verschieben während der weiteren Bearbeitung fixiert.

Im Anschluss wird mit einem Stich ein Muster als Verzierung aufgesteppt bzw. gequiltet, sodass die drei Lagen optimal zusammenhalten. Auch da gibt es unterschiedliche Arten. Es kann je nach Gefallen von Hand oder mit der Maschine gequiltet werden.

SASHIKO

Wir bevorzugen den Sashiko-Stich. Bei dieser Technik handelt es sich um den bei uns bekannten klassischen Vorstich. Nur wird Sashiko dichter gestickt als der klassische Vorstich. Beim Sashiko-Stich können nach Lust und Laune Motive erzeugt werden. Sashiko ist eine in Japan übliche Reparaturtechnik, um schadhafte Kleidung auszubessern. Beim traditionellen Sashiko wird gerne ein weißer oder blauer Baumwollfaden verwendet. Traditionell ist der Grundstoff dunkelblau mit weißem Stickgarn oder umgekehrt. Es gibt spezielle Garne für den Sashiko-Stich, aber es eignet sich auch normales Perlgarn oder dünnes Wollgarn (z.B. Lana Wool von *Madeira*). Bei den Stoffen handelt es sich vorwiegend um Baumwoll- und Leinenstoffe. Es kann aber auch hochwertige Seide verwendet werden. Selbstverständlich können auch andere Farben als das traditionelle Weiß oder Blau eingesetzt werden.

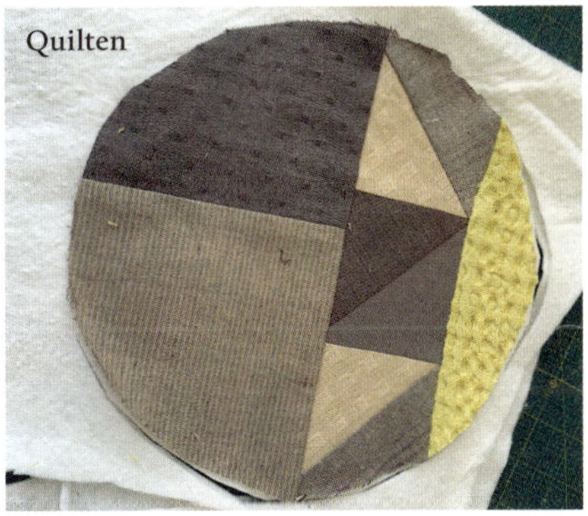

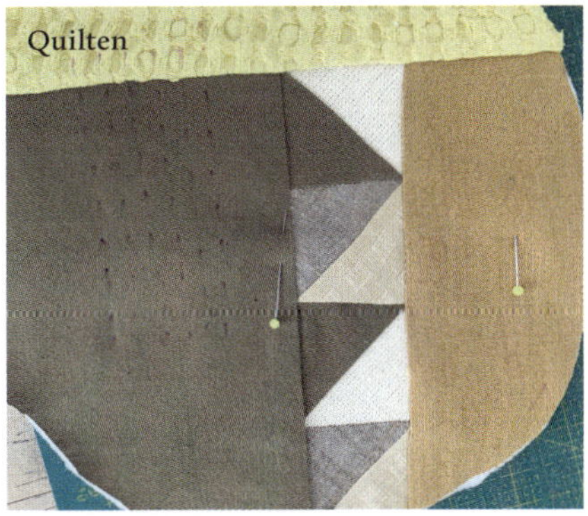

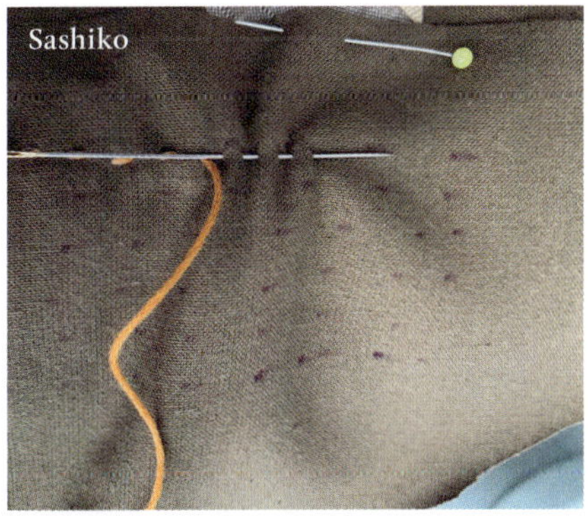

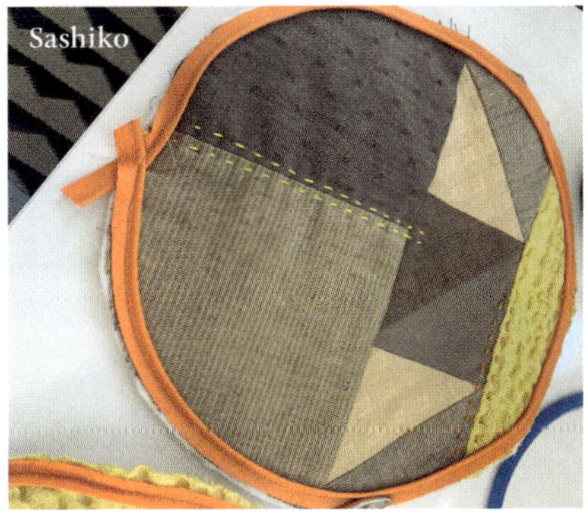

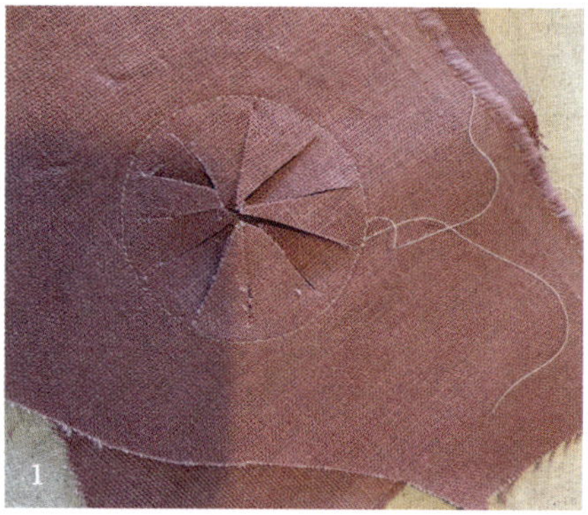

1

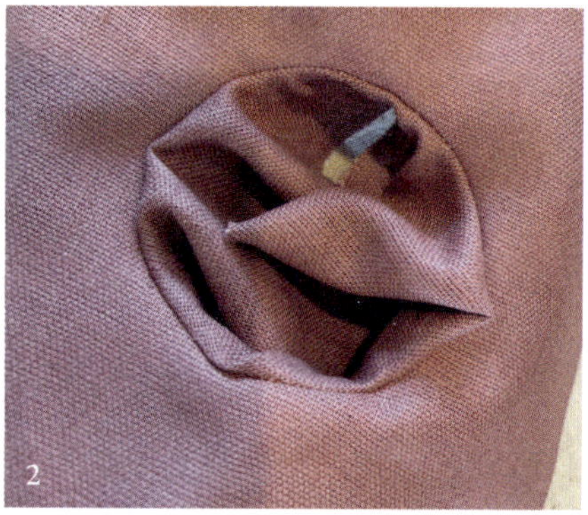

2

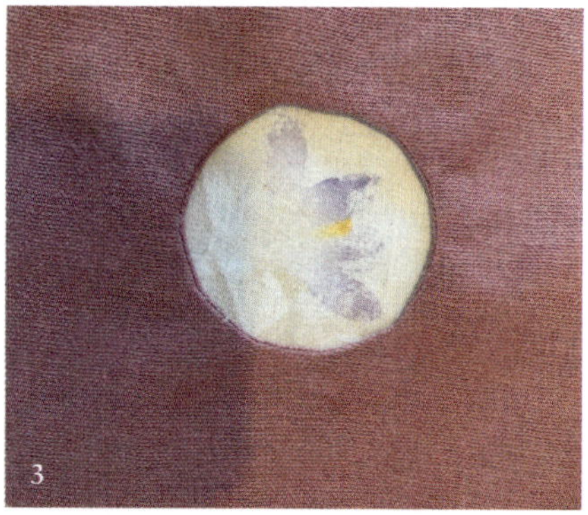

3

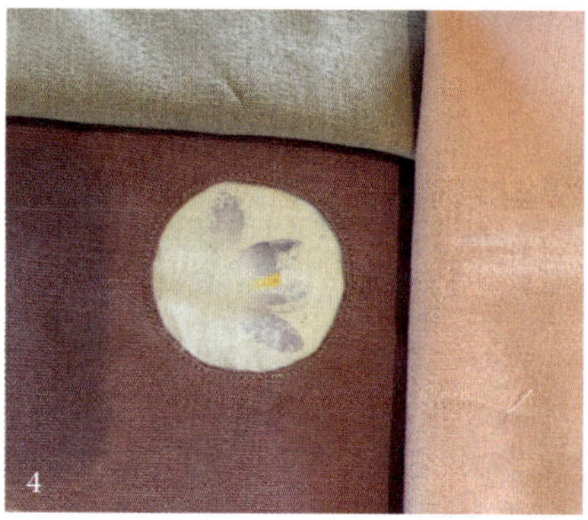

4

WEITERE PATCHWORK-TECHNIKEN

KREIS DETAILS

Wir nähen gerne runde Ausschnitte, um besondere Details hervorzuheben. In unserem Beispiel sind es die gehämmerten Blüten (s. S. 78, Tataki Zomé).

Dabei gehen wir folgendermaßen vor:

1. Zwei Stoffstücke liegen rechts auf rechts übereinander.
2. Den Kreis markieren und auf dieser Markierung nähen.
3. Den Innenkreis jetzt wie ein Kuchenstück einschneiden. (Abb. 1)
4. Eine Stoffseite durch die Öffnung schieben. Die rechten Seiten sind jetzt außen. (Abb. 2)
5. Die Naht gut ausstreichen und bügeln. Jetzt einen vorbereiteten Stoffkreis darunterlegen und knappkantig von rechts steppen. (Abb. 3)
6. In Anschluss kann das so entstandene Stoffstück in das Patchwork (ab S. 112) eingearbeitet werden. (Abb. 4)

Tipp

Auch ohne Kreisdetails lassen sich gehämmerte Blüten sehr schön in das Patchwork einarbeiten.

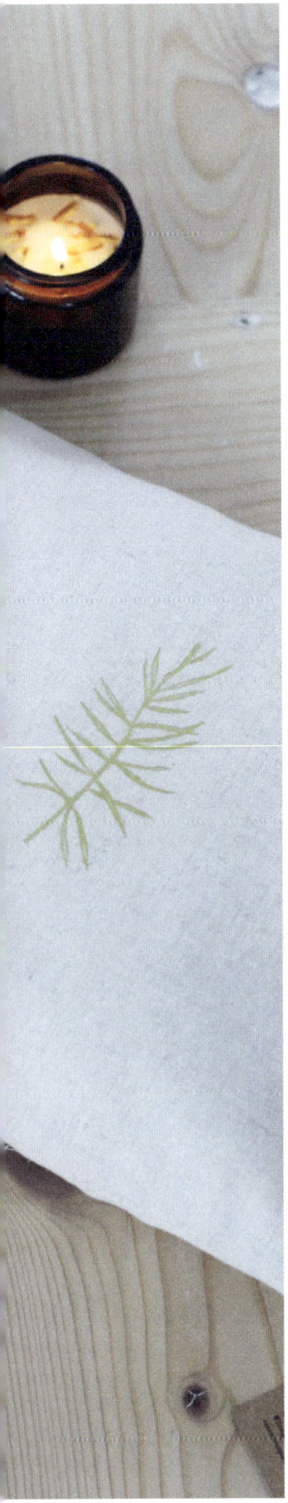

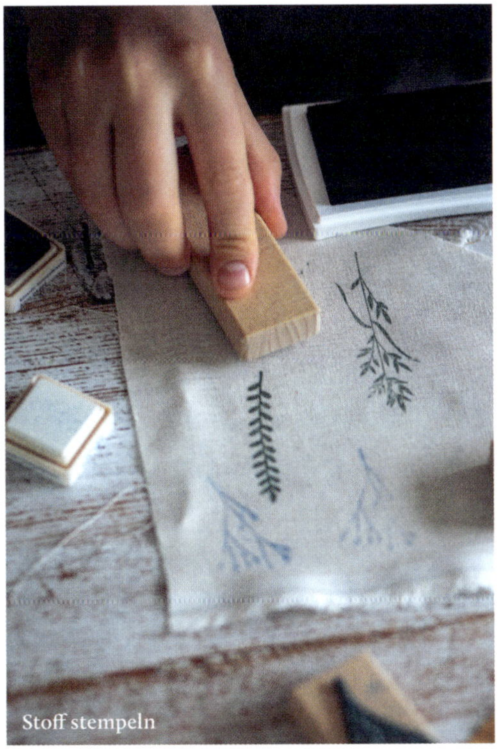

Stoff stempeln

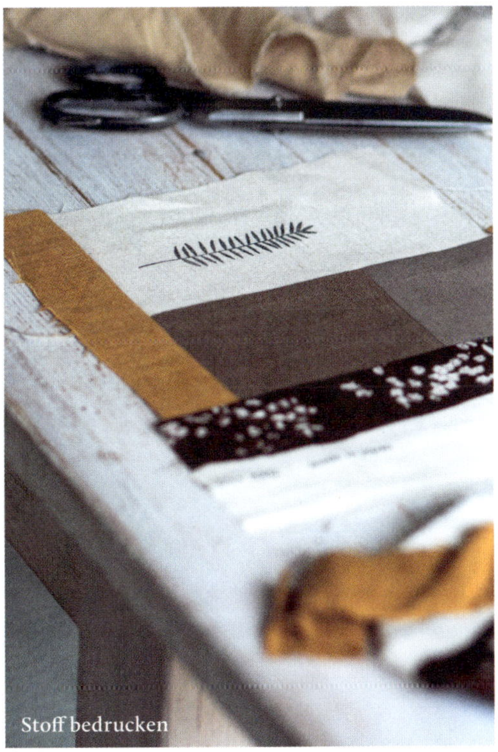

Stoff bedrucken

STOFFSTEMPELN

Auch dies ist eine schöne Technik, um besondere Details zu erzeugen.
Einige Tipps, worauf beim Stempeln der Stoffe geachtet werden sollte:

- Der Schwierigkeitsgrad ist eng mit der Stoffwahl verbunden. Am leichtesten lassen sich fein gewebte Baumwollstoffe bedrucken.
- Auch grobes Leinen lässt sich schön bedrucken. Es sind dann natürlich nicht alle Feinheiten abgedruckt, aber es entsteht eine besondere Optik.
- Für das Patchworken ist das Stempeln von Stoffen ein super Einstieg, da auf Stoffresten gedruckt wird und so ein Gefühl für das Stempeln entwickelt werden kann.

STOFFE BEDRUCKEN

1. Stempel vorsichtig mit entsprechender Textilstempelfarbe eintupfen, im Anschluss nicht zu stark auf den Stoff drücken.
2. Kurz trocknen lassen und dann mithilfe eines Bügeleisens durch Druck und Hitze fixieren. Gebrauchsanweisung der Textilstempelfarbe beachten, die Fixierzeit ist angegeben. Manche Hersteller empfehlen das Vorwaschen.

Dann das mit Stempeln versehene Patch in das Patchwork einarbeiten.

FREIHANDSTICKEN MIT DER NÄHMASCHINE

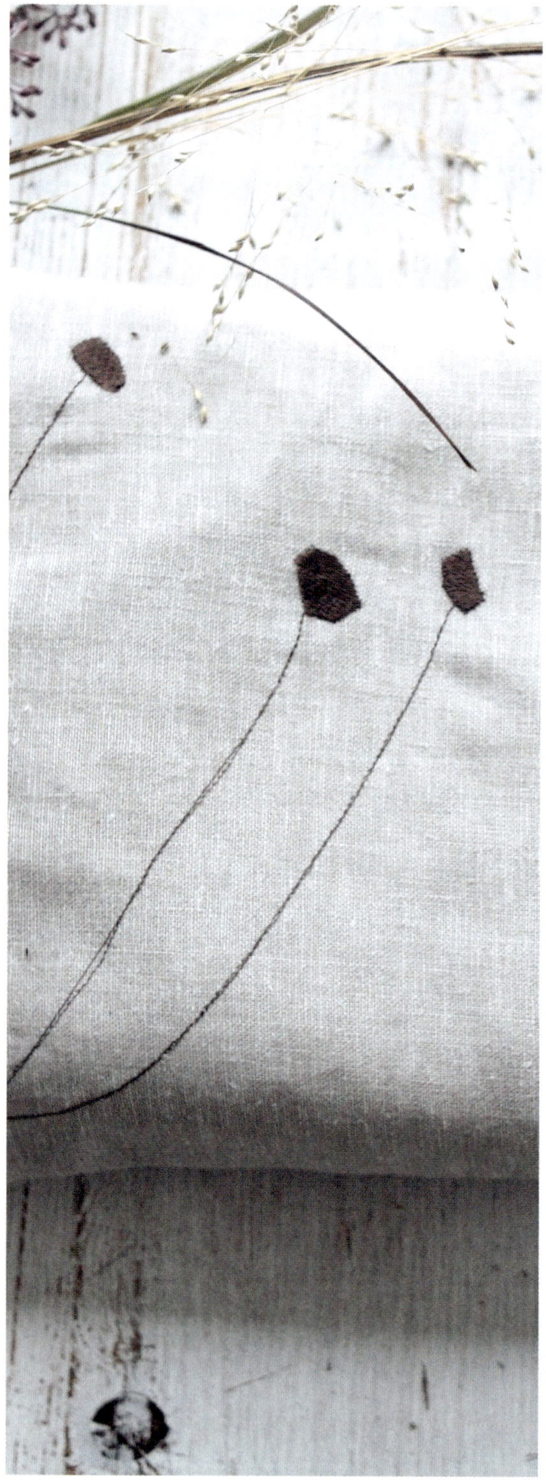

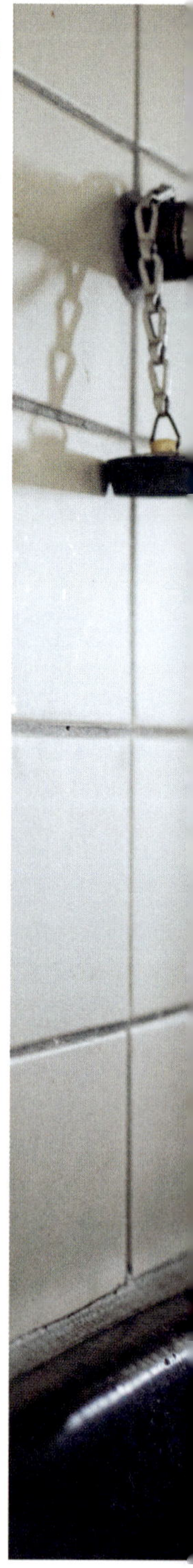

Zubehör

Stickfuß
Stickrahmen
Stickgarn, alternativ normales Nähmaschinengarn
Nähmaschine und -zubehör
Trickmarker oder Kreidestift
Stoff

Das Freihandsticken mit der Nähmaschine ermöglicht uns, frei ausgedachte Motive malerisch in gestickter Form auf einem Stoff umzusetzen, ohne dafür eine Stickmaschine kaufen zu müssen.

Für das Freihandsticken mit der Nähmaschine empfiehlt es sich, einen entsprechenden Stickfuß zu verwenden. Manche sticken komplett ohne Fuß, also nur mit der Nadel in der Maschine. Damit haben wir keine Erfahrung, da wir zudem gern mit dem Stickfuß arbeiten.

Zudem wird noch ein Stickrahmen benötigt, den man auch gut auf Flohmärken finden kann. Ansonsten ist dieser im Nähmaschinenfachgeschäft erhältlich.

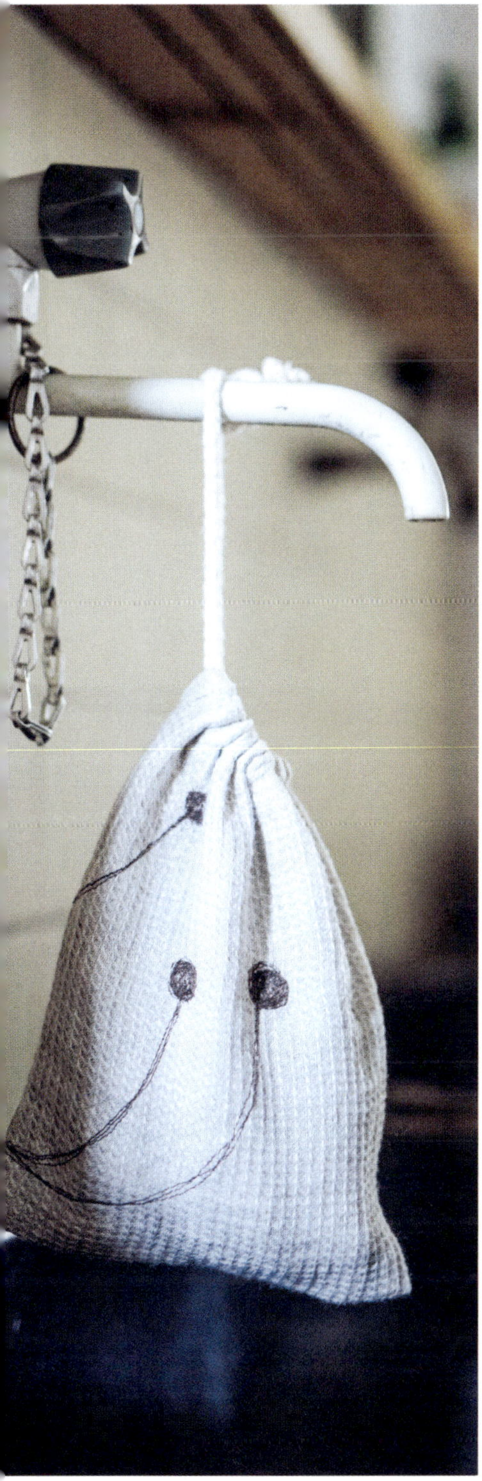

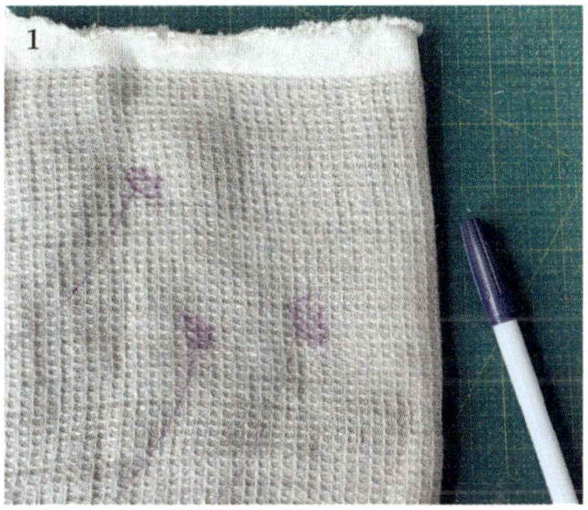

1

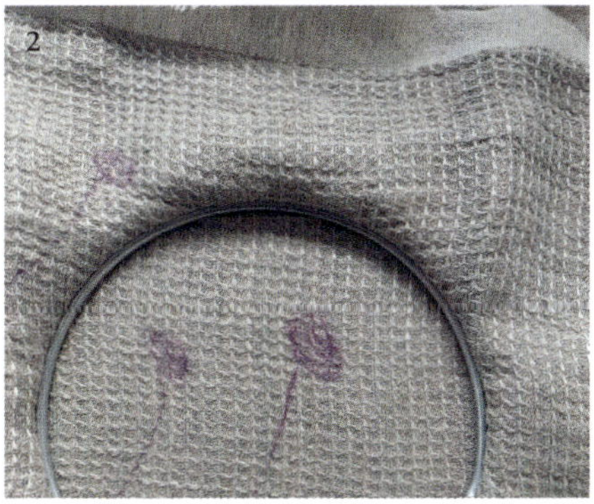

2

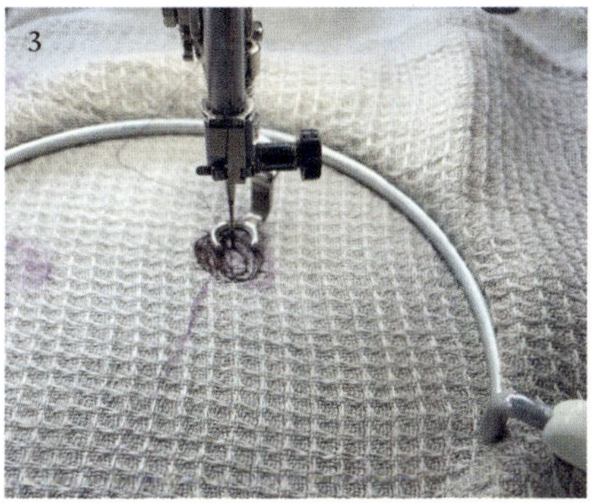

3

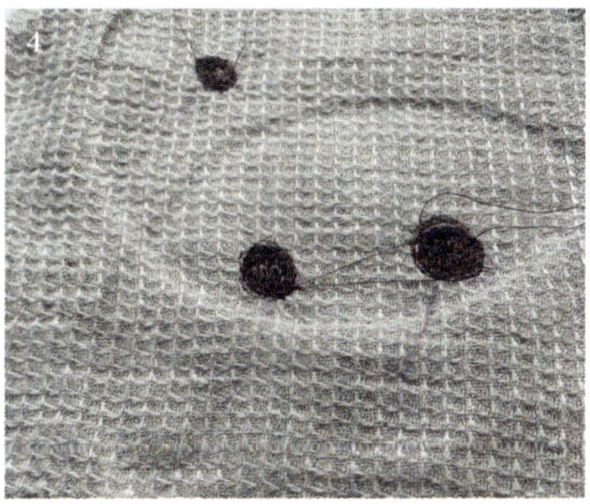

4

Anleitung

Zuerst mit einem Trickmarker oder Kreidestift das Motiv aufzeichnen. Beim Trickmarker verschwindet das Motiv nach einer Weile wieder.

Im Anschluss das Motiv im Stickrahmen befestigen. Bei dünnem Stoff zusätzlich eine Stickeinlage auf der Rückseite verwenden.

Zum Sticken den Transporteur der Nähmaschine versenken und den Freihandstickfuß in die Maschine einsetzen.

Nun die vormarkierte Zeichnung aufsticken. Wer möchte, kann dies auch ohne Vorzeichnung machen. Dieses Vorgehen hat den Vorteil, sich voll und ganz auf das Sticken konzentrieren zu können. Wer noch keine Erfahrung hat, sollte dies erst einmal auf einem Probestoff ausprobieren.

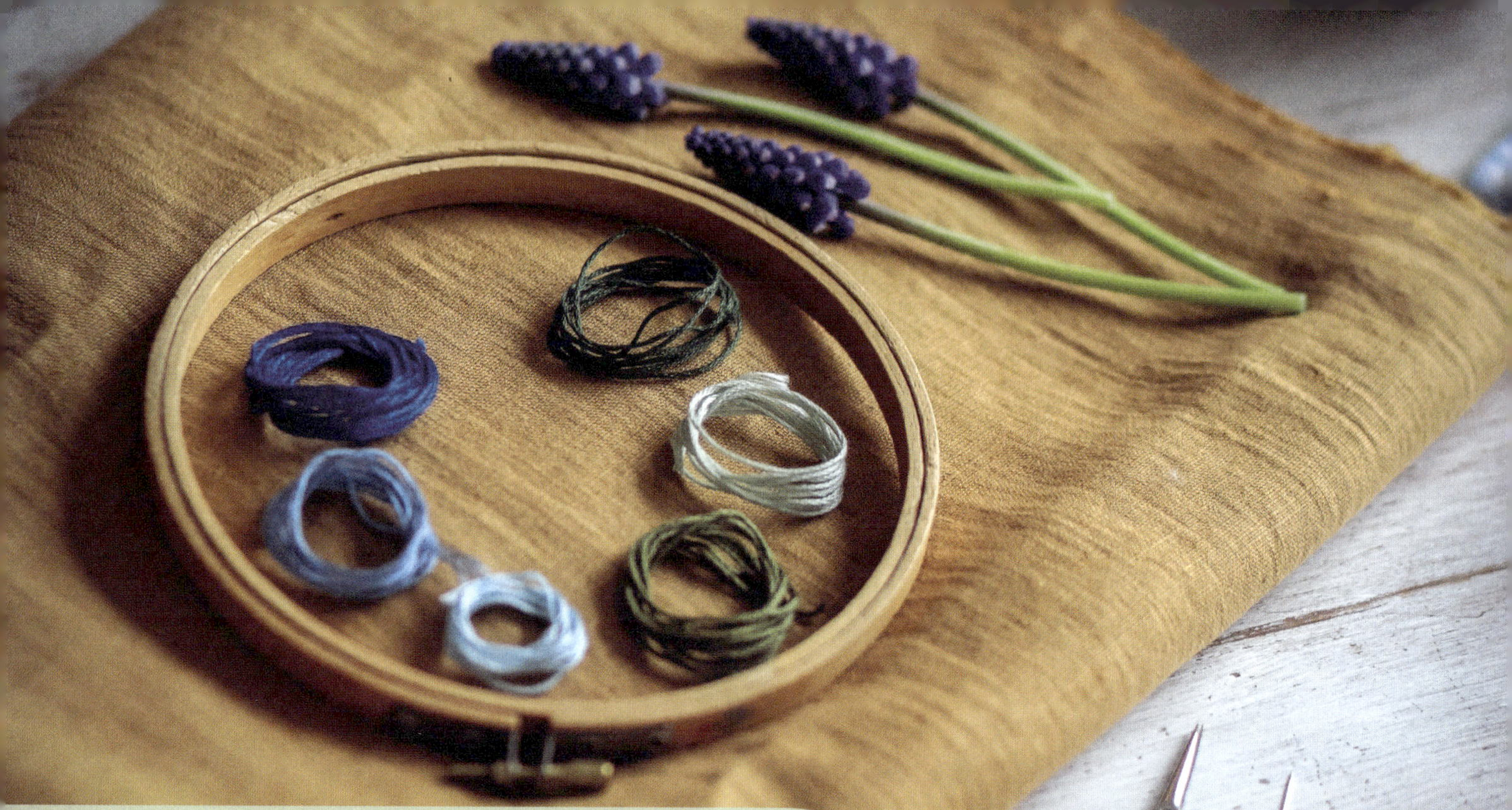

FREIES HANDSTICKEN

Freies Handsticken ist eine sinnliche Erfahrung, und bei der Ausführung ist erlaubt, was gefällt: es gibt kein Richtig oder Falsch. Am besten ausprobieren, und falls es doch einmal nicht gefallen sollte, kann es wieder entfernt oder abgewandelt werden. Beim freien Handsticken lösen wir uns vom exakten Handsticken, das viele von uns vielleicht noch aus dem Handarbeitsunterricht in der Schule kennen.
Zuerst stellen wir uns bildlich das Motiv vor. Idealerweise im Kontext zum Gegenstand, den wir besticken wollen. Zum Beispiel haben wir auf das kleine Augenkissen Ringelblumen (s. S. 143) aufgestickt, da der Stoff ebenfalls mit Ringelblumen eingefärbt wurde. Ähnlich wurde der Universalbeutel auf S. 153 mit einer Schafgarbe bestickt. Auch die Farben sollten mit Bedacht ausgesucht werden, um ein harmonisches Zusammenspiel zu erzeugen.

Materialien

6-fädiges Sticktwist in entsprechenden Farben
bei feinerer Stickerei nur die Hälfte der Fäden verwenden
Sticknadel, die eine Spitze und ein großes Nadelöhr haben sollte, damit der Sticktwist hindurchpasst
Stickrahmen; Schere; Markierstift

Umsetzung

Zuerst das Motiv auf einem Stück Papier vorzeichnen, ausschneiden und an der gewünschten Stelle positionieren. Nun mit einem Trickmarker, Kreide oder Ähnlichem auf dem Stoff nachzeichnen. Jetzt kann mit dem freien Handsticken begonnen werden.

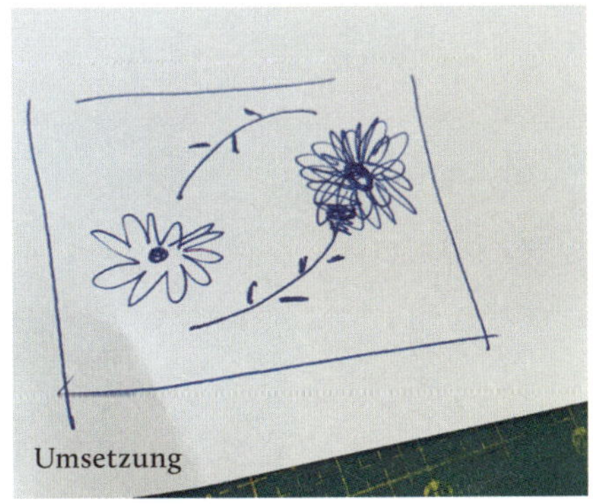

Umsetzung

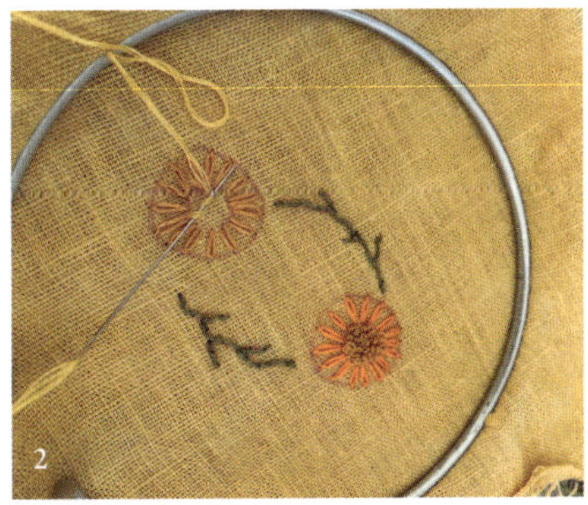

2

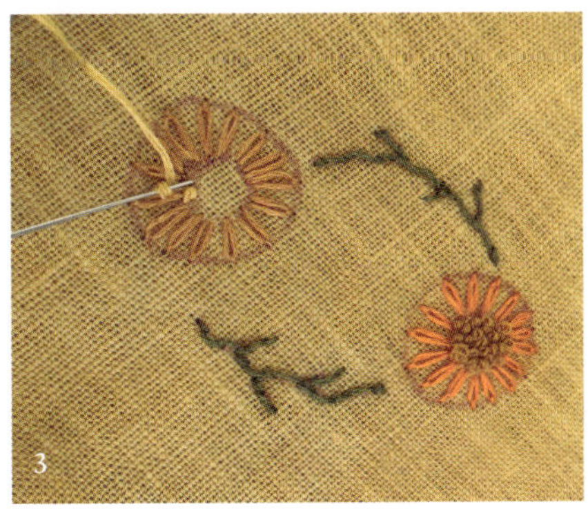

3

TECHNIKEN

Ein paar sehr einfache Techniken können bei der Umsetzung hilfreich sein. Zum Beispiel der Knötchen-, der Schräg- sowie der Vorstich in verschiedenen Abständen und Längen. Dabei können Sie gerne experimentieren, denn es ist spannend zu sehen, wie unterschiedlich die Stiche wirken können.

KNÖTCHENSTICH

1. Zuerst den Faden durch den Stoff stechen.
2. Den Faden zweimal oder mehrmals um die Nadel wickeln.
3. Den umwickelten Faden in den Stoff stechen. Dabei an dem um die Nadel gewickelten Faden ziehen.

Das Umwickeln und anschließende Einstechen ist nicht einfach. Am besten im Vorfeld etwas üben. Mit dem Knötchenstich lassen sich wunderschöne Muster sticken. In der Dichte können so Flächen gefüllt werden, einzeln erzeugt er eine filigrane Optik.

KLEINE UND GROSSE STICHE KOMBINIERT

Die verschiedenen Blüten bestehen aus einer Kombination von kleinen und großen Stichen. Anbei ein Beispiel, wie dies aussehen könnte.

1. Kleinen und großen Kreis zeichnen.
2. Nun zuerst am äußeren Kreis ringsum kleine Stiche sticken. (Abb. 1)
3. Nun vom inneren Kreis in den äußeren Kreis am kleinen Stich durchfädeln und wieder zurück zum inneren Kreis gehen. (Abb. 2)
4. Diese Technik kann auch gut bei Halbkreisen verwendet werden.
5. Mittig dann mit einem Knötchenstich den Blütenkelch gestalten. (Abb. 3)

Für einen Stiel eignet sich ein umwickelter Vorstich.

1. Zuerst einen Vorstich sticken.
2. Im Anschluss wie im Slalom durch den Vorstich durchfädeln. (Abb. 4)

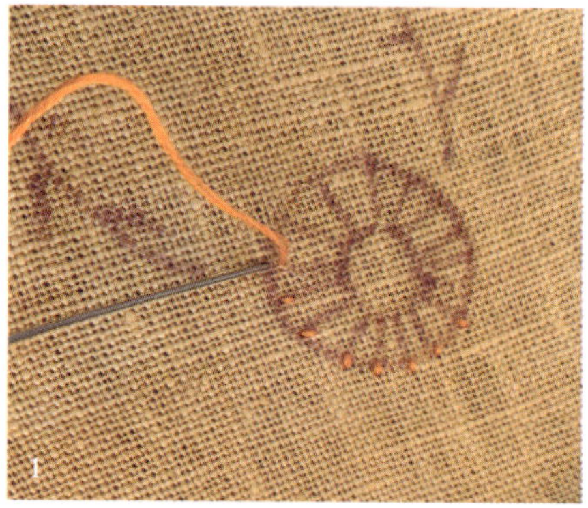
1

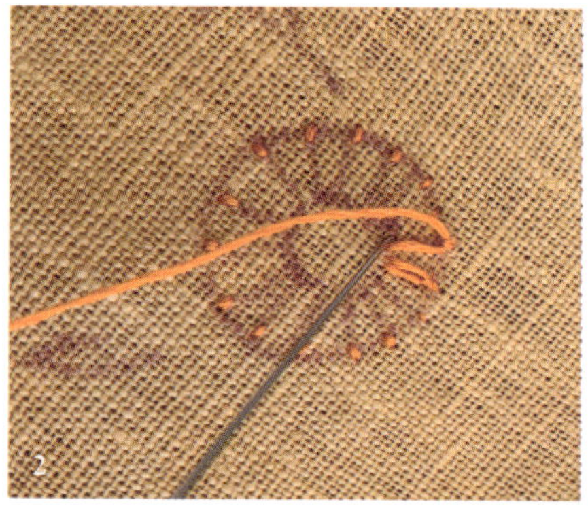
2

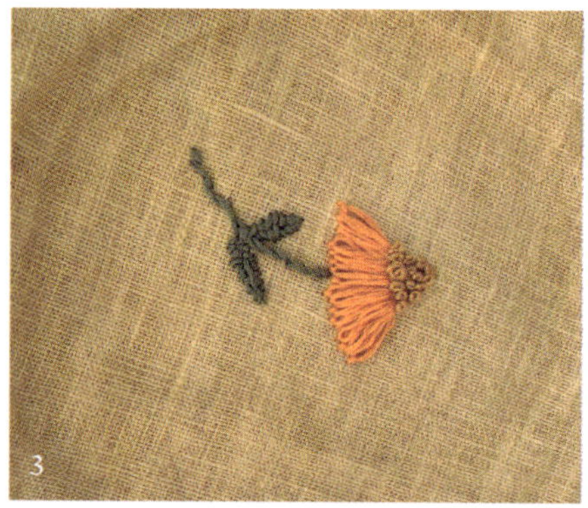
3

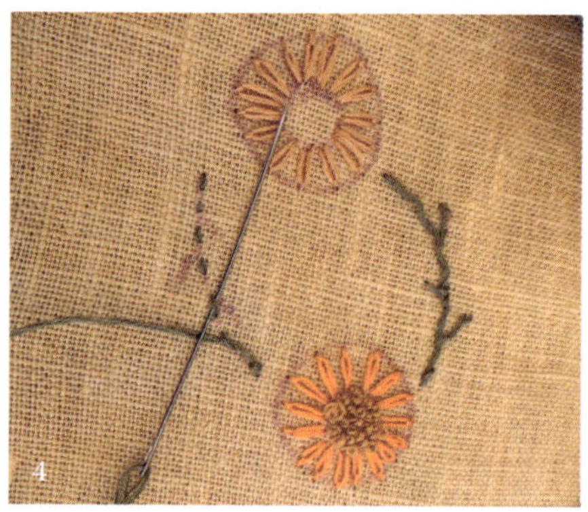
4

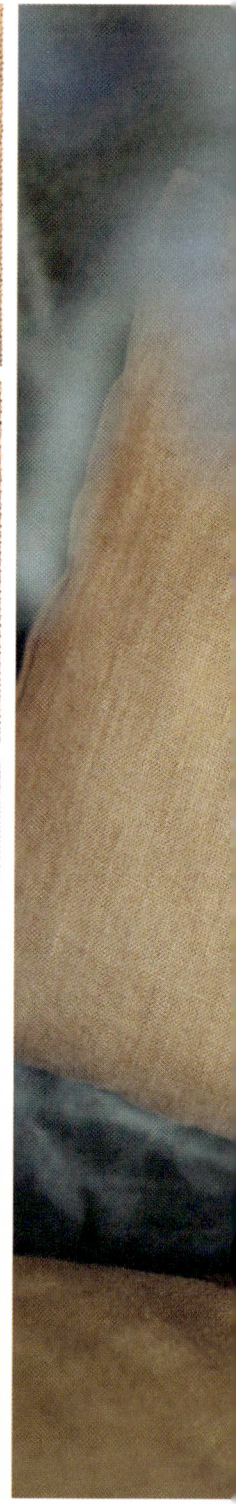

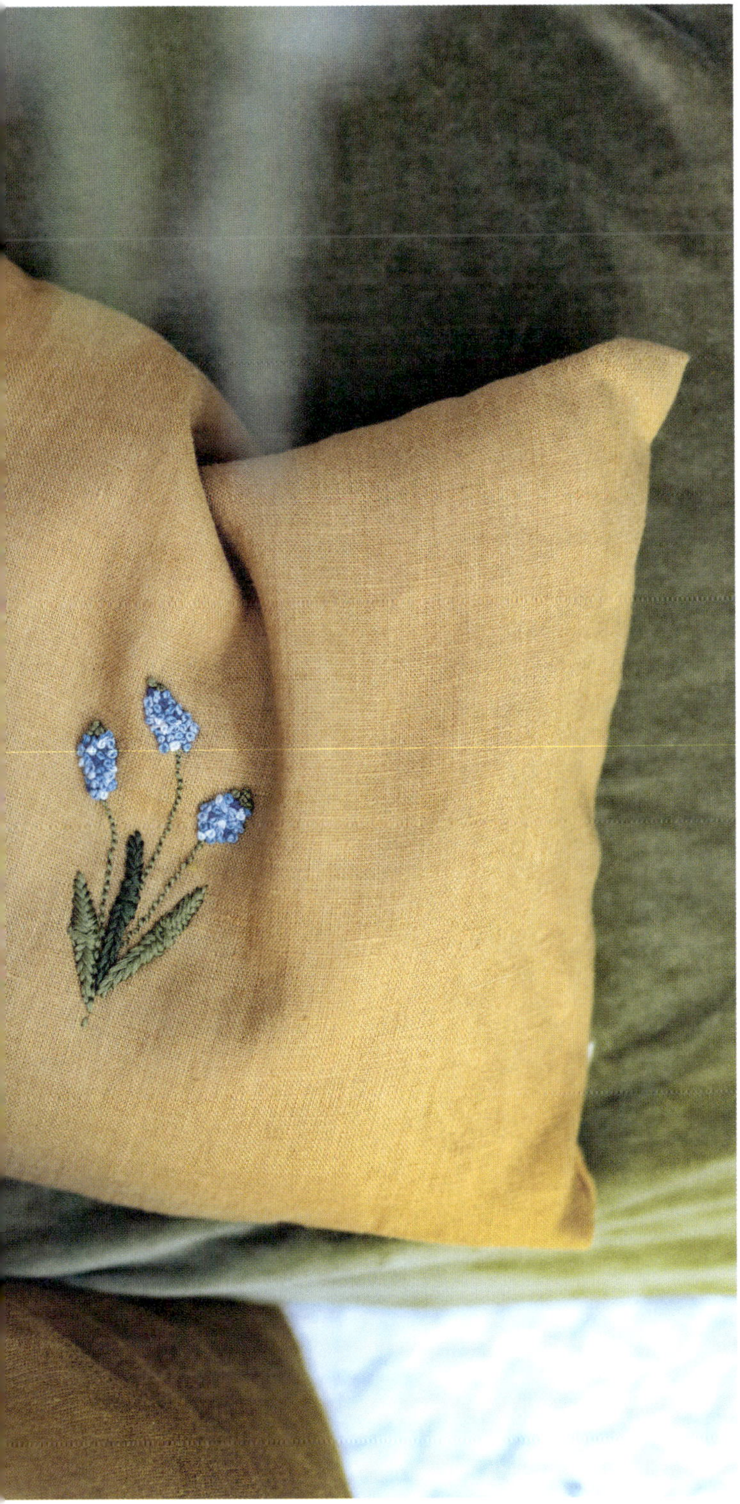

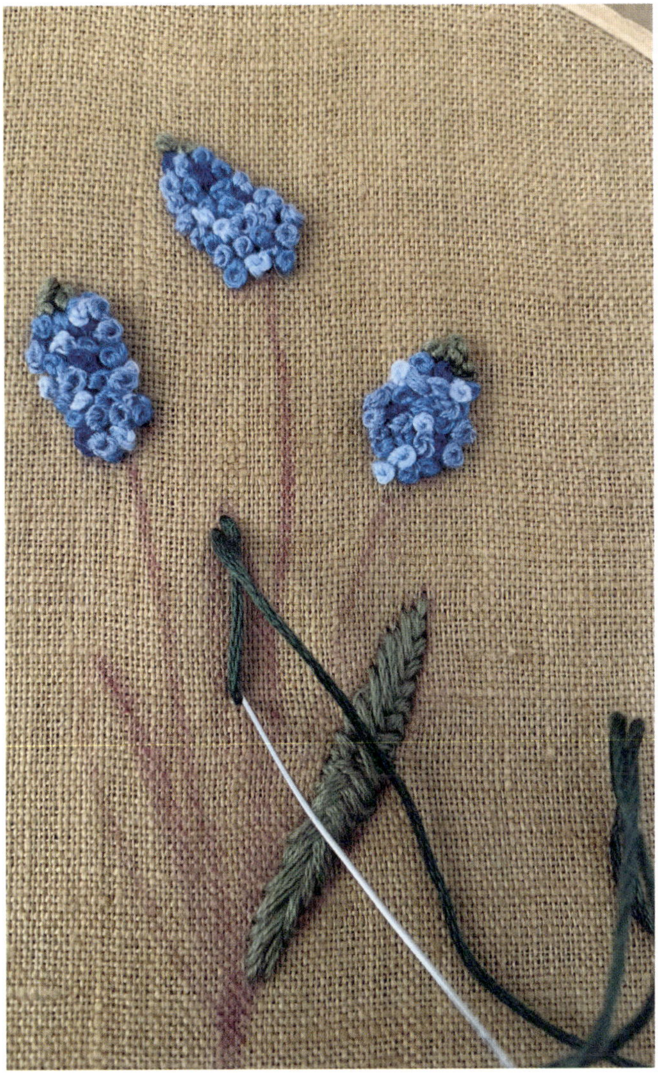

SCHRÄGSTICH

Blätter lassen sich wunderbar rhythmisch mit einem einfachen Schrägstich in verschiedenen Längen sticken.
Mit diesen Sticktechniken können Sie vielseitige Motive gestalten. Die gezeigten Blütenmotive passen zur Kräuter- und Blumenwerkstatt.

VERSCHIEDENE FÜLLMATERIALEN

ANWENDUNG VON KÖRNERKISSEN

Körnerkissen finden vielseitige Verwendung. Sie helfen Verspannungen zu lockern, Muskelschmerzen erträglicher zu machen, Verstauchungen und Prellungen zu kühlen und bei zahlreichen anderen Wehwehchen. Sie passen sich prima der Körperwärme an und werden nicht so heiß wie eine Wärmeflasche. Sie behalten mindestens Körpertemperatur und kühlen deshalb nicht so stark ab. Dadurch wird die Auflage eines solchen Kissens nie als unangenehm empfunden, auch wenn es nicht mehr richtig warm oder kalt ist.

EIGENSCHAFTEN DER VERSCHIEDENEN MATERIALIEN

Dinkelspelz

Dinkelspelz ist ein enorm langlebiges Naturprodukt. Befüllte Kissen behalten jahrelang ihre Form. Zudem passen sie sich der Körperform optimal an, sodass auch dauerhaft eine entspannte Position gehalten werden kann.

Das Naturprodukt Dinkelspelz durchlüftet sehr gut und vermindert so das Schwitzen.

Dinkelspelz wird gerne für Yogakissen, Seitenschlafkissen, Bolster, Nackenhörnchen, Schlafkissen und Stillkissen verwendet.

Hirsespelz

Hirsespelz passt sich wie der Dinkelspelz der Körperform an und erlaubt ebenfalls eine dauerhaft entspannte Sitz- oder Liegeposition. Auch Hirsespelz durchlüftet gut und vermindert so das Schwitzen. Er ist wesentlich kleiner als Dinkelspelz und «raschelt» leiser. Hirsespelzperlen sind daneben rund, leicht und glatt. Preislich ist Hirsespelz teurer und er hat ein höheres Gewicht als Dinkelspelz.

Ebenfalls für Yogakissen, Seitenschlafkissen, Bolster, Nackenhörnchen, Schlafkissen, Stillkissen sowie für Augenkissen geeignet.

Buchweizenspelz

Buchweizenspelz hat die gleichen Eigenschaften wie Dinkel- und Hirsespelz.

Leinsamen

Leinsamen schützen die Augen vor Trockenheit. Der hohe Anteil an wertvollen Ölen (Omega-3-Fettsäuren) und Schleimstoffen unterstützt die Befeuchtung der Augenoberfläche. Eine gute Hydration lässt Augen außerdem noch viel weißer strahlen.

Ideal für Augenkissen. Gemixt mit Lavendel und etwas Hirseschale.

KÖRNERKISSEN

Körnerkissen zeichnen sich durch ihre angenehme Wärmeeigenschaft und sanfte Wirkung aus. Bei Weizen- und Roggenfüllungen können Allergiker jedoch Probleme bekommen. Hier hilft nur ausprobieren. Ideal ist es natürlich, wenn die Körner aus kontrolliert biologischem Anbau stammen.

Kirschkerne

Da Kirschkerne Wärme sehr gut und lange speichern können, werden sie überwiegend als natürliche Wärmflasche eingesetzt. Die Erwärmung kann auf einem Heizkörper oder Kachelofen erfolgen. Die gespeicherte Wärme wird dann langsam und gezielt an den betroffenen Körperstellen abgegeben.
Die Kirschkernkissen können nach Einlage im Kühl- oder Gefrierschrank auch als natürliche Kältekompresse verwendet werden.
Außerdem eignen sich die Kirschkernkissen auch vortrefflich zur Finger- bzw. Fußmassage. Anleitungen für Kirschkernkissen auf S. 172/173.

Rapssamen

Rapssamen können wie Kirschkerne Wärme gut und lange speichern. Sie sind wesentlich kleiner als Kirschkerne und schmiegen sich dadurch dem Körper noch besser an.
Besonders für wärmende Nackenkissen geeignet.

Traubenkerne

Traubenkerne können wie Rapssamen verwendet werden. Sie haben anfangs einen leicht fruchtig-moosartigen Eigengeruch.

Unsere Empfehlungen

Yogakissen: Dinkelspelz

Seitenschlafkissen: Dinkelspelz

Bolster/Venenrolle: Dinkelspelz

Nackenhörnchen: Buchweizenspelz oder Hirsespelz

Schlafkissen: Dinkelspelz, Hirse- oder Buchweizenspelz

Kräuterkissen: Dinkelspelz, Hirse- oder Buchweizenspelz

Stillkissen: Dinkelspelz, Hirsespelz, Buchweizenspelz

Augenkissen: Hirsespelz, Leinsamen

Wärme- oder Kühlkissen: Kirschkerne, Rapssamen, Traubenkerne, Roggen- oder Weizenkörner

Nackenkissen zum Erwärmen: Rapssamen, Traubenkerne, Roggen- oder Weizenkörner

Diese Kissenfüllungen sind nicht waschbar und sollten daher regelmäßig ausgetauscht werden! Wichtig ist es, das Füllvolumen an die persönlichen Bedürfnisse anzupassen, so kann z.B. etwas Füllung entnommen oder hinzugefügt werden, bis das Kissen bequem ist. Im Laufe der Zeit nimmt das Füllvolumen in der Regel ab und sollte dann wieder nachgefüllt werden.

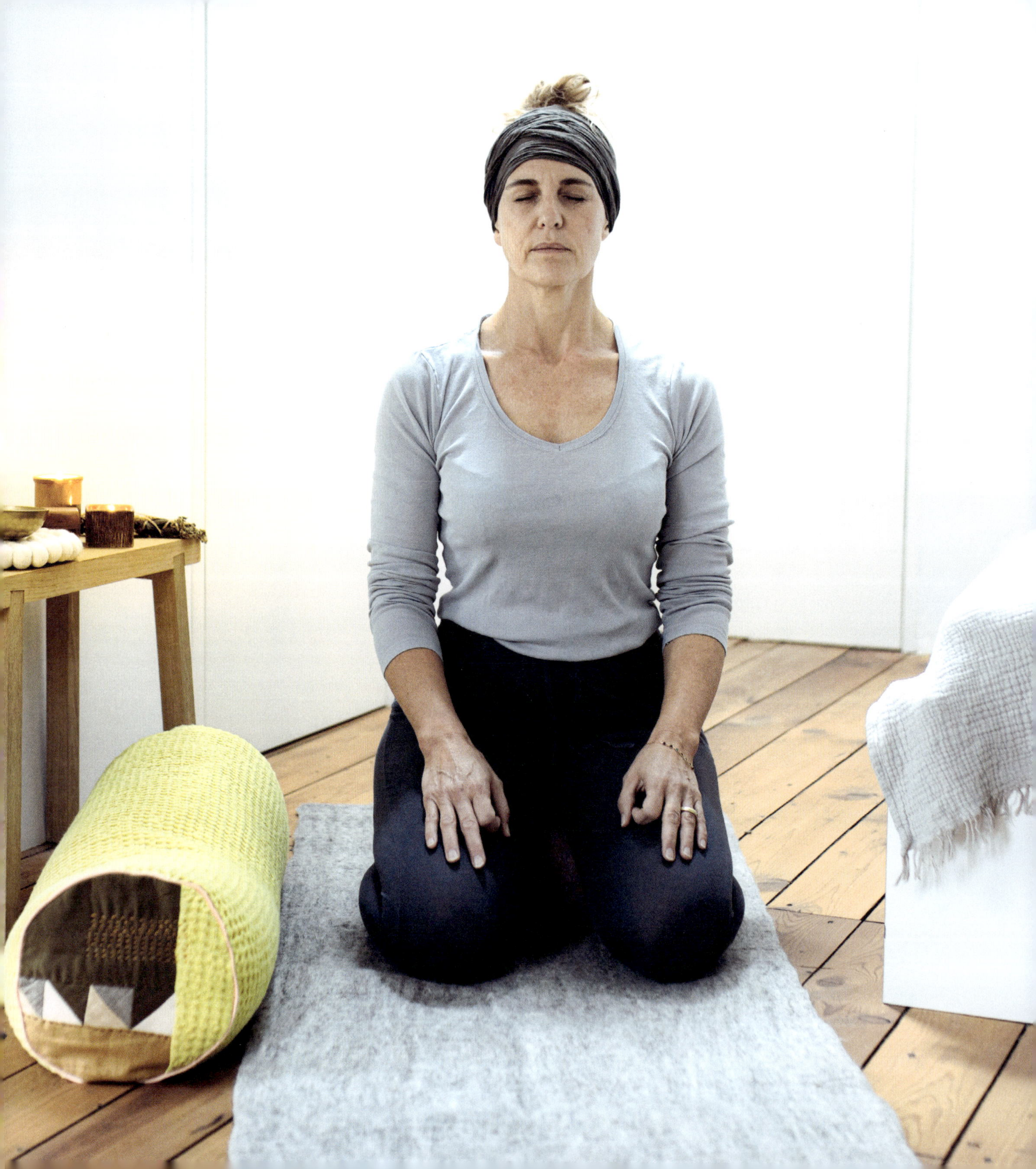

MEDITIEREN MIT KRÄUTERN

Atme und lass sein.
Jon Kabat-Zinn

MEDITATIONSZUBEHÖR, TIPPS UND TRICKS

Meditation und Achtsamkeit sind ideal, um die innere Ruhe zu finden. Dadurch können wir eine gelassene und glückliche Lebenseinstellung fördern oder unsere spirituelle Lebensweise vertiefen. Es gibt unterschiedliche Arten der Meditation. Beispielsweise empfinden viele die Arbeit im Garten oder einen schönen Spaziergang in der Natur als Meditation, andere nutzen den Besuch eines Yogastudios, um zu meditieren oder machen eigenständig zuhause Yogaübungen, je nach persönlichen Vorlieben und Bedürfnissen.

In unserem Buch möchten wir liebevolle Begleiter, auch Meditationszubehör genannt, für diese Momente zeigen. Die Sitzunterlagen sollen uns helfen, eine optimale Haltung zu finden, damit der Geist während der Meditation zur Ruhe kommen kann. Eine bequeme Sitzhaltung ist dabei essenziell.

Bei der Auswahl des Modells sollten folgende Kriterien beachtet werden:
Jeder Mensch hat sein eigenes Empfinden, wenn es um die Sitzhaltung geht. Dieses Empfinden hängt zum einen von der Flexibilität des Körpers und zum anderen von der individuellen Fähigkeit zur Öffnung der Hüften und des Rückens ab.
Das passende Kissen soll die aufrechte und gerade Haltung unterstützen, das Becken und die Wirbelsäule entlasten und Raum schaffen, um die Gedanken zu beruhigen.
Es gibt keine Kriterien, die für alle Meditierenden gleichermaßen zutreffen. Dennoch gibt es einige Punkte, die helfen, das richtige und persönliche Meditationskissen zu kreieren.

Folgende Erfahrungswerte haben sich bewährt:
Für die Höhe des Meditationskissens sind Körpergröße, Flexibilität und der Anwendungsbereich entscheidend.

- klein: ca. 10 cm Sitzhöhe
- Standard: ca. 15 cm Sitzhöhe
- hoch: ca. 20 cm Sitzhöhe

Kleines Kissen

10 cm Sitzhöhe sind bei einer Größe bis ca. 170 cm ideal. Der Schneidersitz sollte auf den Fersen ruhen und sich bequem anfühlen.

Standard-Kissen

15 cm sind die Standardhöhe und optimal bei einer Größe von über 170 cm. Die Standardausführung eignet sich als vielseitiges Sitzkissen. Zudem ist sie ideal, wenn jemand etwas längere Beine hat, aber trotzdem im Schneidersitz sitzen möchte, bei Beschwerden in der Beinmuskulatur, den Hüftgelenken oder den Knien. Wer über längere Zeit hinweg meditiert, kann mit dem Standard-Kissen leichter und häufiger die Sitzposition wechseln. Die Höhe eignet sich außerdem für den sogenannten Kniesitz, bei dem sich das Kissen zwischen den Beinen befindet. Dabei sind die Knie vorn, die Unterschenkel am Boden und die Füße zeigen nach hinten.

Hohes Kissen

20 cm Höhe sind bei einer Körpergröße von über 180 cm zu empfehlen und bei sehr langen Beinen oder geringer Hüftflexibilität. Auch diese Sitzhöhe eignet sich im Falle von Beschwerden mit der Beinmuskulatur, den Hüftgelenken oder den Knien, wenn der Kniesitz bevorzugt wird. Mit dieser Sitzhöhe fällt auch das Aufstehen leichter. Das Kissen bietet außerdem eine flexible, etwas höhere Sitzgelegenheit für Therapie- und Seminarräume.

ZWEI KISSENFORMEN

Rundes Yogakissen / Meditationskissen

Runde Yogakissen zeichnen sich durch eine kreisförmige Sitzfläche aus. Sie eignen sich für unterschiedliche Sitzpositionen, vor allem für solche, bei denen die Beine wie im Schneider- oder Lotussitz gekreuzt sind. Auch als Sitzkissen im Alltag sind die runden Kissen sehr bequem.

Längliches Yogakissen / Yoga Bolster rund

Die runde Bolster-Version findet weniger als Sitzunterlage Verwendung, sondern bietet der Wirbelsäule Halt beim herzöffnenden Rückwärtsbeugen und beim stärkenden Vorwärtsbeugen. Bei liegenden Meditationsübungen oder beim Savasana (Entspannungslage) unterstützen sie den Bereich der Lendenwirbel. Zudem sind sie als Unterlage, Venenkissen für die Beine oder Stütze für Seitenschläfer großartige Begleiter im Alltag. Ferner können sie beim Stillen, als Nackenstütze beim Lesen oder beim Es-sich-so-richtig-gemütlich-Machen verwendet werden.

DER DUFT VON KRÄUTERN ALS UNTERSTÜTZENDES ENTSPANNUNGSELEMENT

Beim Entwickeln der Meditationskissen waren uns nicht nur natürliche Materialien wichtig. Auch hier sollten Kräuter zum Einsatz kommen, um als zusätzliche Unterstützung die Entspannung zu fördern. Während des Yoga löst die Körperwärme die ätherischen Öle der Kräuter, dadurch kann sich die wohltuende Wirkung ideal entfalten.

Welche Kräuter eignen sich für die Meditation?

Tulsi verbreitet eine Aura von Heiligkeit, Heilung und Freude. Sie wirkt beruhigend, entspannend, stressabbauend und ist ideal für die Meditation.
Mengenangabe: ca. 2 bis 3 EL

Die Kräutermischung aus Lavendel, Salbei, Thymian, Rose und Zirbenspänen wirkt erdend, zentrierend, befreiend und beruhigend.
Mengenangabe: ca. 2 bis 3 EL

Lavendel wirkt ausgleichend, beruhigend, antidepressiv und stressreduzierend.
Mengenangabe: ca. 1 bis 2 EL

Zirbenspäne sind kreislaufentlastend. Der Herzschlag wird nachweislich um bis zu 10 Schläge pro Minute gesenkt, was dem Herz eine Arbeit von 3.500 Schlägen am Tag erspart.
Mengenangabe: 5 bis 8 EL

Die ausgewählten Kräuter werden als Füllmaterial zusammen mit Dinkelspelz oder Hirsespelz in das Yogakissen gefüllt.

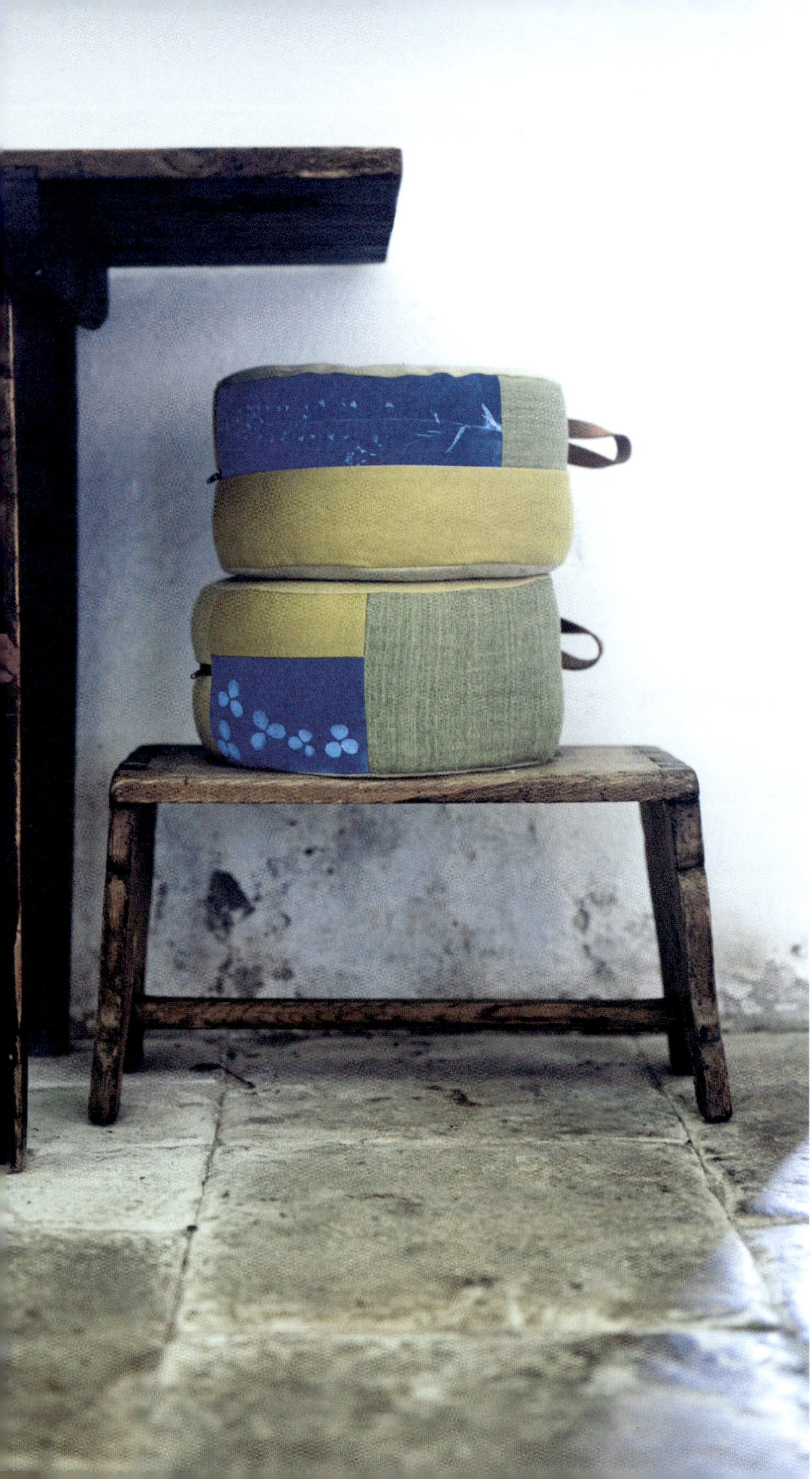

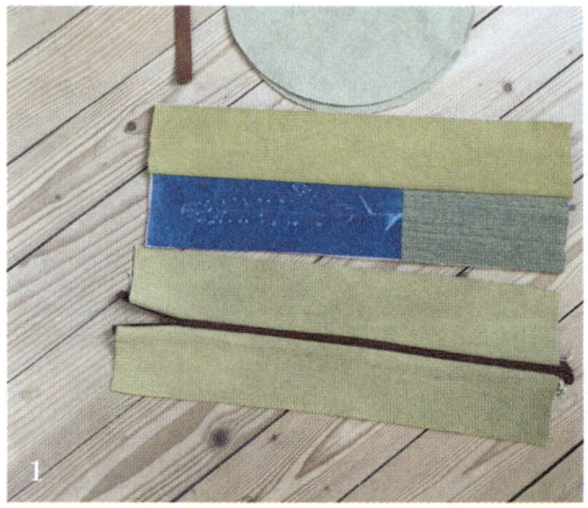

1

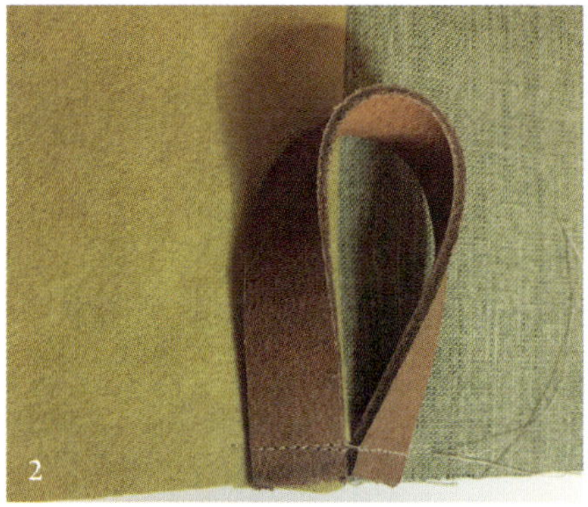

2

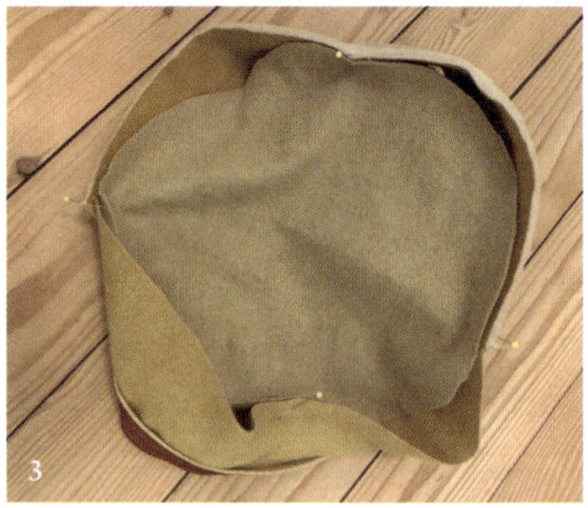

3

YOGAKISSEN KLASSIK

Für Fortgeschrittene (++)

Diese Kissenform ist sehr beliebt und für alle normal Beweglichen geeignet. Unser Yogakissen haben wir auf einer Seite am Rand mit einem Patchwork aus japanischen Stoffen und mit einem Blaudruck (s. «Sonnendruck» S. 74) gestaltet. Die Ober- und Unterseite sowie das andere Seitenteil sind aus pflanzengefärbten Wollstoffen. Wer kein Patchwork möchte, kann selbstverständlich an beiden Seiten je ein ganzes Stoffstück (f. die Seitenteile) verwenden. Beim Patchwork die Teile zusammennähen und im Anschluss auf die Größe des Schnittteils zurechtschneiden.

Außenbezug

1. Zuerst 2 Seitenstreifen (48 x 8,5 cm) der Länge nach versäubern und im Anschluss rechts auf rechts den Reißverschluss mithilfe eines Reißverschlussfußes annähen. (Abb. 1)
2. Die andere Seite aus den restlichen 3 Patchworkstreifen als Patchwork zusammennähen, siehe Abb. 1. Der Patchworkstreifen soll die gleiche Größe wie das Rechteck mit Reißverschluss haben. Patchwork s. ab S. 112.
3. Die Lederschlaufe in die Seitennaht des Randes nähen (mit Ledernadel). Vorher die Seiten versäubern, anschließend Seitenteile zusammennähen. (Abb.2)
4. Jetzt auf beiden Seiten rechts auf rechts die Kreise (Ø 30 cm) bzw. Ober- und Unterseite annähen. Den Kreis und Rand in 4 gleich große Teile aufteilen und entsprechend feststecken, dadurch entsteht eine gleichmäßigere Rundung. Dann den restlichen Kreis feststecken, zusammennähen und versäubern. (Abb. 3) Das Yogakissen wenden.

Füllkissen

5. Aus dem Seitenstreifen 97 x 17 cm und den Kreisen (Ø 30 cm) ein Füllkissen ohne Patchwork nähen.
6. Beim Füllkissen den Reißverschluss in die Seitennaht des Randes nähen.
7. Füllkissen wenden und mit Dinkel- oder Hirsespelz befüllen. Bei Gefallen mit Kräutern ergänzen. Bei Yogakissen eignet sich Tulsi ganz wunderbar.

Materialien

70 cm Oberstoff
70 cm Futterstoff
60 cm Endlosreißverschluss und Zipper für den Außenbezug
20 cm Endlosreißverschluss und Zipper fürs Futter
1 kg Dinkel- oder Hirsespelz und entsprechende Kräuter; siehe Rezepte S. 127
30 cm Lederriemen, evtl. eine Lederschlaufe

Schnittteile

inkl. 0,75 cm Nahtzugabe

Außenbezug:

2-mal Kreis Ober- und Unterseite à Ø 30 cm aus Oberstoff

Rand aus Patchwork

1-mal 15,75 x 8,5 cm (L x B) Oberstoff Patchwork
3-mal Seitenstreifen 48 x 8,5 cm (L x B) Oberstoff Patchwork
1-mal 33,75 x 8,5 cm (L x B) Oberstoff Patchwork
Endlosreißverschluss 60 cm und Zipper
Lederriemen

Füllkissen / Futter

2-mal Kreis Ober- und Unterseite à Ø 30 cm für Futter
1-mal 97 x 17 cm (L x H) Rechteck / Futter / Rand
Endlosreißverschluss 20 cm und Zipper

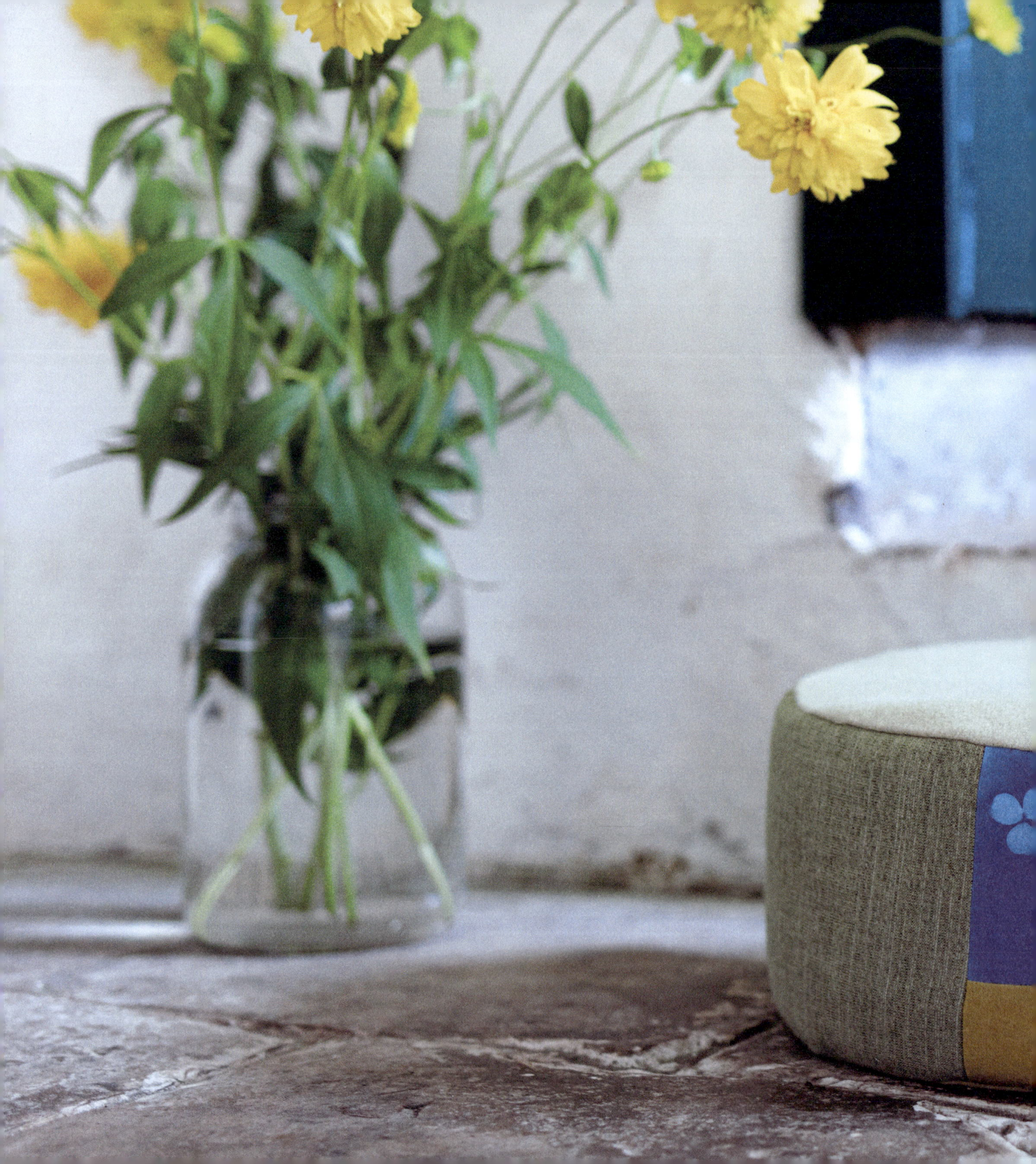

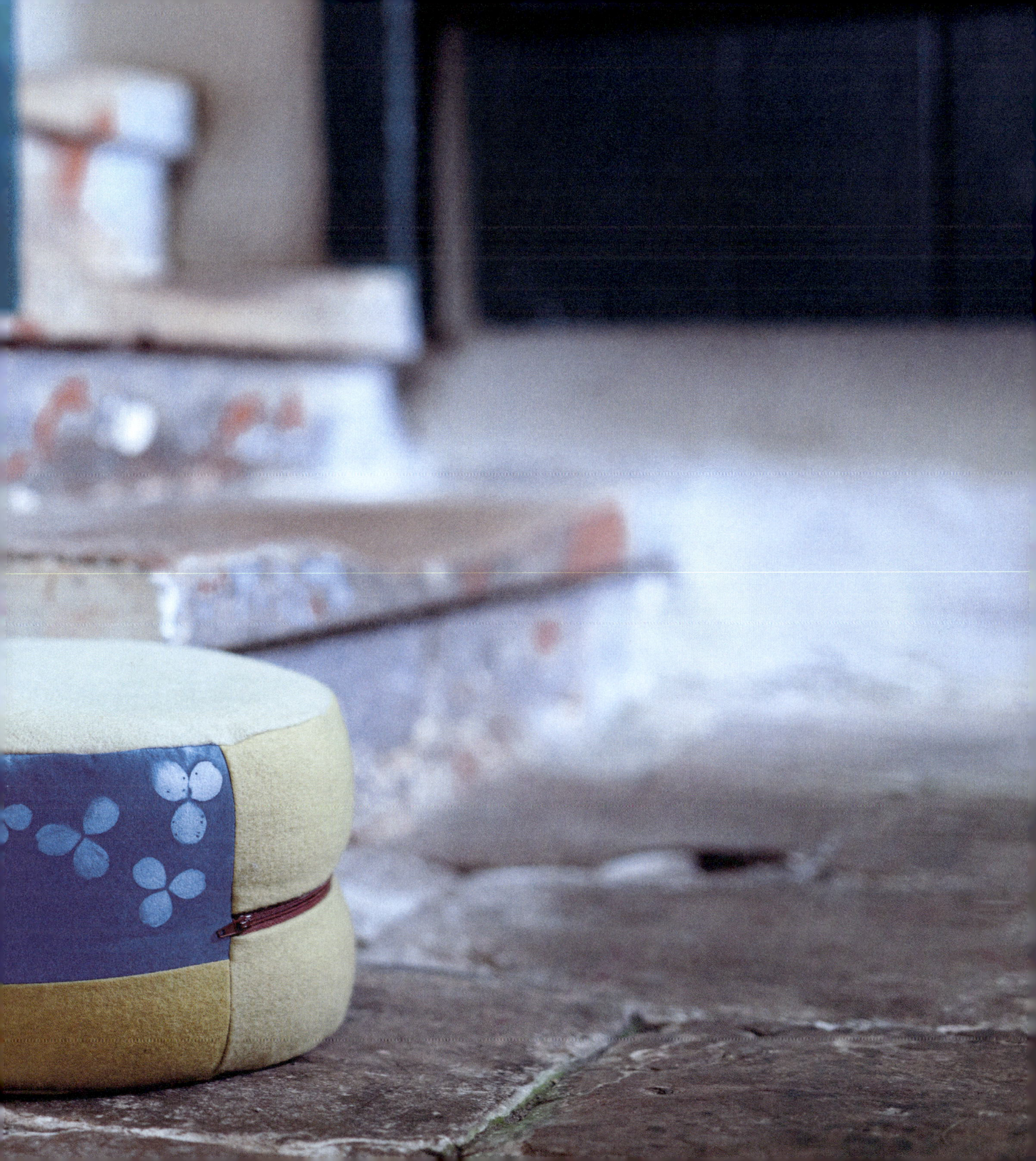

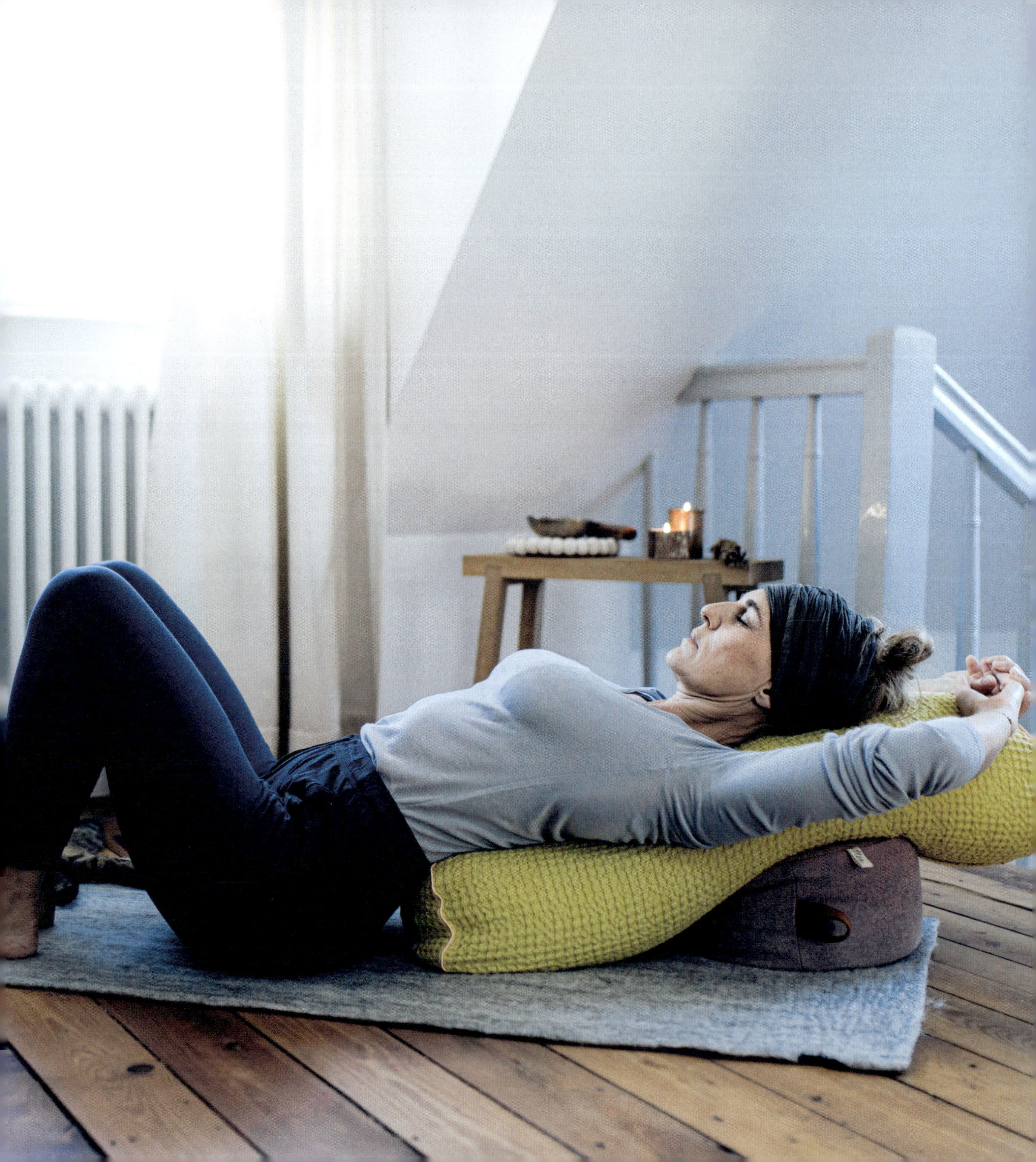

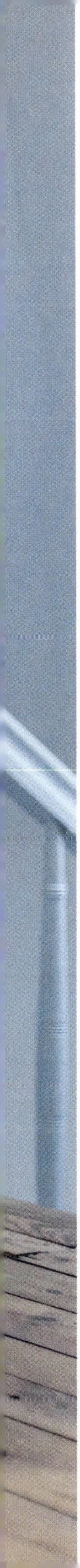

GROSSE YOGAROLLE

Bolster

Für Profis (+++)

Die große Yogarolle (Bolster) kann vielseitig eingesetzt werden, um die Yogapraxis zu vertiefen.
Sie ist auch ein idealer Begleiter im Alltag: als Venenkissen für die Beine, als Stütze für Seitenschläfer, zum Stillen oder als Nackenstütze beim Lesen – die perfekte Verbündete, um es sich so richtig gemütlich zu machen.

Details mit Patchwork und Paspelband

Bei unserem Bolster haben wir links und rechts an den Seitenteilen ein Patchwork integriert und zusätzlich an den Seitenteilen ein Paspelband angenäht. Beides kann selbstverständlich auch weggelassen werden.
Als Paspel wird ein schmales Band bezeichnet, das entlang der Nähte angebracht wird. Das Paspelband hat einen schrägen Fadenlauf und legt sich somit auch optimal um Rundungen. Diese werden knapp abgesteppt, sodass das Paspelband nicht verrutschen kann. Im Stoffbruch der Paspel liegt eine Kordel, die sich dadurch an der Naht optisch sehr hübsch hervorhebt.

Materialien

80 cm Stoff,
hier Waffelpiqué
Stoffreste für das Patchwork
2,4 m Paspelband
1-mal Endlosreißverschluss 75 cm
für Außenbezug und Zipper
1-mal Endlosreißverschluss 30 cm
für Futter und Zipper
30 cm Volumenvlies für die Seitenteile, z.B. aus Cotton-/Bambusvlies
2,7 kg Dinkelspelz
ggf. Kräuter, s. S. 127

Schnittteile

inkl. 0,75 cm Nahtzugabe

Außenbezug
2-mal Kreis für Seitenteile
à Ø 23 cm aus Oberstoff, Volumenvlies
1-mal Rechteck Mittelteil
106 x 66 cm (L x B)
Endlosreißverschluss 75 cm
und Zipper
Paspelband

Füllkissen / Futter
2-mal Kreise für Seitenteile
à Ø 23 cm
1-mal Mittelteil Rechteck
100 x 66 cm breit für das Futter
Endlosreißverschluss 30 cm
und Zipper

Außenbezug

1. Zuerst das Patchwork, wie in Anleitung Patchwork ab S. 112 beschrieben, anfertigen. Im Anschluss die Kreise für die beiden Seitenteile (Ø 23 cm) entsprechend ausschneiden (Abb. 1)
2. Patchwork-Arbeiten sollten mit einer Volumeneinlage verstärkt werden. Wir haben ein Cotton- und Bambusvlies verwendet. Es kann aber auch ein anderes, nicht zu dickes Volumenvlies benutzt werden. Dazu ebenfalls 2 Kreise für die Seitenteile (Ø 23) ausschneiden und an den Patchwork-Kreisen feststecken.
3. Bei Gefallen mit einigen Sashiko-Stichen verzieren (s. rechte Seite). Tipps zum Thema Sashiko-Stiche auf S. 113.
4. Nun das Paspelband rings um die Patchwork-Kreise nähen. Dazu kann ein Paspelfuß verwendet werden. Durch die Rille auf der Sohle kann die Paspel exakt aufgenäht werden. Es geht aber auch recht gut mit einem einfachen Reißverschlussfuß. Die Enden lassen wir auslaufen, sodass sie sich überkreuzen. (Abb. 2)
5. Nun wird der verdeckte Reißverschluss an der kürzeren Seite (66 cm) des Mittelteils/Rechteck (106 x 66 cm) angenäht. Hinweise hierzu auf der S. 109 zum Thema verdeckter Reißverschluss. (Abb. 3)
6. Im Anschluss die zwei vorbereiteten Patchwork-Kreise am Mittelstück befestigen. Um eine gleichmäßige Rundung zu erreichen, den Kreis und Rand in 4 gleich große Teile aufteilen und entsprechend feststecken. Dadurch entsteht eine gleichmäßige Rundung. Dann den restlichen Kreis feststecken, zusammennähen und versäubern.

Füllkissen / Futter

7. Futter auf die gleiche Weise nähen, ohne Patchwork und Paspelband. Einen Kreis (Ø 23) in der Mitte aufschneiden. An dieser Stelle wird der sichtbare Reißverschluss (S. 109) angebracht. (Abb. 4)
8. Füllkissen mit Dinkel- oder Hirsespelz befüllen und bei Gefallen mit Kräutern ergänzen.

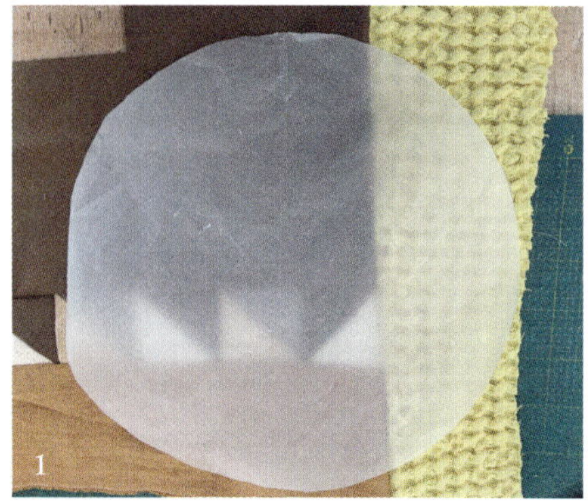

1

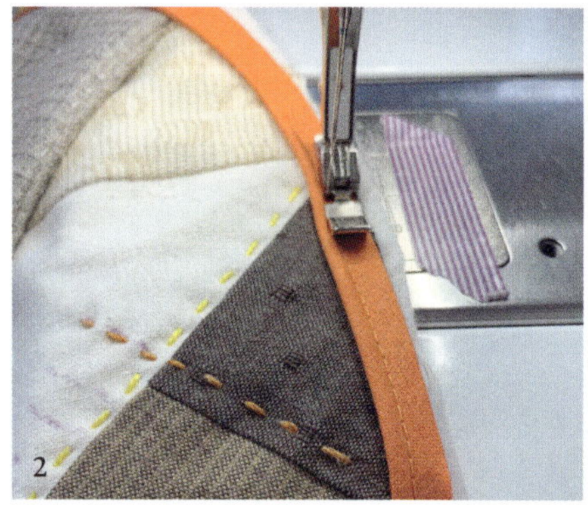

2

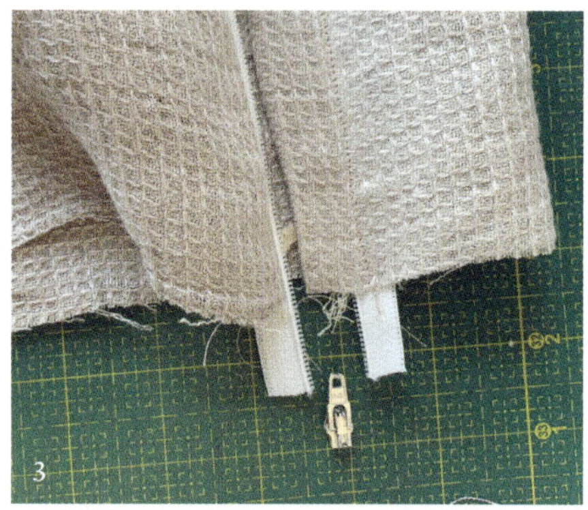

3

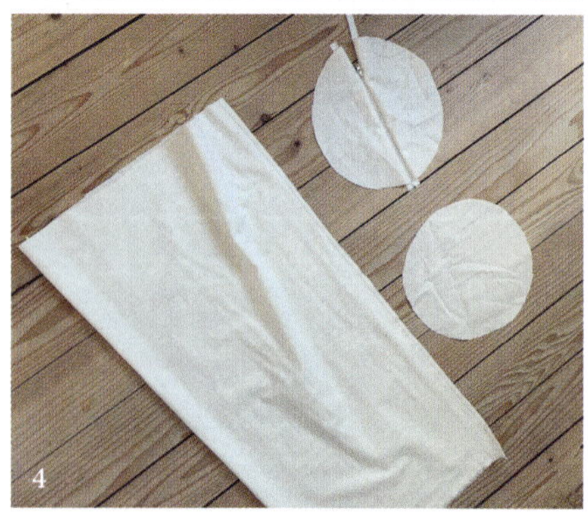

4

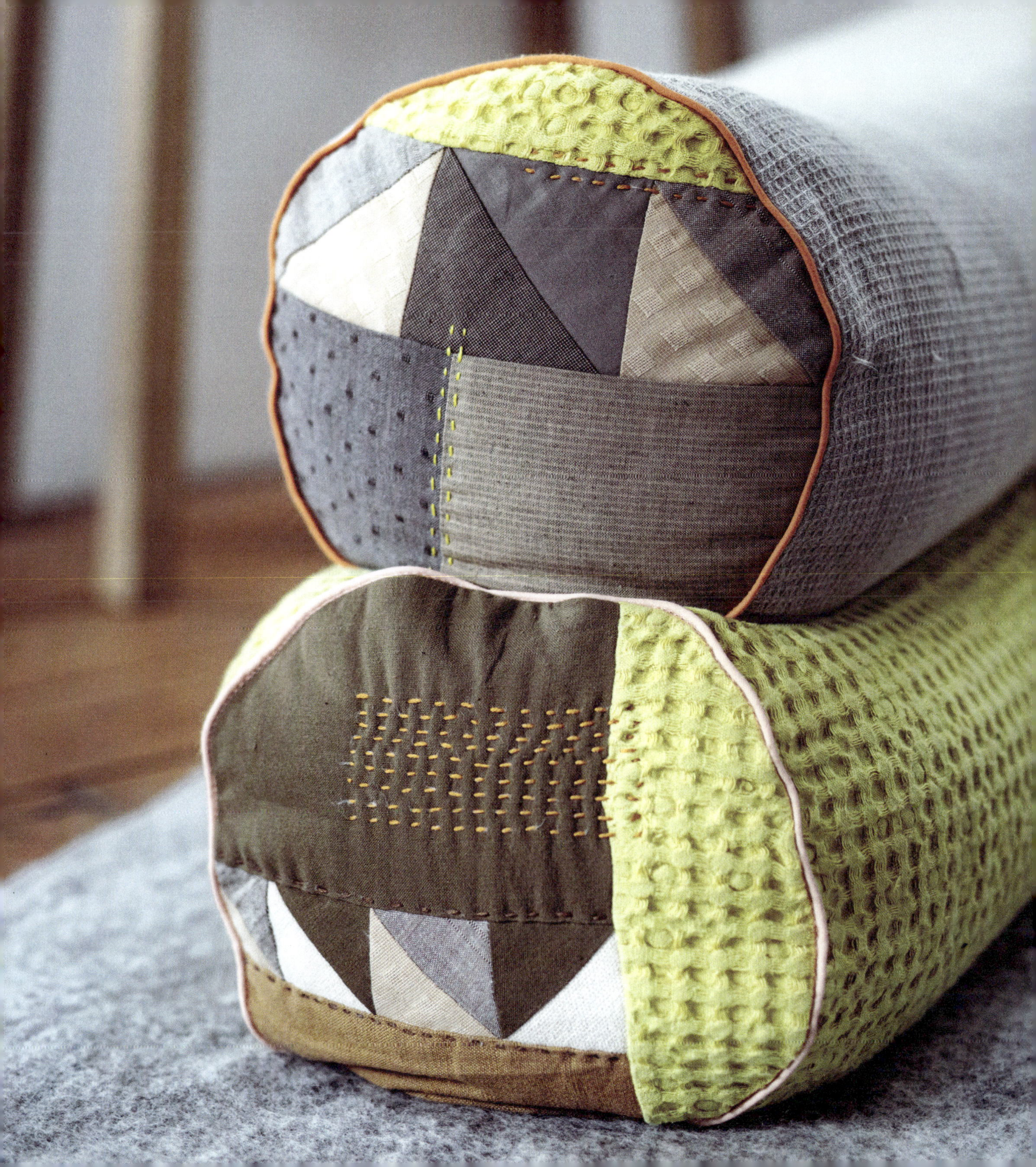

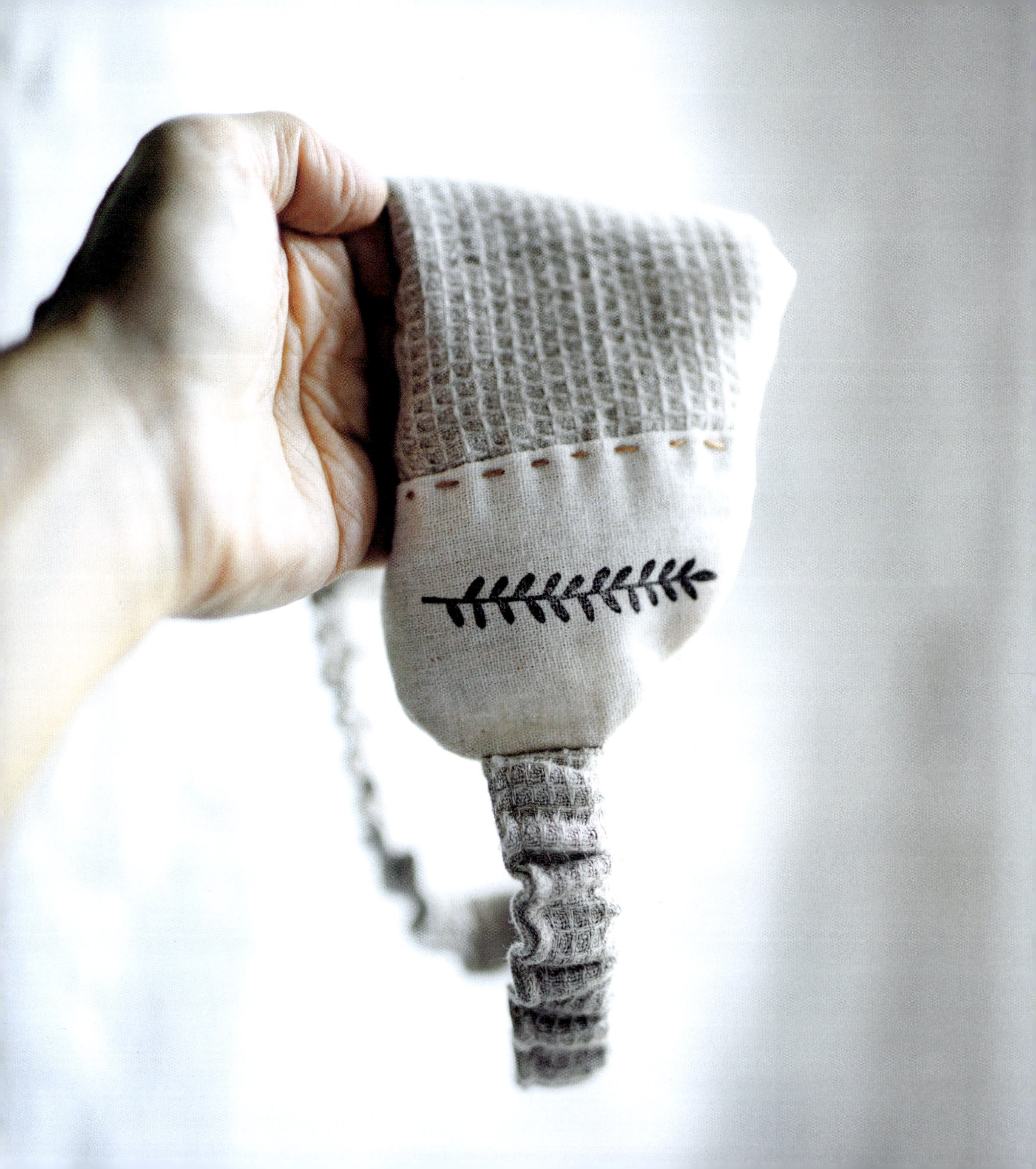

WOHLFÜHL-ACCESSOIRES

Das einzige Mittel, Zeit zu haben,
ist, sich Zeit zu nehmen.
Bertha Eckstein

KRÄUTERKISSEN ZUM SCHLAFEN UND ENTSPANNEN

Mit den Kräuterkissen hat vor einigen Jahren alles begonnen. Damals hatte ich Eva Maria von *Herba Solaris* kennengelernt und war von ihrem Kräuteranbau so fasziniert, dass ich beschloss, Kräuter in meine textile Arbeit einfließen zu lassen.

Dabei sind als Erstes die Kräuterkissen entstanden. Lange habe ich an Rezepturen getüftelt und viele Gespräche mit Eva Maria diesbezüglich geführt. Oft dachte ich mir, niemand würde sich für die Kräuterkissen interessieren und die investierte Arbeit wird umsonst gewesen sein. Aber es kam anders, und so gehören die Kräuterkissen inzwischen zu den Bestsellern in meinem kleinen Etsy-Shop. Der Wunsch, mit herrlich duftenden Kräuter ins Bett zu gehen, ist wohl nicht nur bei mir vorhanden und für mich ein Hochgenuss, sondern auch für viele andere Menschen eine Wohltat.

Stephanie Friedrich

DAS KISSEN

Der Außenbezug ist aus einem Leinen- oder Halbleinenstoff. Halbleinen ist eine Mischung aus Baumwolle und Leinen. Ideal ist ein Hotelkissenverschluss, denn ein Reißverschluss kann unangenehm reiben. Als Größe hat sich das Maß 30 x 25 cm bewährt. Selbstverständlich kann es auch größer oder kleiner gemacht werden. Das Füllkissen (Anleitung s. S. 141 unten) ist mit Dinkelspelz und Kräutern gefüllt. Alternativen sind Buchweizen, Schafwolle oder Hirse.

ZU DEN KRÄUTERN

Manche Kräuter sind sehr geruchsintensiv, andere wesentlich milder – dies bitte bei der Kräuterauswahl und -mischung beachten. Lavendel oder Kamille sind beispielsweise sehr geruchsintensiv. Wenn sie verwendet werden, kann es sein, dass andere, mildere Kräuter nicht zur Geltung kommen. Melisse und Apfelminze haben dagegen einen wesentlich zarteren Geruch. Davon kann dann gern mehr verwendet werden. Folgen Sie Ihrer Nase und den eigenen Vorlieben und probieren Sie unterschiedliche Mischungen aus. Anbei einige unserer Kompositionen, die sich bewährt haben.

TRADITIONELL

Nach Großmutters Rezept aus heimischen Kräutern. Diese spezielle Kräutermischung vermittelt ein Gefühl von Harmonie und Heimat.

Zutaten

2 EL Marokkanische Minze
(alternativ andere Minze)
2 EL Zitronenmelisse
1 bis 2 EL Kamille
2 EL Salbei
1 EL Lavendel
2 EL Thymian
250 g Dinkelspelz

ZIRBE PUR

Die feinstofflichen Komponenten der Zirbe und des Zirbelöls wirken positiv auf die Psyche. Der Herzschlag wird ruhiger, der Körper findet Ruhe und einen erholsamen Schlaf.

Zutaten

250 g bis 300 g Zirbe

ZITRONENDUFTKISSEN / SOMMERNACHTSTRAUM

Die erfrischende Note gibt dem Schlafraum ein wohltuendes Raumklima und sorgt so für einen erholsamen Schlaf. Zudem wirkt die Duftnote im Herbst stimmungsaufhellend.

Zutaten

3 EL Zitronenmelisse
3 EL Zitronenthymian
3 EL Zitronenverbene
2 EL Marokkanische Minze
(alternativ andere Minze)
250 g Dinkelspelz
evtl. mit 100 g Zirbenspänen ergänzen
(dann nur 150 g Dinkelspelz!)

FRISCHLUFT

Sorgt für ein erfrischendes, wohltuendes Raumklima und somit für einen erholsamen Schlaf.

Zutaten

4 EL Marokkanische Minze
(alternativ andere Minze)
3 EL Salbei
4 EL Thymian
250 g Dinkelspelz

ENTSPANNUNG PUR

Die Mischung aus Flocken der Zirbelkiefer sowie Blüten echten Lavendels und der Rose sorgt für einen sinnlichen und wohltuenden Duft der Harmonie und guter Laune.

Zutaten

2 EL Rose
1 EL Lavendel
150 g Zirbe
100 g Dinkelspelz

HEUBLUMENKISSEN

Entspannt, hilft beim Einschlafen, lindert Nackenschmerzen und durch Verspannungen ausgelöste Kopfschmerzen.

Zutaten

5 bis 6 EL Heublume
1 EL Thymian
1 EL Lavendel
1 EL Melisse
½ EL Rosmarin

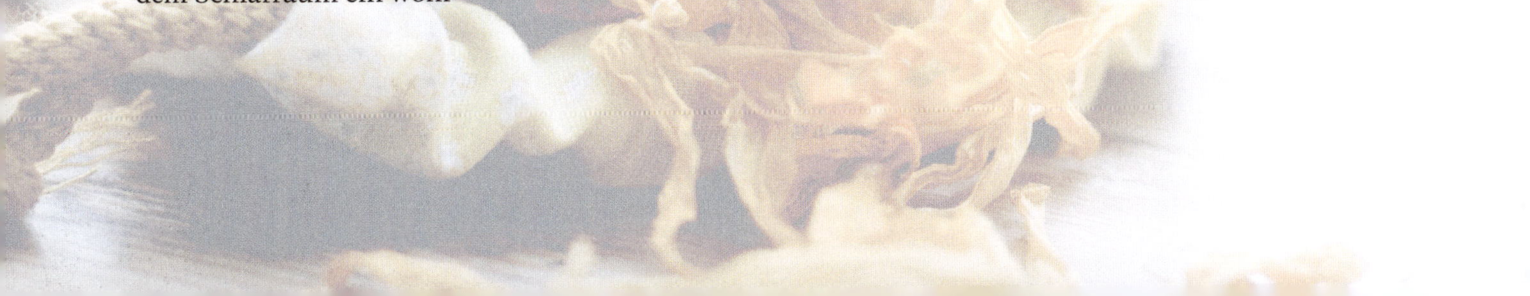

ANWENDUNG DES KRÄUTERKISSENS

Sehr beliebt ist das Kräuterkissen als Bettbegleitung. Daneben eignet es sich gut bei Entspannungsübungen im Yoga und in der Meditation. Zudem ist es ein großartiges Geschenk. Bei der Anwendung löst die Körperwärme die ätherischen Öle, so kann sich die wohltuende Wirkung entfalten. Das Kräuterkissen kann auch erwärmt werden: Das Kissen auf einen Heizkörper oder Kachelofen legen, die gespeicherte Wärme wird dann bei Anwendung langsam und gezielt abgegeben.

Tipp

Eine Kanne mit heißem Tee auf das Kräuterkissen stellen. So bleibt der Tee länger warm und der Duft der Kräuter entfaltet sich auf wunderbare Art und Weise. Wenn der Tee getrunken ist, kann das erwärmte Kissen noch verwendet werden, um die wohltuende Wärme und den Kräuterduft zu genießen.

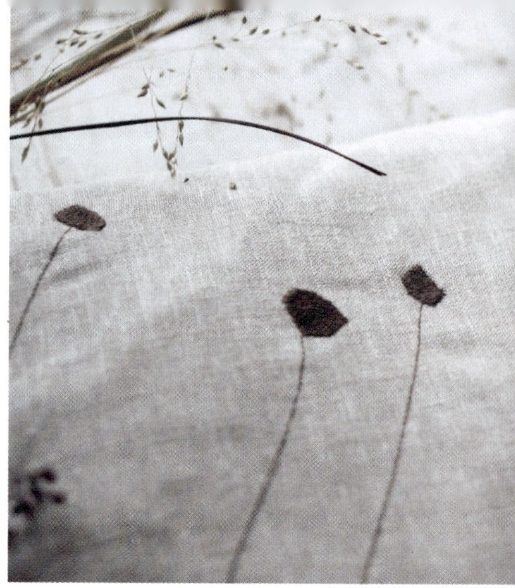

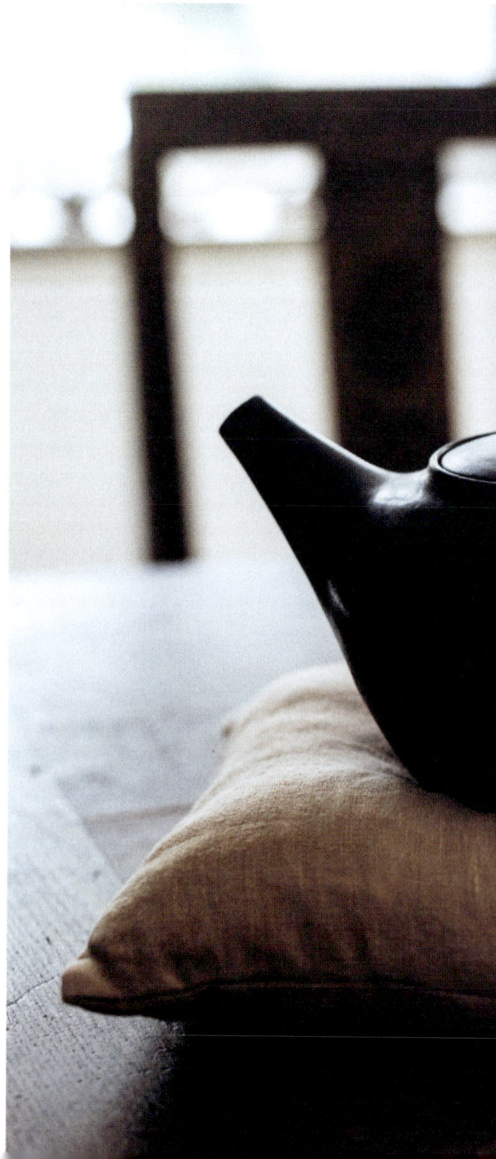

EIGENSCHAFTEN DER ZIRBENSPÄNE /ZIRBENFLOCKEN

Zirbenspäne sind eigentlich ein Nebenprodukt der Holzverarbeitung. Die Wirkung der Zirbenspäne basiert auf den in ihnen enthaltenen ätherischen Ölen. Die feinstofflichen Komponenten der Zirbe und des Zirbenöls haben eine positive Wirkung auf die Psyche. Der Herzschlag wird nachweislich um bis zu 10 Schläge pro Minute gesenkt, der Körper kommt zur Ruhe und findet in einen erholsamen Schlaf. Darüber hinaus reduziert die Wirkung Wetterfühligkeit, lindert Kopfschmerzen, befreit die Atemwege und stabilisiert den Kreislauf.

Bezugsquellen

Viele namhafte Bioversandhändler führen Zirbenspäne, die dort zur Weiterverwendung gekauft werden können.

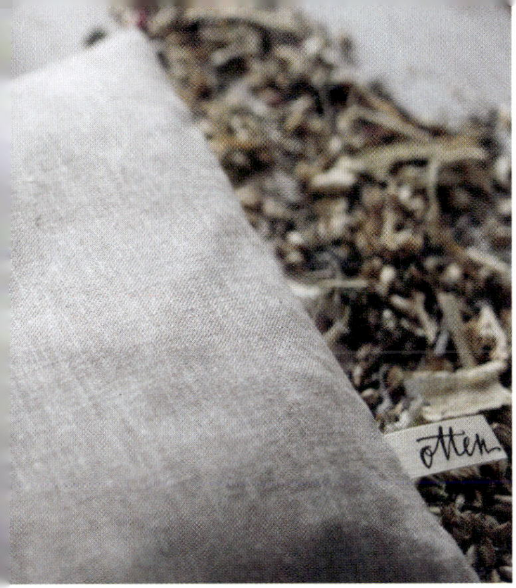

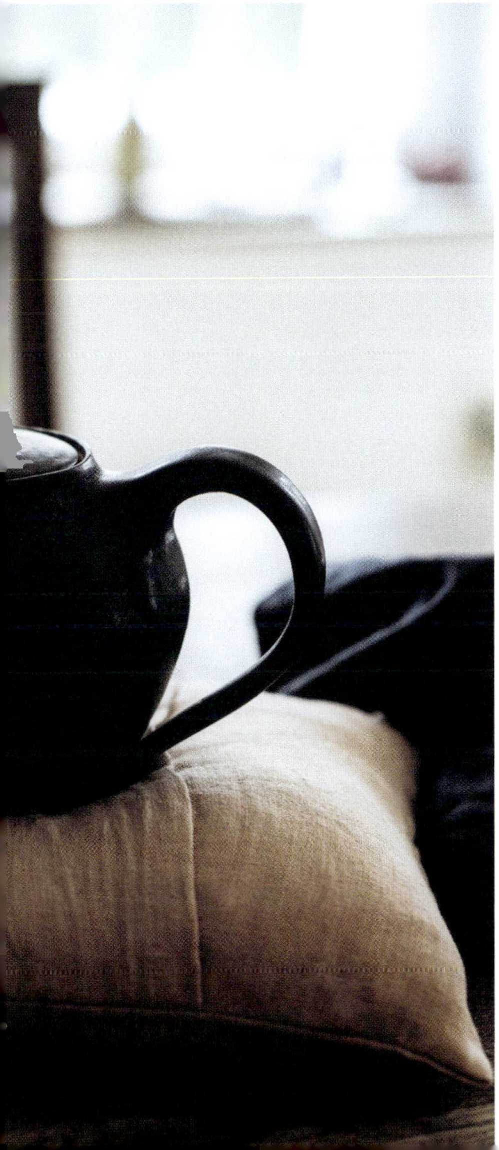

ANLEITUNG FÜR EIN KRÄUTERKISSEN

Für Anfänger (+)

Details

Im Buch zeigen wir verschiedene Gestaltungsvorschläge für die Vorderseite. Diese können ein handgesticktes Motiv, ein Patchwork oder ein Stempeldruck sein. Lassen Sie sich gern von den verschiedenen Anregungen im Buch inspirieren.

Materialien

35 cm Halbleinen als Oberstoff
(Stoffbreite 110 cm)
35 cm Baumwollstoff fürs Füllkissen (Stoffbreite 110 cm)
250 g Dinkelspelz
Kräutermischung nach Wahl

Schnittteile zuschneiden

inkl. 0,75 cm Nahtzugabe

Außenbezug
1-mal Rechteck Vorderseite
Oberstoff 32 x 27 cm (L x B)
2-mal Rückseite Oberstoff
22 x 27 cm (L x B)

Füllkissen
2-mal Rechtecke für Füllkissen
32 x 27 cm (L x B)

Anleitung

1. **Außenbezug:** Die Rückseite (22 x 27 cm) entsprechend der Anleitung zum Hotelkissenverschluss, s. S. 110, nähen.
2. Dann die Rückseite mit Vorderseite (32 x 27 cm) überlappend rechts auf rechts zusammenstecken, nähen und versäubern.
3. **Füllkissen** (32 x 27 cm) ringsum zusammennähen und eine Wendeöffnung offen lassen. Dann wenden, mit Kräutern und Dinkelspelz füllen und die Wendeöffnung schließen. Füllkissen in den Außenbezug legen. Fertig!

VERSCHIEDENE AUGENKISSEN

In unserem Buch bieten wir drei Varianten von Augenkissen an.

1. Kleines Augenkissen mit Hotelkissenverschluss als Auflage zur Entspannung und Meditation,
2. Schlafkissen mit Gummiband (S. 144),
3. Augenkompresse mit Universalbeutel (s. S. 145) für gereizte, geschwollene oder müde Augen.

KLEINES AUGENKISSEN

Für Anfänger (+)

Unser kleines Augenkissen ist auf der einen Seite aus einem pflanzengefärbten Leinenstoff und auf der Rückseite aus Wildseide. Als Verschlussart haben wir einen Hotelkissenverschluss gewählt, der in der Anleitung s. S. 110 beschrieben ist. Auf die Vorderseite wurde, nach Anleitung auf S. 119, noch eine Blüte von Hand aufgestickt.

Materialien

Stoff 25 x 35 cm (L x B) , für den Außenbezug (je nach Variante)
Wildseide oder Seide, 25 x 50 cm (L x B), für die Rückseite Außenbezug
Futter (einfacher Baumwollstoff) 25 x 50 cm (L x B)
ca. 180 bis 200 g für die Füllung, bestehend aus
1 EL Lavendel und zu gleichen Teilen je 90 bis 100 g Hirseschalen und Leinsamen

Schnittteile zuschneiden

inkl. 0,75 cm Nahtzugabe

Außenbezug

1-mal Vorderseite Rechteck 21,5 x 14 cm
1-mal Rückseite (Seide) 12 x 14 cm (Hotelkissenverschluss)
1-mal Rückseite (Seide) 20 x 14 cm (Hotelkissenverschluss)

Füllkissen

2-mal Vorderseite Rechteck 21,5 x 14 cm

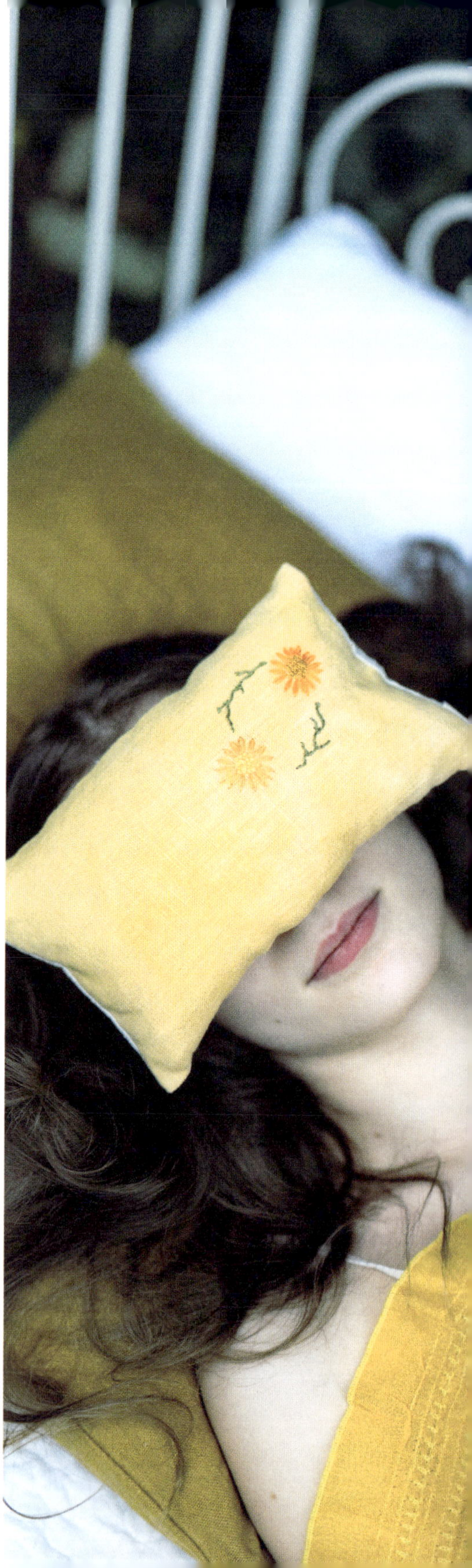

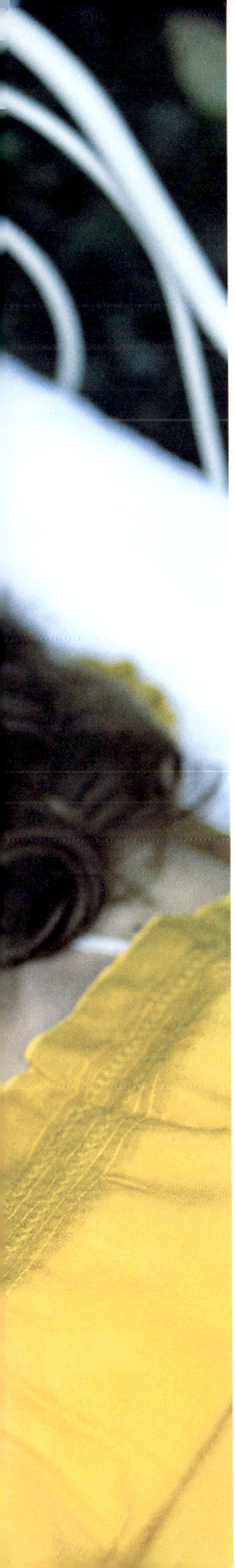

FÜLLKISSEN

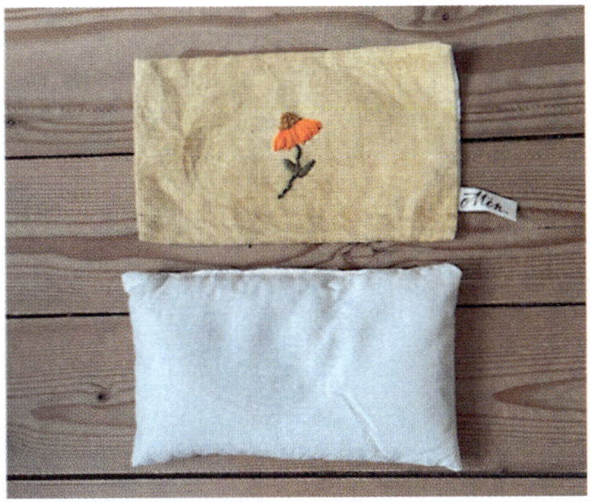

Das Füllkissen hat die gleichen Maße wie der Außenbezug. Als Material haben wir einen einfachen Baumwollstoff verwendet. Die 2 Rechtecke (21,5 x 14 cm) ringsum zusammennähen und eine kleine Wendeöffnung offen lassen. Stoff im Anschluss wenden und mit der Lavendel-Hirse-Leinsaat-Mischung (siehe unten) befüllen. Dank des Füllkissens kann der Außenbezug entfernt und problemlos gewaschen werden. Bei Wildseide und pflanzengefärbtem Stoff empfehlen wir eine Handwäsche mit einem milden Wolle-Seide-Waschmittel.
Das kleine Augenkissen ist ideal für Entspannungsübungen, z.B. beim Yoga.

Füllung

Insgesamt ca. 180 bis 200 g, bestehend aus 1 EL Lavendel und zu gleichen Teilen je 90 bis 100 g Hirseschalen und Leinsamen.

Tipp

Wer mag, kann das Augenkissen auch erwärmen – einfach auf einen Heizkörper oder den Kachelofen legen. Die gespeicherte Wärme erzeugt ein angenehmes Entspannungsgefühl und pflegt zusätzlich die Augenlider und Wimpern.

SCHLAFKISSEN MIT GUMMIBAND

Für Anfänger (+)

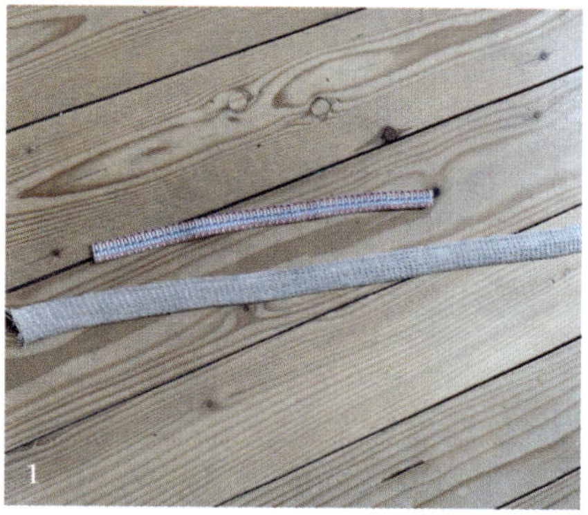

1

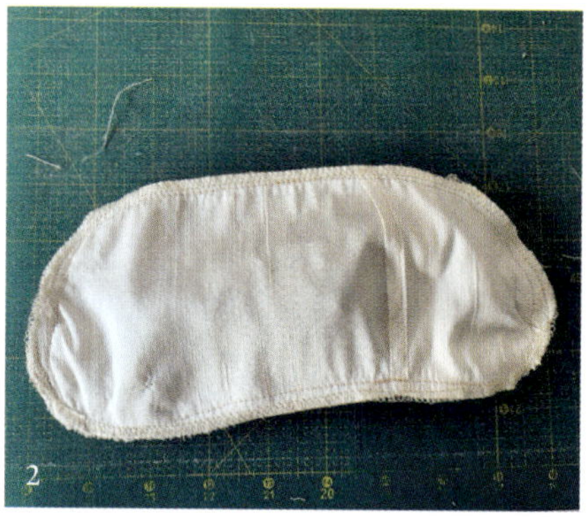

2

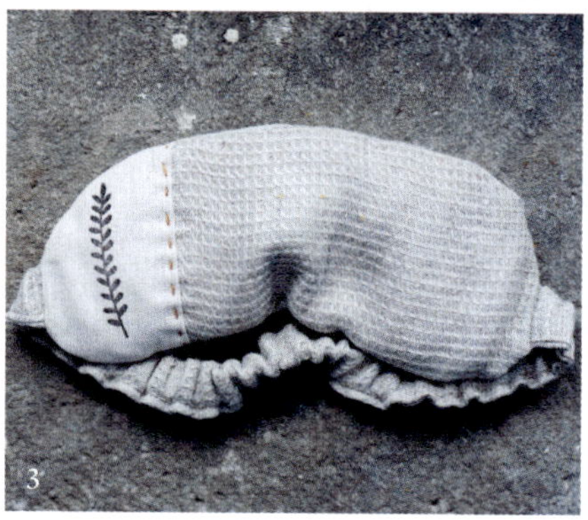

3

Materialien

Stoff 25 x 60 cm (L x B), für den Außenbezug (je nach Variante)
Wildseide oder Seide 25 x 50 cm (L x B), für die Rückseite Außenbezug
Futter (einfacher Baumwollstoff) 25 x 50 cm (L x B)
1-mal Gummiband 22 x 2 cm (L x B)
insgesamt ca. 180 bis 200 g für die Füllung, bestehend aus
1 EL Lavendel und zu gleichen Teilen je 90 bis 100 g Hirseschalen und Leinsamen.
40 cm Stoff für Universalbeutel
35 cm Kordel für Universalbeutel (Anleitung S. 151)

Schnittteile

inkl. 0,75 cm Nahtzugabe
3 Teile A–C (s. S. 210/211)

Außenbezug

1-mal Vorderseite Oberstoff Schnittteil A
1-mal Rückteil Schnittteil B (Hotelkissenverschluss)
1-mal Rückteil Schnittteil C (Hotelkissenverschluss)
40 x 13 cm (L x B) Stoffstreifen für Gummiband
Gummiband 28 bis 30 x 1,5 cm (L x B)

Futter

2-mal Schnittteil A

Anleitung

Das Schlafkissen wird in gleicher Weise wie das kleine Augenkissen verarbeitet. Es hat nur eine andere Form und zusätzlich ein Gummiband, damit es beim Schlafen nicht verrutscht. Auf der Vorderseite wurde ein kleines Patchwork mit Stoffdruck kreiert. Tipps zum Verarbeiten von Patchwork ab S. 112 und zum Stoffstempeln auf S. 115.
Wer mag, kann aber auch bei diesem Modell einen unifarbenen, z. B. einen pflanzengefärbten Stoff verwenden und das Kissen besticken. Da kann sich jede und jeder nach Lust und Laune austoben.

Zusätzliches Gummiband

1. Den Stoffstreifen mit dem Bügeleisen umschlagen. Zuerst mittig falten, dann wieder öffnen und im Anschluss die linke und rechte Seite bis zur Mitte falten. Nun mittig zusammenklappen und mit der Nähmaschine knappkantig absteppen.

2. Im Anschluss das Gummiband mithilfe einer Sicherheitsnadel durch den Streifentunnel ziehen. Darauf achten, dass die Enden bündig mit dem Stoffstreifen liegen. (Abb. 1)
Durch die Mehrweite des Tunnelzuges zum Gummiband kräuselt sich der Tunnelzug. Am besten die Enden mit der Nähmaschine vorab riegeln.
3. Dann links und rechts zwischen die Vorder- und Rückseite des Außenbezugs legen und ringsum zusammennähen. (Abb. 2/3)

AUGENKOMPRESSE

Für Anfänger (+)

Anleitung

Die 4 Lagen Augenkompresse mit einer Zickzackschere zuschneiden, aufeinanderlegen und ringsum zusammennähen. Fertig ist die Augenkompresse.

Anwendung mit Augentrost

Augentrost (Euphrasia officinalis) ist als Heilmittel gegen Augenleiden bekannt. Bitte das Kraut nur in der Apotheke kaufen und die Anwendung im Vorfeld mit einem Arzt, Heilpraktiker oder Apotheker absprechen.

Zubereitung

30 g getrocknetes Augentrostkraut mit 250 ml heißem Wasser übergießen. Dann ca. 15 Minuten ziehen lassen und die Mischung abfiltern. Die Mullkompresse in die Flüssigkeit eintauchen und auf die geschlossenen Augen legen. Vorab die Temperatur prüfen!

Universalbeutel

Für die Augenkompresse haben wir ein kleines Beutelchen zur Aufbewahrung genäht. Siehe dazu auch die Anleitung ab S. 151. Auf die Vorderseite haben wir im «Freihand-Stil» den Text «schlaf gut» s. S. 153 aufgestickt. Stickanleitungen sind ab S. 116 zu finden.

Materialien

50 cm Mulltuch
30 g getrocknetes Augentrostkraut pro Anwendung
40 cm Stoff für Universalbeutel
35 cm Kordel für Universalbeutel (Anleitung S. 151)

Schnittteile

inklusive Nahtzugabe 0,75 cm

4-mal Schnittteil auf S. 211 für die Augenkompresse mit der Zickzackschere aus einem Mulltuch ausschneiden

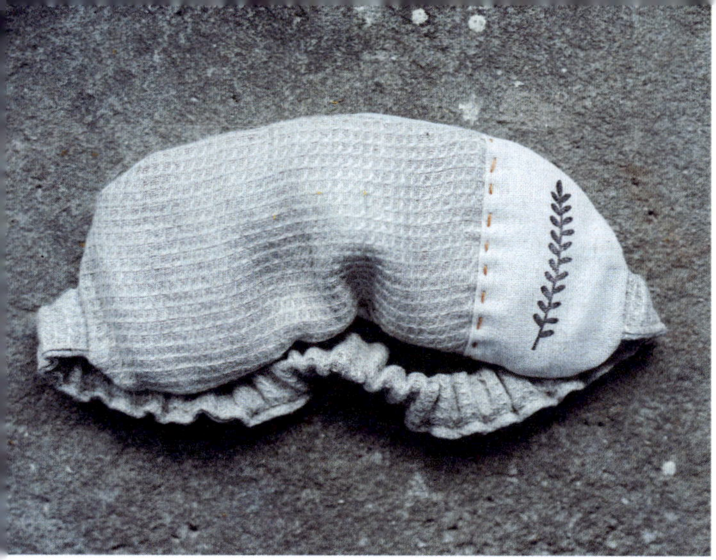
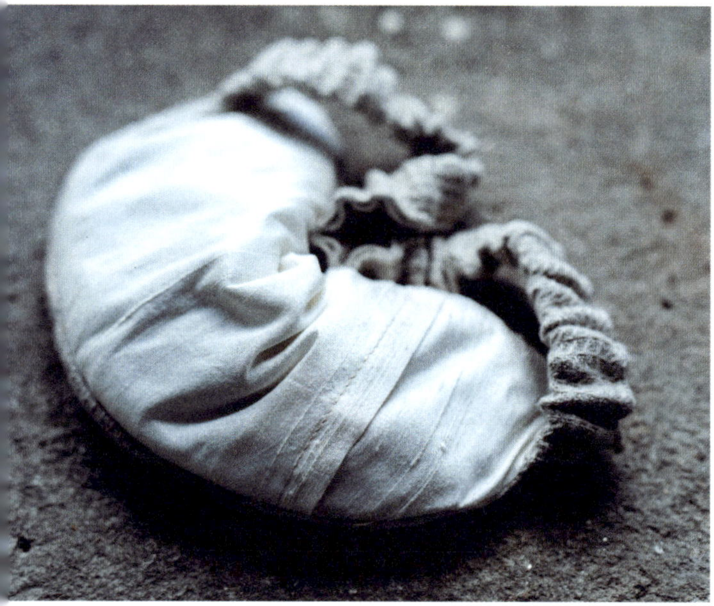
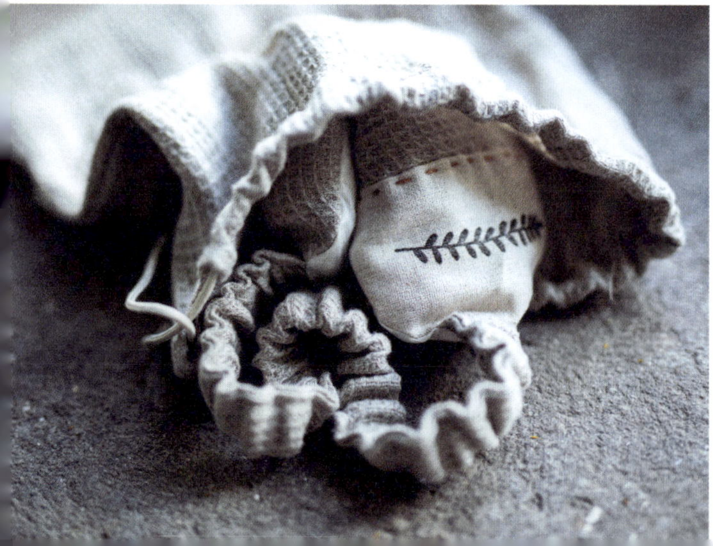
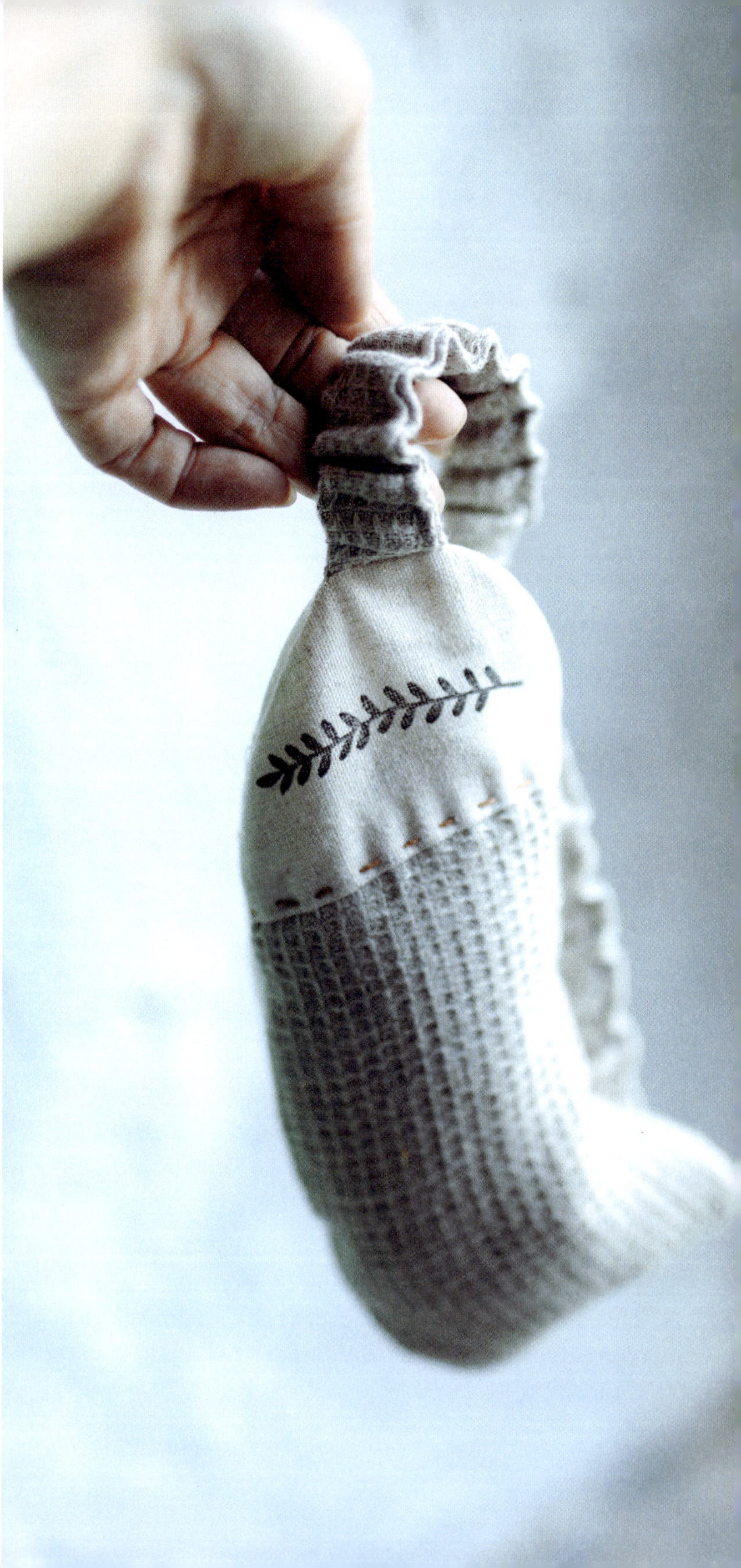

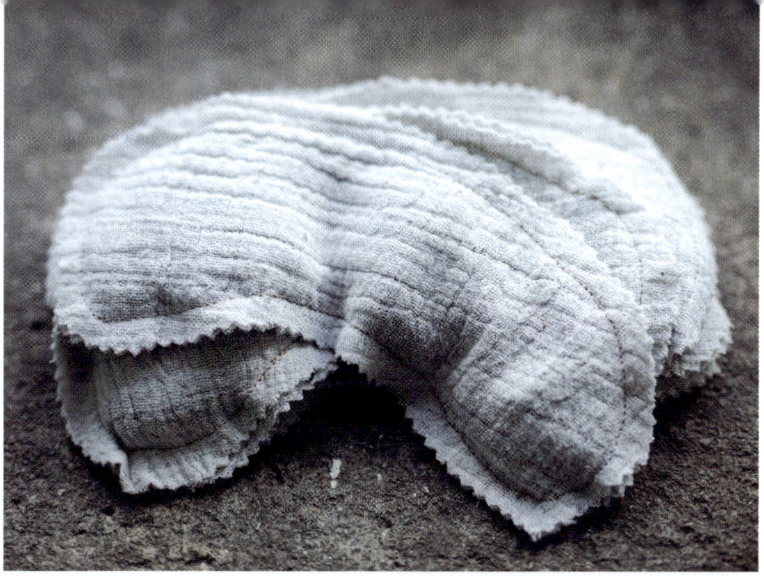

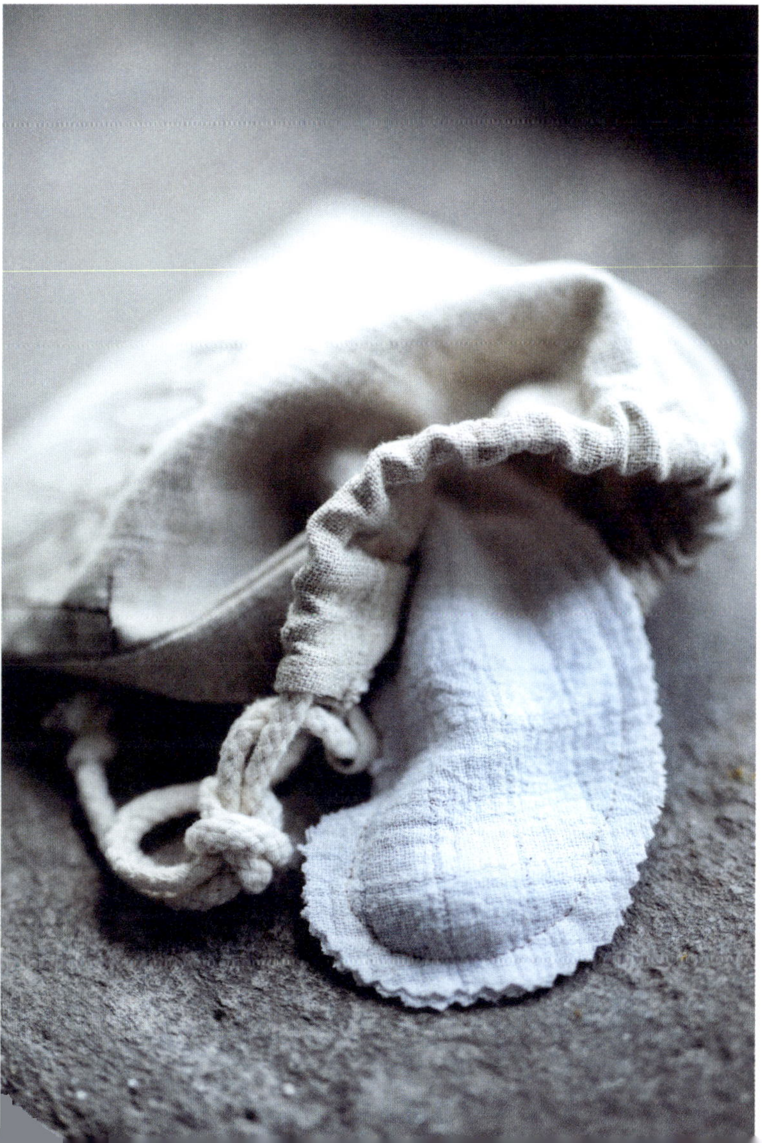

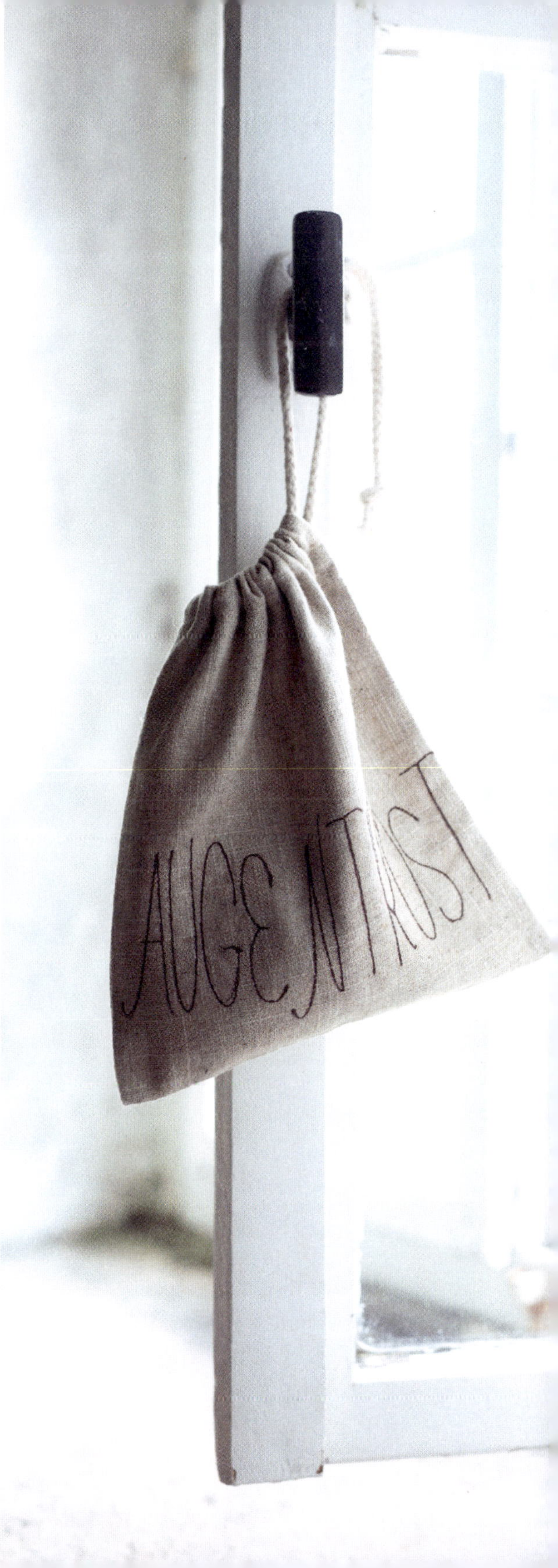
AUGENTROST

DUFTSÄCKCHEN IN VERSCHIEDENEN TECHNIKEN

Das Duftsäckchen ist *der* Klassiker und seit jeher ein beliebter Kräuterartikel. Dieser frische Kick war auch schon im Mittelalter gebräuchlich. Damals befüllten die Menschen kleine Säckchen aus Stoff mit getrockneten Kräutern und Blumen, die sie als Talisman um den Hals trugen. Als Mottenschutz im Kleiderschrank, als Raumduft oder als Reisebegleiter im Koffer – das Duftsäckchen kann vielseitig eingesetzt werden.

DUFTSÄCKCHEN ALS RAUMDUFT

Besonders in kleinen Räumen wie dem WC und Badezimmer oder am Arbeitsplatz verströmt so ein Duftsäckchen einen angenehmen Wohlgeruch. Im Schlafzimmer kann es eine beruhigende Atmosphäre erzeugen.

Kleiderschrank

Sehr beliebt sind Duftsäckchen für den Kleiderschrank. Zum einen um die Wäsche frisch zu halten und zum anderen, um schlechte Gerüche aus der Küche oder Zigarettenrauch zu neutralisieren.
Außerdem ist so ein Duftsäckchen, vor allen mit Lavendel gefüllt, ein sehr guter Mottenschutz. Die kleinen Falter haben es in sich und können große Schäden anrichten, indem sie Löcher in die Kleidung fressen. Der intensive Duft von Lavendel ist am effektivsten, um diese Schädlinge fernzuhalten.

Auf Reisen

Ein Duftsäckchen im Koffer verleiht dem Reisegepäck eine angenehme Duftnote.

Welche Düfte eignen sich für Duftsäckchen?

Lavendel
Er ist ein Klassiker und nicht nur ein guter Mottenschutz, sondern hat auch eine beruhigende und stimmungsaufhellende Wirkung. Lavendel fördert einen guten Schlaf. Lavendelsäckchen sind deshalb nicht nur im Schrank, sondern auch im Schlafzimmer ideal.

Zirbe
Der Duft des Zirbenholzes ist ebenfalls sehr beliebt. Zirbe steigert das Wohlbefinden, wirkt harmonisierend und ist zudem ein guter Motten- und Schädlingsschutz im Kleiderschank und somit eine gute Alternative zum Lavendel.

Rosenblätter
Getrocknete Rosenblätter haben etwas sehr Sinnliches und verströmen einen zauberhaften Duft, der die Konzentrationsfähigkeit steigern kann. Rose lässt sich wunderbar mit Lavendel und Zirbe mischen. Diese drei ergeben die feine Mischung «Entspannung pur», die wir auch für die Kräuterkissen gern verwenden.

Marokkanische Minze (alternativ andere Minze) / Salbei / Thymian
Die Mischung «Frische Luft» bestehend aus Pfefferminze, Salbei und Thymian zu gleichen Teilen sorgt für ein erfrischendes, wohltuendes Raumklima.

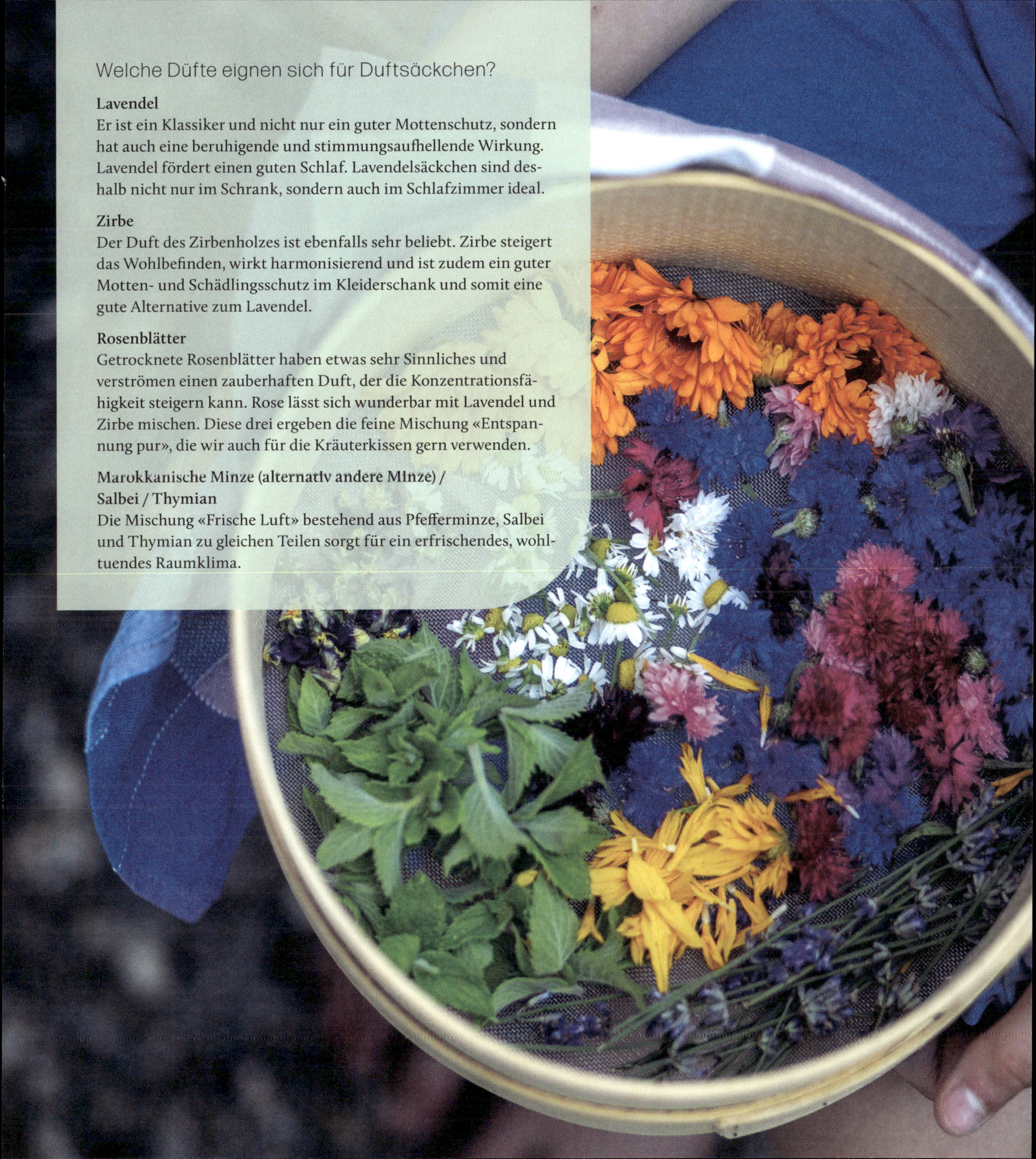

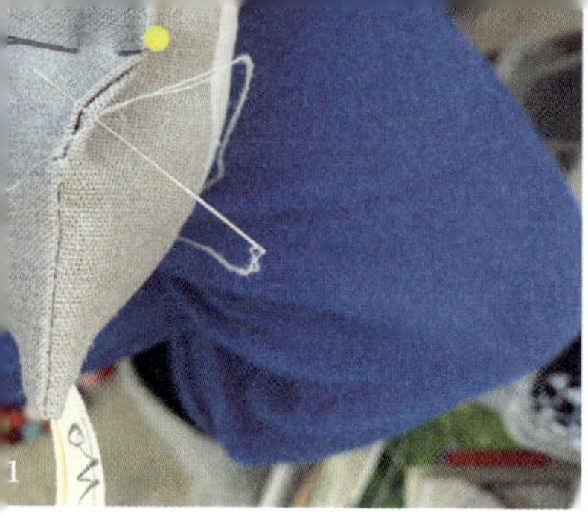

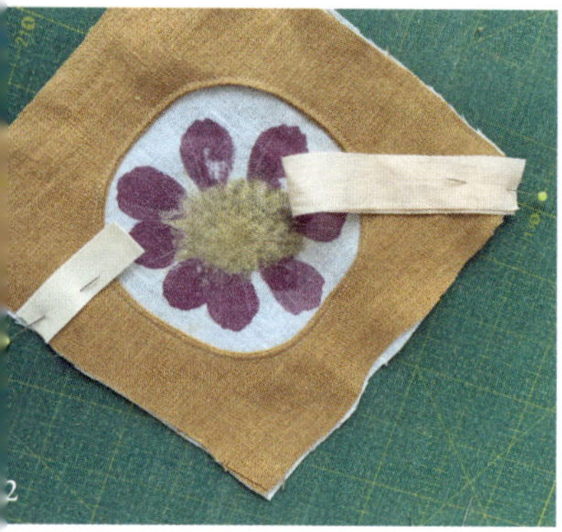

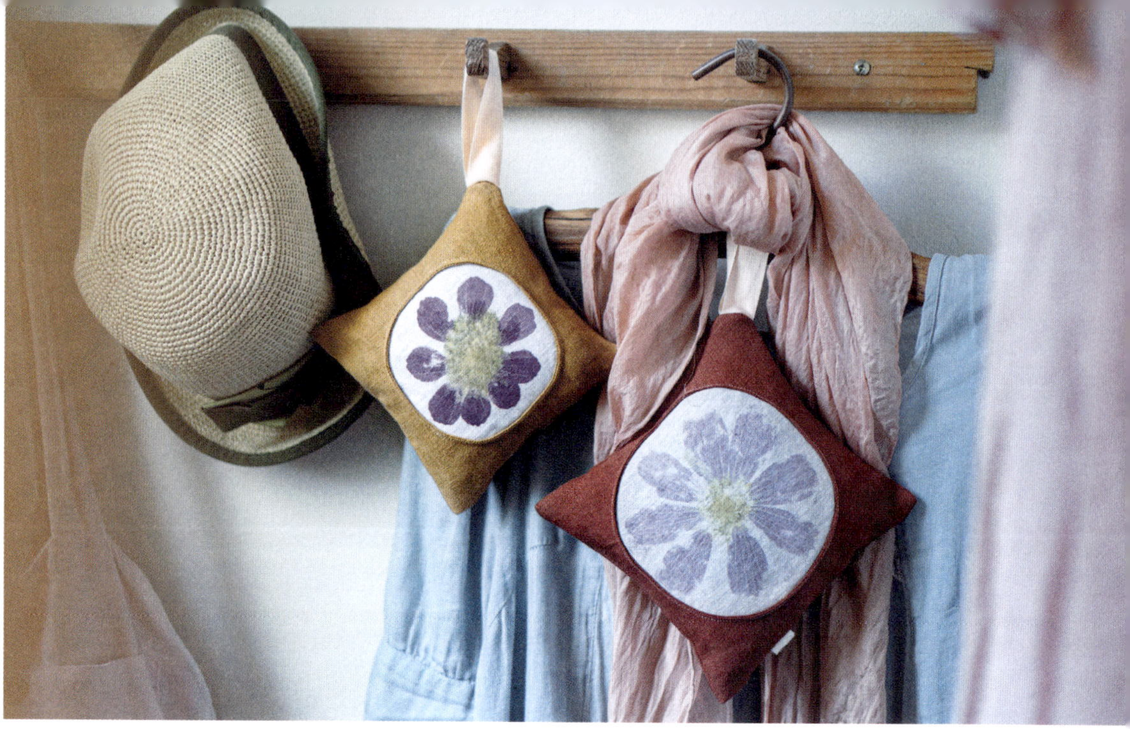

DUFTSÄCKCHEN NÄHEN

Für Anfänger (+)

Duftsäckchen können wie das Kräuterkissen auf S. 141 oder wie hier angegeben als einfache Duftkissen genäht werden.

Anleitung

1. Zwei Quadrate (z.B. 15 x 15 cm), Rechtecke oder Formen wie Herze oder Kreise ausschneiden.
2. Diese rechts auf rechts ringsum zusammennähen. Dabei eine kleine Wendeöffnung offen lassen, um das Kissen zu wenden.
3. Dann mit der gewünschten Mischung befüllen und zum Schluss mit einem Blindstich schließen. (Abb. 1)
4. Wer mag, kann an einer Ecke eine Schlaufe mit einnähen, um das Duftsäckchen an einem Haken oder Kleiderbügel aufhängen zu können. (Abb. 2)
5. Auch die Vorderseite kann noch hübsch gestaltet werden. Anregungen dazu gibt es im Kapitel «Nähen mit Kräutern und Blüten» (Patchwork und Handsticken) sowie im Kapitel «Mit Kräutern und Blumen färben und drucken» (Blüten «hämmern»).

Tipp

Wenn der Duft der Säckchen nachlässt, die Mischung leicht kneten. Dadurch werden die Kräuter neu gebrochen und verströmen wieder einen frischen Geruch.

STOFFBEUTEL UND UNIVERSALBEUTEL

Für Anfänger (+)

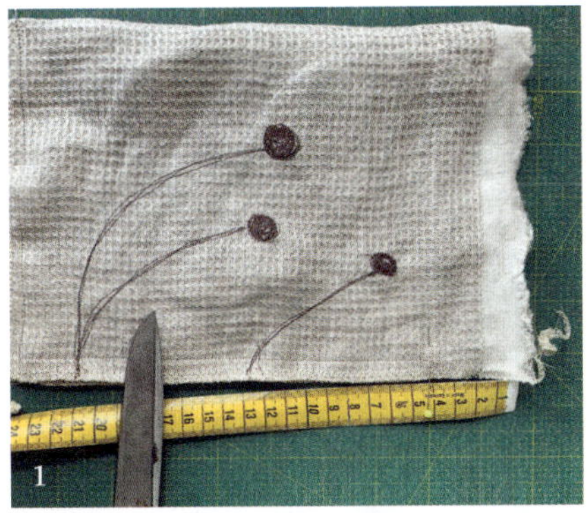

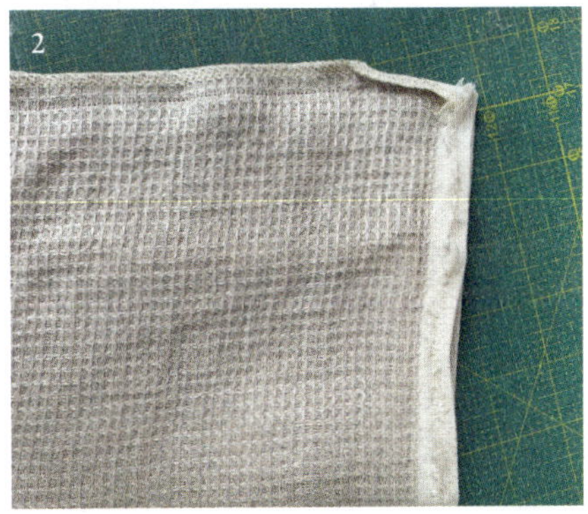

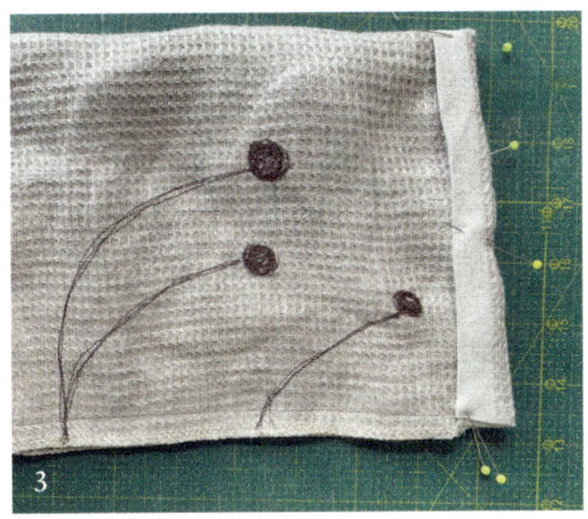

Stoffbeutel sind praktisch und können vielseitig genutzt werden. Kleine Beutel haben wir als Badebeutel verwendet, größere Beutel zum Aufbewahren von Kräutern, Kompressen und Augenkissen, wie z.B. auf S. 146/147 die Universalbeutel.
Auch unsere Stoffbeutel haben wir mit Stickereien und verschiedenen Stoffen verziert. Alte Kopfkissen und Ähnliches lassen sich wunderbar für Stoffbeutel verwerten. Größe und Maße können nach Lust und Laune variiert werden. Bei den *Badebeuteln* haben wir uns an der Größe eines Waschlappens (20 x 15 cm groß) orientiert. Wir haben zwei Arten von *Wäschebeuteln* genäht. Einmal wurde der Stoff für den Tunnelzug 2-mal umgeschlagen und beim zweiten Modell wurde oben ein extra Tunnelzug angenäht.

Materialien

Stoff, auch Reste oder ein altes Kopfkissen, Kordel

VARIANTE MIT UMGESCHLAGENEM TUNNELZUG

1. Zuerst die Seiten und den Boden versäubern.
2. Rechts auf rechts zusammenklappen und Boden und Seiten zusammennähen. Oben 4 cm offen lassen, bei großen Beuteln ca. 6 cm. (Abb. 1)
3. Die offene Stelle, wie im Bild zu sehen, schräg bügeln. (Abb. 2)
4. Den oberen Rand im Anschluss 2-mal 1 cm umschlagen und mit Stecknadeln feststecken. Im Anschluss ringsum absteppen. Nun kann mithilfe einer Sicherheitsnadel die Kordel durch den Tunnelzug gezogen werden. Fertig ist der Beutel. (Abb. 3)

VARIANTE MIT ANGESETZTEM TUNNELZUG

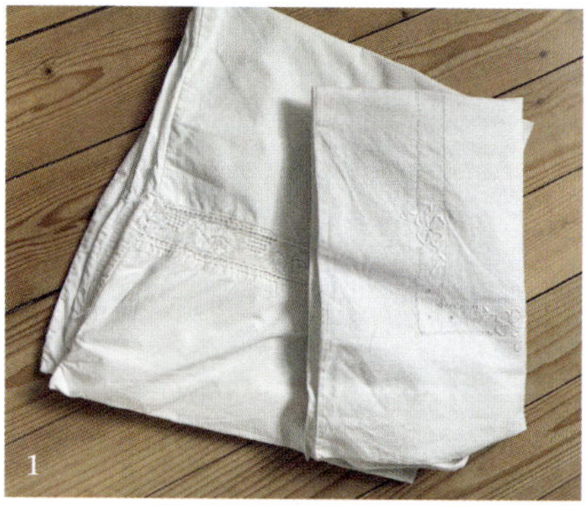

1

Hier wurden alte Kopfkissen aus Halbleinen verwendet.

1. Den Boden sowie linke und rechte Seite zusammennähen und versäubern. (Abb. 1)

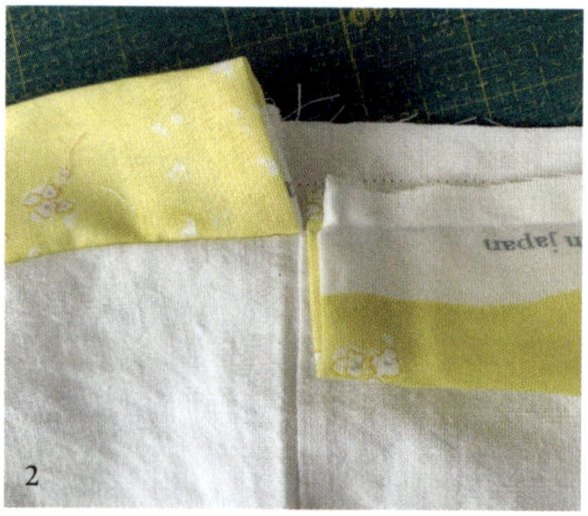

2

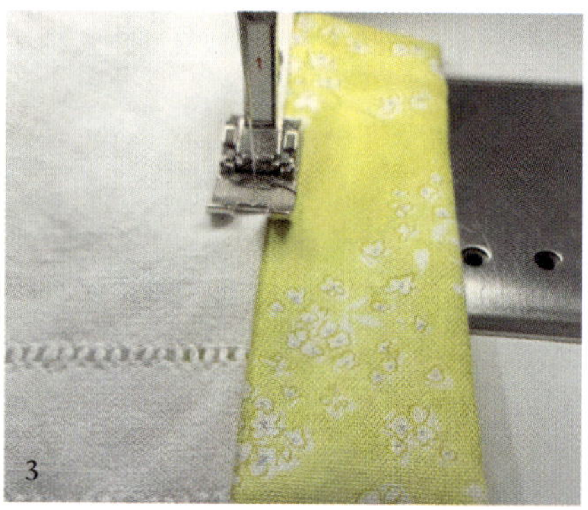

3

VORBEREITUNG STOFFSTREIFEN FÜR DEN TUNNELZUG

Dieser sollte die Länge «oberer Rand + ca. 4 cm Mehrweite» sowie eine Höhe von 14 cm haben. Die Mehrweite wird benötigt, damit der Stoff links und rechts je 2 cm umgeschlagen werden kann. So hat der Tunnelzug eine saubere Öffnung.

1. Den zugeschnitten Stoffstreifen zuerst 1-mal zusammenklappen und noch 1-mal zusammenklappen und seitlich jeweils 2 cm einschlagen. Den so vorbereiteten Stoffstreifen am Rand feststecken und mit einer Nahtzugabe von ca. 1 cm ringsum zusammennähen. Im Anschluss versäubern. (Abb. 2)
2. Wer mag, kann den angesetzten Tunnelzug noch entlang der Nahtzugabe absteppen. (Abb. 3)
3. Auch hier mithilfe einer Sicherheitsnadel die Kordel durch den Tunnelzug ziehen. Fertig ist der Beutel.

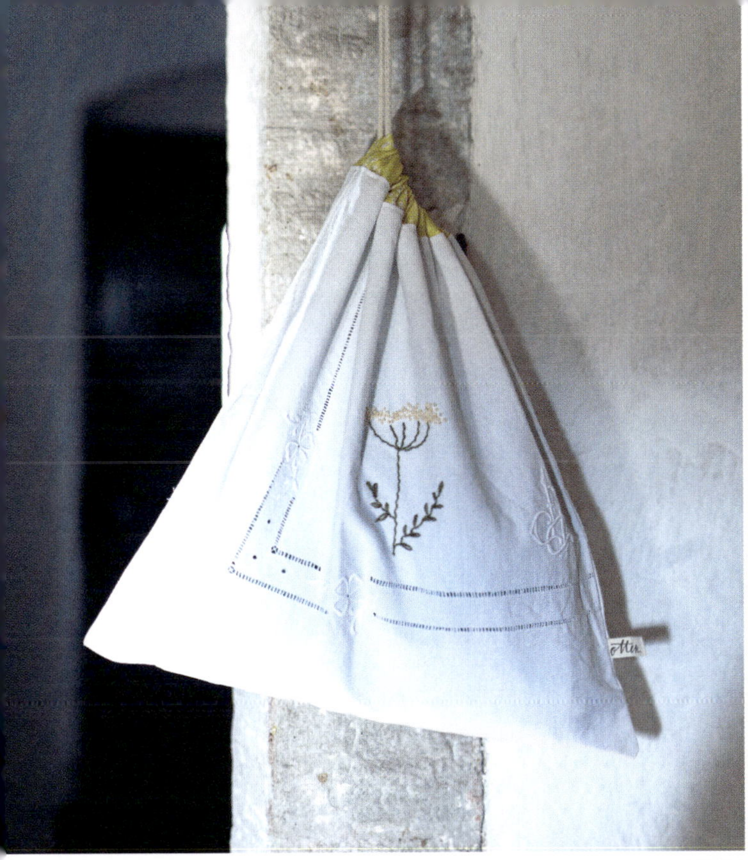

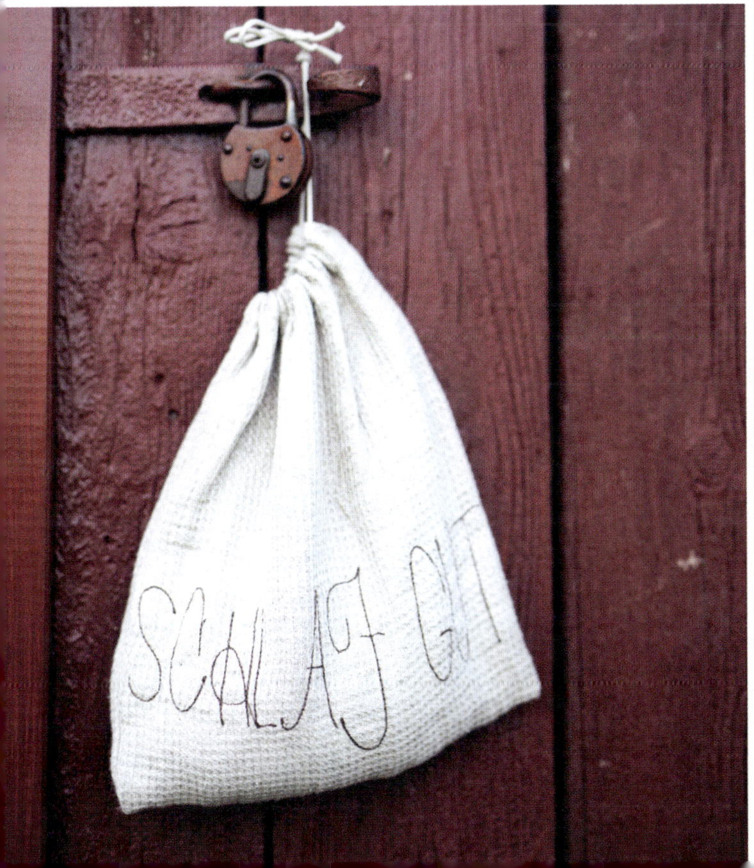
SCHLAF GUT

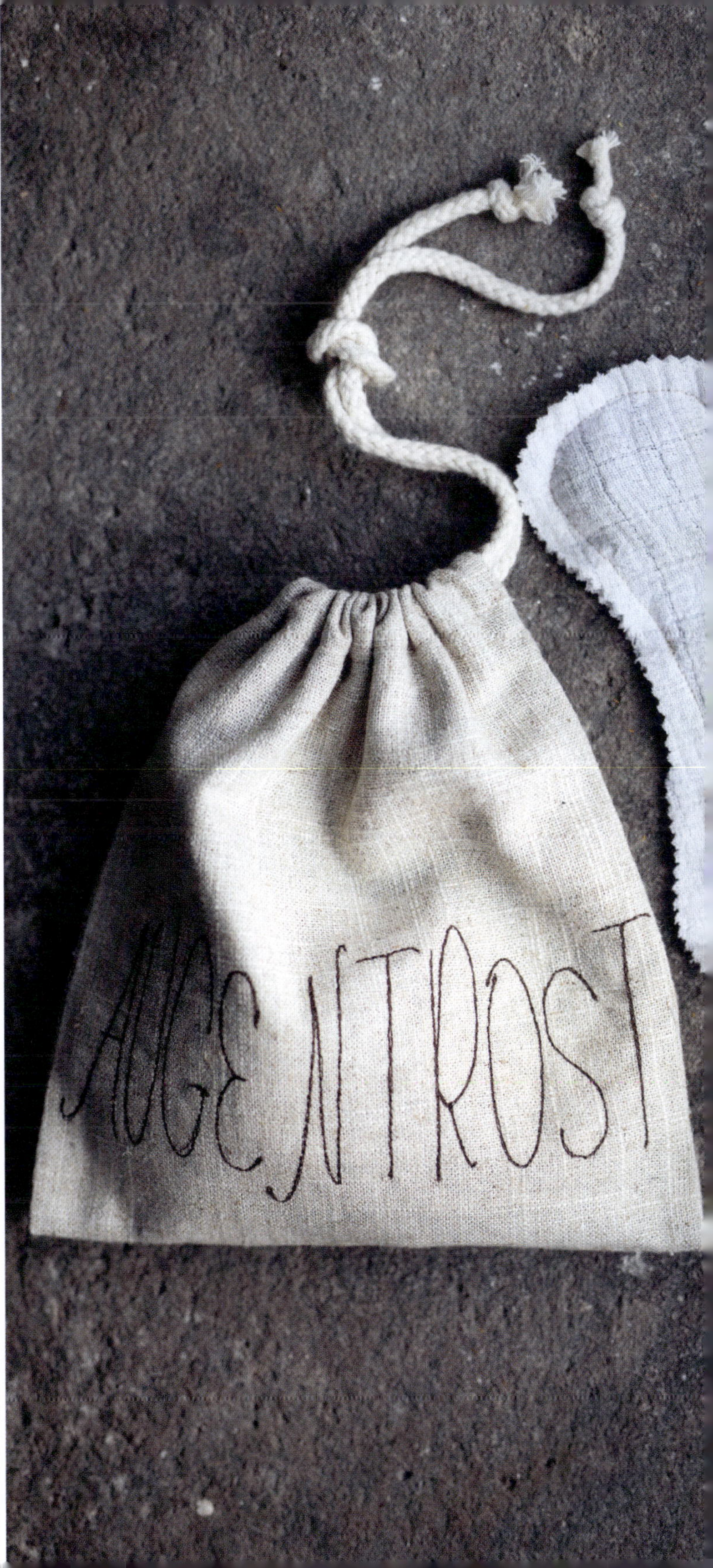
AUGENTROST

BEUTELTASCHE ZIP AROUND FÜR ÄTHERISCHE ÖLE

Für Profis (+++)

Damit alle ätherischen Öle übersichtlich beisammen sind, stellen wir hier einen kleinen selbst genähten Pouch vor, für den wir ein mit Calendula gefärbtes Leinen verwendet haben.

Materialien

50 cm Oberstoff
50 cm Futter
50 cm Einlage
40 cm Endlosreißverschluss und Zipper
40 cm Gummiband, 3 cm breit
80 cm Schrägband

Schnittteile

inklusive 0,75 cm Nahtzugabe

2-mal Deckel/Boden Kreis à Ø 11,5 cm aus Oberstoff, Futter und Einlage
2-mal Rand/Rechteck 34 x 6 cm (L x B) aus Oberstoff, Futter und Einlage
1-mal Rechteck klein 12 x 4,5 cm (L x B) aus Oberstoff, Futter und Einlage

1. Bei Gefallen die Oberseite (Deckel) mit einigen Handstichen verzieren. Anregungen dazu finden Sie im Kapitel «Handsticken» ab S. 118. Auch ein Patchwork macht sich als Deckel (Ø 11,5 cm) sehr gut. (Abb. 1)
2. Nachdem ein hübscher Deckel (Ø 11,5 cm) angefertigt wurde, Einlage auf alle Oberstoffe aufbügeln oder fixieren. Dann den Gummizug an das untere längliche Futterteil (34 x 6 cm) nähen. Mithilfe der Ölfläschchen die Markierungen der einzelnen Abtrennungen festlegen. Fläschchen wieder entnehmen und die Abtrennung zusammennähen (durch mehrmaliges Vor- und Zurückriegeln). (Abb. 2)
3. Den Reißverschluss sichtbar nach der Anleitung auf S. 109 an die Rechtecke (34 x 6 cm Oberstoff) nähen. Die länglichen Futterstreifen (34 x 6 cm) an die Innenseite des Reißverschlusses nähen. (Abb. 3)

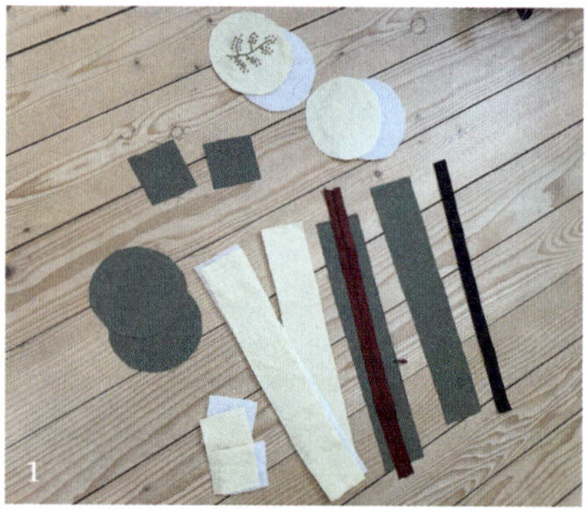

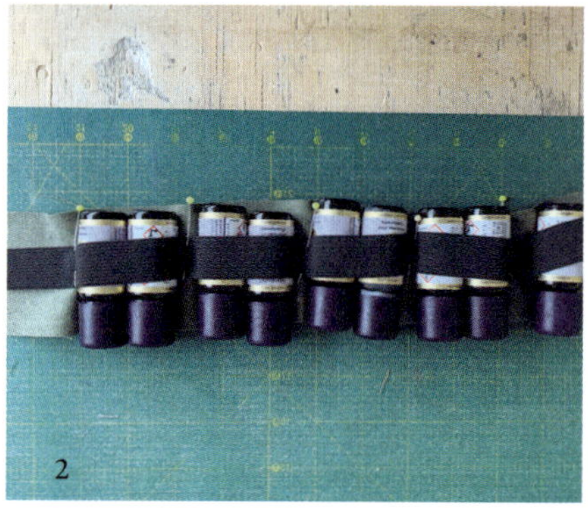

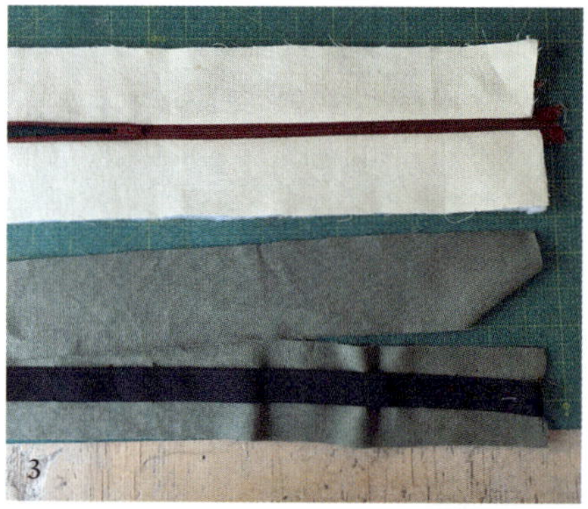

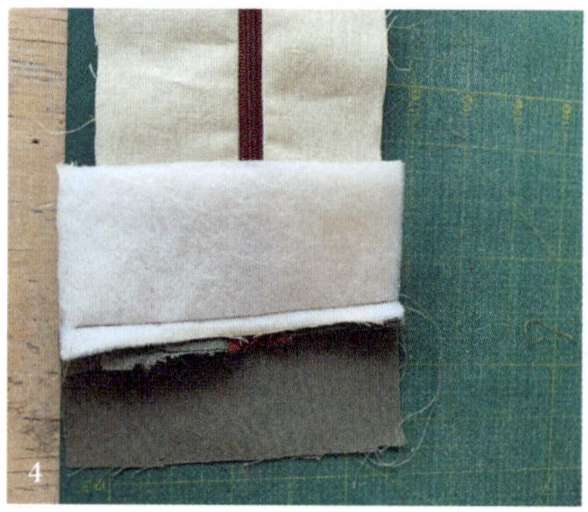

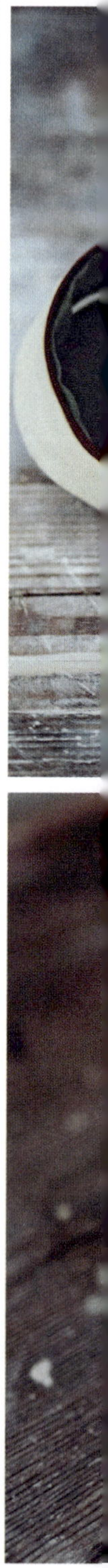

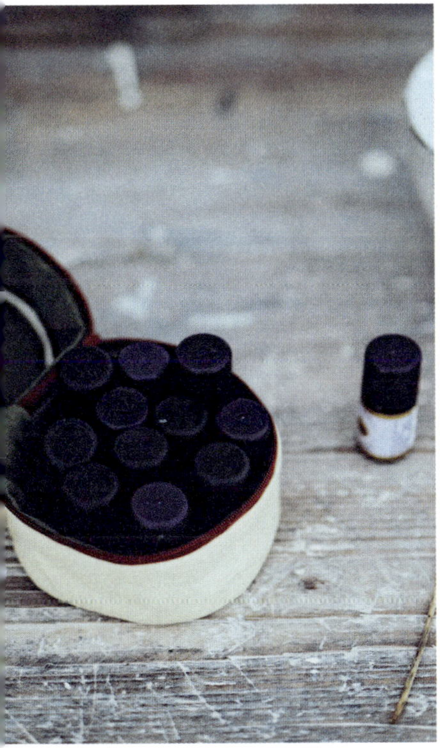

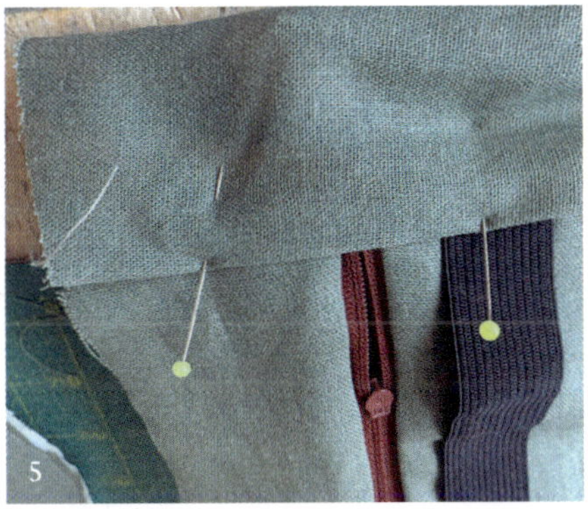

5

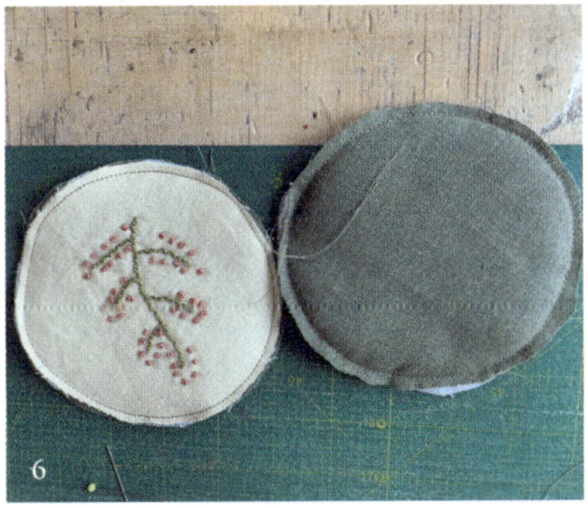

6

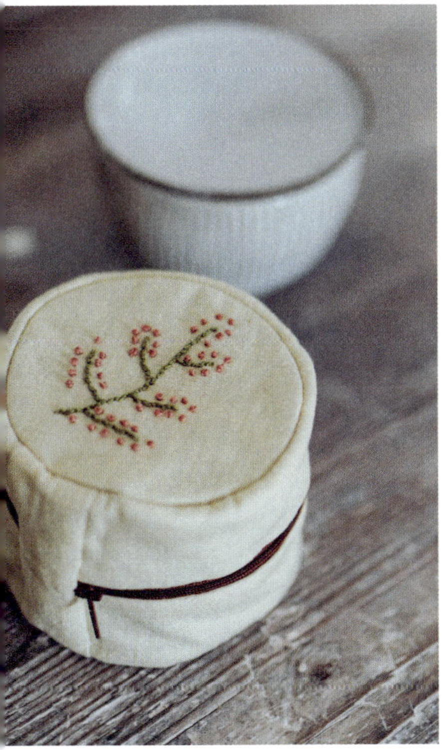

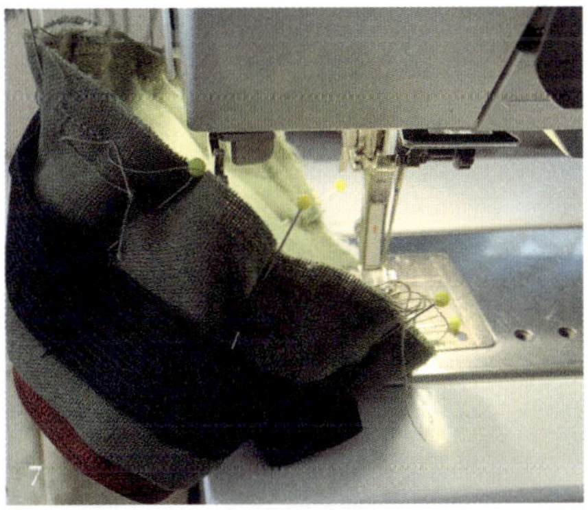

7

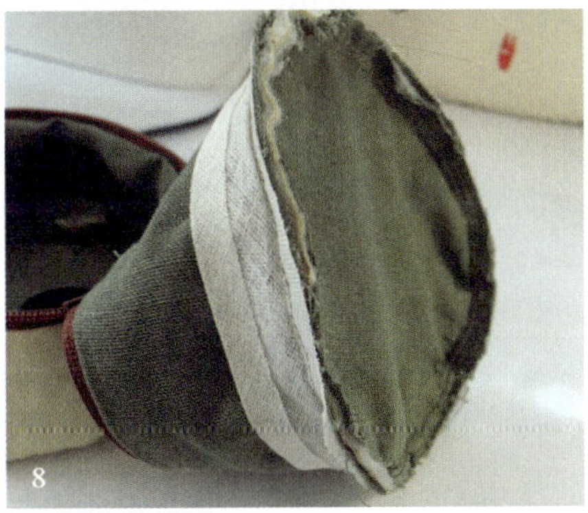

8

4. Die kleinen Seitenstreifen (Oberstoff 12 x 4,5 cm) zuerst an ein Ende des Reißverschlusses annähen. Dann eine Seite des Futters auf die Innenseite nähen. (Abb. 4)
5. Die andere Seite des Futters von Hand mit einem Blindstich zusammennähen. (Abb. 5)
6. Deckel und Boden vom Oberstoff mit dem Futter knappkantig zusammennähen. (Abb. 6)
7. Nun Deckel und Boden an den vorbereiteten Seitenstreifen ringsum rechts auf rechts annähen. (Abb. 7)
8. Die Innenseite kann im Anschluss versäubert oder mit einem Schrägband zusammengefasst werden, damit auch innen keine offenen Kanten zu sehen sind. (Abb. 8)
   Fertig ist die Zip Around für ätherische Öle.

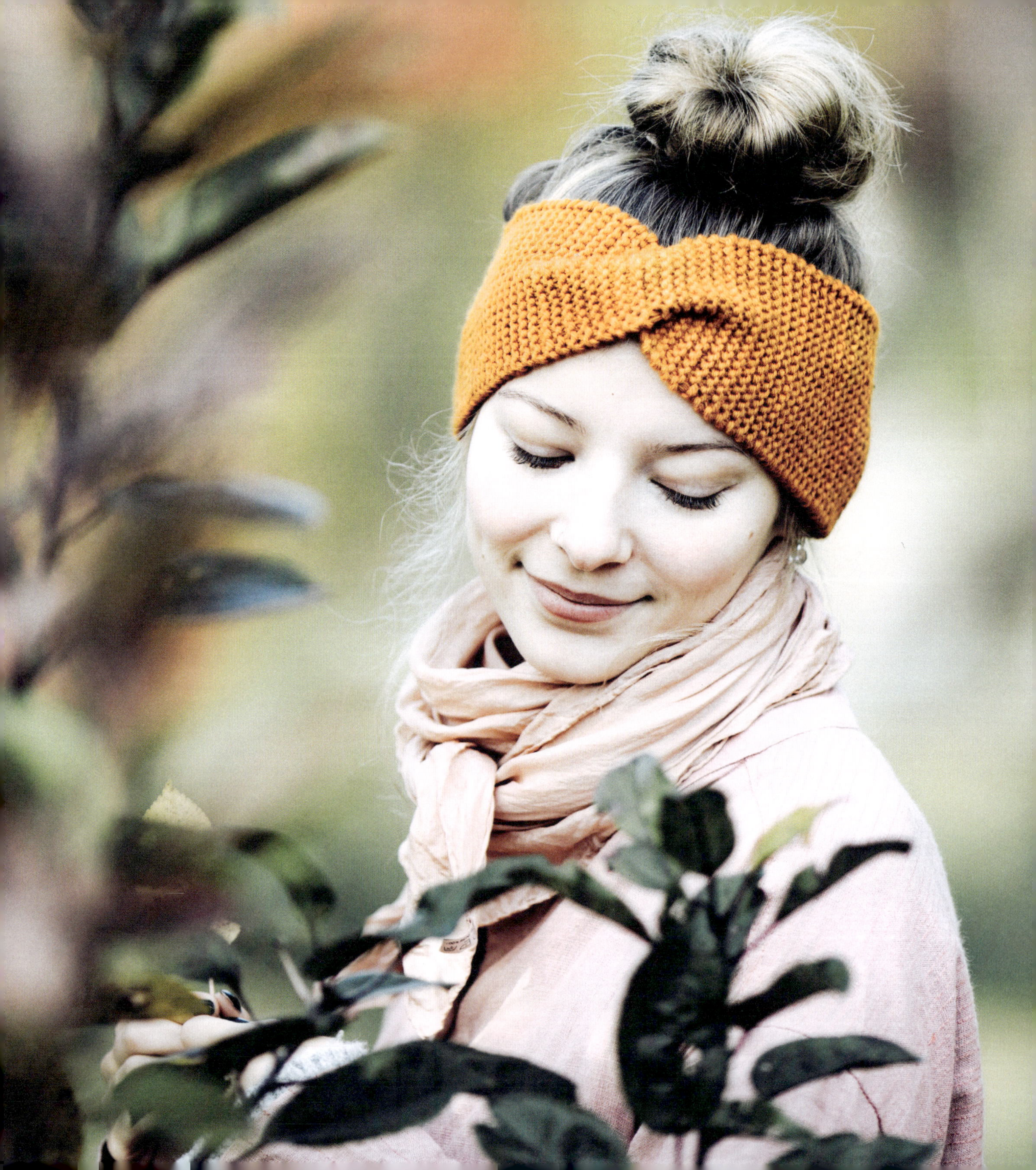

STIRNBAND DAHLIA

aus pflanzengefärbtem Wollgarn

Unser Stirnband Dahlia ist einfach, schnell gemacht und auch für Strickanfänger*innen bestens geeignet, denn es werden ausschließlich rechte Maschen gestrickt (kraus rechts), die diesem schmucken Begleiter nicht nur ein tolles Volumen, sondern obendrein auch warme Ohren bescheren.

Die hübsche Drehung in der Mitte sieht komplizierter aus, als sie ist. An dieser Stelle braucht es nur etwas Konzentration, dann wird es gelingen. Das hier abgebildete Stirnband ist ca. 9 cm breit, damit die Ohren beim Tragen warm bedeckt sind. Wer Dahlia breiter haben möchte, schlägt einfach entsprechend mehr Maschen an, als hier angegeben. Die Maschenanzahl muss gerade sein.

Materialien

1 Strang Merino BIG 160 von Rosy Green Wool oder ein vergleichbares Garn mit einer Lauflänge von ca. 160 m/100 g. Das hier verwendete Garn wurde vorab mit Dahlienblüten gefärbt (siehe ab S. 63)
Stricknadeln in Stärke 4 und
Hilfsnadel in Stärke 4 (mit zwei Spitzen, z.B. aus einem Nadelspiel)
Stopfnadel zum Vernähen
Schere

1. Kopfumfang ausmessen*
2. 20 Maschen anschlagen, die Arbeit wenden. Für einen schönen Rand (Abb. 1) wird die erste Masche ab jetzt immer wie zum Rechtsstricken abgehoben, die letzte Masche jedoch wie die übrigen Maschen rechts gestrickt.
   Im ersten Teil dieser Strickarbeit werden die Maschen in den Hin- und Rückreihen auf eine Länge von ca. 24 bis 25 cm (je nach Kopfumfang) jeweils rechts gestrickt!
3. Zwischendurch das Stirnband probehalber an den Kopf halten, um zu prüfen, ob die gewünschte Länge erreicht ist. Hierzu die Anfangskante des Strickstücks mittig an den Hinterkopf legen, den vorderen Teil mit der Nadel zur Stirn hin. Ist die Nadel bei leichter Dehnung des Strickstücks an der Stirnmitte angelangt, ist der erste Teil fertig.
4. Jetzt wird es spannend, denn nun folgt die raffinierte Drehung. Hierfür die Hälfte der Maschen (in unserem Beispiel also 10 Maschen) auf eine (relativ kurze) Hilfsnadel heben (die Maschen also nicht stricken, nur wie zum Rechtsstricken abheben und vorerst ruhen lassen). (Abb. 3)

* Die Länge des Stirnbands sollte etwas weniger als der Kopfumfang betragen, damit es sich beim Tragen etwas dehnen kann und so bequem am Kopf anliegt.

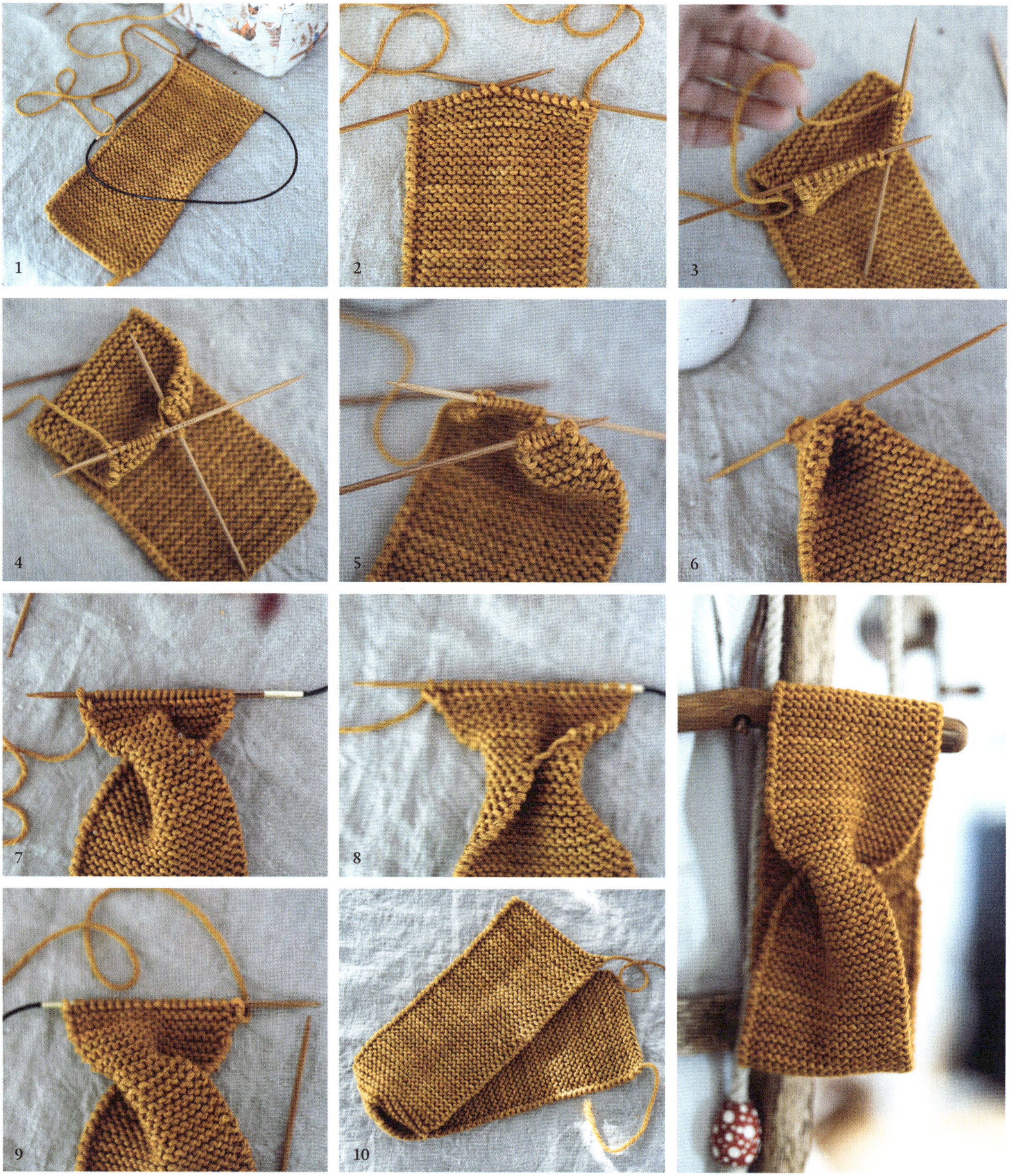
1
2
3
4
5
6
7
8
9
10

5. Die folgenden 10 Maschen, die sich auf der anderen Nadel befinden, werden nun rechts abgestrickt. Dabei den Faden, der sich am Anfang der Hilfsnadel befindet, so nah wie möglich an die erste zu strickende Masche heranziehen (die Hilfsnadel mit den abgehobenen Maschen liegt dabei vor der Arbeit). Der Faden befindet sich nach dem Abstricken der 10 Maschen nun am Ende der linken Nadel. (Abb. 4)
6. Nun wird die Hilfsnadel mit den abgehobenen Maschen so nach links in Richtung des Fadens bewegt (Achtung, die Nadel dabei nicht drehen, sondern genau so lassen, wie sie liegt), dass sich die äußerste Masche, die an der rechten Spitze auf der Hilfsnadel liegt (eine bisherige Randmasche), direkt neben der zuletzt abgestrickten Masche (und zugleich am Faden) befindet. (Abb. 5)
7. Die Maschen auf der Hilfsnadel werden nun direkt an den Anschluss der zuvor gestrickten Maschen abgestrickt, sodass sich wieder 20 Maschen auf einer Nadel befinden. (Abb. 6)
8. Zugegeben – dieser Teil ist etwas anstrengend, es geht ziemlich eng zu, aber schon nach wenigen Reihen strickt es sich wieder gemütlicher. Die Drehung in der Mitte des Stirnbands ist fertig, ab jetzt kann die zweite Hälfte des Stirnbands ganz normal weitergestrickt werden. (Abb. 7)
9. Anfangs erkennt man die Drehung möglicherweise noch nicht so gut, das gibt sich jedoch, je weiter an der zweiten Stirnbandhälfte gestrickt wird. Möchte man die Drehung begutachten, sollte man darauf achten, dass die Nadel (während das Strickstück z.B. auf dem Tisch liegt) dabei richtig herum gewendet liegt, die Drehung könnte sonst etwas seltsam oder falsch gestrickt wirken (wie auf Abb. 8 zu sehen).
10. Sobald die Nadel (nur die Nadel mit der Drehung, das Strickstück bleibt dabei liegen) aber um 180 ° gewendet wird, sieht auch die Drehung schön aus. (Abb. 9)
11. Nun wird so lange weitergestrickt, bis die Stirnbandhälfte nach der Drehung gleich lang ist wie die Hälfte vor der Drehung. (Abb. 10)
12. Zuletzt werden die Maschen locker abgekettet, dann Anfang und Ende des Stirnbands passgenau aneinandergenäht. Bitte unbedingt darauf achten, dass die Drehung bei diesem Arbeitsschritt korrekt liegt. (Abb. 8/9)

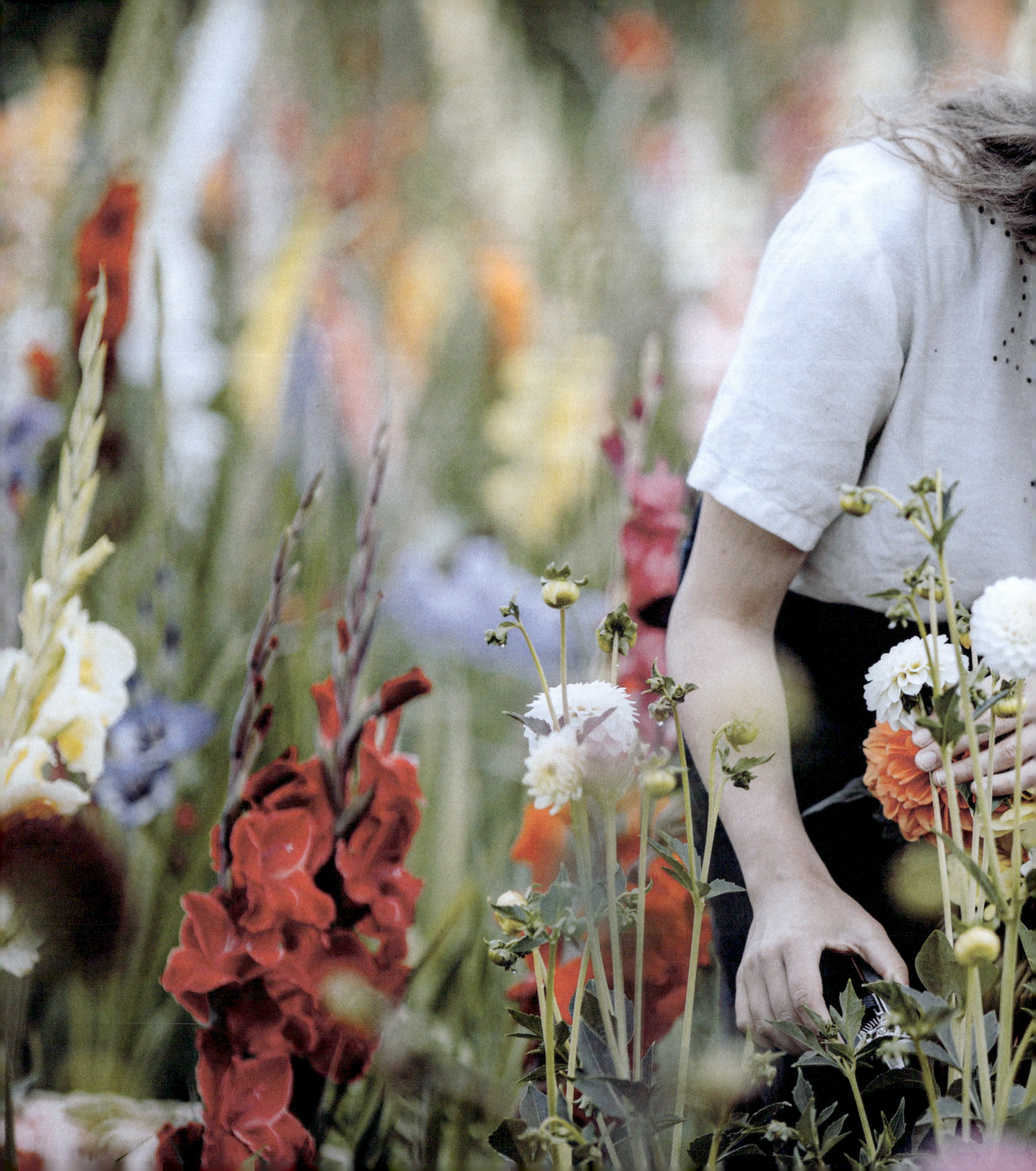

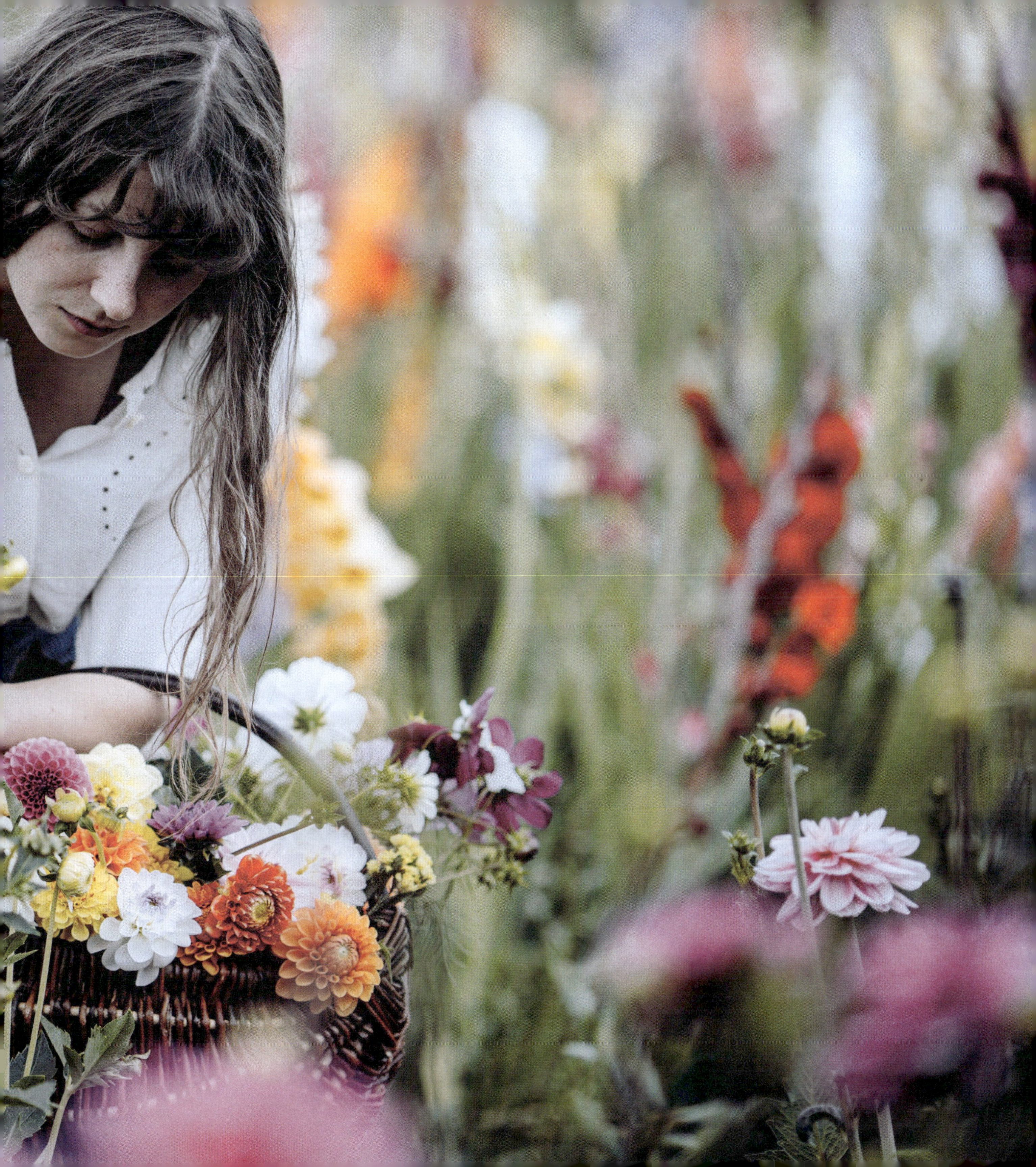

ARMSTULPEN MARIGOLD

aus pflanzengefärbtem Wollgarn

Die Marigold-Stulpen kommen etwas eigenwillig daher, denn das Stulpen-Paar wird zwar im selben Muster und in drei gleichen Farben gestrickt, die Farbfolge unterscheidet sich jedoch bei den einzelnen Stulpen – und eben das macht «Marigold» zum Hingucker.

Materialien

Rosy Green Wool 320 Cheeky in drei Pflanzenfärbungen
(z.B. Gelb-Orange-Töne aus Färbungen mit Tagetes- und Dahlienblüten) oder drei Farbtöne eines anderen Garns mit ähnlicher Lauflänge von 320 m/100 g.
Nadelspiel in Stärke 3

Maschenprobe:

24 Maschen x 34 Reihen = 10 cm x 10 cm
4 x 12 Maschen ergeben einen Umfang von ca. 22 cm (ungedehnt)
4 x 14 Maschen ergeben einen Umfang von ca. 25 cm (ungedehnt)

Anleitung Stulpe eins

4 x 12 (14) Maschen auf einem Nadelspiel Nr. 3 im Farbton 1 anschlagen, weiter wie folgt:

1. 1 Reihe rechte Maschen – Farbton 1
2. 1 Reihe linke Maschen – Farbton 1
3. 5 Reihen rechte Maschen – Farbton 2
4. 1 Reihe linke Maschen – Farbton 2
5. 8 Reihen rechte Maschen – Farbton 3
6. 1 Reihe linke Maschen – Farbton 3
7. 4 Reihen rechte Maschen– Farbton 1

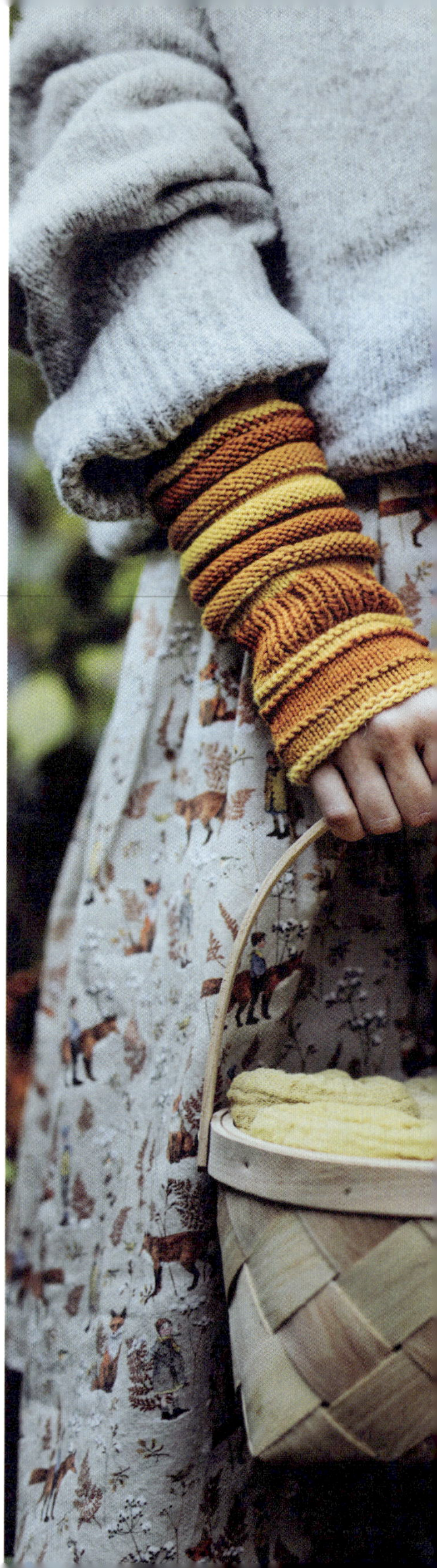

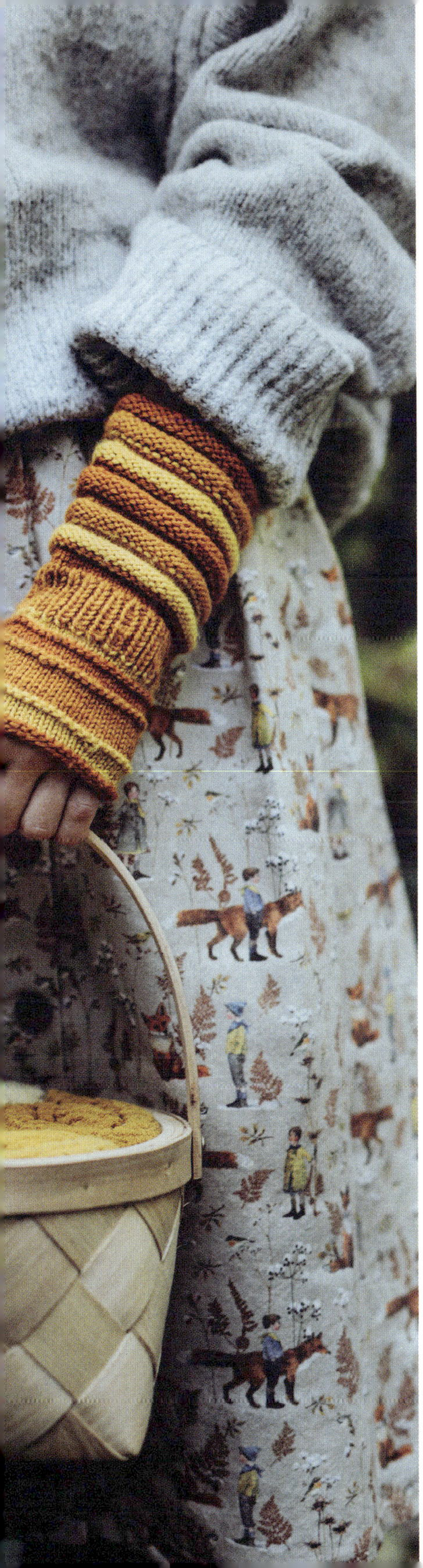

8. 1 Reihe linke Maschen – Farbton 1
9. 3 Reihen rechte Maschen– Farbton 2
10. 10 Reihen 1 Masche rechts,
    1 Masche links im Wechsel – Farbton 3
11. 5 Reihen rechte Maschen – Farbton 1
12. 5 Reihen linke Maschen – Farbton 2
13. 5 Reihen rechte Maschen – Farbton 2
14. 5 Reihen linke Maschen – Farbton 3
15. 5 Reihen rechte Maschen – Farbton 3
16. 5 Reihen linke Maschen – Farbton 1
17. 5 Reihen rechte Maschen – Farbton 1
18. 5 Reihen linke Maschen – Farbton 2
19. 5 Reihen rechte Maschen – Farbton 2
20. 5 Reihen linke Maschen – Farbton 3
21. 5 Reihen rechte Maschen – Farbton 3
22. 4 Reihen linke Maschen – Farbton 1
23. Letzte Reihe locker rechts abketten – Farbton 1

Garnenden vernähen

Anleitung Stulpe zwei

Siehe Stulpe eins, hier jedoch statt mit Farbton 1 mit Farbton 2 beginnen (weiter mit 3, 1 usw.).

Tipps

Um Treppchen zu vermeiden, die sich am Rundenbeginn und -ende durch den Farbwechsel ergeben, jeweils die erste Runde in der neuen Farbe wie gewohnt bis zur letzten Masche der Runde stricken. In der darauffolgenden (2.) Runde jedoch die erste Masche aus der Vorrunde auf die linke Stricknadel holen und beide Maschen (je eine aus beiden Farben) zusammen abstricken. Alle weiteren Maschen der Runde wie gewohnt abstricken.
Auch können die Stulpen in mehr als drei Farben gestrickt werden und auch die Reihenfolge der Farben ist individuell wählbar.
Wer möchte, kann auch beide Stulpen in gleicher Farbabfolge stricken.

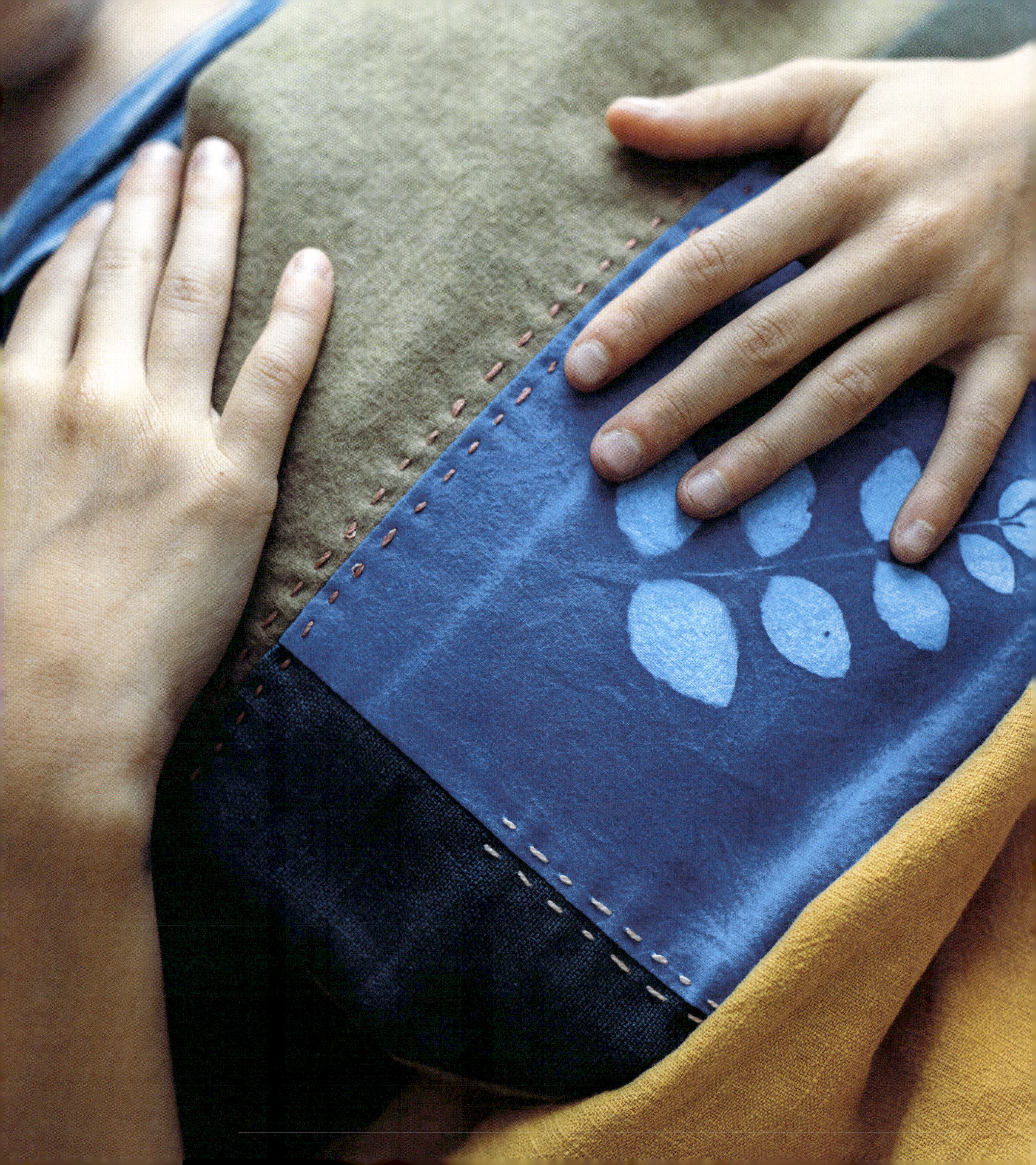

WICKEL UND AUFLAGEN IM ALLTAG

Im Frühling kehrt die Wärme
in die Knochen zurück.
Vergil

SELBST GENÄHTE WICKELAUFLAGEN UND -UTENSILIEN

Für Zeiten, in denen wir uns nicht wohlfühlen, weil sich vielleicht eine Erkältung anbahnt, uns Verspannungen oder Bauchschmerzen plagen oder wir uns aus seelischen Gründen nach Wärme, Geborgenheit und Zuwendung sehnen, stellen wir in diesem Kapitel allerlei nützliche und hilfreiche Utensilien vor, die uns heilsam begleiten können und zudem hübsch aussehen.
Natürlich würden sich für solche Zwecke auch schlichtere Utensilien eignen, wir meinen aber, dass wir uns eher Zeit für die Selbstfürsorge nehmen, wenn uns die Materialien optisch ansprechen und Freude bereiten.
Außerdem: schöne Dinge tun unserer Seele gut!

Materialien

30 cm Außenstoff z.B. ein Waffelpiqué aus Baumwolle oder Leinen
30 cm Baumwollstoff für das Füllkissen und Kräuterfach
600 g Rapssamen

Schnittteile

inkl. 0,75 cm Nahtzugabe
3 Teile A–C (s. S. 212/213)

Außenbezug
1-mal Vorderseite Oberstoff Schnittteil A
1-mal Rückteil Oberstoff Schnittteil B (Hotelkissenverschluss)
1-mal Rückteil Oberstoff Schnittteil C (Hotelkissenverschluss)
2-mal für extra Kräuterfach 20 x 15 cm (am Hotelkissenverschluss annähen)
1-mal Stoff 50 x 15 cm für Kräutersäckchen (Fertigmaß 15 cm x 15 cm (L x B) und Klappe 20 cm L)
2 Bänder à 40 cm
1 Bändchen à 20 cm
Etikett «Pusteblume»

Füllkissen
2-mal Schnittteil A

Kräutermischung zur Entspannung

Folgende Kräuter eignen sich einzeln oder als Mischung für das Nackenhörnchen:
Tulsi ist stressreduzierend
Melisse hilft gegen Nervosität
Lavendel wirkt entspannend und schlaffördernd
Rosenblüten sind tröstend sowie harmonisierend

NACKENHÖRNCHEN ZUM ERWÄRMEN

Für Fortgeschrittene (++)

Bei vielen Erwachsenen sind Nacken- und Muskelverspannungen weitverbreitet. Da kann Wärme eine Linderung verschaffen, zum Beispiel mit einem Nackenhörnchen, das mit Rapssamen gefüllt ist. Das Füllkissen kann im Backofen bei 80 °C oder alternativ auf der Heizung erwärmt werden. Auf der Rückseite hat es wieder ein extra Kräuterfach, s. a. S. 111.

Außenbezug

1. Zuerst die Rückseite (Teil B und C) nach der Anleitung Hotelkissenverschluss S. 110, mit extra Kräuterfach (2-mal 20 x 15 cm) nähen.
2. Auf die Vorderseite wird nun das Pusteblumenetikett zusammen mit dem Bändchen à 20 cm aufgenäht. Dazu das Bändchen zu einer Schlaufe zusammenlegen und unter das Etikett legen. Im Anschluss ringsum beide Teile (Etikett und Schlaufe) auf die Vorderseite Nackenhörnchen aufnähen. Position des Etikettes ist ca. 7 cm von der unteren Ecke, wie im Bild zu sehen.
3. Die 2 Bändchen à 40 cm ebenfalls ca. 7 cm von der anderen Ecke in der Naht der Innenseite riegeln oder feststecken. Diese werden dann mit der Rückseite zusammengenäht.
4. Vorderseite und Rückseite des Nackenhörnchens zusammenstecken, ringsum zusammennähen und versäubern.

Füllkissen

5. Zum Schluss noch das Füllkissen (Teil A) mit drei Kammern nähen. Vorder- und Rückteil des Futters ringsum zusammennähen und eine Wendeöffnung von 35 cm mittig auf der langen Seite offen lassen und wenden. Füllkissen in drei gleich große Kammern aufteilen, diese mittels einer Naht längs unterteilen und absteppen. Den Rapssamen gleichmäßig in alle Kammern füllen und die Wendeöffnung schließen. Dann in den Außenbezug legen.

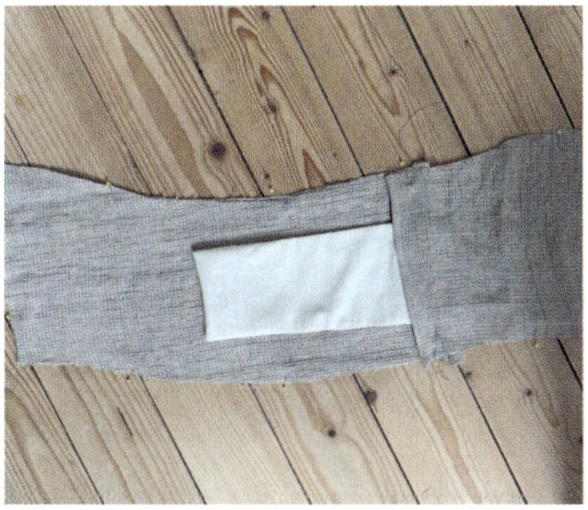
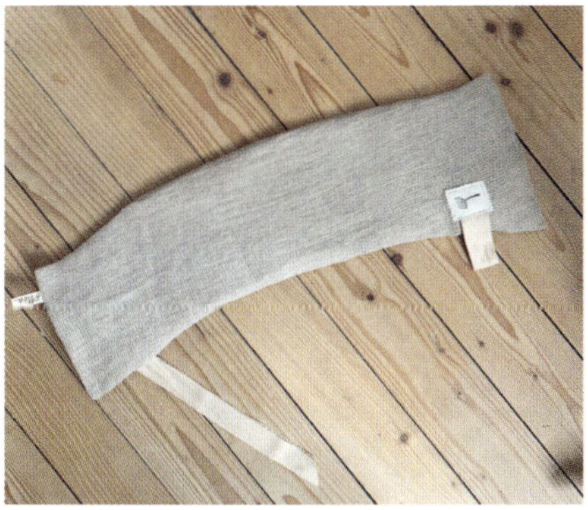
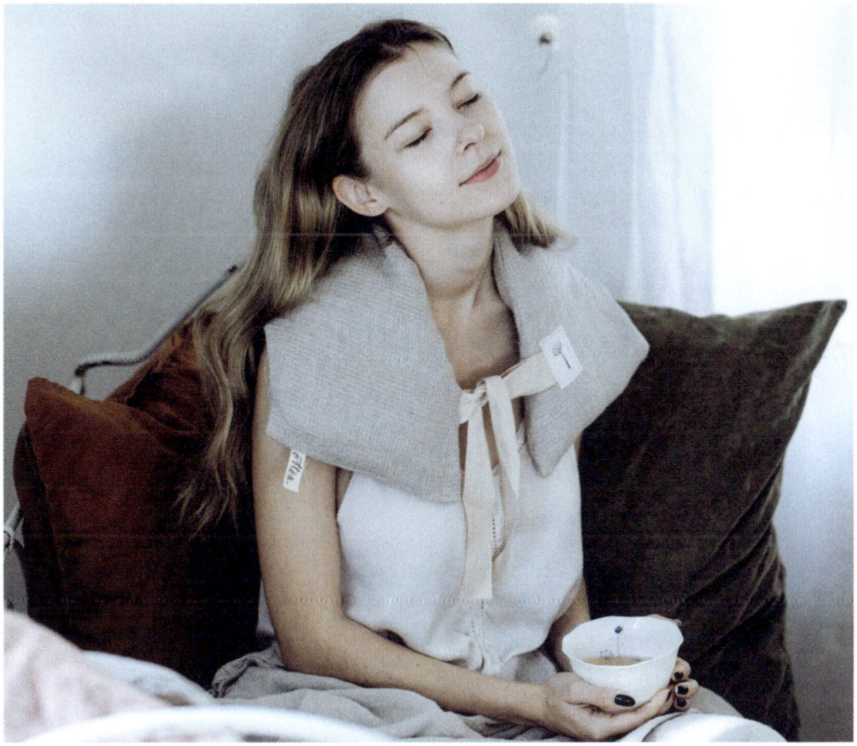
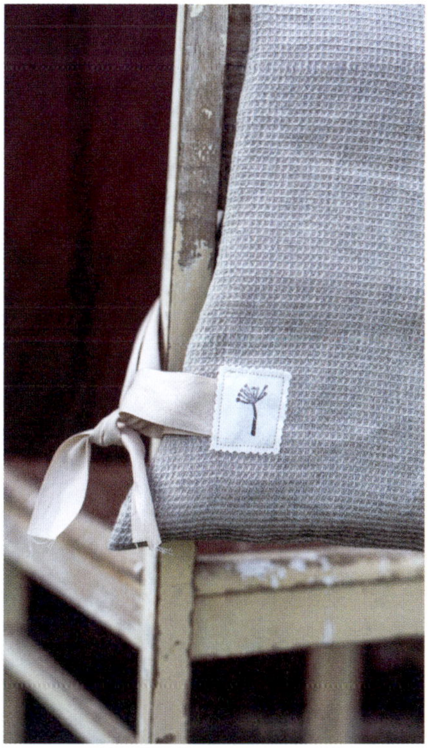
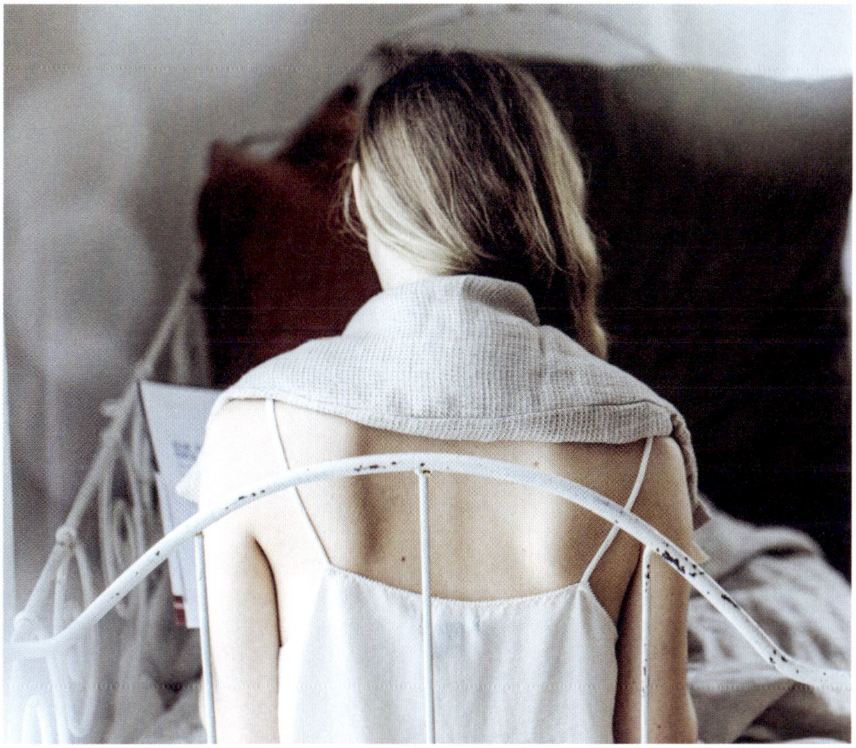

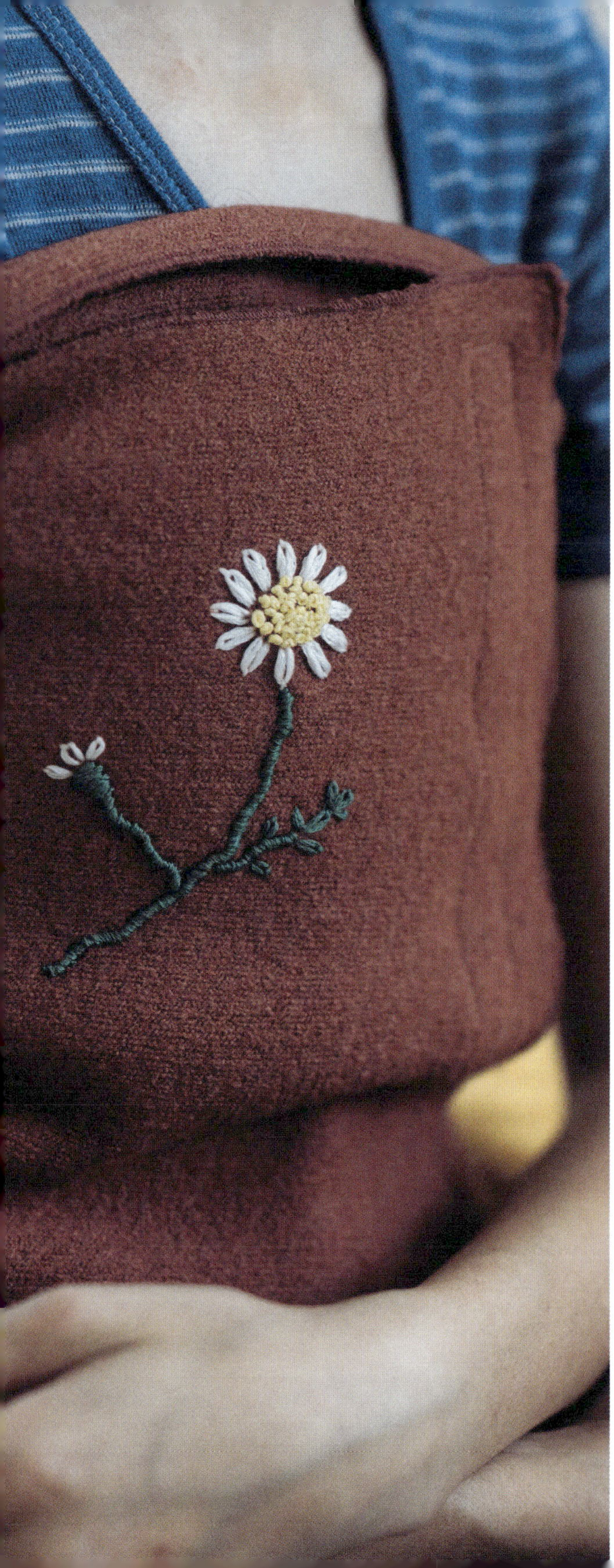

AUFBAU VON WICKELAUFLAGEN – UNIVERSALWICKEL

Um Wickelanwendungen am Körper wirksam einsetzen zu können, werden die Wickel in drei Lagen aufgebaut.

1. Als erste Lage ein Innentuch, das meistens aus Leinen besteht. (Siehe rechte S. Abb. 1 und 2)
2. Danach folgt die Umwicklung des Innentuchs mit einem trockenen und saugfähigen Stoff, idealerweise Molton. Dieser Stoff verhindert das Durchnässen des Wickels und sorgt für ein gleichmäßiges Trocknen.
3. Zum Schluss wird ein fixierender Außenwickel angelegt. Dafür gibt es verschiedene Varianten. Manche sind aus mehreren Stofflagen genäht, wir haben uns für einen Universalwickel aus Walkstoff entschieden.

Die Tücher werden von innen nach außen immer größer und umhüllen so optimal.

MOLTONWICKEL UND LEINENTUCH – ANLEITUNG

Moltonwickel und Leinentuch einfach mit der Overlock-Maschine oder alternativ einem einfachen Zickzackstich versäubern.

UNIVERSALWICKEL - ANLEITUNG

Für Anfänger (+) | Mit Rollsaum: Für Fortgeschrittene (++)

Maße der Innentücher

Moltonwickel
52 x 23 cm (L x B)
Leinentuch
48 x 23 cm (L x B)

Maße für Universalwickel

144 x 33 cm (L x B) aus Walk

Material für Universalwickel

Walkstoff, an dem sich die raue Seite des Klettverschlusses flexibel befestigen lässt
Klettverschluss, ca. 20 cm

Schnittteile

Der Universalwickel ist an den Enden abgerundet (Schnittmuster s. S. 214/215).

1. Zunächst das Schnittmuster erstellen. Dann den Walkstoff für den Universalwickel nach dem Schnittmuster im Stoffbruch zuschneiden.
2. Im Anschluss an einem Ende (schmale Seite) einen Klettverschluss annähen. Achtung: Die raue Seite des Klettverschlusses so anbringen, dass diese beim Anlegen des Wickels flexibel am Walk befestigt werden kann. Genaue Position des Klettverschlusses siehe Schnittmuster. Fertig ist der Universalwickel.

Rollsaumverarbeitung mit der Overlock / Stickdetails:
Ein Rollsaum ist beim Walk nicht zwingend nötig, da er an den Saumkanten nicht ausfranst. Dies ist nur ein hübsches optisches Detail.

1. Die Overlock auf Rollsaum einstellen (im Handbuch nachschauen, wie die Maschine einzustellen ist).
2. Beim Rollsaum ist es wichtig, dass etwas Nahtzugabe (1 cm) berücksichtigt wird. (Abb. 3) Sonst kann es sein, dass der Rollsaum außerhalb des Stoffes liegt.
3. Wer mag, kann den Universalwickel mit einer handgestickten Blüte als Detail verzieren, s. «Freies Handsticken» ab S. 118.

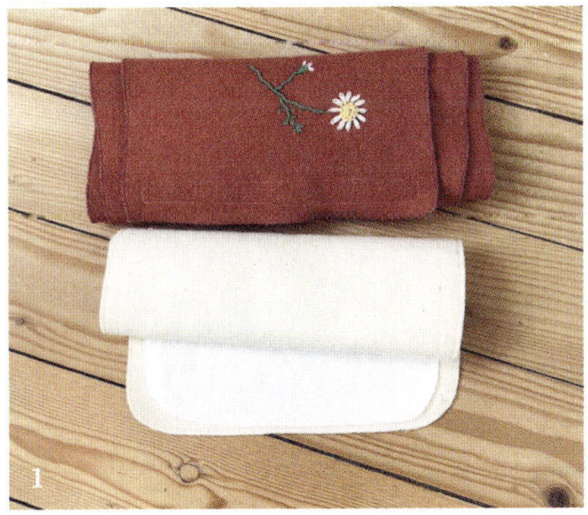
1

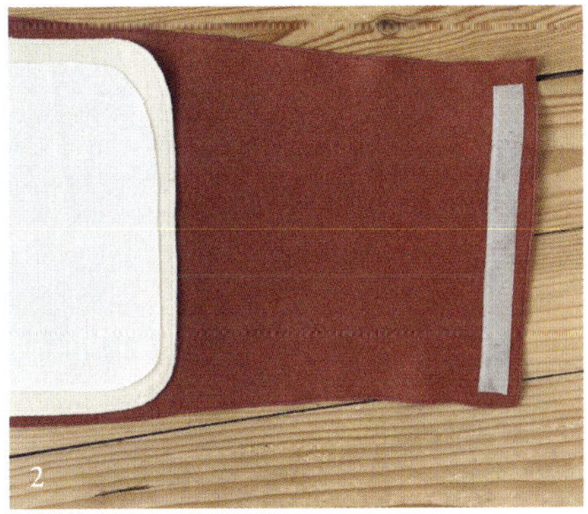
2

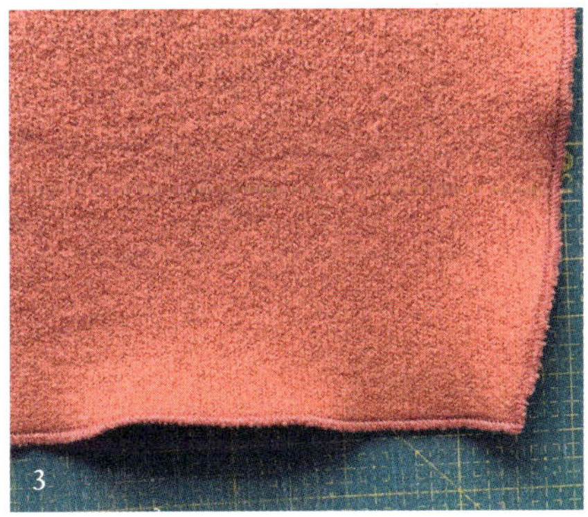
3

3-KAMMER-WÄRMEKISSEN MIT GETREIDEFÜLLUNG

Für Anfänger (+)

Schnittteile

inkl. 0,75 cm Nahtzugabe

Außenbezug

1-mal Vorderseite Patchwork aus Stoffresten 55 x 22 cm (L x B)
2-mal Rückseite 38 x 22 cm (L x B) aus kuscheligem Moltonstoff (Hotelkissenverschluss)
2-mal 28 x 12 cm (L x B) für extra Kräuterfach
1-mal Kräutersäckchen 60 x 10 cm (Fertigmaß 20 x 10 cm und Klappe 20 cm lang)
Kontrastgarn zum Absteppen des Patchworks

Füllkissen

2-mal 55 x 22 cm (L x B) Füllkissen aus Baumwollstoff
Füllung
800 g Getreide (Dinkel, Hafer, Roggen oder Weizen)

Mit seinen 3 Kammern ist dieses Wärmekissen ideal für größere Körperteile bzw. -regionen. Das Erwärmen im Backofen dauert bei 80 bis 100 °C ca. 20 Minuten. Die wohltuende, kuschelige Wärmequelle spendet etwa 1 Stunde lang angenehme Wärme. Bei einer Kälteanwendung, zum Beispiel als Kältekompresse, das Kissen ca. 45 Minuten in den Kühlschrank oder das Gefrierfach legen.
Als Getreide eignen sich Weizen- oder Roggenfüllungen. Auf der Rückseite ist ein extra Kräuterfach integriert, um ein Kräutersäckchen beizulegen. (S. auch S. 111)
Wenn das 3-Kammer-Wärmekissen als Nackenkissen zur Entspannung verwendet werden soll, eignet sich die folgende Kräutermischung sehr gut.

ENTSPANNUNGSMISCHUNG

2 EL Tulsi
1 EL Lavendel

Tulsi, auch heiliges Basilikum genannt, ist eine Heilpflanze, die in hohem Maße stressreduzierend wirkt. Wenn das 3-Kammer-Wärmekissen eher für den Bauchbereich mit krampflösender Wirkung verwendet werden soll, ist die folgende Mischung sehr gut geeignet.

BAUCHWOHLMISCHUNG

je 1 EL Lavendel, Kamille und Rosmarin

Anleitung

1. Zuerst die Vorderseite als Patchwork künstlerisch zusammenstellen. Ein schönes Detail ist der von Hand gestempelte Stoff. Die anderen Stoffe stammen neben den japanischen Patchwork-Stoffen teilweise aus alter Kleidung wie Hemden, Röcke oder Blusen. Tipps zur Patchwork-Technik sind ab S. 112 zu finden.
2. Die Rückseite als Hotelkissenverschluss (Anleitung S. 110) mit dem extra Kräuterfach zusammennähen. Dann das kleine Kräutersäckchen anfertigen. Dabei den Deckel recht lang lassen, damit dieser gut über der Öffnung liegt und keine Kräuter rausfallen können.
3. Im Anschluss Rück- und Vorderseite zusammennähen und versäumen.
4. Das Vorder- und Rückteil des Futters ringsum zusammennähen und eine Wendeöffnung von ca. 27 cm mittig der langen Seite offen lassen und wenden. Nun das Füllkissen in drei gleich große Kammern aufteilen. Die Kammern mittels einer Naht längs unterteilen und absteppen. Die Körner gleichmäßig in die Kammern füllen und die Wendeöffnung schließen.
5. Das Körnerkissen zum Schluss in den Außenbezug legen.

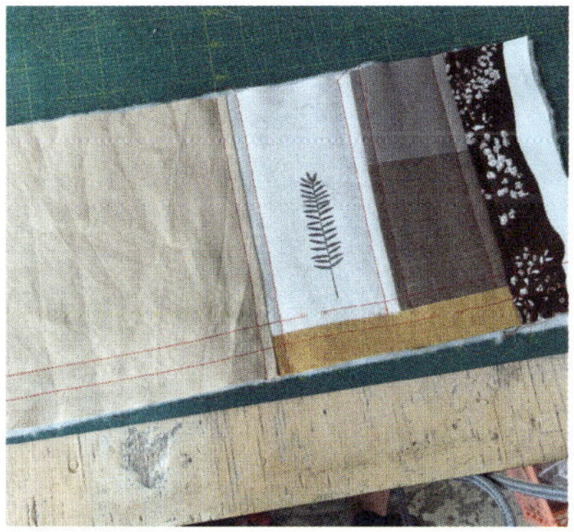

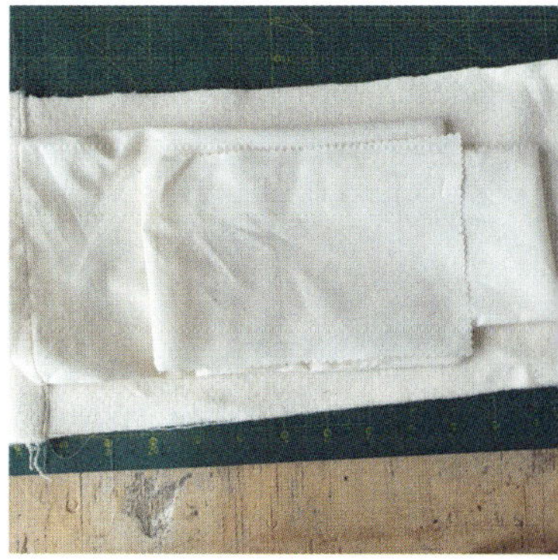

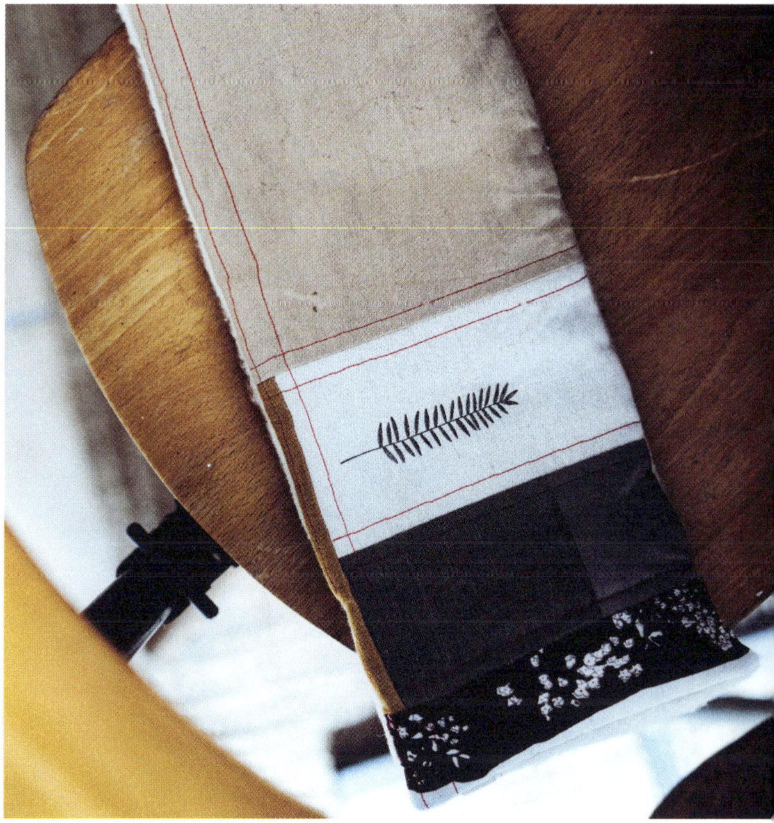

KIRSCHKERNKISSEN IN 2 GRÖSSEN

Für Anfänger (+)

Schnittteile

für die Größe 16 x 16 cm
inkl. 0,75cm Nahtzugabe

Außenbezug

1-mal Vorderseite Patchwork aus Stoffresten 18 x 18 cm
Stickgarn für Sashiko
2-mal Rückseite aus pflanzengefärbtem Wollstoff 14 x 18 cm (Hotelkissenverschluss)
2-mal für extra Kräuterfach 14 x 14 cm
1-mal Kräutersäckchen 12 x 30 cm

Füllkissen

2-mal Füllkissen 18 x 18 cm
ca. 350 g Kirschkerne

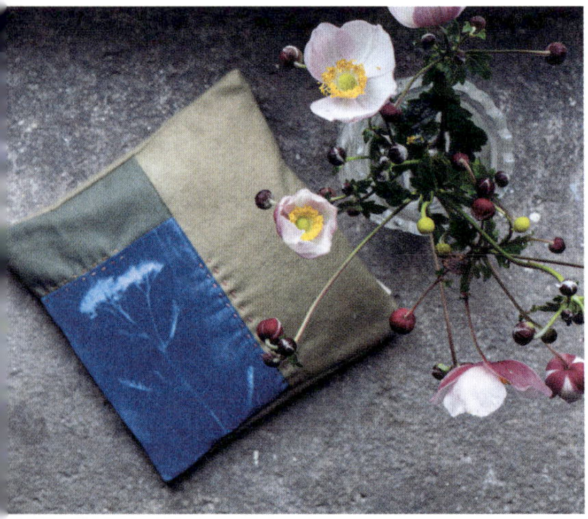

Das Kirschkernkissen ist ein traditionelles Hausmittel. Es lässt sich leicht im Backofen bei 80 °C oder alternativ auf der Heizung erwärmen. Eine wohltuende Wärmeanwendung, die gleichmäßig Wärme abgibt, da Kirschkerne ideale Wärmespeicher sind. So dient die Anwendung des Kirschkernkissens der Entspannung oder kann gezielt zur Linderung kleinerer, körperlicher Beschwerden eingesetzt werden.
Dem extra Kräuterfach können je 1 bis 2 EL Lavendel und Kamille beigegeben werden. In Kombination für einen erholsamen Schlaf kann eine ätherische Ölmischung direkt auf der Haut eingerieben werden. Zum Beispiel eine Kombination aus 50 ml Mandelöl, 8 Tropfen Zirbelkiefer, 4 Tropfen Lavendel fein, die für mehrere Anwendungen reicht. Mit einigen Tropfen des Öls die Solarplexus-Körperstellen einreiben und sich dann mit dem wärmenden Kirschkernkissen ins Bett legen.

Anleitung

1. Zuerst die Vorderseite als Patchwork künstlerisch zusammenstellen. Ein schönes Detail ist die Blüte im Blaudruck (s. «Sonnendruck» S. 74). Bei den anderen Stoffen handelt es sich um Halbleinenstoffe. Tipps zur Patchwork-Technik s. ab S. 112.
2. Zum Abschluss wurde das Patchwork mit ein paar Sashiko-Stichen verfeinert. Diese Anleitung findet sich auf S. 113.
3. Rückseite als Hotelkissenverschluss mit extra Kräuterfach nach Anleitung S. 111 zusammennähen. Anschließend das kleine Kräutersäckchen nähen. Dabei den Deckel recht lang lassen, damit er gut über der Öffnung liegt und keine Kräuter rausfallen.

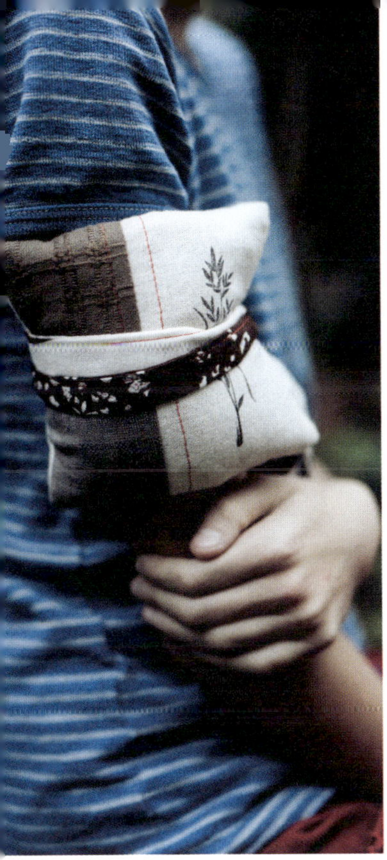

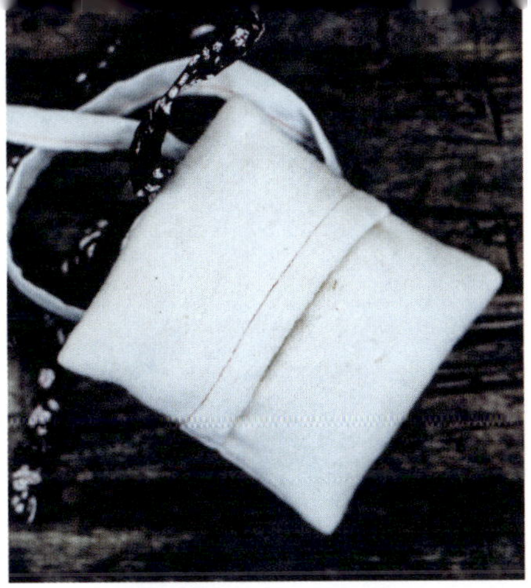

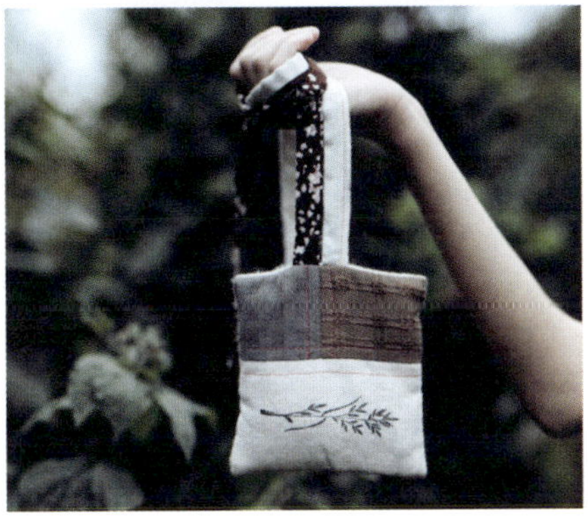

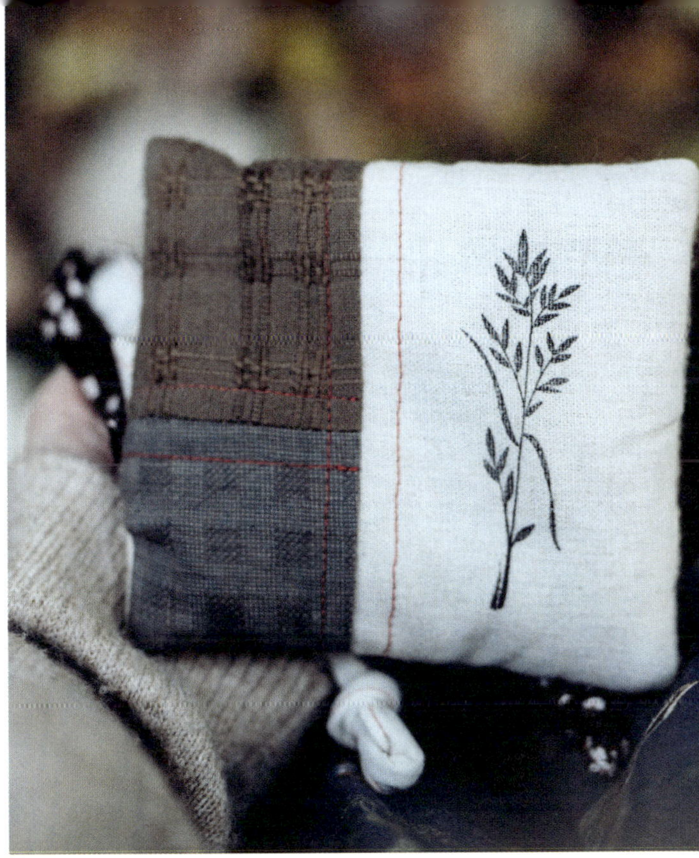

Ein Kirschkernkissen ist auch ein großartiges Kühlkissen

Das Kissen kann ins Gefrierfach oder den Kühlschrank gelegt und anschließend zur Kühlung verschiedenster Körperteile verwendet werden, zum Beispiel bei einem Insektenstich. Gern auch in Verbindung mit 1 bis 2 Tropfen feinem Lavendelöl. Auch der Saft eines zerdrückten Spitzwegerichs (Blatt) oder Petersilie sind ein bewährtes Hausmittel gegen Mückenstiche und lindern Juckreiz und Schwellung. Alternativ kann auch der Sud aus Basilikumblättern helfen. Diesen direkt auf dem Insektenstich verreiben. Wir haben zu Kühlzwecken ein kleines Kissen in den Maßen 12 x 12 cm genäht, das zudem eine Kordel hat, um es im Anwendungsbereich zu fixieren.

Schnittteile

für die Größe 12 x 12 cm (Kühlkissen) inkl. 0,75 cm Nahtzugabe

Außenbezug

1-mal Vorderseite Patchwork aus Stoffresten 14 x 14 cm

2-mal Rückseite aus pflanzengefärbtem Wollstoff 14 x 9 cm (Hotelkissenverschluss)

2-mal Kordel, ca. 35 cm lang

Füllkissen

2-mal Füllkissen 14 x 14 cm

ca. 200 g Kirschkerne

KÄTZCHENKISSEN MIT RAPSSAMEN

Für Fortgeschrittene (++)

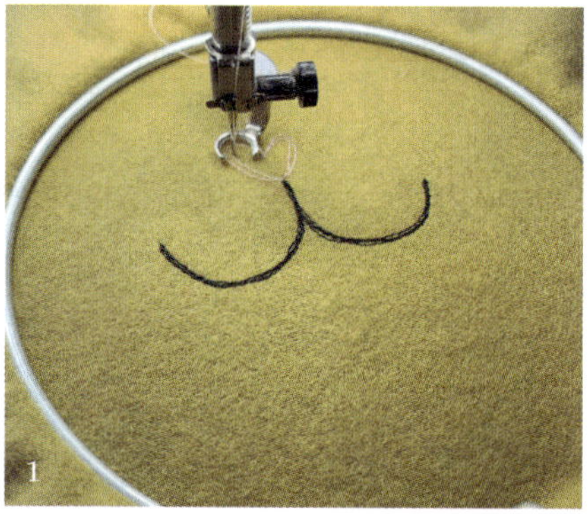

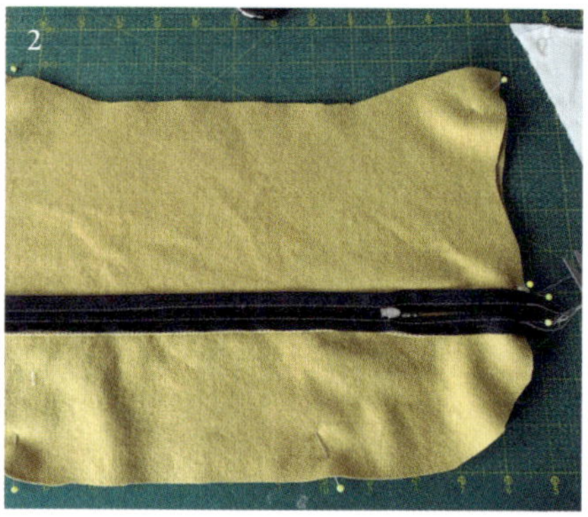

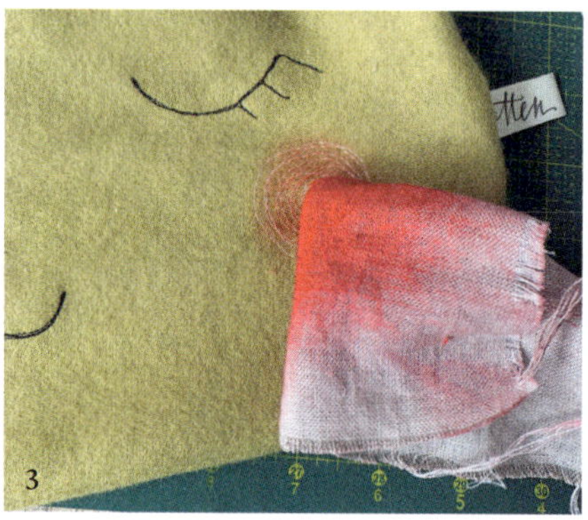

Rapssamen sind sehr klein und anschmiegsam. Sie haben einen hohen Ölanteil und daher auch eine hervorragende Wärme- sowie Kältespeicherfähigkeit. Die Erwärmung des Kissens kann auf einem Heizkörper oder Kachelofen erfolgen. Die natürliche Wärme hält ca. 15 bis 30 Minuten lang. Wer mag, kann zusätzlich ein Kräutersäckchen beilegen. Eine fein beruhigende Mischung ist zum Beispiel 1 EL Lavendel und 2 EL Melisse.

Nach einem langen Arbeitstag kann diese Mischung ein aufgewühltes Gemüht zur Ruhe bringen. Das Kissen auf die Stirn, den Nacken, das Dekolleté oder den Bauch legen. Es kann auch in ein Gefrierfach gelegt und zur Kühlung verschiedenster Körperteile (ohne Kräutersäckchen) verwendet werden. Das Rapssamenkissen ist eine gute Alternative zur Wärmflasche oder dem Kühlpad.

Material

30 cm Oberstoff, z.B. pflanzengefärbter Wollstoff
30 cm Futter, z. B. Baumwollstoff
40 cm Endlosreißverschluss und Zipper für den Außenbezug
ca. 350 g Rapssamen
Stickgarn

Für das Kräutersäckchen
1 EL Lavendel, 2 EL Melisse

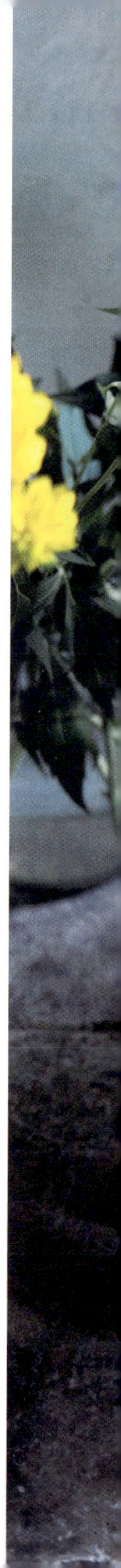

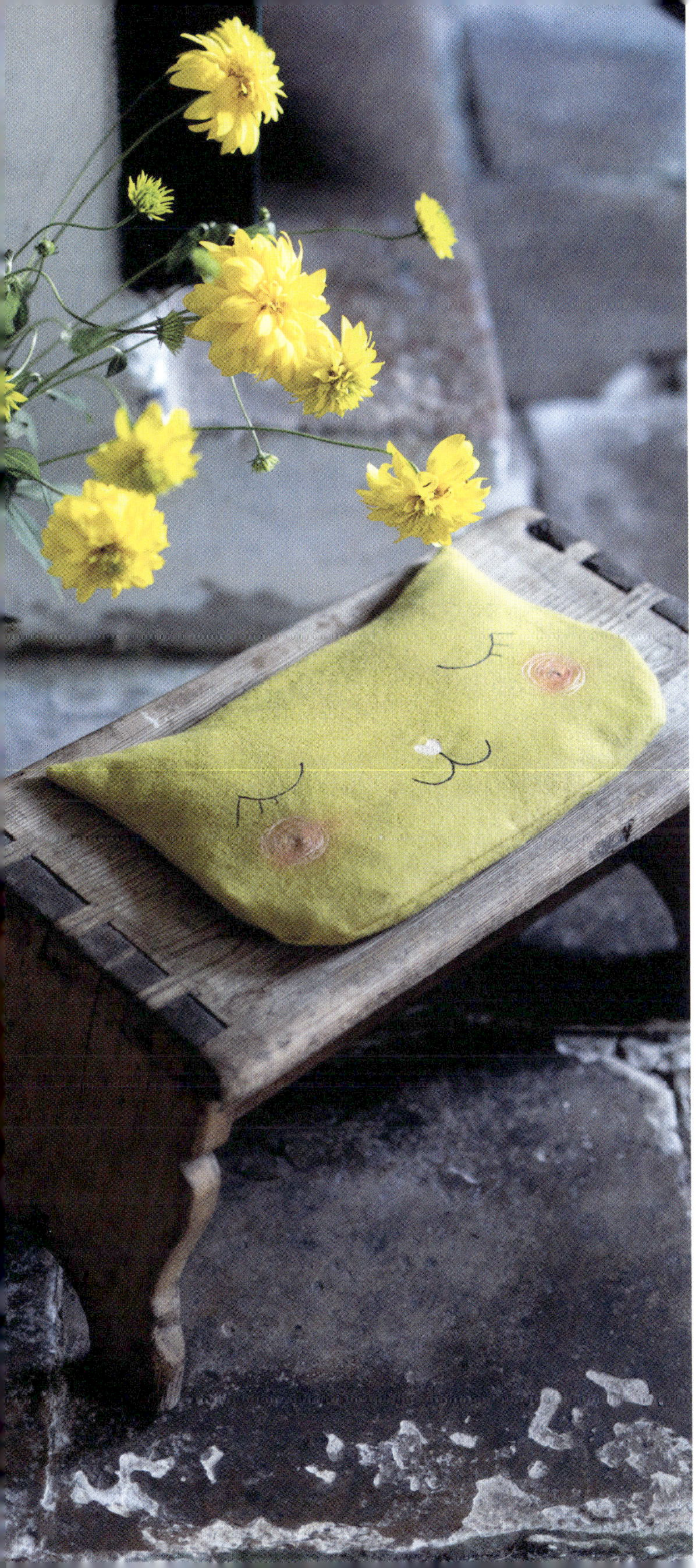

Schnittteile

inklusive 0,75 cm Nahtzugabe
3 Teile A–C (s. S. 216/217)

Außenbezug
1-mal Vorderseite Oberstoff Schnittteil A
1-mal Rückteil Schnittteil B
1-mal Rückteil Schnittteil C

Füllkissen
2-mal Futter Schnittteil A

Anleitung

Zuerst das Kätzchengesicht mithilfe eines Trickmarkers aufzeichnen und im Anschluss im Freihandstickstil nach Anleitung S. 117 sticken.

1. In die Rückseite den verdeckten Reißverschluss nach der Anleitung auf S. 109 einnähen. (Abb. 2)
2. Vorder- und Rückseite im Anschluss zusammennähen und versäubern.
3. Wer mag, kann die Bäckchen des Kätzchens rot einfärben. Dazu eignet sich beispielweise ein Wachsblock von Stockmar. Das Wachs auf einen Stoffrest auftragen und im Anschluss ganz sanft die Bäckchen einfärben. (Abb. 3)
4. Vorder- und Rückteil des Futters/Füllkissens ringsum zusammennähen und eine kleine Wendeöffnung offen lassen. Dann die Rapssamen einfüllen und die Wendeöffnung verschließen. Jetzt das Rapssamenkissen in den Außenbezug legen. Fertig ist das Kätzchenkissen.

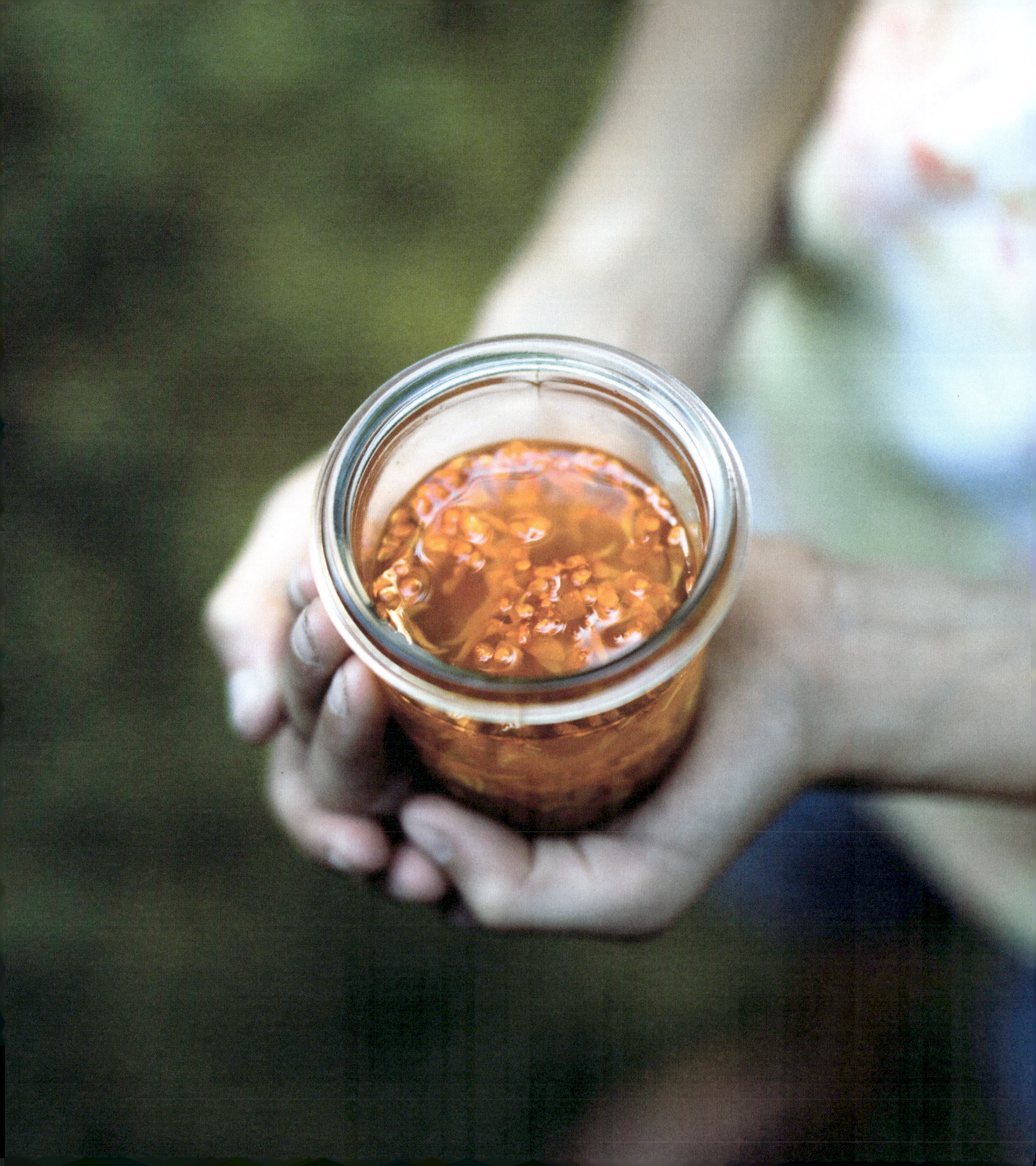

ÄTHERISCHE ÖLE

Düfte sind die Gefühle der Blumen.
Heinrich Heine

EIGENSCHAFTEN UND ANWENDUNGSBEREICHE

Die Düfte der Natur bewusst zu erleben, ist einer der großen Antriebe unseres Buches. Über die damit verbundene Sensibilisierung unseres Geruchsinns verschmelzen Wirkung und Wohlgefühl, was sich positiv auf unseren Körper und Geist sowie unsere Seele auswirkt. Die Auswahl natürlicher Kräuter ergänzen wir mit einigen ätherischen Ölen, um Wirkung und Duft zu intensivieren.

WAS SIND ÄTHERISCHE ÖLE?

Ätherische Öle sind hoch konzentrierte und flüchtige Pflanzenessenzen, die mittels Wasserdampfdestillation, Kaltpressung oder Extraktion aus aromatischen Pflanzen oder Pflanzenteilen wie Kraut, Blüten, Blätter, Zweige oder Samen gewonnen werden. Bei den meisten duftenden Pflanzen ist vor allem deren Gehalt an ätherischen Ölen für Wohlgeruch und Duft verantwortlich.

Zur Gewinnung von nur einigen wenigen Tropfen ätherischen Öls werden große Mengen an Pflanzenmaterial benötigt. So werden z.B. für die Herstellung von 1 g Lavendelöl, was 25 Tropfen entspricht, 120 bis 140 g Lavendelblüten benötigt. Dadurch sind ätherische Öle hochkonzentrierte Substanzen. Der Umgang und die richtige Dosierung sind maßgeblich für eine positive Wirkung ohne unerwünschte Nebenwirkungen. Zudem ist die Qualität der ätherischen Öle enorm wichtig. Nur 100% naturreine Öle sollten verwendet werden. Empfohlene Anbauweisen der aromatischen Pflanzen, aus denen die kostbaren Öle gewonnen werden:

- Wildwuchs bzw. Wildsammlung
- biologisch-dynamischer Anbau (Demeter)
- kontrolliert biologischer Anbau (kbA)
- konventioneller Anbau mit hochwertiger bzw. naturreiner Verarbeitung.

Herkunft und Anbauweise sind zwei von vielen Kriterien. Zudem ist die Art der Gewinnung sowie die Reinheit der ätherischen Öle für eine hochwertige Qualität entscheidend. Im Quellnachweis haben wir verschiedene Hersteller unseres Vertrauens aufgeführt.

DIE RICHTIGE ANWENDUNG IST SEHR WICHTIG

Grundsätzlich sollten ätherische Öle bis auf sehr wenige Ausnahmen nie pur bzw. unverdünnt angewendet werden. Bei einem Mückenstich z.B.

kann 1 Lavendelöl-Tropfen direkt auf den Stich gegeben werden, um den Juckreiz zu lindern. Ansonsten werden diverse Öle u. Ä. als Trägermaterial beigemischt, um die ätherischen Öle zu verdünnen.

WELCHE TRÄGERMATERIALIEN EIGNEN SICH?

Für die Körperpflege werden ätherische Öle meist mit fetten Pflanzenölen wie Mandelöl, Jojobaöl oder anderen hautpflegenden Ölen gemischt bzw. mit Wasser und Emulgatoren verdünnt. Dadurch können die Wirkstoffe der ätherischen Öle optimal von der Haut aufgenommen werden. Für Bäder können Milch, Milchpulver, neutrales Duschgel, Sahne, Meersalz oder Haferkleie als Trägermaterial eingesetzt werden. Bei der Raumbeduftung können die ätherischen Öle mittels Alkohol (Raumspray), Wasser (Diffuser/ Duftlampe) oder natürlichen Wachsen wie Bienenwachs, Rapswachs usw. (Aromakerzen) im Raum verteilt werden. Auch zum Putz- oder Waschmittel können ätherische Öle beigefügt werden.

AUF DIE RICHTIGE DOSIERUNG KOMMT ES AN

Es ist nicht nur wichtig, ein zur jeweiligen Anwendung passendes Trägermaterial einzusetzen, auch die Konzentration der ätherischen Öle muss bedacht werden. Tatsächlich kann eine Überdosierung eine gegenteilige Wirkung bzw. unerwünschte Nebenwirkung wie Übelkeit oder Kopfschmerzen verursachen. Ätherische Öle sollten bis auf sehr wenige Ausnahmen nicht mit Schleimhäuten in Berührung kommen. Während der Schwangerschaft, im Umgang mit Kleinkindern oder Haustieren sowie bei Erkrankungen wie Asthma, Herzbeschwerden, Epilepsie usw. sollte vorsichtshalber auf ätherische Öle verzichtet werden und unbedingt vorab mit der Hebamme, einem Arzt, einer Ärztin oder Heilpraktiker*innen Rücksprache gehalten werden.

Achtung

Ätherische Öle sind hochkonzentrierte Substanzen und müssen entsprechend verdünnt, richtig dosiert und zielgerichtet eingesetzt werden. *Immer die Hinweise auf der Packungsbeilage beachten!*

Niedrige Dosierung (bis 1%)
- tägliche Hautpflege
- Anwendung an Schleimhäuten (z.B. Mundpflege)
- zur Stärkung des Immunsystems
- zur Unterstützung der psychischen Gesundheit (z.B. bei Stress, Ängsten, Trauer)

Achtung
Für Kinder, Schwangere, ältere Menschen sowie psychisch labile Menschen bitte die genannten Vorsichtsmaßnahmen beachten.

Mittlere Dosierung (1 bis 2%)
für Teilkörperanwendungen wie beispielsweise
- Einreibung von Brust, Rücken oder Nacken (z.B. bei Erkältungen, Verspannungen)
- in Duschgels, Badezusätzen oder Massageölen für Erwachsene, Duft-Roll-On

Dosierung bei Vollbad/Fußbad
- Für ein Vollbad ca. 8 bis 10 Tropfen der entsprechenden Essenz auf 1 bis 3 EL einer Trägergrundlage verwenden.
- Für ein Fußbad ca. 4 bis 7 Tropfen der entsprechenden Essenz auf 1 bis 2 EL einer Trägergundlage verwenden.

Hinweis
Ätherische Öle sind nicht wasserlöslich, daher werden, wie bereits oben beschrieben, Trägermaterialien und/oder Emulgatoren benötigt.

Dosierung bei Inhalation
1 bis 2 Tropfen pro Inhalation in ca. 2 Liter dampfendes, heißes Wasser geben.

Achtung
Keinesfalls kochend heißes Wasser verwenden! Hier besteht Verbrühungsgefahr für die Gesichtshaut und die Schleimhäute.

Die richtige Dosierung hängt von diesen drei Faktoren ab:
- Alter (Baby, Kinder bis 10 Jahre, Jugendliche oder Erwachsene)
- Hautbeschaffenheit (z. B. gereizte Hautstellen)
- körperliche und seelische Befindlichkeit

Zusätzlicher Hinweis zu Anwendungen bei Babys und Kindern:
Bei Babys, Kleinkindern und Kindern bis 6 Jahren sollten ätherische Öle nur mit großer Vorsicht verwendet werden. Bei Kindern von 6 bis 10 Jahren die für Erwachsene angegebene Dosierung halbieren! Auch sollte in dieser Altersgruppe auf ätherische Öle wie z.B. Kampfer, Eukalyptus, verschiedene Thymiansorten oder Pfefferminz verzichtet werden, da sie zu Atemnot, Krämpfen oder Bewusstseinsstörungen führen können. Alle ätherischen Öle immer außerhalb der Reichweite von Kindern und Tieren aufbewahren! Der Bereich *Kinder und ätherische Öle* ist sehr sensibel und in der Anwendung nur dann zielführend, wenn verantwortungsvoll damit umgegangen wird.

VERHÄLTNIS DER TROPFENANZAHL DES ÄTHERISCHEN ÖLS ZUR VERDÜNNUNG MIT EINEM TRÄGERMATERIAL

In der Aromapflege werden niedrige (bis 1%) oder mittlere (1 bis 2%) Dosierungen verwendet. Dabei entsprechen 2 Tropfen ätherisches Öl auf 10 ml fettes Pflanzenöl einer 1%igen Mischung. Eine Dosierung von 3% und höher kommt eher in der professionellen, medizinischen Aromatherapie zum Einsatz, die vorab unbedingt mit speziell ausgebildeten Therapeut*innen abgestimmt werden muss.

DOSIERUNG BEI RAUMBEDUFTUNG

Für die Raumbeduftung genügen bereits 2 bis 8 Tropfen in der Duftlampe oder dem Diffuser. Zudem ist die Dosierung abhängig von der Zimmertemperatur und Raumgröße sowie der gewünschten Duftintensität. Anfangs vorsichtshalber lieber weniger Tropfen verwenden und bei Bedarf langsam steigern. Für ein Raumspray (100 ml) und für Aromakerzen pro 100 g Wachs jeweils ca. 30 bis 40 Tropfen verwenden.

FOLGEN SIE IHRER NASE

WELCHE DÜFTE HARMONIEREN MITEINANDER?

Es gilt: Erlaubt ist, was gefällt, denn Duftvorlieben sind etwas sehr Subjektives, Individuelles und Persönliches. Was der Nase gefällt, tut auch der Seele gut.

Tipp

Um sich an eine mögliche Duftkomposition, die den eigenen Vorlieben entspricht, heranzutasten, nehmen Sie verschiedene (z.B. 2 bis 3) geöffnete Ölfläschchen Ihrer Wahl zur Hand und schwenken diese vor der Nase sanft hin und her, um die aufsteigenden und sich mischenden Düfte wahrzunehmen. Bei unserer Auswahl haben wir uns für ätherische Öle entschieden, die unsere Kräuterauswahl im Buch optimal ergänzen. Bei der Auswahl der Kräuter sowie den ätherischen Ölen war es uns wichtig, achtsam mit den Ressourcen umzugehen. Deshalb haben wir uns von Expertinnen beraten lassen, um für das Buch eine kleine, feine Auswahl zusammenzustellen, die vielseitig eingesetzt werden kann.

Unsere Auswahl:
Echter Lavendel / Lavendel fein (Lavandula angustifolia)

Zirbe (Pinus cembra), alternativ **Latschenkiefer** (Pinus mugo / P. pumilio), **Weißtanne** (Abies alba / A. pectinata) oder ein anderes Nadelgehölz (Nadelduft)

Zitrusdüfte wie **Orange** (Citrus sinensis / C. aurantium dulcis), **Grapefruit** (Citrus paradisi / C. grandis), **Zitrone** (Citrus medica limonum), **Bergamotte** (Citrus aurantium bergamia), **Mandarine rot** (Citrus reticulata / C. nobilis)

Thymian (Thymus zygis), hier darauf achten, eine milde Thymiansorte wie *Thymian Linalool* zu wählen. Alternativ **Cajeput** (Melaleuca cajuputi), welches auch gut für Kinder ab 1 Jahr verträglich ist (krautig).

Echte Rose (Rosa damascena) / alternativ **Rosengeranie** (Pelargonium graveolens)

Pfefferminze (Mentha piperita) oder ein anderer erfrischender Duft wie **Rosmarin** (Rosmarinus officinalis) oder **Ingwer** (Zingiber officinale)

Wer zusätzlich einen balsamischen Duft möchte, dem empfehlen wir **Honigextrakt** (Honeycomb Extract), **Tonka-Extrakt** (Dipteryx odorata), **Vanilleextrakt** (Vanilla planifolia), ätherisches Öl von **Sandelholz** (Santalum album) und weitere.

FERTIGE DUFTMISCHUNGEN

Für diejenigen, denen die Welt der ätherischen Öle noch neu ist, empfehlen wir fertige Duftmischungen. Die in den Bezugsquellen aufgeführten Hersteller bieten wunderschöne Mischungen in verschiedenen Duftrichtungen an, die vielseitig eingesetzt werden können. Wer Freude daran hat, kann diese Duftmischungen individuell mit zusätzlichen einzelnen ätherischen Ölen ergänzen.

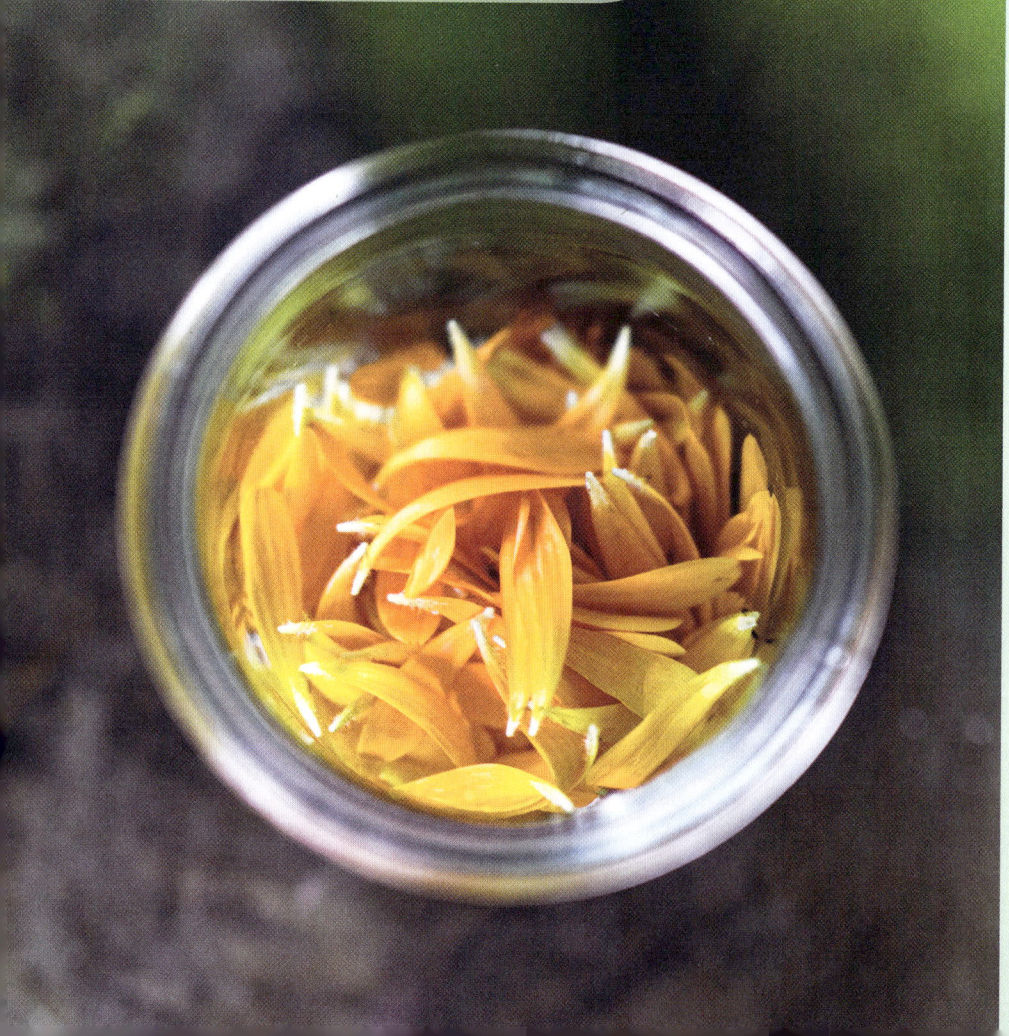

Eigenschaften der ausgewählten ätherischen Öle*

Lavendel
Botanische Bezeichnung:
Lavandula angustifolia
Duftcharakter: süß, würzig, frisch, blumig

Lavendelöl gilt als die nützlichste und vielseitigste Aromaessenz überhaupt, es eignet sich hervorragend als Zusatz in Hautpflegemitteln und harmoniert mit fast allen anderen natürlichen Düften.

Zirbe
Botanische Bezeichnung:
Pinus cembra
Duftcharakter: holzig, frisch, harzig, würzig

Zirbenöl ist ein beliebter Begleiter in der kalten Jahreszeit. Der warme Duft vermittelt eine ruhige und gelassene Atmosphäre und regt zum tiefen Durchatmen an.

Zitrusdüfte
Zitrusdüfte verströmen Lebensfreude. Diese feinen ätherischen Öle aktivieren über unser Gehirn körpereigene Botenstoffe wie das Glückshormon Endorphin und erzeugen gute Laune.

Orange süß
Botanische Bezeichnung:
Citrus sinensis / C. aurantium dulcis
Duftcharakter: fruchtig, süß

Orangenöl ist allgemein beliebt, sein fröhlicher sympathischer Duft wird häufig in Hautpflegeprodukten

* Neumond – Duft der Natur GmbH / Eigenschaften der ätherischen Öle

verwendet, es harmoniert mit vielen anderen Düften der Natur, z.B. mit Honig, Jasmin, Neroli oder Zimt.

Bitterorange
Botanische Bezeichnung:
Citrus aurantium amara
Duftcharakter: fruchtig, erdig, süß, frisch

Bitterorangenöl complet wird aus der ganzen Frucht gewonnen und überzeugt mit einem besonders runden und vollfruchtigen Aroma.

Zitrone
Botanische Bezeichnung:
Citrus medica limonum
Duftcharakter: fruchtig, frisch

Der spritzige Duft des Zitronenöles gibt jeder Duftmischung eine erfrischende Note. Zitrone ist der ideale Duft für Schul- und Büroräume.

Mandarine rot
Botanische Bezeichnung:
Citrus reticulata / C. nobilis
Duftcharakter: fruchtig, süß

Der sanfte, weiche Duft des Mandarinenöls eignet sich gut zur Beduftung von Kinderzimmern und für weihnachtliche Duftmischungen.

Grapefruit
Botanische Bezeichnung:
Citrus paradisi / C. grandis
Duftcharakter: fruchtig, würzig

Das sympathische Duftbild von Grapefruit erfreut mit frisch-fruchtiger, leicht herber Note.

Bergamotte
Botanische Bezeichnung:
Citrus aurantium bergamia
Duftcharakter: fruchtig, frisch, würzig

Das frisch-fruchtige Bergamotteöl verbindet sich gut mit den meisten anderen Ölen, besonders mit Neroli, Sandelholz und Ylang-Ylang. Bergamotteöl ist eine wichtige Komponente in der Parfümerie.

Limette
Botanische Bezeichnung:
Citrus aurantifolia
Duftcharakter: fruchtig, frisch

Limettenöl findet wegen seines sympathischen Duftes vielseitige Anwendung in der Aromakosmetik.

Thymian Linalool
Botanische Bezeichnung:
Thymus zygis
Duftcharakter: würzig

Thymian Linalool ist sanfter als das kräftigere Thymian Thymol. Das milde, hautfreundliche Thymianöl Linalool eignet sich sehr gut für Kinder sowie als Zusatz für wärmende Brusteinreibungen und für Erkältungsbäder.

Rose
Botanische Bezeichnung:
Rosa damascena
Duftcharakter: blumig, süß

Echtes Rosenöl ist aufgrund der aufwendigen Gewinnung eines der teuersten, jedoch aufgrund seiner vielen positiven Eigenschaften auch eines der kostbarsten ätherischen Öle und sollte in einer gut sortierten Hausapotheke nicht fehlen.
Das ätherische Rosenöl besitzt eine starke Heilwirkung, wirkt antiseptisch, hautpflegend und harmonisierend auf Herz und Seele. Zudem beruhigt die Rose die Nerven und ist hormonmodulierend. Wem reines ätherisches Rosenöl zu kostspielig ist, kann gut auf die in Jojobaöl oder Weingeist verdünnte Variante zurückgreifen, die meist in einer 10%igen Konzentration angeboten wird und sehr ergiebig ist. Alternativ wird gerne das günstigere ätherische Öl der Rosengeranie verwendet, das ähnlich riecht und auch in Hautpflegeprodukten eingesetzt wird. Allerdings besitzt die Rosengeranie nicht annähernd die Wirkung der echten Rose, die uns durch ihre vielen positiven Eigenschaften sehr am Herzen liegt.

Pfefferminze
Botanische Bezeichnung:
Mentha piperita
Duftcharakter: frisch

Der unverwechselbare Duft der Pfefferminze bringt Frische in jeden Raum. Da Pfefferminzöl sehr intensiv ist, sollten Sie es für Kleinkinder nicht verwenden.

Tonka-Extrakt
Botanische Bezeichnung:
Dipteryx odorata
Duftcharakter: süß

Tonka hat eine interessante, verführerische Note, die gern in Parfüms, Körper- und Badeölmischungen eingesetzt wird. Es mischt sich gut mit Blüten-, Zitrus- oder Holz- und Harzdüften.

Unter Bezugsquellen finden Sie Anbieter, deren Öle wir gern für unsere Rezepturen verwenden sowie weitere Quellen zum Thema.

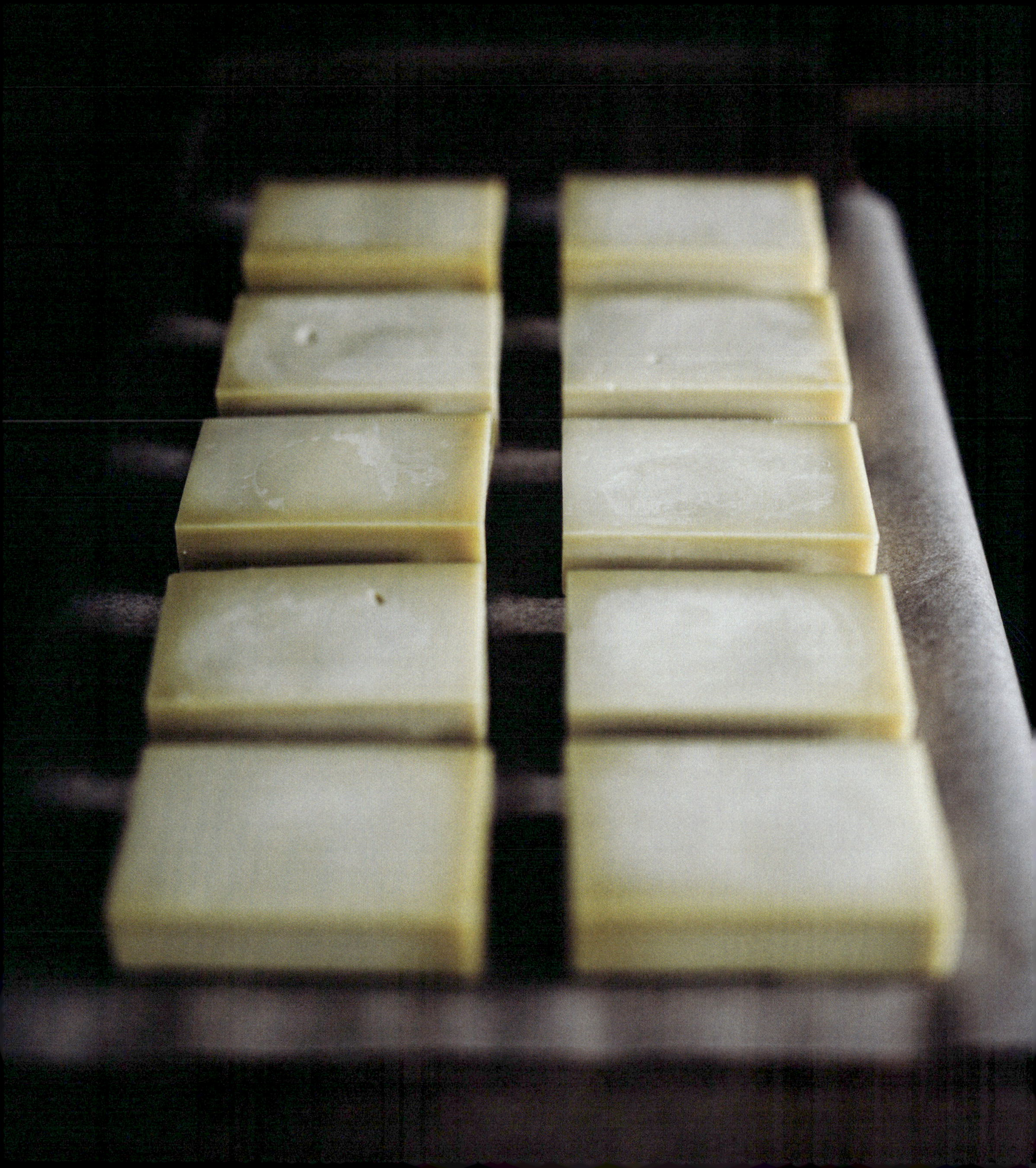

DUFTENDE KÖRPER- UND SINNESPFLEGE

Poesie ist wie ein Duft, der sich verflüchtigt
und dabei in unserer Seele die Essenz der
Schönheit zurücklässt.
Jean Paul

BIENENWACHSAUFLAGEN

WISSENSWERTES ZU BIENENWACHS

Bienenwachs ist (genau wie Honig) ein kostbares Bienenprodukt. Es existieren unterschiedliche Angaben, wie hoch der Energieverbrauch der Honigbienen ist, um 1 kg Bienenwachs zu produzieren – im Schnitt verbrauchen die Bienen für 1 kg Bienenwachs ca. 7 bis 8 kg Honig. Für 1 kg Honig müssen die Bienen wiederum ca. 3 kg Nektar sammeln. Bienenwachs ist, wenn man es genau betrachtet, also kaum weniger kostbar als Honig und besitzt ebenfalls heilsame Inhaltsstoffe.

Weil Bienenwachs so wertvoll und damit teuer ist, wird leider oft gepanschtes Bienenwachs angeboten, das mit anderen Wachsarten wie z.B. Paraffin gestreckt ist. Ein Großteil des Bienenwachses, das bei uns im Handel erhältlich ist, stammt aus China. Man muss damit rechnen, dass sehr günstig angebotenes Bienenwachs lediglich Spuren echten Bienenwachses enthält, was natürlich bedenklich ist, wenn das Wachs für die Herstellung von Auflagen und Balsamen, die heilsamen Zwecken dienen, verwendet wird.

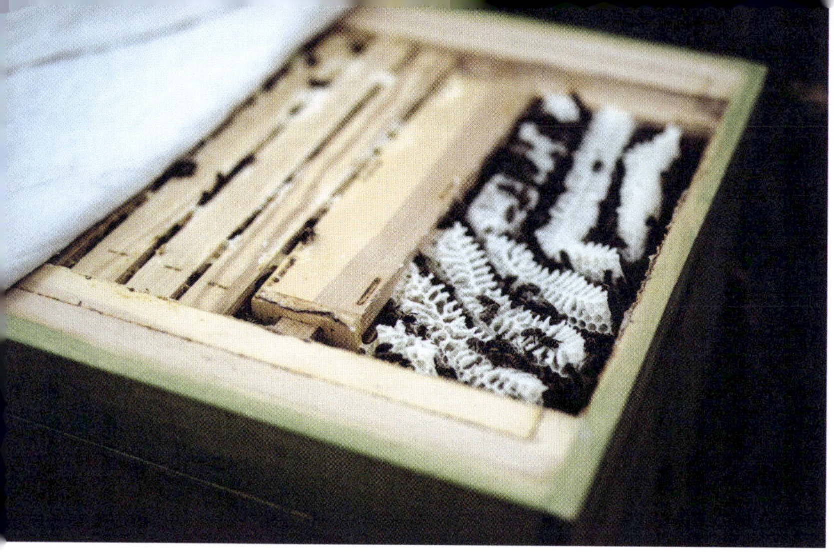 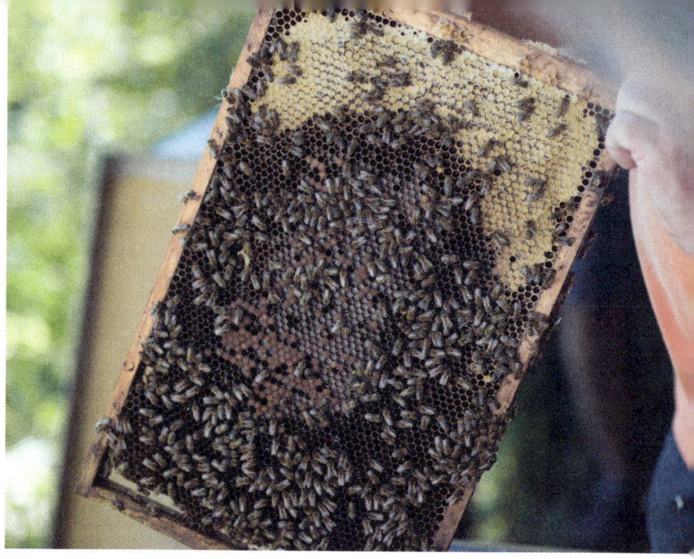

Bienenwachs kann zudem Rückstände von Insektiziden und Pestiziden enthalten (importiertes Bienenwachs eventuell auch solche, die bei uns in Deutschland überhaupt nicht zugelassen sind).

Bienenwachs sollte man möglichst sorgsam und wertschätzend konsumieren und zumindest solches Bienenwachs, das für Kosmetik- oder Heilzwecke verarbeitet werden soll, nach Möglichkeit aus biologischer sowie wesensgemäßer Bienenhaltung wählen (die strengsten Richtlinien in Bezug darauf, vor allem, was das Tierwohl betrifft, gibt übrigens der Demeter-Verband vor).

Frisches Bienenwachs, das auch Jungfernwachs genannt wird, sieht aus wie zarter Alabaster, es ist beinahe durchsichtig und zeigt nur einen hauchfeinen weißen Schimmer (nicht zu verwechseln mit weißem Bienenwachs, das man z. B. als Pastillen kaufen kann – dieses ist in der Regel chemisch gebleicht). Sogenannte Baubienen (Arbeiterinnen der Honigbiene in einer bestimmten Lebensphase) schwitzen das frische Bienenwachs in kleinen Plättchen aus Drüsen an ihrem Hinterleib aus, vermischen es mit einem Sekret aus ihrem Speichel und bauen daraus in faszinierender Weise hauchdünne und dennoch unglaublich stabile Waben für Brut, Pollen und natürlich Honig. Gefüllte Honigzellen werden, wie auch die Brutzellen, zu gegebener Zeit mit einem schützenden Deckel aus frischem Bienenwachs versehen. Dieser Deckel wird von Imkern und Imkerinnen vor dem Ausschleudern des Honigs mit einer speziellen Gabel von den Waben gekratzt und nennt sich Entdeckelungswachs. Erst nach und nach bekommen die Waben im Bienenstock durch die Einlagerung von Nektar und Pollen bzw. den Überzug mit antiseptisch wirkender Propolis (aus Knospenharz) ihre typisch gelbe Färbung und auch den besonderen Duft, den wir alle kennen und lieben. Mit der Zeit werden die Waben im Bienenstock (vor allem die bebrüteten) durch die Anreicherung mit diesen Stoffen immer dunkler.

WISSENSWERTES ÜBER BIENENWACHS FÜR UNSERE DIY-PROJEKTE

Kerzen aus Bienenwachs gibt es bereits seit dem Mittelalter – bis heute ist Bienenwachs eines der kostbarsten und nachhaltigsten Kerzenwachse. Für die Kerzenherstellung sollte das Bienenwachs mehrfach gereinigt und gefiltert sein, damit die Kerzen möglichst rußfrei abbrennen können.

In unseren Bezugsquellen führen wir Anbieter auf, bei denen man Bienenwachs für unterschiedliche Zwecke in guter und geprüfter Qualität bekommt, man kann jedoch auch in Imkereien in der Umgebung Ausschau nach Bienenwachs halten. Manchmal verkaufen Bienenhalter*innen neben Honig auch Bienenwachs und können Auskunft darüber geben, ob es ausreichend gefiltert und gereinigt wurde, sodass es sich z. B. zum Kerzenmachen eignet bzw. ob es frisch genug ist (mit möglichst wenig bedenklichen Rückständen), sodass es sich auch für kosmetische oder heilsame Zwecke eignet.

Möchte man Bienenwachs zu Heilzwecken oder für die Hautpflege verarbeiten, ist es sinnvoll, wenn therapeutisch wertvolle Duft- und Wirkstoffe von Propolis, Pollen usw. noch ausreichend enthalten sind – das Bienenwachs sollte daher nicht übermäßig oft erhitzt und gefiltert werden (gröbere Schmutzteilchen, Puppenhäutchen, Holzsplitter u.Ä. müssen natürlich entfernt werden). Für Balsame eignet sich auch das bereits erwähnte Entdeckelungswachs, das man mit etwas Glück in einer (Bio-)Imkerei in der Umgebung erwerben kann. Es ist besonders wertvoll, denn es enthält bereits Propolis, Pollenspuren und Honiganteile, ist dazu jedoch auch noch sehr frisch und besitzt deshalb den Vorteil, am wenigsten mit schädlichen Umweltgiften oder Medikamentenrückständen belastet zu sein (z.B. synthetische Behandlungsmittel gegen die Varroamilbe).

Es heißt, «Bienenwachs sei geronnenes Sonnenlicht» – ein schöner Gedanke, wenn dies in Form von Kerzenschein wieder sichtbar wird. Bienenwachs kann Wärme speichern und wieder abgeben, was wir uns in unseren selbst gemachten Bienenwachsauflagen zunutze machen.

Bienenwachs kann zudem wässrige und ölige Stoffe miteinander verbinden, die sich ansonsten nicht vermischen lassen (z.B. in Kombination mit anderen Emulgatoren bei der klassischen Creme- und Salbenherstellung).

Zum Anrühren unserer Balsame verwenden wir Bienenwachs als natürlichen Konsistenzgeber – es verbindet sich mit den zugegebenen flüssigen Ölen und ergibt nach dem Aushärten einen geschmeidigen Balsam.

Bienenwachs ist nicht nur heilsam, nach dem Auftragen eines Balsams legt sich dieses auch als pflegender und schützender Film auf die Haut, was z.B. im Winter zum Schutz empfindlicher Gesichtshaut vor Kälte oder für beanspruchte Hände hilfreich und nützlich ist.

HERSTELLUNG UND ANWENDUNG VON BIENENWACHSAUFLAGEN

Materialien

- kleinerer Topf, um das Bienenwachs zu schmelzen (ø ca. 20 cm)
- etwas größerer Topf mit Wasser für das Wasserbad
- ab ca. 100 g Bienenwachs (je nach gewünschter Menge an Bienenwachsauflagen)
- Stoffzuschnitte aus Leinen oder Baumwolle
- Backpapier
- Bügeleisen
- altes Geschirrtuch und/oder Frotteetuch
- nach Bedarf 2 Holzwäscheklammern
- Schere
- ggf. etwas Olivenöl

Bienenwachsauflagen gehören zu den altbewährten Hausmitteln, die etwas in Vergessenheit gerieten. Seit einigen Jahren werden diese vor allem in der Kinderheilkunde wieder angewendet. Warme Bienenwachsauflagen tun jedoch auch uns Erwachsenen gut und sind keinesfalls nur bei Beschwerden wie Husten, Bronchitis usw. hilfreich, sie sind auch bei Muskel- oder Menstruationsschmerzen, Verspannungen, Schlafstörungen, Ängsten, Unruhe usw. wohltuend.

In Apotheken gibt es fertige Bienenwachsauflagen in verschiedenen Größen zu kaufen, sie lassen sich jedoch auch mit einfachen Mitteln selbst herstellen. Schon der Duft, der einem beim Schmelzen des Bienenwachses um die Nase weht, streichelt Herz und Seele.

Es lohnt sich, gleich mehrere Bienenwachsauflagen herzustellen (z.B. für mehrere Familienangehörige), auch wenn die Auflagen mehrfach angewendet werden können. Ein kleiner Vorrat schadet nicht, und die Bienenwachsauflagen sind zudem eine hübsche und sinnvolle Geschenkidee – vor allem, wenn die Bienenwachsauflage gleich als Rundumwohlfühlpaket samt etwas Schafwolle, handgestricktem Wollläppchen, duftendem Kräuterkissen usw. verschenkt wird.

Anleitung

1. Stoff zuschneiden – standardmäßig betragen die klassischen Maße für Erwachsene ca. 15 x 20 cm. Man kann diese jedoch individuell den persönlichen Bedürfnissen und Zwecken anpassen (z.B. für den Schulter- und Nackenbereich, für den Bauch, die Brust usw.).

2. Bienenwachs im Wasserbad schmelzen. Der Schmelztopf sollte so groß sein, dass die Stoffbreite mühelos hineinpasst. Zudem muss sich genügend flüssiges Bienenwachs im Topf befinden, sodass die Stoffstücke gut eingetaucht werden können. Das Wasserbad sollte nicht kochen, denn Bienenwachs schmilzt bereits bei ca. 65 °C – weniger Hitze schont die wertvollen Inhaltsstoffe. Das sich erhitzende Wachs nicht unbeaufsichtigt auf dem Herd stehen lassen. Um die Bienenwachsauflage geschmeidiger zu machen, kann zusätzlich 1 TL Olivenöl zum Bienenwachs gegeben werden.
3. Ist das Bienenwachs geschmolzen, den Topf zur Seite schieben, das Stoffstück an den beiden oberen Ecken festhalten, zur Hälfte für wenige Sekunden in das Wachs tauchen, langsam wieder herausnehmen und abtropfen lassen. Das Tuch umdrehen bzw. an den beiden sich gegenüberliegenden Ecken, die bereits wachsgetränkt und etwas erkaltet sind, festhalten und die zweite Hälfte des Stoffstücks für wenige Sekunden in das Wachs tauchen (hierfür können bei Bedarf zwei Holzwäscheklammern zum Halten verwendet werden). Den Vorgang gegebenenfalls noch einmal wiederholen, das Tuch sollte im zweiten Tauchgang jedoch nur kurz in das Wachs getaucht werden, da die untere Wachsschicht sonst wieder schmilzt (allzu dick braucht die Wachsschicht nicht zu sein). Das gewachste Tuch zum Abkühlen auf das Backpapier legen.
4. Ist der Bienenwachswickel abgekühlt, kann dieser mit einem warmen Bügeleisen (Stufe 1 bis 2) bei Bedarf vorsichtig geglättet werden. Hierfür legt man die Bienenwachsauflage zwischen zwei Lagen ausreichend großer Backpapierzuschnitte, die wiederum auf einem alten Handtuch platziert werden, um das Bügelbrett vor auslaufendem Bienenwachs zu schützen. Mit dem Bügeleisen langsam kreisend und nur für wenige Momente über die unter dem Backpapier liegende Bienenwachsauflage bügeln, bis diese weich und glatt ist.
5. Die Bienenwachsauflage auf Backpapier abkühlen lassen, mit einer Schere für den Anwendungsbereich zurechtschneiden und in einer Schachtel staubgeschützt aufbewahren.

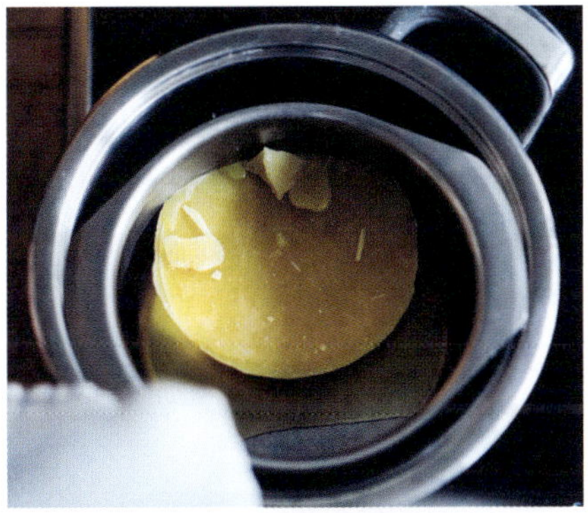
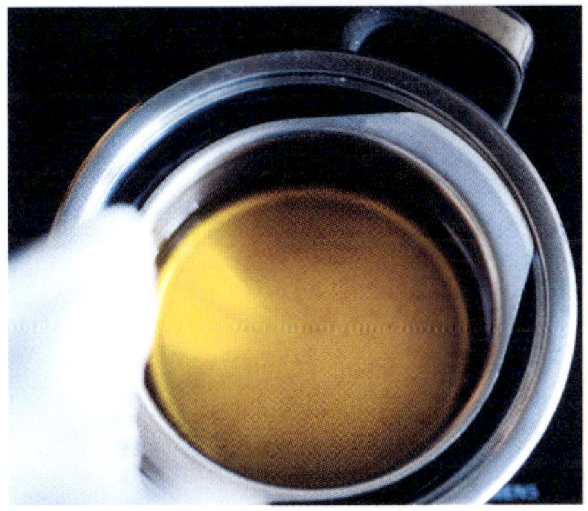
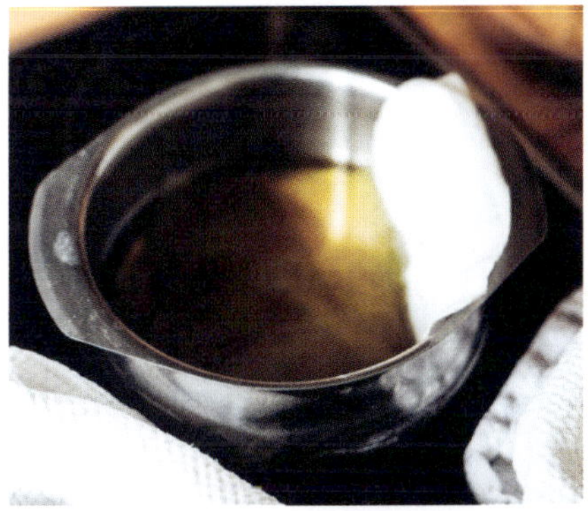
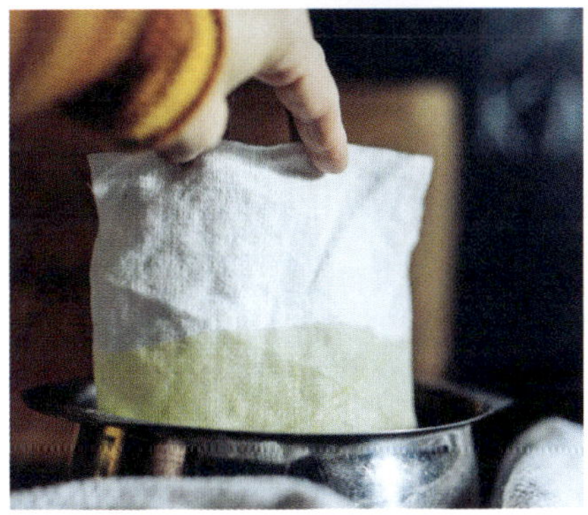

ANWENDEN EINES BIENENWACHSWICKELS

Materialien

Bienenwachsauflage
Föhn
etwas Heilwolle/Wollvlies oder alternativ ein Stück Wollwalk o.Ä. (etwas größer als die Bienenwachsauflage bemessen)
Mulltuch
ggf. Wärmflasche, erwärmbares Kräuterkissen oder Getreidekissen, fixierender Universalwickel (Anleitung S. 169)
bei Bedarf ein zu den jeweiligen Beschwerden passender Balsam oder ein Körperöl
Küchentuch oder Backpapier

Bienenwachswickel sind hilfreich und wohltuend bei Erkältungen mit Husten, Muskel- oder Menstruationsschmerzen, Verspannungen, Einschlafproblemen, Ängsten, innerer Unruhe und vielem mehr. In Kombination mit den zur Anwendung geeigneten ätherischen Ölen oder Pflanzenauszügen eines Balsams oder Körperöls kann die wohltuende Wirkung eines warmen Bienenwachswickels intensiviert werden (z. B. schleimlösender Thymian-Balsam bei Erkältungen, ein Lavendelöl-Balsam zur Entspannung oder als Einschlafhilfe, eine Einreibung mit Johanniskrautöl oder -Balsam bei Muskel- oder Regelschmerzen usw.). Siehe dazu auch Infos zu Wirkungsweisen von ätherischen Ölen ab S. 177.

Der Bienenwachswickel sollte mindestens 20 bis 30 Minuten auf der betreffenden Körperstelle aufliegen, kann jedoch, in Abhängigkeit der Beschwerden, auch über Nacht verbleiben.

Am besten nimmt man sich für die Anwendung einer Bienenwachsauflage bewusst eine kleine Auszeit und genießt die Geborgenheit, Wärme und den Duft auf dem Sofa oder Sessel sitzend bzw. im Bett liegend, falls man krankheitsbedingt nicht ohnehin dort verweilt, vielleicht mit ruhiger Musik in den Ohren oder einem schönen Buch vor der Nase.

Es ist nicht nur eine liebevolle Geste, seine Liebsten in dieser wohltuenden Weise zu umsorgen, solche Fürsorgezeiten im Alltag darf man sich auch selbst gerne mal gönnen.

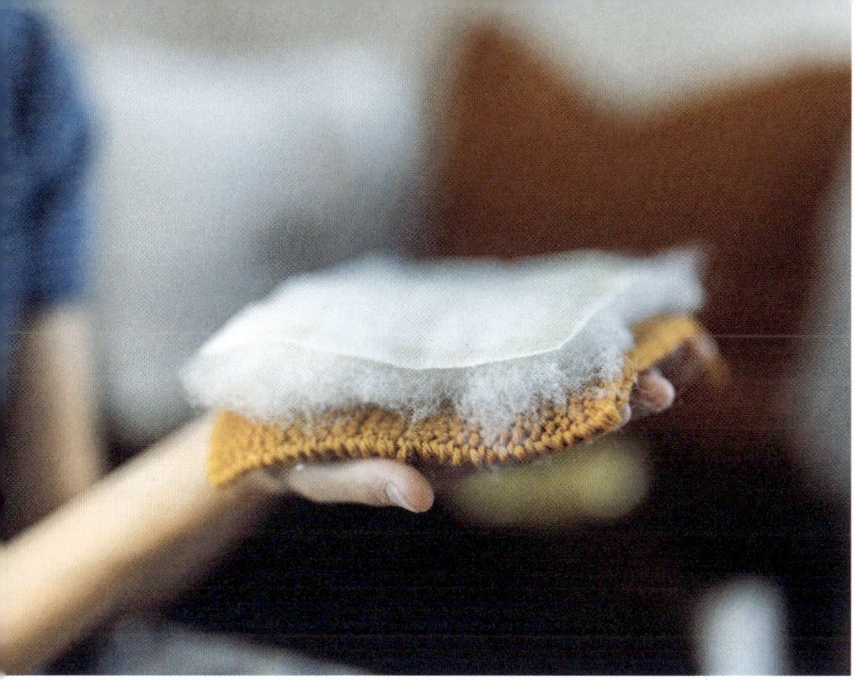

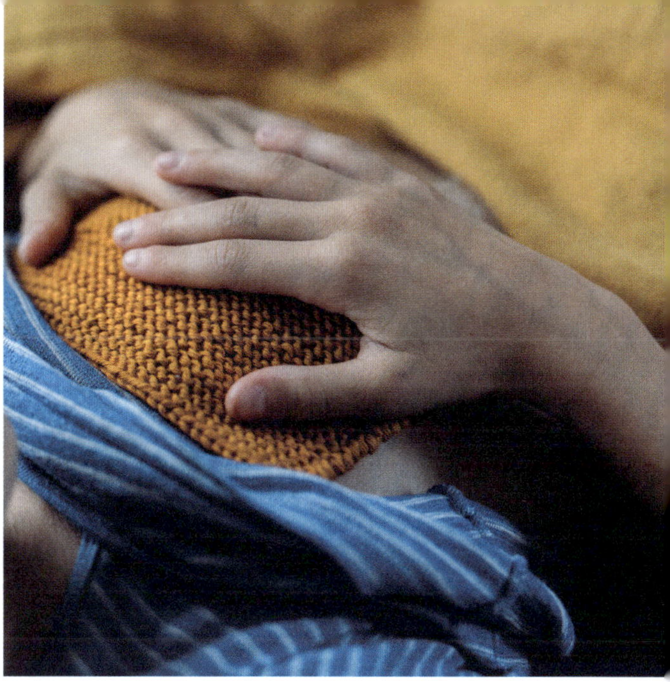

Anwendung

1. Die Bienenwachsauflage mit einem Föhn erwärmen, bis das Wachs weich und warm ist, jedoch noch nicht zu schmelzen beginnt. Hierbei kann die Bienenwachsauflage auf ein Küchentuch gelegt werden. Den Föhn möglichst gerade über die Bienenwachsauflage halten und diese mit der anderen Hand etwas festhalten, damit die Auflage nicht davonflattert.
2. Nach Bedarf die Körperstelle vor dem Auflegen der Bienenwachsauflage mit einem passenden Balsam oder Körperöl einreiben.
3. Bevor die Bienenwachsauflage direkt auf die gewünschte Hautfläche gelegt wird (z.B. Brust, Bauch, Schulter ...), an der Innenseite des Handgelenks prüfen, ob die Temperatur angenehm ist – *wegen Verbrennungsgefahr darf das Bienenwachs keinesfalls zu heiß sein!*
4. Liegt die Bienenwachsauflage an Ort und Stelle, sogleich ein Stück Heilwolle oder Wollvlies (alternativ Wollwalk), das rundherum etwas größer als die Bienenwachsauflage ist, zum Warmhalten auflegen. Diese Lage schützt zudem die darüberliegende Auflage, wenn eine solche gewünscht ist, vor Balsam- oder Ölspuren.
5. Um das Bienenwachs länger warmzuhalten, kann zusätzlich ein gestricktes Wollläppchen und/oder ein gefaltetes Mulltuch und darüber wahlweise eine wohlig-warme Wärmflasche oder ein angewärmtes Getreide- oder Kräuterkissen aufgelegt werden – hübsche Beispiele hierfür finden sich auf S. 140/141, 166, 170. Je nach zu erwärmender Körperstelle kann auch der Universalwickel von S. 169 zum Fixieren des Wickelpakets angewendet werden.

ÖLAUSZÜGE

Ölauszüge, auch Mazerate genannt, haben in der Naturheilkunde ihren festen Platz. Mazerate können beispielsweise zur Hautpflege von Gesicht und Körper verwendet werden oder auch als Massageöl sowie zum Anrühren von heilsamen Balsamen usw.

Es gibt zwei Methoden, um die fettlöslichen Wirkstoffe aus den Pflanzen zu lösen: das Kalt- und das Warmverfahren.

Beim klassischen Kaltauszug werden Wirkstoffe schonender aus den Pflanzen gelöst als im Warmverfahren. Allerdings ist das Schimmelrisiko beim Kaltverfahren etwas höher als beim Warmauszug und nimmt zudem mehr Zeit und Geduld in Anspruch, bis das Mazerat verwendet werden kann. Der Warmauszug wiederum verbraucht viel Energie.

Mazerate für die Gesundheits- und Körperpflege lassen sich gut aus Rosen, Lavendel, Kamille, Ringelblume, Johanniskraut, Gänseblümchen, Melisse, Thymian, Salbei, Spitzwegerich usw. gewinnen. Um ein hautpflegendes Mazerat herzustellen, sind native Öle hochwertiger als raffinierte. Da kaltgepresste (native) Öle jedoch schneller ranzig werden, vor allem, wenn diese über längere Zeit Wärme und Licht ausgesetzt sind, sollten die fertigen Ölauszüge bald verbraucht werden. Ähnlich verhält es sich mit Blüten und Kräutern: frische Pflanzen sind gehaltvoller als getrocknete, unterliegen jedoch durch den natürlichen Wassergehalt der Schimmelgefahr. Die Haltbarkeit des fertigen Mazerats ist maximal so lange wie die des verwendeten Trägeröls und hängt zudem davon ab, wie hygienisch bei der Herstellung gearbeitet wird und ob frische oder getrocknete Pflanzenteile verarbeitet werden. Es ist nicht einfach, hier die Balance zu finden, denn frische Pflanzen besitzen definitiv die wertvolleren Wirkstoffe.

Bei Verwendung frischer Pflanzenteile sollten Mazerate möglichst innerhalb von 3 bis max. 6 Monaten aufgebraucht werden.

BESONDERHEITEN (NICHT NUR) ZUM JOHANNISKRAUT-ÖLAUSZUG

Früher wurde der Johanniskraut-Ölauszug traditionell für bis zu sechs Wochen in die direkte Sonne gestellt. Inzwischen mehren sich kritische Stimmen und Studien dazu, denn direktes Sonnenlicht und die damit entstehenden Temperaturen schaden offensichtlich nicht nur dem Trägeröl, sondern auch den wertvollen pflanzlichen Wirkstoffen. Es ist deshalb ratsam, Gläser zum Ausziehen von Wirkstoffen wie z.B. von Johanniskraut zwar an einen warmen Ort zu

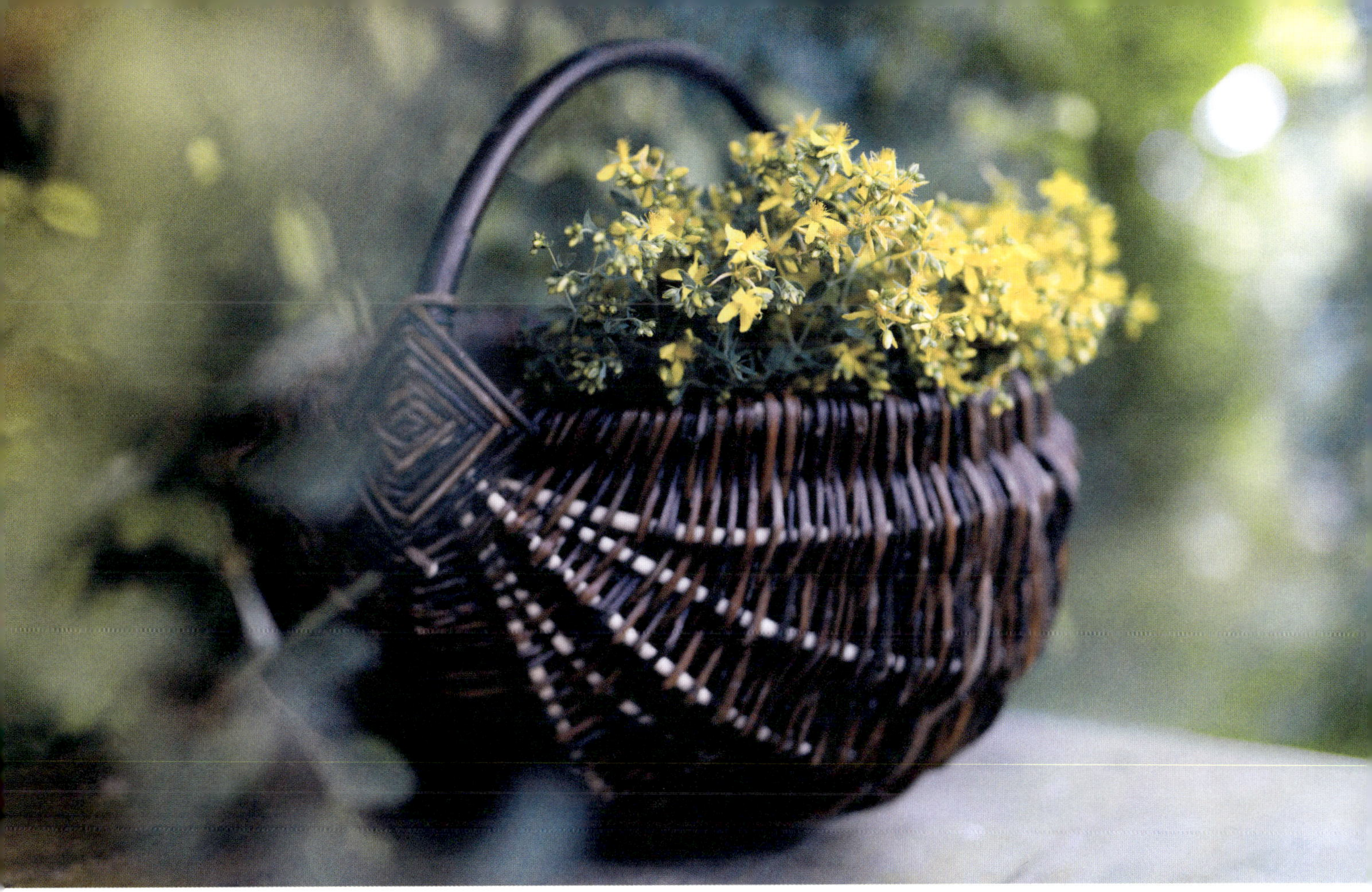

stellen, möglichst jedoch in einem vor Licht schützenden Braunglas, das keinesfalls direkter Sonneneinstrahlung ausgesetzt werden sollte.
Studien* zeigen außerdem, dass ein Großteil der Wirkstoffe bereits innerhalb von zwei Tagen in das Öl übergeht, weshalb es nicht notwendig erscheint, Blüten oder Kräuter für mehrere Wochen im Öl ziehen zu lassen. Eine Woche sollte ausreichend sein, das schont somit das Trägeröl und die Wirkstoffe. Für einen Johanniskraut-Ölauszug nicht nur die geöffneten Blüten, sondern auch Knospen, die kleinen Blättchen und Samenkapseln verwenden, da all diese Pflanzenteile unterschiedlich wertvolle Wirkstoffe enthalten. Johanniskraut sollte möglichst frisch, also ungetrocknet verwendet werden.

* Phytochemische Charakterisierung öliger Extrakte – Effizienz und Qualität der Extraktion; Dissertation von Michael Heldmaier.

KLASSISCHER KALTAUSZUG

Vor- und Nachteile:

- mehr enthaltene Wirkstoffe
- höheres Schimmelrisiko
- braucht Zeit und Geduld

Zutaten für eine kleine Menge Mazerat

50 bis 100 ml Trägeröl (z.B. Olivenöl, Sesamöl, Mandelöl, Jojobaöl)
eine Handvoll Blüten oder Kräuter, möglichst frisch
penibel sauberes Glas mit weiter Öffnung (je nach Volumen der Pflanzen- und Ölmenge mind. 250 ml Fassungsvermögen), am besten Braunglas, um die lichtempfindlichen Wirkstoffe zu schützen
Brettchen mit Messer oder Schere
Stoffrest (z.B. Nessel, Gaze)
Gummiring oder Schnur (zum Fixieren der Stoffhaube)
sauberes Lein- oder Mulltuch zum Abseihen
Schraubglas mit Deckel, möglichst aus Braunglas

Anleitung

1. Das Glas vor dem Befüllen sorgfältig reinigen, auskochen und trocknen.
2. Die Blüten und Kräuter – nur frische, nicht welkende oder braune Pflanzenteile verwenden – nach dem Absammeln zunächst in einem Körbchen o. Ä. liegen lassen, sodass kleine Tierchen, die sich gern in Blüten verstecken, davonspazieren können.
3. Möchte man frische Pflanzen verwenden, der Schimmelneigung jedoch entgegenwirken, so können die Pflanzen vor der Weiterverarbeitung für einige Stunden bis max. einen Tag auf ein trockenes Tuch gelegt werden, wodurch sie etwas Feuchtigkeit verlieren. Wer große Sorge vor Schimmel hat, lässt die Pflanzen vollständig trocknen, büßt so aber an Wirkstoffgehalt ein (Johanniskraut immer frisch verarbeiten).
4. Blüten oder Kräuter ggf. etwas zerkleinern, in ein sauberes Glas geben und mit Öl übergießen. Die Pflanzen müssen unbedingt vollständig mit Öl bedeckt sein und dürfen nicht mit Luft in Berührung kommen.
5. Werden frische Pflanzen verwendet, sollte das Glas nicht luftdicht mit einem Deckel verschlossen werden, stattdessen die Öffnung lieber mit einem Stoffhäubchen aus Gaze o. Ä. abdecken, sodass die Feuchtigkeit entweichen kann.
6. Das Glas mit der Pflanzenölmischung für max. 1 Woche an einem warmen Ort aufstellen, dabei vor direkter Sonneneinstrahlung schützen und mehrmals täglich vorsichtig kreisend bewegen.
7. Das Mazerat durch ein feines Tuch abseihen und in penibel saubere, möglichst dunkle Schraubgläser füllen, den Deckel schließen.
8. Das Glas beschriften (Abfülldatum, Zutaten usw.).
9. Mazerat kühl und dunkel aufbewahren.

WARMER ÖLAUSZUG

Vor- und Nachteile:

- weniger Wirkstoffe
- hoher Energieverbrauch
- etwas weniger Schimmelgefahr
- reduzierte Wartezeit

Zutaten für eine kleine Menge Mazerat

50 bis 100 ml Trägeröl (z. B. Olivenöl, Sesamöl, Mandelöl, Jojobaöl, Kokosöl)
eine Handvoll Blüten oder Kräuter
kleiner Topf für das Wasserbad
hitzebeständiges Glas (z. B. Becherglas, Weckglas etc.) ab ca. 250 ml Fassungsvermögen
Messer oder Schere
sauberes Lein- oder Mulltuch zum Abseihen
Schraubglas mit weiter Öffnung und Deckel, möglichst aus Braunglas

Anleitung

1. Einen kleinen Topf mit etwas Wasser befüllen.
2. Saubere Blüten/Kräuter ggf. leicht zerrupfen oder zerschneiden.
3. Blüten oder Kräuter in einem hitzebeständigen Glas ins Wasserbad stellen.
4. Das Wasserbad erhitzen, es sollte jedoch keinesfalls kochen.
5. Die Blüten-Kräuter-Ölmischung ohne Deckel für ca. 1 bis 2 Stunden im Wasserbad auf kleiner Flamme ziehen lassen, anschließend abkühlen lassen.
6. Das Mazerat durch ein feines Tuch abseihen, ggf. ein zweites Mal filtern, falls sich kleine Schwebeteilchen am Boden abgesetzt haben.
7. Das Mazerat in penibel saubere, möglichst dunkle Schraubgläser füllen.
8. Glas beschriften (Abfülldatum, Zutaten usw.).
9. Das Mazerat kühl und dunkel aufbewahren.

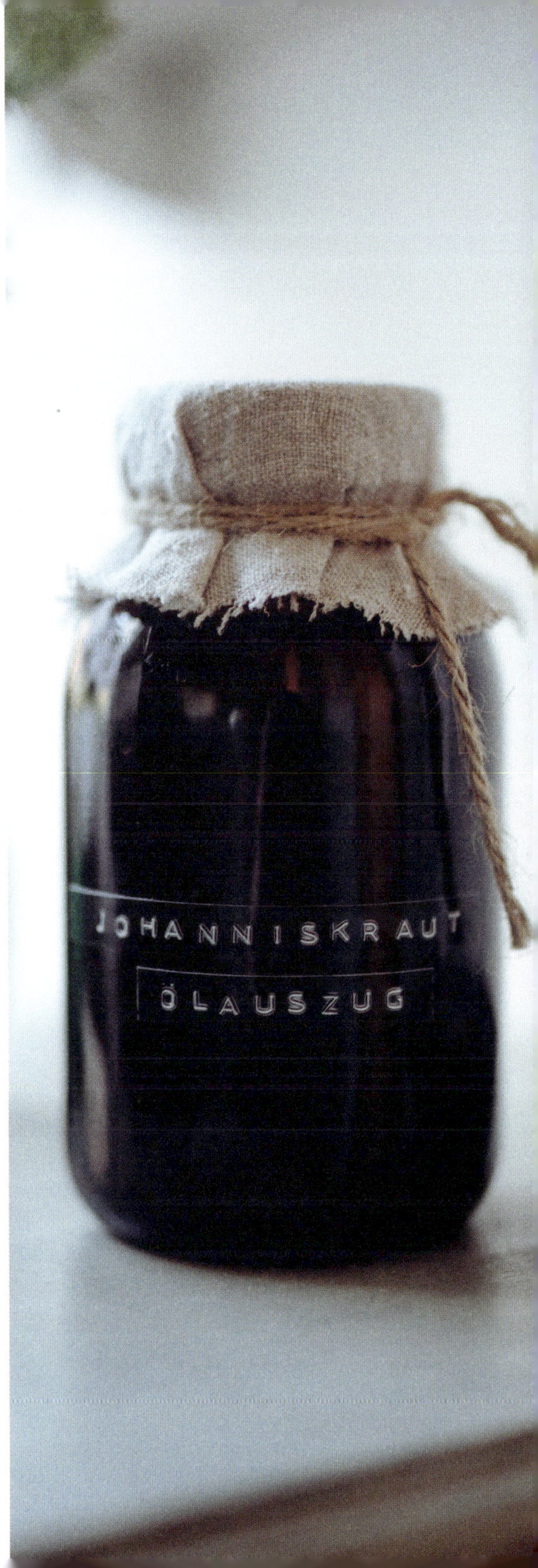

HERSTELLUNG VON BALSAMEN

GRUNDREZEPT

Zutaten

100 ml Basisöl, möglichst kaltgepresst und in guter Bio-Qualität*
10 g Bienenwachs für ein weicheres bzw. max. 15 g für ein etwas festeres Balsam
nach Belieben ca. 15 bis 20 Tropfen ätherische Öle, nach persönlichem Empfinden und in Abhängigkeit des gewählten ätherischen Öles ggf. auch weniger**

Sonstige benötigte Materialien

Topf für Wasserbad
hitzebeständiges Becherglas oder ein vergleichbares zum Schmelzen des Wachses und Vermengen der übrigen Zutaten
Holzstäbchen
Glastiegel (möglichst dunkle) zum Abfüllen des Balsams
Topflappen

* Als Basisöl eignet sich je nach Anwendungsgebiet z.B. Olivenöl, Mandelöl, Jojobaöl, Leinöl usw. Alternativ ein Mazerat.

** Besonders kostbare ätherische Öle wie das der Damaszener-Rose oder von Melisse werden in preisgünstigen Verdünnungen (z.B. 1 bis 10% in Jojobaöl oder Weingeist) angeboten. Trotz dieser Verdünnung ist die Intensität noch immer kraftvoll – auf 100 ml Trägeröl genügen daher je nach persönlichem Empfinden 5 bis 10 Tropfen dieser besonderen ätherischen Öle.

Jojobaöl und Mandelöl gehören zu den duftneutraleren Ölen und harmonieren daher gut mit zarten Blumen- und Zitrusdüften. Das intensivere Olivenöl verträgt sich in Balsamen gut mit Walddüften oder würzigeren ätherischen Ölen wie Zirbe, Thymian, Nadelhölzern usw.
Die Haltbarkeit des Balsams richtet sich immer nach dem verwendeten Trägeröl – Jojobaöl und Olivenöl sind beispielsweise länger haltbar als empfindliches Lein- oder Mandelöl. Wird ein kürzer haltbares Öl verwendet, sollte man nur so viel Balsam anrühren, wie man baldigst aufbrauchen kann. Es empfiehlt sich, Öle und Balsame dunkel und kühl aufzubewahren, z. B. im Kühlschrank.
Mit den Mengenangaben lassen sich ca. 4 Tiegel à 30 ml Inhalt füllen

Anleitung

1. Das Bienenwachs in einem hitzebeständigen Becherglas im Wasserbad zum Schmelzen bringen.
2. Sobald das Bienenwachs flüssig ist, das Trägeröl zugeben. In diesem Moment flockt das Bienenwachs etwas, da es durch die Zugabe des Öls etwas abkühlt.
3. Das Öl-Wachs-Gemisch weiter erwärmen und ab und zu mit dem Holzstäbchen umrühren, bis das Gemisch wieder klar ist.
4. Das Becherglas vorsichtig mit einem Topflappen aus dem Wasserbad nehmen, die ätherischen Öle zügig einrühren und alles mit dem Holzstäbchen vermengen.
5. Das Gemisch sogleich in die bereitstehenden Tiegel abfüllen und mit dem Deckel verschließen, damit die ätherischen Öle nicht entweichen, abkühlen lassen.

Die Balsam-Tiegel beschriften, ggf. hübsch dekorieren und möglichst kühl und dunkel aufbewahren.

Achtung

Empfindliche Menschen sollten bei ätherischen Ölen und Bienenprodukten vorsichtig sein, da diese allergische Reaktionen hervorrufen können. Bei Allergien, Empfindlichkeiten, Erkrankungen oder länger andauernden Beschwerden bitte vorab medizinischen Rat einholen.

Tipps zu Balsamen

Wer vor hat, öfter Balsame anzurühren, für den lohnt sich die Anschaffung von 1 bis 2 hitzebeständigen Bechergläsern aus Borosilikatglas in verschiedenen Größen mit Volumenskala und praktischem Ausgießer, die wahlweise mit oder ohne Henkel im Laborbedarf angeboten werden. Auch wenn Borosilikatglas hitzebeständig ist, empfehlen wir unbedingt, Bienenwachs und Öle schonend im Wasserbad und nicht direkt auf der Herdplatte zu erhitzen!

Die Balsam-Rezepturen sind nach persönlichen Wünschen abwandelbar – so können beispielsweise die Trägeröle ausgetauscht oder auch die ätherischen Öle individuell gemischt, abgewandelt oder komplett weggelassen werden.
Weitere Inspirationen und Mixturen ätherischer Öle sind auf S. 202 zu finden.

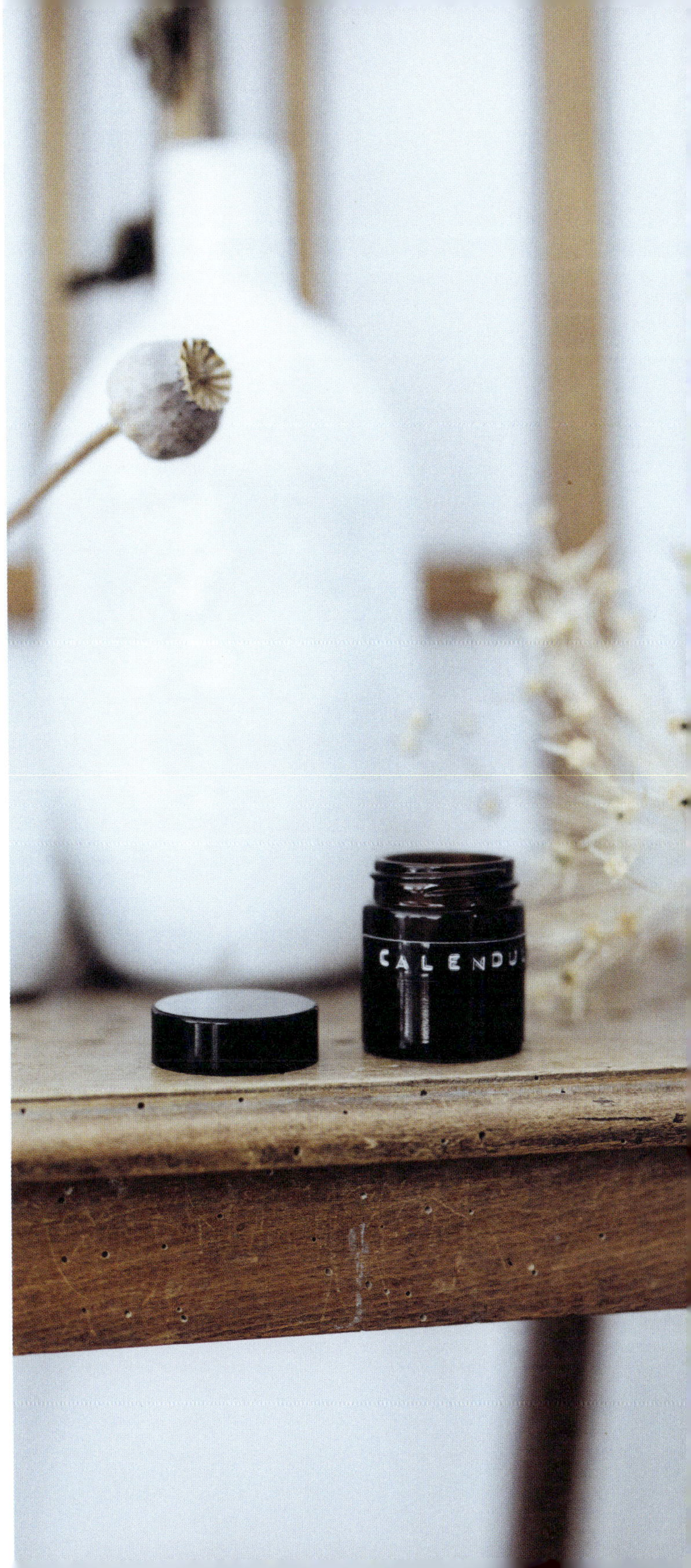

BALSAM-REZEPTUREN

BALSAME MIT ÖLAUSZÜGEN

Calendula-Balsam

Das Grundrezept für Balsame mit Calendula-Ölauszug (s. S. 194 bis 196) anrühren.

Calendula-Balsam eignet sich gut zur Gesichts- und Handpflege, z.B. als Kälteschutz im Winter oder bei rauer und empfindlicher Haut. Wer möchte, kann den Calendula-Balsam zart beduften, z.B. mit ätherischem Rosenöl oder in Kombination mit hautberuhigender süßer Tonka oder der frischen Note von Mandarine (bei Anwendung des Balsams im empfindlichen Gesichtsbereich max. 10 Tropfen ätherisches Öl auf 100 ml Öl-Wachs zugeben).

Johanniskraut-Balsam

Das Grundrezept für Balsame mit Johanniskraut-Ölauszug (s. S. 194 bis 196) anrühren.

Johanniskraut-Balsam pflegt und beruhigt trockene Haut, wirkt entzündungshemmend, wärmend und eignet sich auch gut als Massage-Balsam bei Verspannungen oder Regelschmerzen.

Spitzwegerich-Balsam

Das Grundrezept für Balsame mit Spitzwegerich-Ölauszug (s. S. 194 bis 196) anrühren.

Spitzwegerich wirkt u.a. entzündungshemmend sowie schmerzlindernd und eignet sich z.B. bei Insektenstichen.

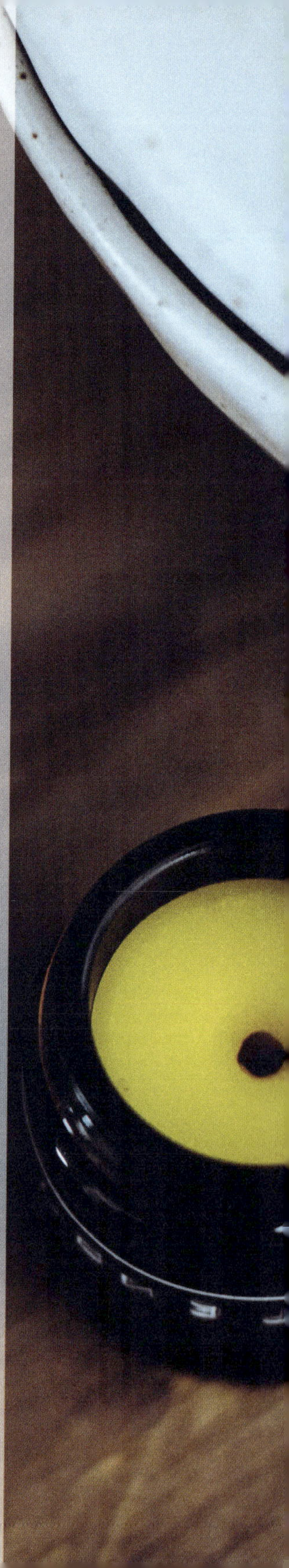

BALSAME MIT ÄTHERISCHEN ÖLEN

Erkältungsbalsam

Dem Grundrezept für Balsame à 100 ml je nach gewünschter Intensität folgende ätherische Öle zugeben:

12 Tropfen Thymian Linalool
8 Tropfen Lavendel
oder
10 Tropfen Thymian Linalool
6 Tropfen Zirbe
4 Tropfen Lavendel fein

Tipp

Die Tropfenanzahl der ätherischen Öle kann speziell beim Erkältungsbalsam je nach Bedarf und Verträglichkeit auf die doppelte der o. a. Menge erhöht werden (bis zu insg. 40 Tropfen à 100 ml Basisöl, nur bei Anwendung Erwachsener). Als Basisöl bietet sich neben Olivenöl pur auch ein Spitzwegerich-Ölauszug an (s. S. 194/195).

Entspannungsbalsam

Dem Grundrezept für Balsame à 100 ml folgende ätherische Öle zugeben:

10 bis 20 Tropfen Lavendel fein
oder
8 Tropfen Tonka
7 Tropfen Mandarine rot
5 Tropfen Rose, alternativ Rosengeranie
oder
8 Tropfen Lavendel
7 Tropfen Tonka
5 Tropfen Rose

Seelenstreichelbalsam

Dem Grundrezept für Balsame à 100 ml je nach gewünschter Intensität folgende ätherische Öle zugeben:

5 bis 10 Tropfen Rose
oder
10 bis 12 Tropfen Tonka
5 bis 8 Tropfen Rose

Venen-Balsam

Dem Grundrezept für Balsame à 100 ml je nach gewünschter Intensität folgende ätherische Öle zugeben:

5 bis 10 Tropfen Zitrone
(besonders fein mit Yuzu-Zitrone)
4 bis 8 Tropfen Zypresse
4 bis 8 Tropfen Lavendel fein
4 bis 8 Tropfen Rosengeranie

Das Venenöl wirkt erfrischend sowie vitalisierend und ist pure Wellness für die Beine. Bei müden, schweren Beinen morgens in Herzrichtung in die Beine massieren, ggf. mit einem kühlen Wadenwickel – wirkt erfrischend und wohltuend.

Tipps

Um den Balsam vor dem Auftragen anzuwärmen, die benötigte Menge in den Handflächen verreiben (besonders, wenn der Balsam auf kälteempfindliche Bereiche wie Brust, Schulter, Rücken usw. aufgetragen wird). Wird die Haut vorab etwas angefeuchtet, zieht der Balsam besser ein.

Siehe auch QR-Code auf S. 18
«Weitere Heilpflanzen und ihre Wirkung».

DEO-CREME

Zutaten

60 g warm ausgezogenes Salbeiöl (z.B. mit neutralem Kokosöl)
30 g Natron
30 g Stärke
ggf. ätherische Öle

Die Deo-Creme unterdrückt im Vergleich zu Deos, die Aluminiumsalze enthalten, nicht die natürliche Schweißbildung (Salbei wirkt lediglich sanft schweißhemmend). Die übrigen Zutaten mildern die Geruchsbildung, die in der warmen und feuchten Achselgegend entstehen kann, wenn Bakterien dort Schweiß zersetzen.
Die Konsistenz der Deo-Creme kann anfangs etwas ungewohnt sein, denn durch die Zugabe von Natron und Stärke fühlt sich diese leicht krümelig an. Wird die Achselhaut vor dem Auftragen jedoch leicht angefeuchtet bzw. die Creme zunächst in mit wenig Wasser benetzten Handflächen verrieben, verringert sich der krümelige Effekt.

Die Herstellung der Deo-Creme weicht etwas von unseren übrigen Balsam-Rezepturen ab und kommt ohne die Zugabe von Bienenwachs aus.
Mit den folgenden Zutaten können wieder ca. 4 Tiegel à 30 ml gefüllt werden

Anleitung

1. Einen Ölauszug mit Salbei und Kokosöl im Warmverfahren wie auf S. 195 beschrieben herstellen.
2. Natron und Stärke in einer Tasse vermischen.
3. Salbeiöl zur Natron-Stärke-Mischung gießen und zügig vermengen (z. B. mit einem Holzspieß oder einer Kuchengabel).
4. Nach Belieben einige wenige Tropfen ätherisches Öl nach Wahl zugeben.
5. Deo-Creme in Tiegel abfüllen.

Tipps

Da die Achselhaut besonders empfindlich ist, sollte man prüfen, ob (und wie viel) ätherisches Öl vertragen wird. Für die oben angegebene Menge empfehlen wir vorsichtshalber max. 5 bis 10 Tropfen. Es bieten sich beruhigende, desodorierende ätherische Öle wie z.B. Lavendel, Rose, Rosengeranie, Zitrone oder Salbei (hiervon max. 1 Tropfen) an.
Die ätherischen Öle können wahlweise einzeln, wie z.B. Rose, oder als Mischung zugegeben werden (z.B. Rosengeranie & Zitrone, Lavendel & Zitrone, Salbei & Zitrone).
Die Deo-Creme kann auch mit einem neutralen Öl angerührt werden (z.B. Kokosöl pur, Mandel- oder Jojobaöl).
Statt des Salbei-Ölauszugs eignet sich auch ein pflegender und entzündungshemmender Calendula-Ölauszug.

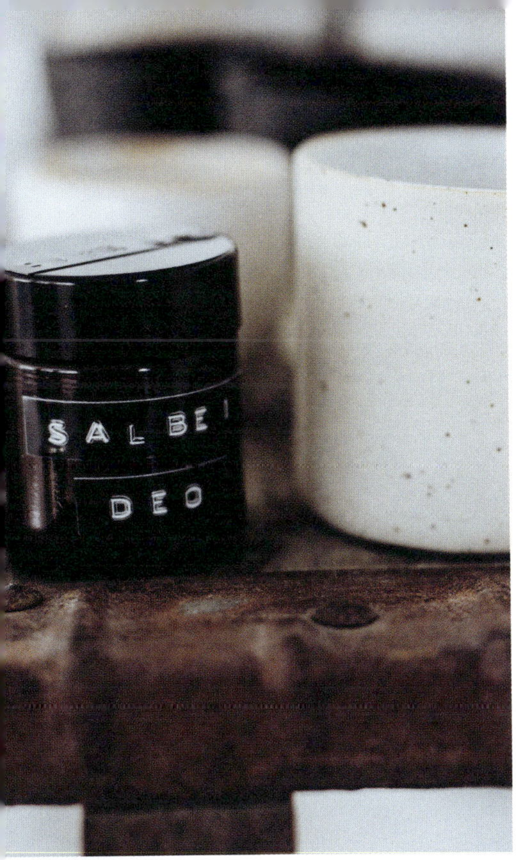

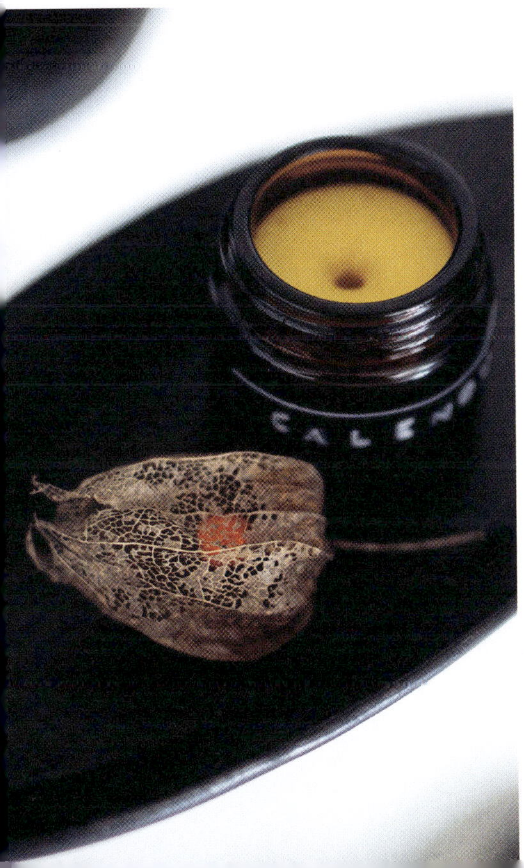

DUFTBALSAM & DUFT-ROLL-ON

Unsere kleinen *duften* Helferlein passen in jede Hosen- oder Rocktasche und sind im Fall der Fälle schnell griffbereit – ob bei Gemütsstörungen oder in Stress- und Unruhezuständen wie Trauer, Angst, Nervosität, Konzentrationsschwäche etc. Sie lassen sich obendrein mit nur wenigen Zutaten zaubern, ganz besonders das Duft-Roll-On.

Da intensiv duftende Balsame und Roll-Ons nur sehr sparsam und punktuell dosiert werden, sollte die angerührte Menge entsprechend gering bzw. die verwendeten Öle möglichst lange haltbar sein. Jojobaöl bietet sich hierfür wunderbar an, denn es ist duftneutral und zudem sehr haltbar.

Duftbalsame und Duft-Roll-Ons werden im Nacken, an der Stirn oder den Schläfen, hinter den Ohrläppchen oder am Handgelenkpuls vereinzelt aufgetragen.

DUFTBALSAM

Dieser intensiv duftende Balsam wird genau wie unsere auf S. 196 vorgestellten Balsame hergestellt. Statt der dort empfohlenen ätherischen Ölmenge von 15 bis 20 Tropfen auf 100 ml Basisöl wird hierfür jedoch etwa die doppelte Tropfenanzahl zugegeben.

Tipps

Zum Abfüllen der Duftbalsame bieten sich sehr kleine und möglichst flache Tiegel besonders gut an (z.B. Salbenglas mit ca. 15 ml Volumen).

Es genügt, max. die Hälfte der Grundrezeptur von S. 196 für ein Duftbalsam anzurühren (die dort angegebenen Mengen lassen sich ganz einfach entsprechend reduzieren).

Die gewünschten ätherischen Öle können direkt in die Tiegel gegeben werden, noch bevor die flüssige Öl-Wachs-Mischung eingefüllt wird. So lassen sich in einem Schritt mehrere Duftbalsame mit unterschiedlichen Duft-Kompositionen anrühren.

DUFT-ROLL-ON

Diese Variante ist im Handumdrehen und kinderleicht gemacht, denn es wird lediglich eine winzige Menge duftneutrales Öl wie z.B. Jojoba- oder Mandelöl in ein 10-ml-Roll-On-Fläschchen gefüllt und 5 Tropfen ätherisches Öl bzw. eine Mischung nach Belieben zugegeben.

Tipp

Als besondere Augenweide kleine Edelsteinchen in klare Roll-On-Fläschchen aus Glas geben, bevor das Öl eingefüllt wird.
Ein kleiner Trichter kann hier zum Abfüllen sehr nützlich sein.
Bezugsquellen s. S. 218/219.

Inspirationen zu Duftbalsamen und Roll-Ons

Entspannung pur
à 10 ml (Roll-On) | à 50 ml (Duftbalsam)
2 Tropfen | 10 Tropfen Lavendel
2 Tropfen | 8 bis 10 Tropfen Rose
1 Tropfen | 5 Tropfen Tonka-Extrakt

Gegen Stress oder innere Unruhe im Alltag
4 Tropfen | 20 Tropfen Orange
1 Tropfen | 5 Tropfen Pfefferminze
oder
3 Tropfen | 15 Tropfen Lavendel
2 Tropfen | 10 Tropfen Orange
oder
3 Tropfen | 8 bis 10 Tropfen Rose
2 Tropfen | 10 Tonka

Tipps

Bei Kopfschmerzen, Einschlafstörungen, Unruhe, Ängsten usw. bieten sich auch ätherische Einzelöle wie Pfefferminze, Lavendel, Rose o. Ä. an, siehe dazu auch die Informationen zu den ätherischen Ölen ab Seite 178.

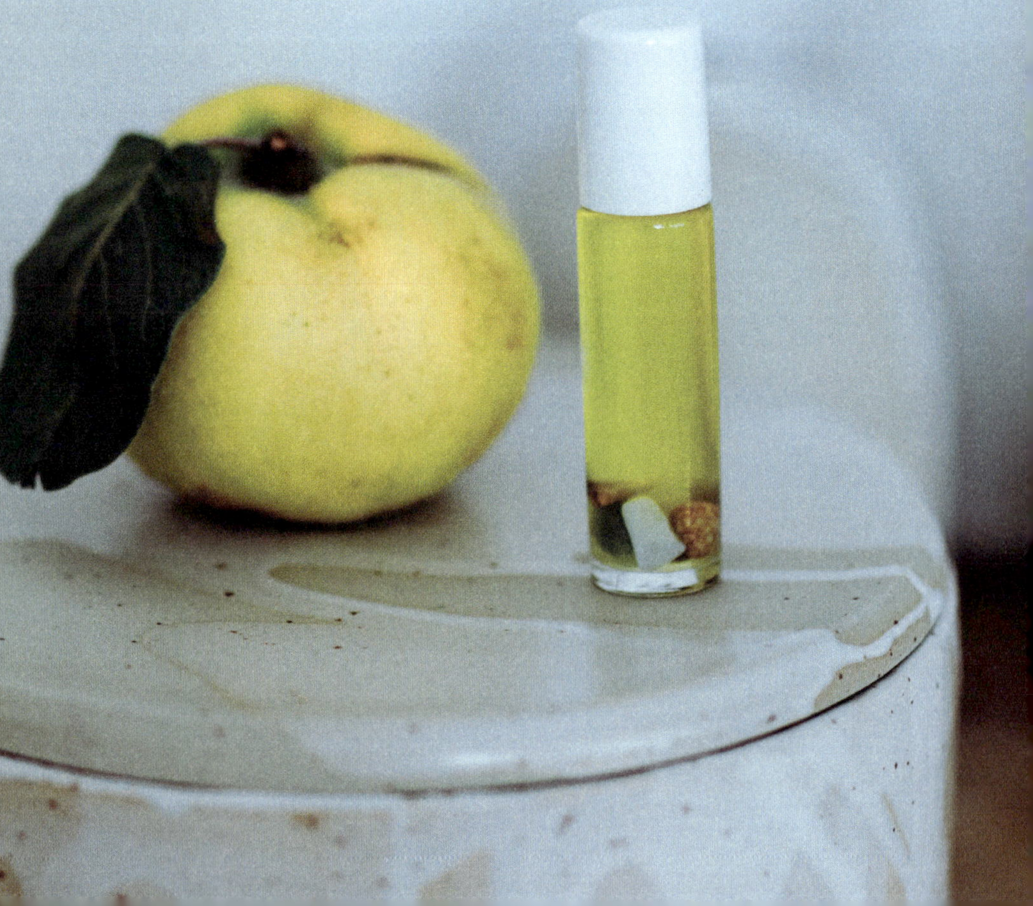

RAUMDÜFTE – DUFTENDE WOHLFÜHLOASEN

Duftende Seelen- und Nasenschmeichler für das Wohlbefinden zu Hause und unterwegs.

Diffuser mit Holzstäbchen

Flakon mit engem Flaschenhals
Alkohol (ca. 70%)
30 bis 40 Tropfen ätherische Öle à 100 ml Flüssigkeit
6 bis 8 Holzstäbchen (Schaschlikspieße, Bambusstäbchen o. Ä.)
ggf. Trichter

Anleitung

Alkohol in den Flakon füllen
ätherische Öle zugeben
Holzstäbchen in den Flakon stellen

Raumduft-Zerstäuber für Zuhause oder auf Reisen

Flasche mit Zerstäuber (z.B. 100 ml)
100 ml Alkohol (ca. 70 %), alternativ 1:1 gemischt mit destilliertem Wasser für ein leichteres Raumspray*
30 bis 40 Tropfen ätherische Ölmischung à 100 ml Flüssigkeit
ggf. Trichter

Anleitung

Alkohol bzw. Alkohol und Wasser in die Sprühflasche füllen
ätherische Öle zugeben

Inspirationen für ätherische Ölmischungen

(Mengenangabe für die Duftlampe in Klammern)

Neue Kraft im Alltag

10 bis 15 Tropfen Pfefferminze (2 Tropfen) und
20 bis 25 Tropfen Rosmarin (3 Tropfen)

Morgengruß

10 bis 15 Tropfen Rosmarin (2 Tropfen) und
20 bis 25 Tropfen Zitrone oder Limette (3 Tropfen)

Erkältungsduft

10 bis 15 Tropfen Thymian oder Cajeput (2 Tropfen) und
20 bis 25 Tropfen Zitrone (3 Tropfen)
Wer mag, gibt zusätzlich 1 Tropfen Pfefferminze dazu

Schlaf schön

10 bis 15 Tropfen Lavendel (2 Tropfen) und
20 bis 25 Tropfen Zirbe (3 Tropfen)

Zirbenwald

10 bis 15 Tropfen Zirbe (2 Tropfen) und
20 bis 25 Tropfen Zitrone oder Limette (3 Tropfen)

Abendrot

5 bis 10 Tropfen Lavendel (1 Tropfen) und 5 bis 10 Tropfen Tonka (2 Tropfen) und
15 bis 20 Tropfen Mandarine rot oder Orange (2 Tropfen)

Vanilletraum

5 bis 8 Tropfen Vanille (1 Tropfen) und 10 bis 12 Tropfen Mandarine (2 Tropfen) und
15 bis 20 Tropfen Grapefruit (2 Tropfen)

Seelentrost

10 Tropfen Tonka (1 Tropfen) und
10 bis 15 Tropfen Mandarine rot (2 Tropfen) und
10 bis 15 Tropfen Rose/Rosengeranie (2 Tropfen)

Tipps

Schnelltipp Taschentuch:
2 bis 3 Tropfen ätherische Öle auf ein Taschentuch träufeln, Taschentuch unter die Nase halten und tief einatmen oder nachts neben das Kopfkissen legen.

Bei Reiseangst:
z.B. Mandarinen- und/oder Pfefferminzöl

Bei Schock, Übelkeit und Stress:
z.B. Lavendelöl

Bei Erkältungen
Thymian (Linalool) oder Cajeput

Bitte beachten Sie im Umgang mit ätherischen Ölen folgende Sicherheitshinweise:
Kontakt mit offenem Feuer oder glühenden Gegenständen vermeiden. Vor Kindern und Tieren sicher aufbewahren, nicht auf Haut, Augen oder Schleimhäute bringen. Raumdüfte wegen des Alkoholgehalts auch nicht auf die Haut aufsprühen!

* Ätherische Öle sind nicht wasserlöslich – wird der Alkohol mit destilliertem Wasser verdünnt, setzen sich die ätherischen Öle (in klaren Glasflaschen sichtbar) an der Oberfläche ab. Die Flasche sollte deshalb vor dem Sprühen kräftig geschüttelt werden.

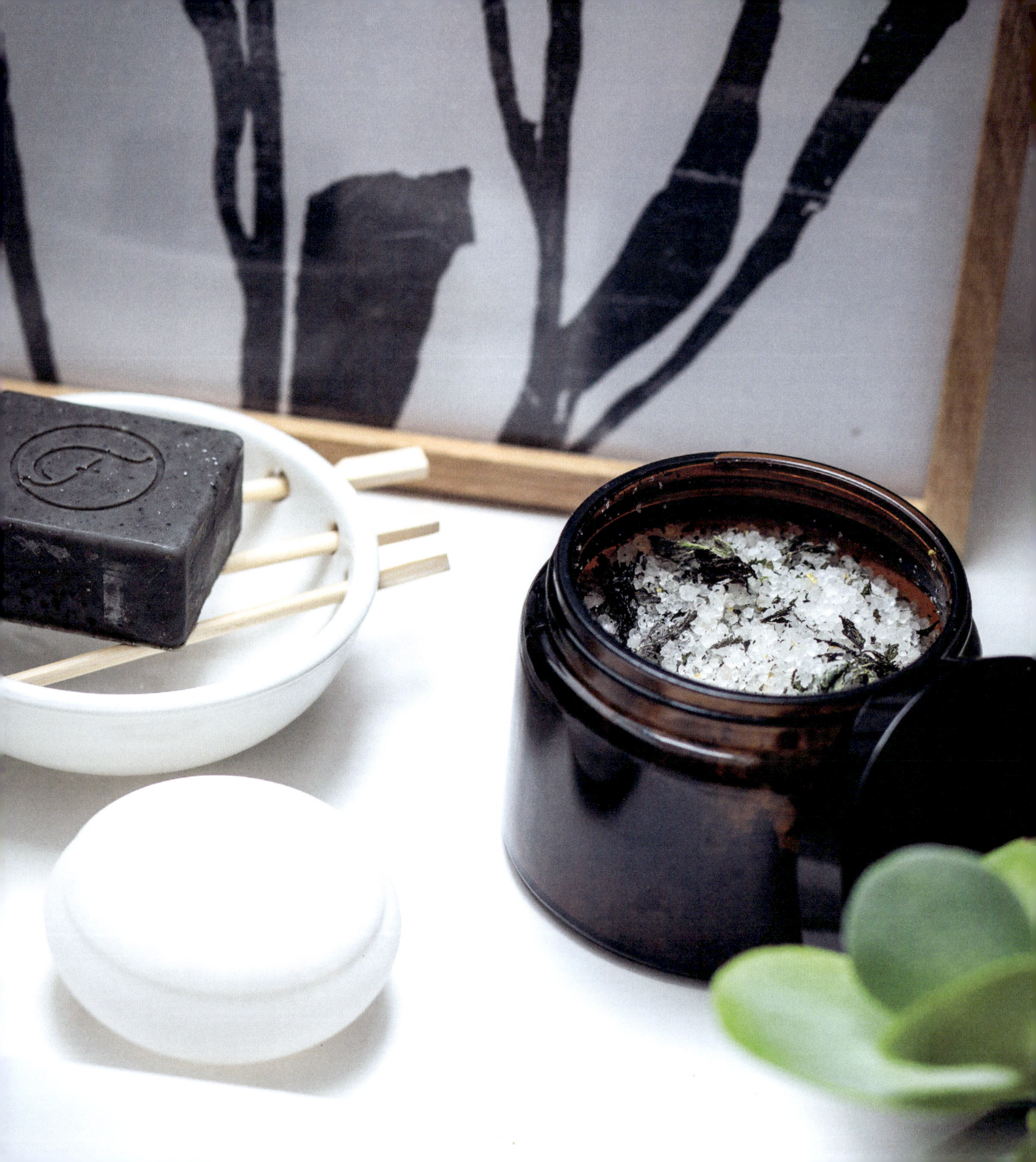

AROMABÄDER

Aromabäder gehören zu den beliebtesten Anwendungen im Wellnessbereich. Relativ einfach kann im eigenen Badezimmer ein Wohlfühlort für die eigenen Bedürfnisse geschaffen werden, um in den verschiedenen Lebenslagen neue Kräfte zu sammeln oder einfach mal die Seele baumeln zu lassen. Für folgende Bereiche haben wir erlesene Mischungen erstellt, für die wir getrocknete Blüten und Kräuter verwenden, die wir zudem mit ätherischen Ölen ergänzen:

- Entspannung
- neue Energie
- erholsamer Schlaf
- Erkältung
- Muskelverspannung
- Pflegebad

Mit der passenden Dosierung und einem geeignetem Trägermaterial lassen sich wunderschöne Bademischungen herstellen, die auch ein schönes Geschenk an Familie und Freunde sind.

Folgende Trägermaterialien eignen sich für die Bademischungen

- Meersalz
- Honig
- Sahne
- Milch und Milchpulver
- verschiedene, möglichst duftneutrale Öle (z. B. Jojobaöl, Mandelöl)
- Haferkleie

Abgesehen von der Haferkleie, die in den letzten Jahren leider etwas in Vergessenheit geraten ist, sind die meisten der ausgewählten Trägermaterialien wohl bekannt. Die Haferkleie pflegt auf sanfte Art und Weise und spendet der Haut Feuchtigkeit. Zudem ist die Haferkleie ein einheimisches Produkt, das z.B. in Bioläden erhältlich ist. Auch Hildegard von Bingen schätzte den Hafer: «Eine beglückende und gesunde Speise für gesunde Menschen, bereitet diesen einen frohen Sinn und einen reinen und klaren Verstand.»

REZEPTE

Alle Rezepte sind für ein Glas mit Schraubverschluss (500 g) berechnet, das trocken aufbewahrt werden soll. Die Mischung kann auch direkt in wiederverwertbare Teebeutel portioniert werden. Den Teebeutel mit einer Kordel zusammenbinden. Pro Bad ist eine Menge von ca. 100 g ideal.

PFLEGEBAD MIT HAFERKLEIE

150 g Haferkleie
150 g Meersalz
150 g Milchpulver
2 bis 3 EL getrocknete Kräuter wie Melisse, Rosenblätter und Kamillenblüten
evtl. ätherische Öle wie Rose (8 Tropfen) und Lavendel (10 Tropfen)

BADEMISCHUNG BEI ERSCHÖPFUNG

150 g Haferkleie
150 g Meersalz
150 g Milchpulver
2 bis 3 EL Lavendel und Melisse
evtl. ätherische Öle Lavendel, Mandarine rot, Tonka-Extrakt, je 6 Tropfen

SINNLICHES BAD

500 g Meersalz
2 EL Rosenblätter, 10 Tropfen Rose, alternativ Rosengeranie (hier dann 15 Tropfen)

BADEMISCHUNG FÜR EINEN ERHOLSAMEN SCHLAF

250 g Milchpulver
250 g Meersalz
9 Tropfen Zirbelkiefer bio
9 Tropfen Orange bio

ERKÄLTUNGSBAD

500 g Meersalz
3 EL Thymian
evtl. 10 Tropfen Weißtanne oder einen anderen Nadelduft
8 Tropfen Thymian Linalool oder Cajeput

Thymian wirkt bei erkältungstypischen Gliederschmerzen und Einschlafproblemen heilsam.

Achtung:

Bei Fieber kein Bad nehmen!

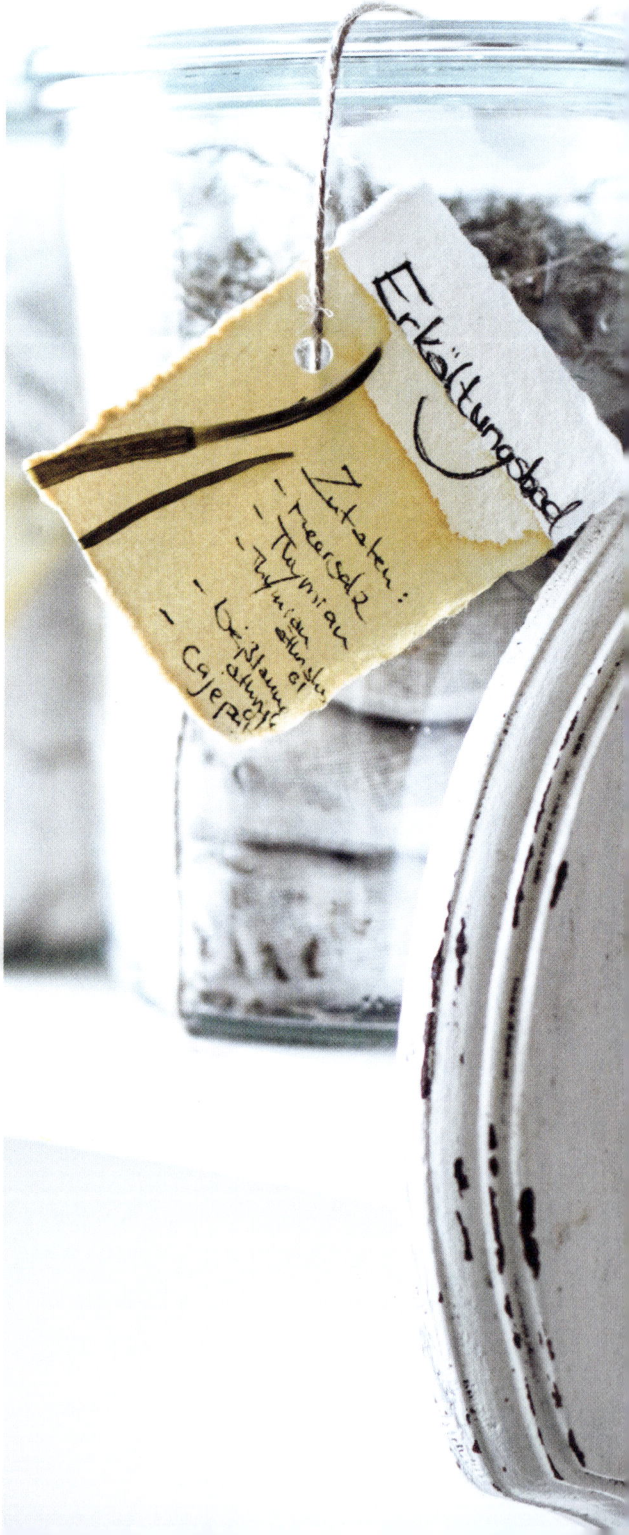

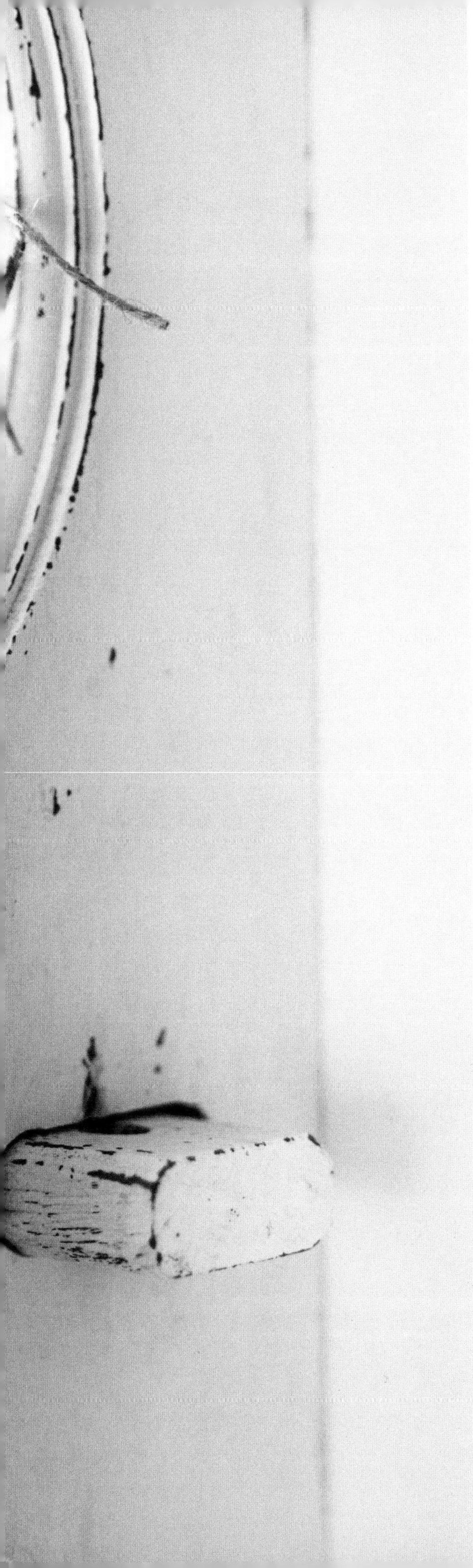

SCHNELLE BADEMISCHUNG FÜR 1 VOLLBAD

Alle Rezepte können auch mit 3 EL Sahne und insgesamt 3 bis 4 Tropfen ätherisches Öl (entsprechend der aufgeführten Mischungen) angewendet werden.

MUSKELVERSPANNUNGEN

Hier verweisen wir gern auf das bewährte «Heublumenbad zur Entspannung», das wir auf Seite 40 schon vorgestellt haben. Ein Heublumenbad ist auch bei Muskelverspannungen eine willkommene Wohltat. Für die Anwendung können Sie sich an den dort angegebenen Mengenangaben orientieren.

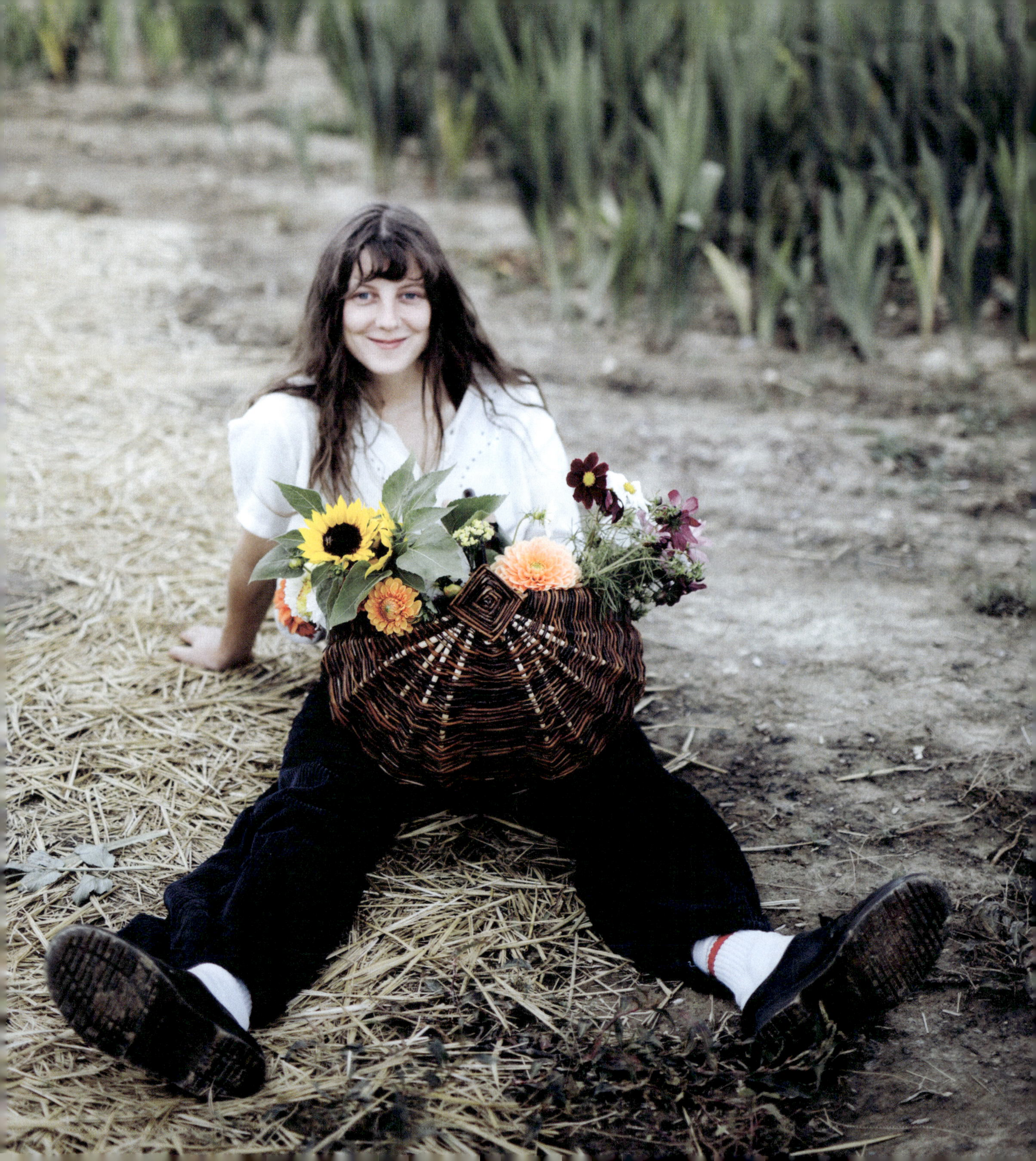

ANHANG

Schnittmuster Schlafkissen & Augenkompresse Seite 144 / 145

in Originalgröße

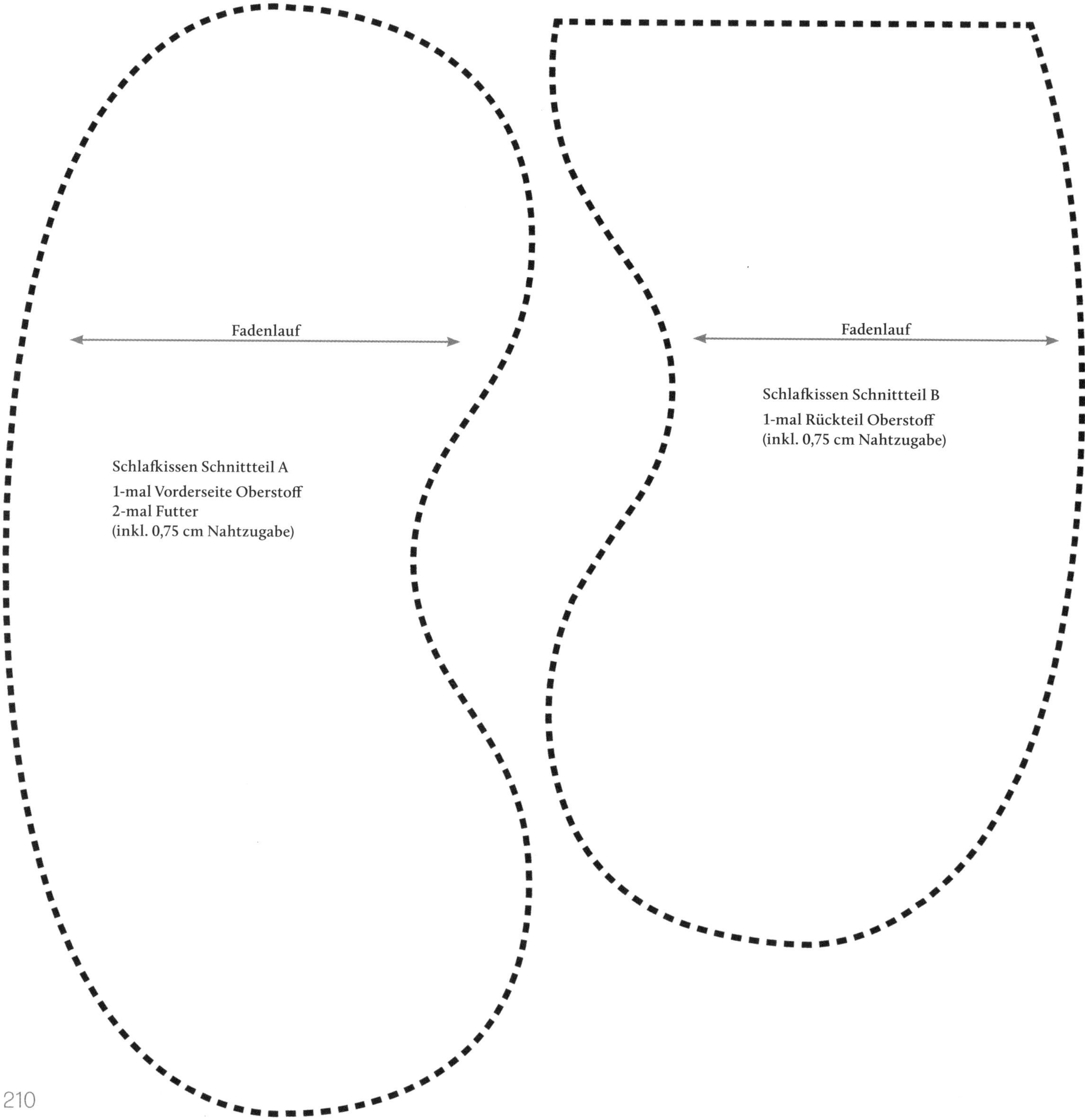

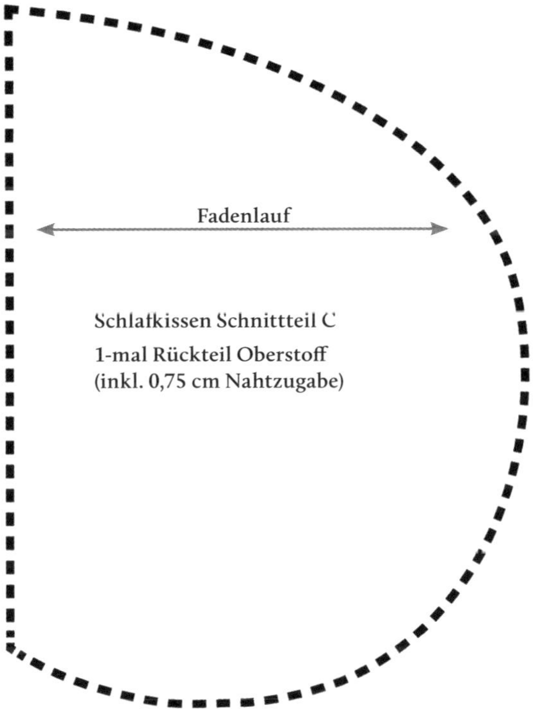
Fadenlauf
Schlafkissen Schnittteil C
1-mal Rückteil Oberstoff
(inkl. 0,75 cm Nahtzugabe)

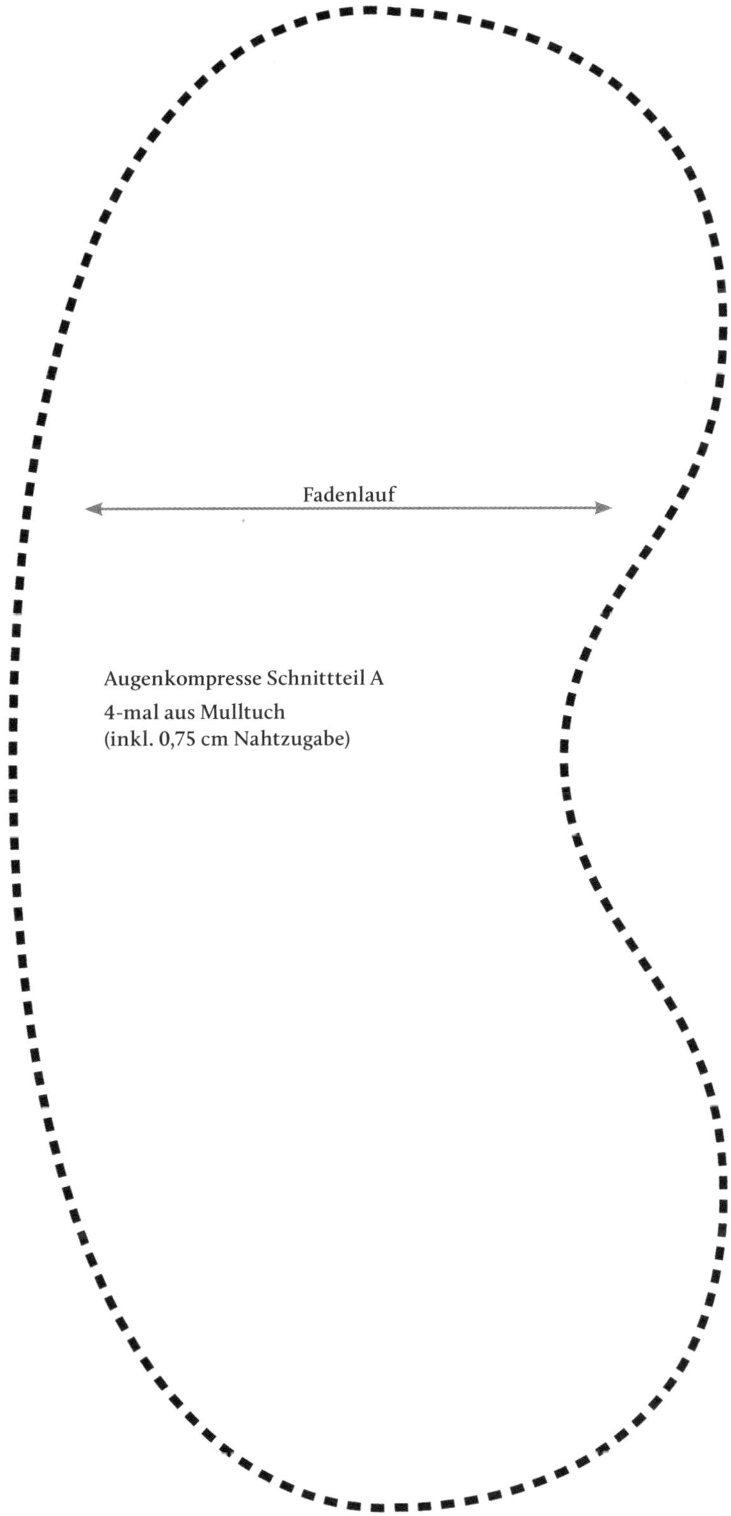
Fadenlauf
Augenkompresse Schnittteil A
4-mal aus Mulltuch
(inkl. 0,75 cm Nahtzugabe)

Schnittmuster Nackenhörnchen Seite 166

alle Schnittteile inkl. 0,75 cm Nahtzugabe

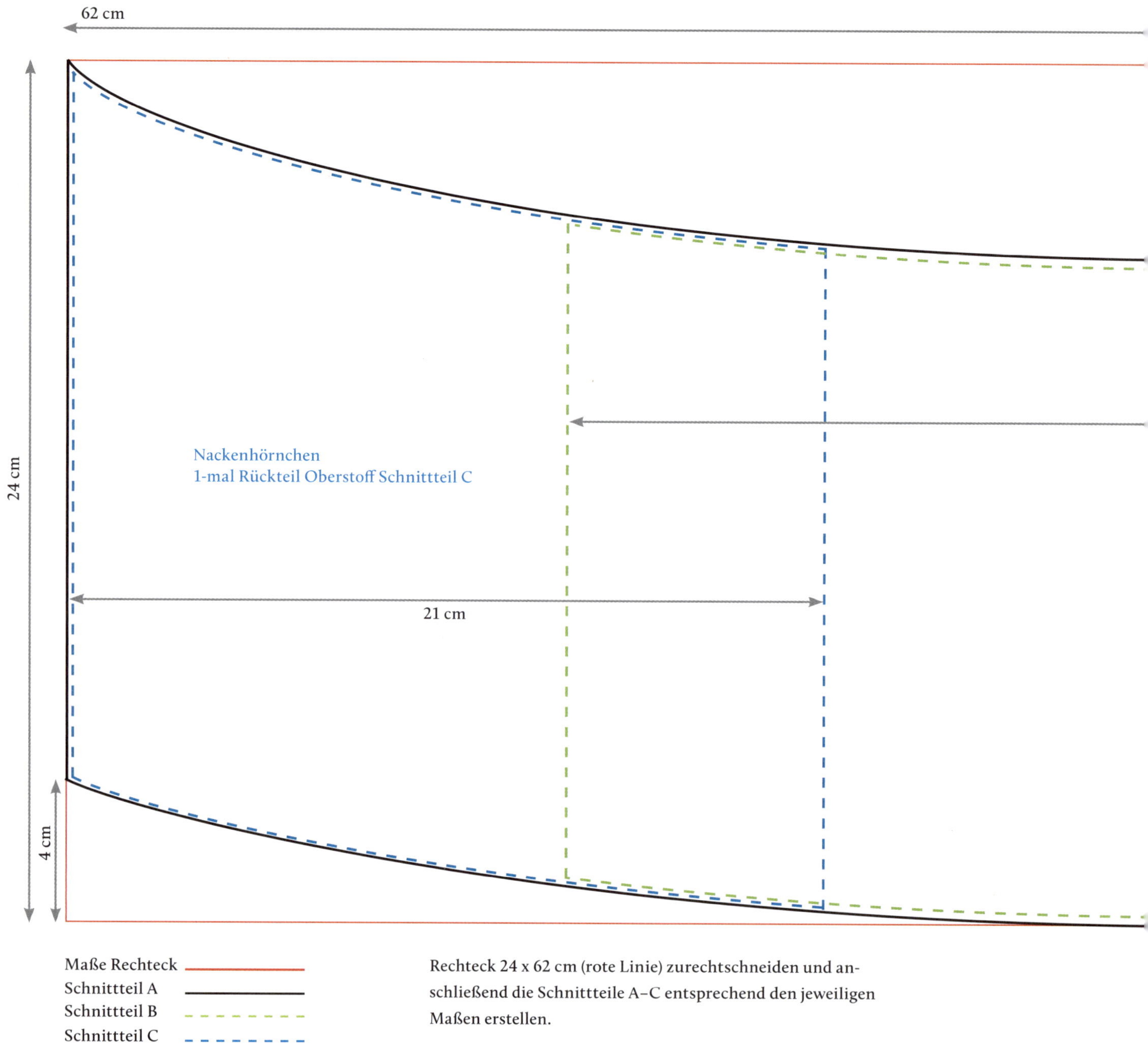

Rechteck 24 x 62 cm (rote Linie) zurechtschneiden und anschließend die Schnittteile A–C entsprechend den jeweiligen Maßen erstellen.

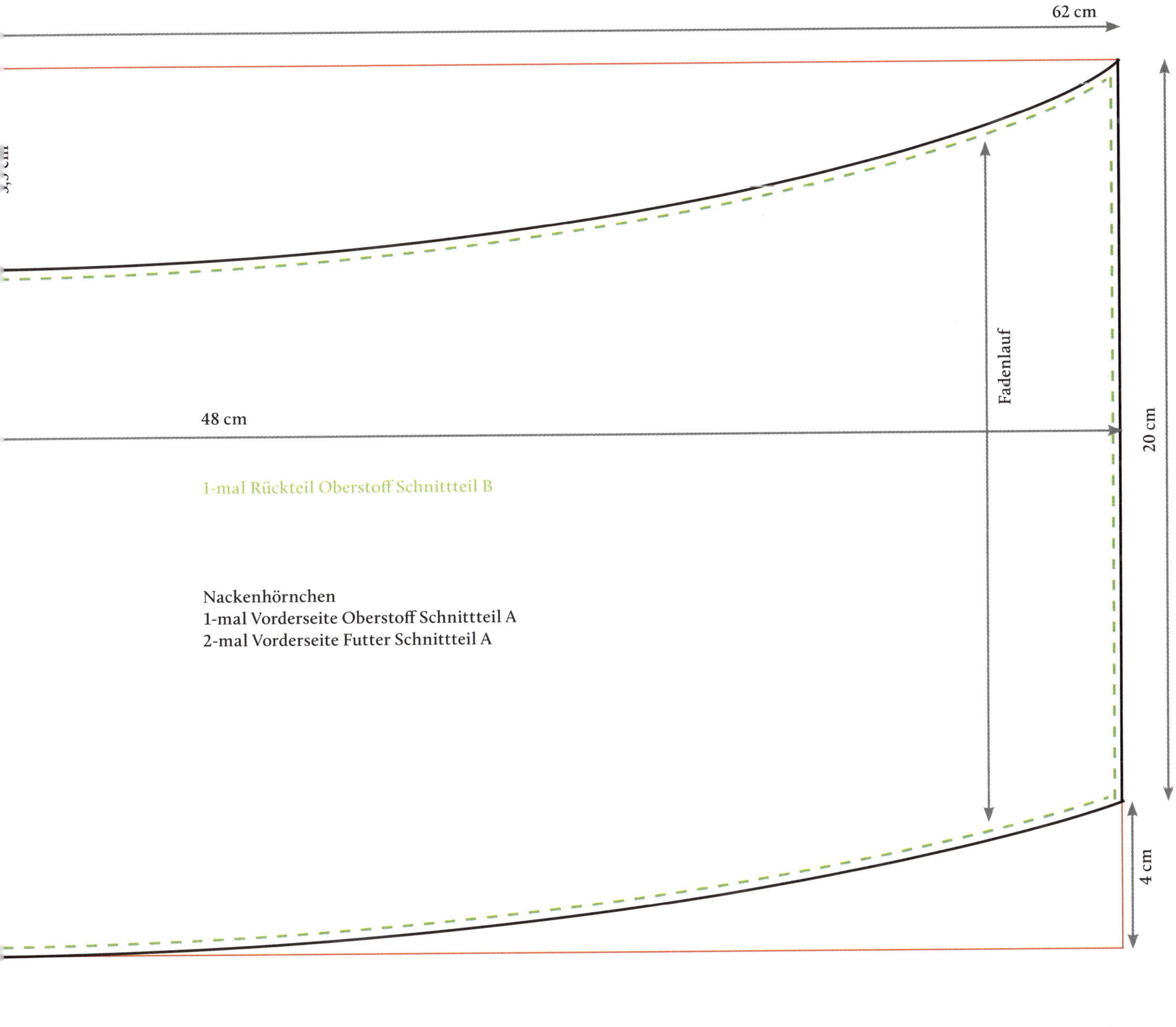
62 cm
Fadenlauf
48 cm
20 cm
1-mal Rückteil Oberstoff Schnittteil B
Nackenhörnchen
1-mal Vorderseite Oberstoff Schnittteil A
2-mal Vorderseite Futter Schnittteil A
4 cm

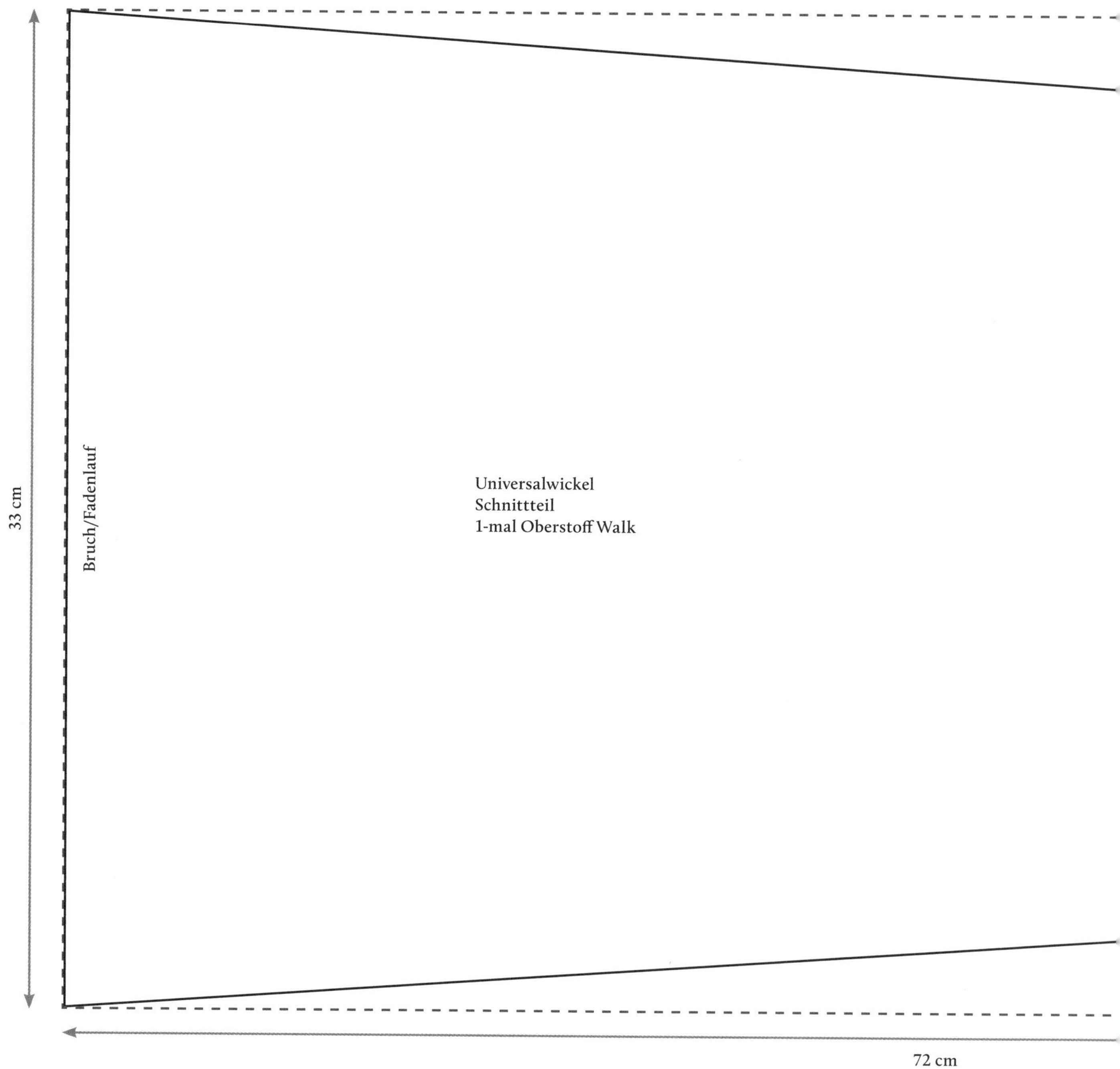

Schnittteil ———————

Maße Rechteck - - - - - - - -

Rechteck 33 x 72 cm (rote Linie) zurechtschneiden und anschließend das Schnittteil (schwarze Linie) in den angegebenen Maßen erstellen.
Zuschnitt: Stoff doppelt legen, siehe Bruch/Fadenlauf 33 cm.

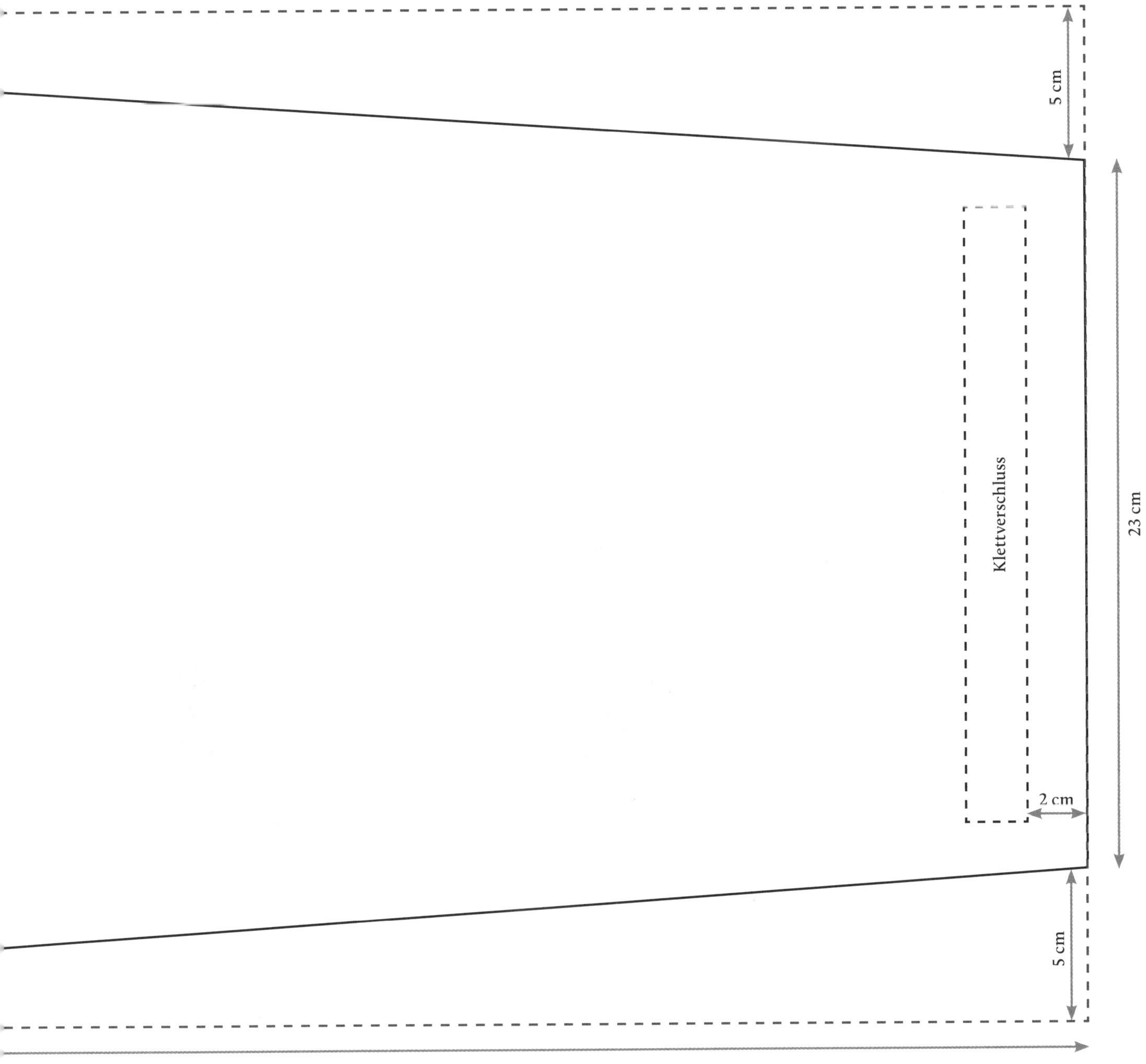
5 cm
Klettverschluss
23 cm
2 cm
5 cm

Schnittmuster Kätzchenkissen Seite 174

Originalgröße (alle Schnittteile inkl. 0,75 cm Nahtzugabe)

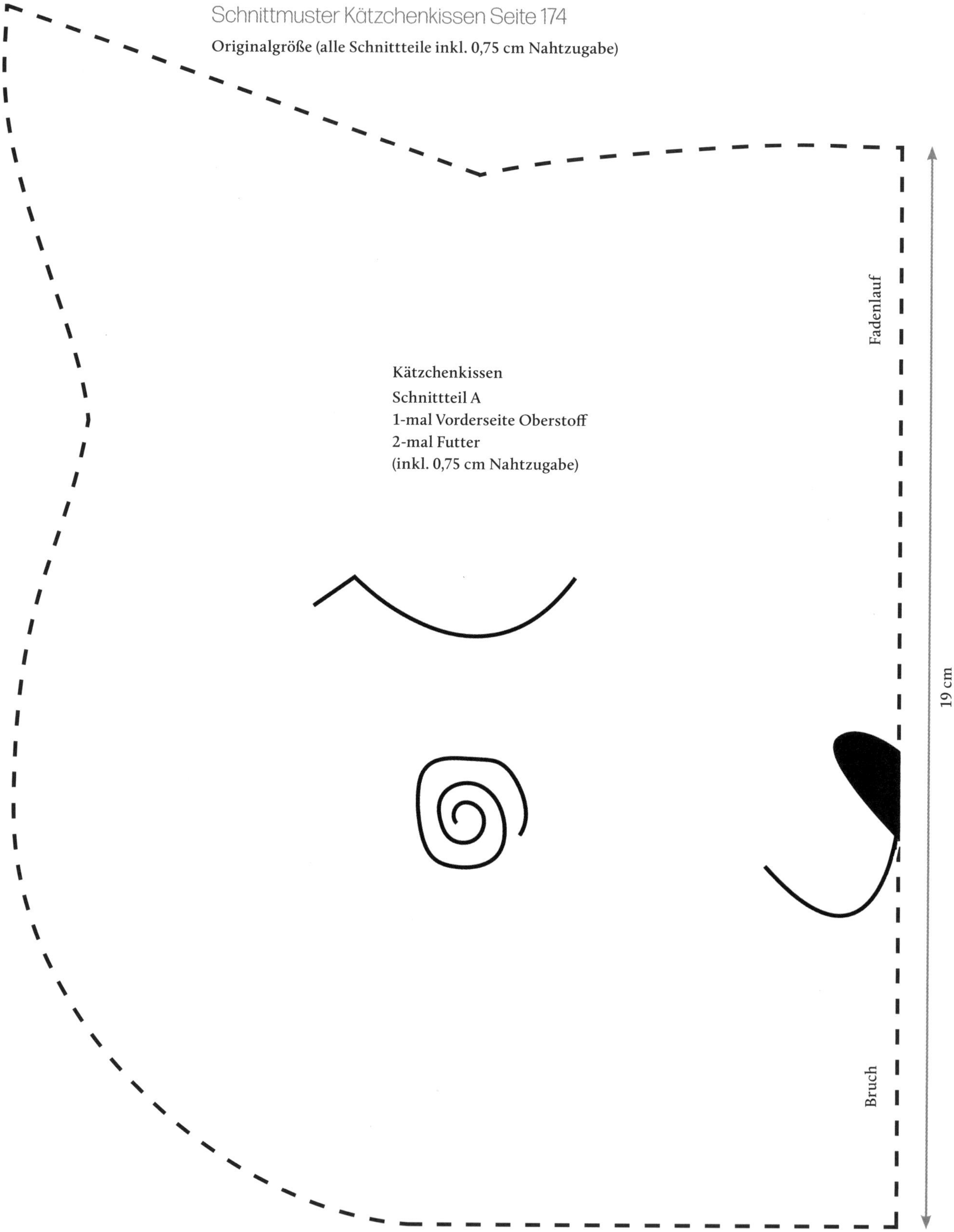

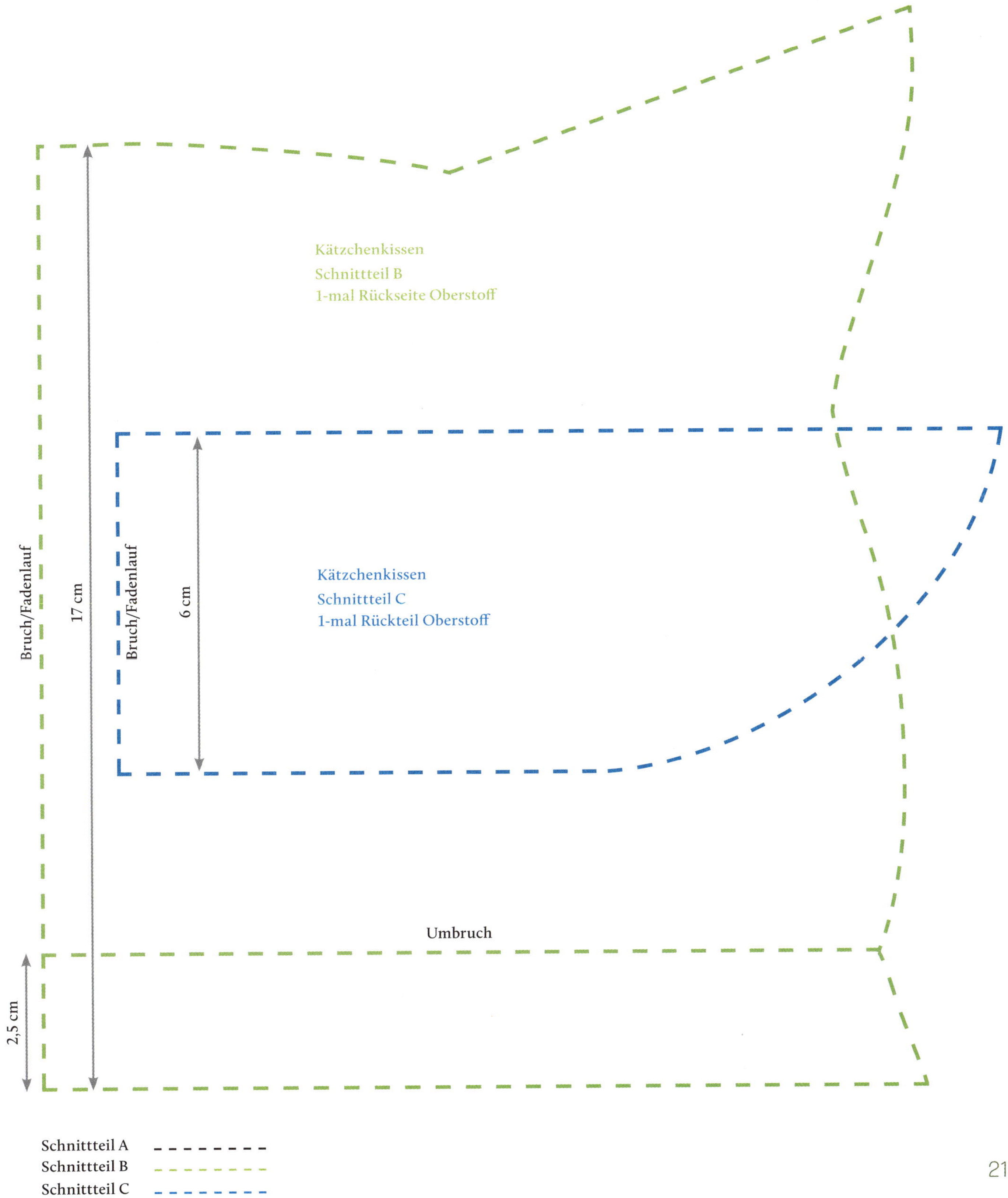
Kätzchenkissen
Schnittteil B
1-mal Rückseite Oberstoff
Kätzchenkissen
Schnittteil C
1-mal Rückteil Oberstoff
Bruch/Fadenlauf
17 cm
Bruch/Fadenlauf
6 cm
Umbruch
2,5 cm
Schnittteil A
Schnittteil B
Schnittteil C

BEZUGSQUELLEN

(in alphabetischer Reihenfolge)

AllgäuStauden GbR
Weipoldshofen 2
D-88299 Leutkirch
www.allgaeustauden.de

Aroma1x1
Margareta Ahrer
Neuschönauer Hauptstrasse 43/3
A-4400 Steyr
www.aroma1x1.com

Aromapflege Evelyn Deutsch®
(Roll-On-Fläschchen)
Aromapflege GmbH
Sepp-Haggenmüller-Straße 6
A-6600 Lechaschau
www.aromapflege.de

www.avocadostore.de
(Rapswachs)

Beegut
(fair gehandeltes Bienenwachs, nachhaltige Hanfdochte)
Industriestraße 10
73489 Jagstzell
www.beegut.de

Bender, Kathrin
(besondere Stempel und Blumenpresse)
Studio Karamelo
Waterloostr. 12
D-50733 Köln
www.studio-karamelo.com

Das Wollschaf
(AL Beize)
Pariser Straße 18-20
66482 Zweibrücken
www.das-wollschaf.de

Demeter Gärtnerei Pestalozzi Kinder- und Jugenddorf Wahlwies e.V.
Pestalozzi-Kinderdorf 1
78333 Stockach-Wahlwies
www.pestalozzi-kinderdorf.de/pestalozzi-demeter-gaertnerei

Die Holzwarenfabrik
(Bäckersieb zum Trocknen von Kräutern)
Burstenstr. 36
D-51702 Bergneustadt
www.dieholzwarenfabrik.de/

Disana
(Mulltücher aus kba Baumwolle)
Rosenstraße 26
D-72805 Lichtenstein
www.disana.de

Finkhof Schäfereigenossenschaft
(naturfarbene Wollstoffe aus kbT zum Färben)
Berngariusstr. 1
88410 Bad Wurzach
www.finkhof.de

Herba Solaris Plantawalle GmbH
(besondere Tees)
Alpenstraße 2
D-78333 Stockach
www.herba-solaris.de

Jora Dahl
Besonderes Saatgut für Stauden:
www.joradahl.de

Kerzenwerkstatt Camphill Dorfgemeinschaft Hermannsberg
88633 Heiligenberg
www.hermannsberg.de/werkstaetten/kerzen

Maries Kit
(diverse Stoffe)
Skagerrakstr. 13
D-48145 Münster
www. marieskit.com

Meine Biowelt
(getrocknete Biokräuter)
Jülicher Landstraße 140
D-41464 Neuss
www.meinebiowelt.de

Mellifera e. V.
(Bienenwachs, Infos zu wesensgemäßer Bienenhaltung)
Fischermühle 7
D-72348 Rosenfeld
www.mellifera.de

Natur-Shop 24
(verschiedene Füllmaterialien)
Handwerkstr. 6
D-77694 Kehl-Bodersweier
www.natur-shop24.de

Naturstoff Anita Pavani
(naturfarbene Wollstoffe)
Ludwig-Rinn-Str. 14 - 16
35452 Heuchelheim
www.naturstoff.de

Neumond – Düfte der Natur GmbH
(hochwertige äther. Öle)
Gewerbegebiet 2
D-82399 Raisting
www.neumond.de

ökohum GmbH
Obere Bergenstraße 8
D-88518 Herbertingen
www.xn--kohum-iua.info

Primavera Life GmbH
(hochwertige äther. Öle)
Naturparadies 1
D-87466 Oy-Mittelberg
www.primaveralife.com/presse

proBiene
(Infos zu ökologischer Bienenhaltung)
Rosenwiesstraße 17
70567 Stuttgart
www.probiene.de

Rankwerk
(hochwertige Gartenwerkzeuge, torffreie Bio-Erde, Bio-Dünger)
Lorentzendamm 6–8
24103 Kiel
www.rankwerk.de

Rosy Green Wool
(Wollgarne zum Färben aus kbT)
Seitzstr. 19
80538 München
www.rosygreenwool.com

Sonett GmbH
(biologische Waschmittel und Wollpflege)
Mistelweg 1
88693 Deggenhausen
www.sonett.eu

Syringa Kräutergärtnerei GbR
Bachstraße 7 (Büro)
Untere Gräben 1 (Gärtnerei)
D-78247 Hilzingen-Binningen
www.syringa-pflanzen.de

www.tofun-official.de
(Sojawachs)

Waldorfshop
(hochwertige Blumenpresse)
Rankinestraße 4
86899 Landsberg am Lech
www.waldorfshop.eu

WEITERE QUELLEN

Für inhaltliche Anregungen danken wir den folgenden Quellen und Personen ausdrücklich für deren Unterstützung und empfehlen diese zur ergänzenden Vertiefung in die Thematik «Garten, Kräuter, Blumen und ätherische Öle» gerne weiter.

Gartenleben:
gartenjournal.net
ndr.de/ratgeber/garten
mein-schoener-garten.de

Kräuter und Blüten:
Kathrin Bender
(studio-karamelo.com)
Karina Nouman
(fräuleingrün.at)

Ätherische Öle:
aroma1x1.com
aromapflege.com
neumond.de
primaveralife.com

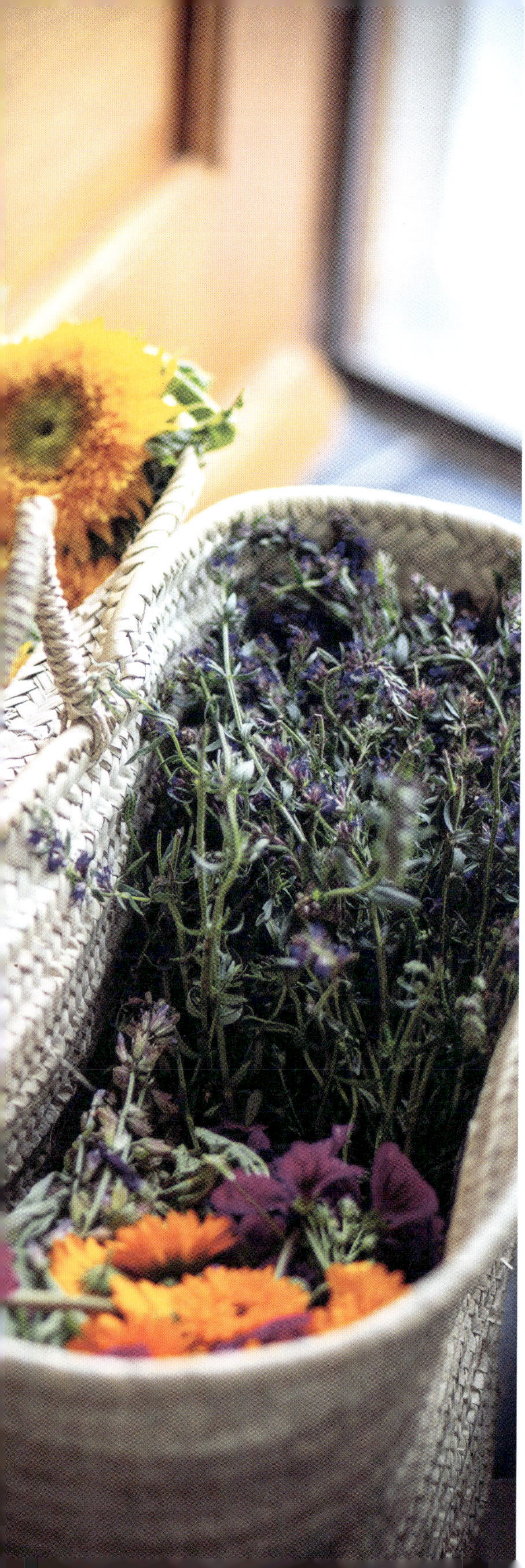

HINWEISE ZUM UMGANG MIT UNSEREN REZEPTUREN

Die Angaben zu den Anwendungen und Rezepturen in diesem Buch sind weder dazu bestimmt noch geeignet, einen notwendigen Arztbesuch zu ersetzen. Es wird empfohlen, keine Selbstmedikation bei Neugeborenen, Kleinkindern, in der Schwangerschaft oder Stillzeit vorzunehmen.
Bitte beachten Sie die Herstellerangaben auf den Beipackzetteln und überprüfen diese im Zweifel auf ihre Richtigkeit oder fragen Sie Ihren Arzt oder Apotheker, der Sie auf Risiken und Gegenanzeigen hinweisen wird.
Da menschliche Irrtümer oder Druckfehler nie ganz auszuschließen sind, wird für Anwendungs- und Dosierungshinweise sowie für die Wirkung der Heilpflanzen und Präparate keine Gewähr übernommen. Eine Haftung seitens der Autorinnen oder des Verlags für Personen-, Sach- und Vermögensschäden ist ausgeschlossen.

EIN DANKESCHÖN!

Wir möchten uns von Herzen bei all den lieben Menschen bedanken, die uns während des Entstehungsprozesses des Buchs in vielfältiger und besonderer Weise unterstützt haben.

Im Verlag Freies Geistesleben insbesondere bei Maria A. Kafitz für die offenen Arme und das große Vertrauen, das sie uns und unseren Ideen vom ersten Augenblick an entgegenbrachte, bei Bianca Bonfert und Christiane Woltmann dafür, dass sie unsere Bildergeschichten und Texte mit feinem Gespür nicht nur zur Hand, sondern auch zu Herzen nahmen, um all das, was sich nach vielen Monaten Arbeit ansammelte, zu vereinen und in eine harmonische Form zu bringen.

Lieben Dank auch an Eva Maria Walle und Stefanie Fetscher von Herba Solaris für die Begleitung, wenn es darum ging, in die Heilkräuterwelt einzutauchen. Wir sind dankbar, dass sie ihren großen Erfahrungsschatz mit uns teilten.

Ein Dankeschön gilt auch Barbara Schmid für die guten Gespräche zur Aromapflege – Ilonka Reinke dafür, dass sie uns ihr gemütliches Keramikatelier (samt Verpflegung) zum Fotografieren zur Verfügung stellte sowie Karin und Andreas Friedrich, in deren zauberhaftem Ferienhäuschen und Garten im Erzgebirge ebenfalls Bilder entstanden.

Danke an Madeleine Brunnmeier für die Illustration, für das schöne Schlüssellochgucker-Video und für den fröhlichen Spaziergang durchs bunte Blumenfeld, wo wir neben Blütenköpfchen zum Färben auch wunderschöne Bilder für unser Buch mit nach Hause brachten.

Auch Noëlle Brunnmeier, Almuth Winopal und Sandra Witzstock möchten wir herzlich dafür danken, dass wir sie fotografieren und abbilden durften und sie unser Buch so in schöner Weise bereichern.

Ein besonders, liebevolles Dankeschön samt einer festen Umarmung gilt unseren Familien, die uns so fürsorglich Raum und besondere Freiheiten schenkten, um uns zu ermöglichen, unser Buchglück über einen so langen Zeitraum hinweg umzusetzen. Ohne ihren Rückhalt wäre es kaum möglich gewesen, inmitten des manchmal doch etwas chaotischen Familienalltags kleine und bisweilen auch größere Inseln zu finden, auf denen Muße und Ruhe für Kreativität zu finden sind.

Herzlichst
Stephie & Michèle

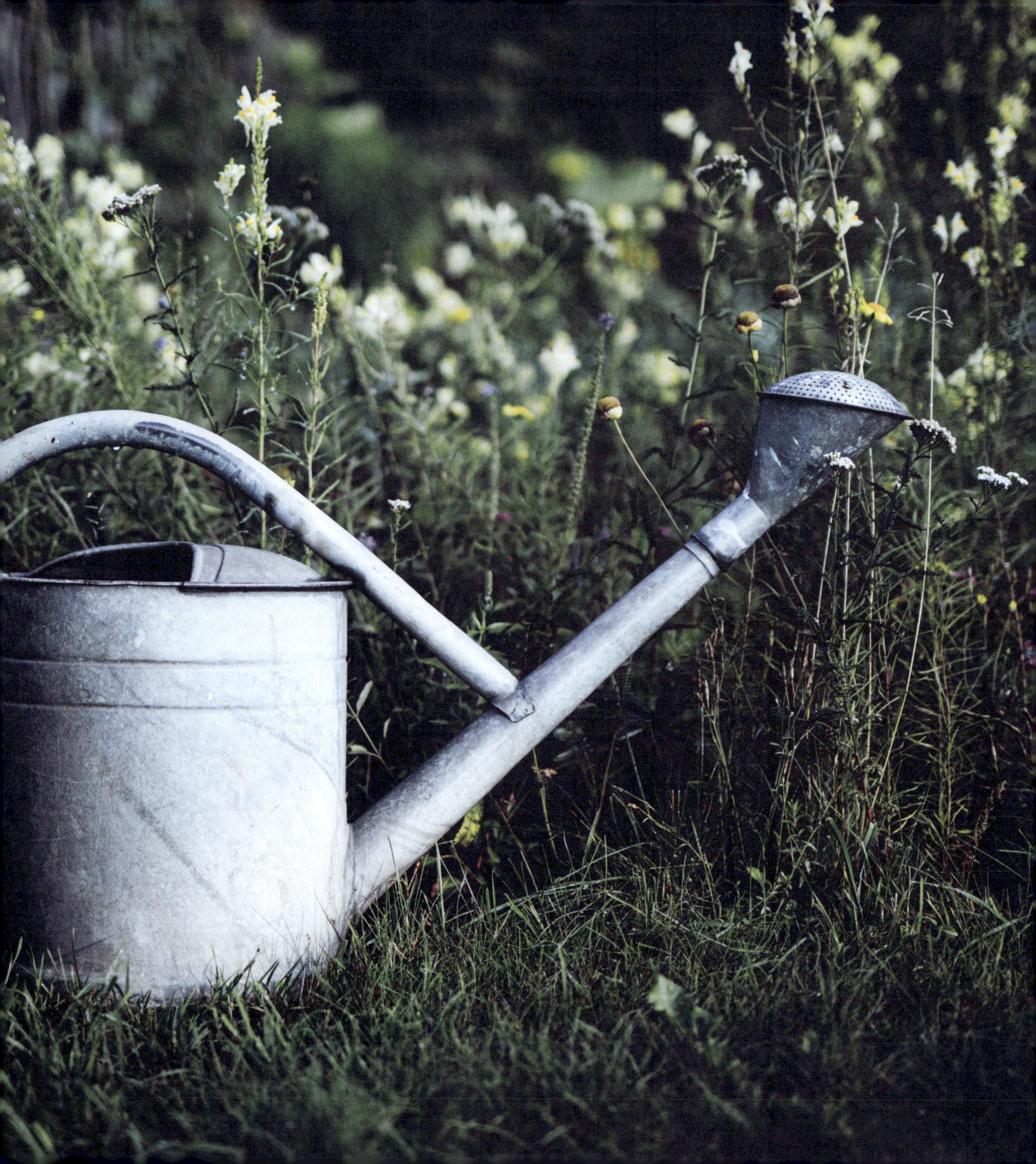

ÜBER DIE AUTORINNEN

Michèle Brunnmeier

ist Mutter von sechs Kindern und arbeitet als Erzieherin in der Wiegestube eines Waldofkindergartens sowie als selbstständige Fotografin. Unter dem Label *Amselle* vereint sie ihre beiden Leidenschaften Handarbeit und Fotografie – ihre Arbeiten erscheinen nicht nur seit vielen Jahren in Magazinen und Kreativbüchern (u.a. im Verlag *acufactum*), die liebevollen Bildergeschichten sind seit nunmehr zwei Jahrzehnten in ihrem Blog zu finden.

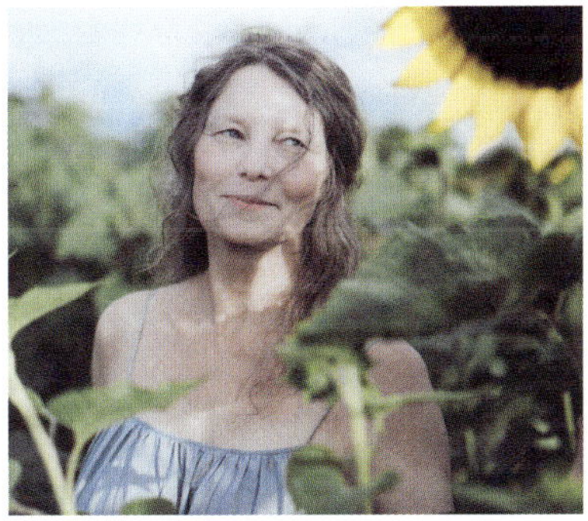

amselle.de
Instagram: @amselle.de

Stephanie Friedrich

ist Designerin sowie Dozenin für angewandte Kunst. Zudem sind ihre Arbeiten unter dem Label Fräulein Otten in diversen Magazinen und Kreativbüchern erschienen. Seit mehr als zehn Jahren schreibt sie über natürliches Wohnen, die Freuden des Gärtnerns, ihre Familie und vor allem das Selbermachen. Sie liebt die Natur und genießt das ländliche, natürliche Leben, was sich auch in ihrem Zuhause und in ihren Produkten widerspiegelt.

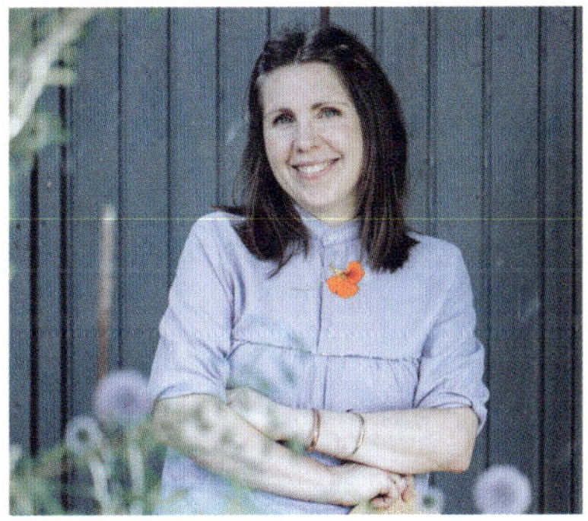

fraeulein-otten.blogspot.com
Instagram: @fraeuleinotten

Mitgewirkt haben Stefanie Fetscher («Kräuter und Blüten trocknen») und Eva Maria Walle («Die Kultivierung von Arzneipflanzen und 8 Anbauanleitungen») von Herba Solaris: www.herba-solaris.de

Der Beitrag auf S. 49, «Blumen pressen mit der Blumenpresse», ist dem Buch von Kathrin Bender, *Veilchen, Farn & Ringelblumen*, erschienen 2019 im Verlag Freies Geistesleben, entnommen.

Siehe dazu auch die Hinweise auf Seite 220.

2. Auflage 2022

Verlag Freies Geistesleben
Landhausstraße 82, 70190 Stuttgart
www.geistesleben.com

ISBN 978-3-7725-3134-7

Fotos: Michèle Brunnmeier, Stephanie Friedrich
Illustration: Madeleine Brunnmeier
(www.madeleinebrunnmeier.de)
Schnittmuster: Bonfert/Zobel; Entwurf: Stephanie Friedrich
Gestaltung & Satz: Bianca Bonfert
Druck: DZS Grafik, Ljubljana
Printed in Slovenia

FSC www.fsc.org MIX Papier aus verantwortungsvollen Quellen FSC® C106600

Klimaneutral Druckprodukt ClimatePartner.com/13357-2208-1010

Mehr Ideen für ein kreatives Leben:
bit.ly/3PH4oRJ

Bleiben Sie mit unserem Newsletter auf dem Laufenden:
bit.ly/3NwkUmi